Encyclopedia of **INTERIOR**

インテリアの百科事典

日本インテリア学会 | 編

直井英雄 | 編集委員長
上野義雪　金子裕行
白石光昭　松本吉彦 | 編集委員

丸善出版

演出と照明 (p.46)

1. 件名：回向院市川別院 源光寺

寺院建築の本堂である．
御本尊への照明は造作と収まりを考慮して光ファイバーシステムを使用し，照明器具の納まりが目立たないように配慮した．
壁面側に並ぶ108本の列柱は煩悩の数を示し，床下から光を与えることで空間内部全体の意匠と光環境の基本照明を形成している．また天井にはＬＥＤの点の光りを星のように遍在する化仏として位置付けることで，仏教の宇宙観を表現している．

建築設計：(株) 河原泰建築研究室
照明計画：(有) イリス・アソシエーツ

2. 件名：日産先進技術開発センター

エントランスホールである．
建築の形状と空間用途を考慮して高効率光反射システムという照明手法を採用して，光を意匠面と機能面で両立させている．

建築設計：(株) 日本設計
照明計画：(有) イリス・アソシエーツ

3. 件名：伊那東小学校

小学校の図書室である．
建築の構造および内装を活かした照明器具の形体・配光・設置で空間に必要な明るさと，リズム感を演出している．

建築設計：(株) みかんぐみ
照明計画：(有) イリス・アソシエーツ

サイン計画（p.178）

1．指示サインの例（横浜駅共通サイン整備プロジェクト）

2．同定サインの例（同前，JR東日本の切符売り場表示）

3．図解サインの例（同前，構内案内図・駅周辺案内図）

サイン計画（p.178）

4．図解サインのうち乗換経路の全体案内（同前）

5．図解サインのうち乗換経路の直近案内（同前）

④

カラーユニバーサルデザイン（p.168）

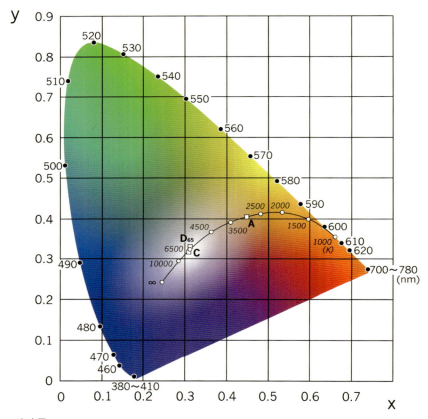

xy 色度図
XYZ 表色系による色の表示であり，Y は明るさのみを持ち，X と Z は色みのみを持つと定義．XYZ 表色系は 3 次元で色を表示するが，わかりやすくするために明るさの次元を無視し，色みの違いを表す図として xy 色度座標による色度図が考えられた．馬蹄形のような外枠線は，単色光の色度点の軌跡で，スペクトル軌跡と呼ばれる．x は X, Y, Z の総和を占める X の割合，y は X, Y, Z の総和を占める Y の割合を示す．

カラーユニバーサルデザイン（p.168）

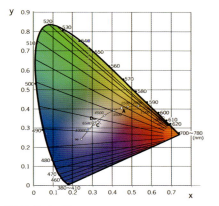
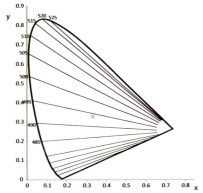

混同色線（P型）
xy色度図上に色弱者が区別しにくい色を示した線を混同色線という．線上に並ぶ色はP型の人にとって区別がしにくい．
赤付近に混同色線が描かれていないのは，赤に対する感度が低いためである．これはP型の特徴である．

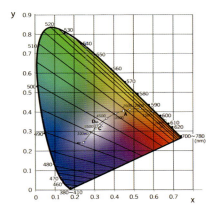
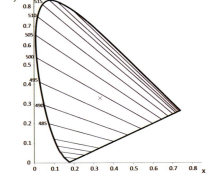

混同色線（D型）
xy色度図上に色弱者が区別しにくい色を示した線を混同色線という．線上に並ぶ色はD型の人にとって区別がしにくい．

⑥

色彩計画（カラーコーディネート）(p.164)

トーンドミナント

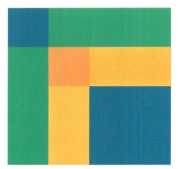

トーンに共通性を持たせた配色
事例は bright トーンの配色

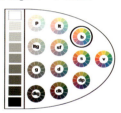

色相ドミナント

色相に共通性を持たせた配色
事例は 18:B による配色

レピュテーション

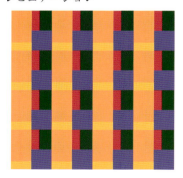

統一感のない配色 (a) を，反復して用いることで，統一感を生じさせる配色技法

(a)

色彩と心理 (p.194)

彩度対比
左右の図の色は同じ色．隣り合う背景の色により，同じ色の彩度が高く見えたり低く見えたりする効果をいう．背景色が図より低彩度の場合，図は鮮やかに見え，背景色を図と同系色相で高彩度にすると彩度が低く見える．

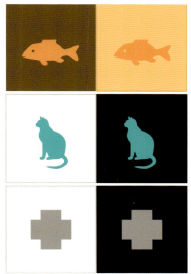

明度対比
左右の図の色は同じ色．隣り合う背景の色により，同じ色の明度が高く見えたり低く見えたりする効果をいう．

色彩と心理 (p.194)

色相対比
左右の図の色は同じ色．隣り合う背景の色により，同じ色の色相が変化して見える効果をいう．

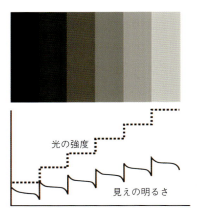

辺縁対比
境界線部分で色が変化して見える効果で，色と色が接した部分で強く現れる．明度違いの無彩色の場合，境界線部分では明るい灰色が少し明るく，暗い灰色は少し暗く見える．

「インテリアの百科事典」の出版によせて

　日本インテリア学会が誕生したのは平成元年のことです．第二次世界大戦が終わってから半世紀を経て，各種産業界が順次復活するようになり，インテリアの分野でも技術者が増えてきましたので，それに対応すべく学会を設けて勉強しようという意見が聞かれるようになりました．そこで私が島崎信氏と渡辺優氏に学会の創設を相談したところ，賛同して下さる方が300人ほどもいることが分かりました．そこで平成元年に日本インテリア学会を発足させました．

　それから四半世紀を経て学会員も400人を超えたところで，三代目の会長直井英雄氏が「インテリアの百科事典」の出版を計画され，立派な事典ができあがりました．その刊行までのご努力に衷心より敬意を表するとともに，作業を担当された会員の皆様のご苦労にも厚くお礼を申しあげます．

　なおインテリア産業の誕生した経緯については，過去に私が深く関係して参りましたことなので，その概要を「序」として書き加えました．ご興味のある方の参考になれば幸いです．

日本インテリア学会名誉会長
小　原　二　郎

刊行の趣旨と経緯について

　インテリアというと一般的には，室内装飾品やそれに付随する照明，家具といった単なる生活用品類をイメージすることが多いが，本来は，人々が日常生活で当たり前のように接している室内空間をトータルに指す言葉である．その便利さ，心地よさが，日々の生活をより豊かに充実したものにするうえで，きわめて重要なものであることはいうまでもない．

　このインテリアを成り立たせているものを改めて考えたとき，これまでは個人の感性やデザインセンスといった，いわば美学的・感覚的な側面のみが強調されることが多かった．しかし本来は，それ以外にも，家具，ファブリック，照明器具，設備等に関する幅広い商品知識や空間を形作る構造や構法，材料などの建築知識，快適な生活空間を作るための人間工学や環境工学の知識，さらには歴史や経済，法律といった広範な知識が要求されるものなのである．

　本書は，インテリアを考えるうえで必須となるこのような幅広い知識をさまざまな切り口で解説し，インテリアをより深く理解していただくことを意図して，丸善出版「百科事典シリーズ」の新たなラインナップの一つとして企画されたものである．そのとりまとめを委託された日本インテリア学会では，編集委員会を組織して事典の全体構成を練るとともに，各項目の執筆を学会員を中心とするそれぞれの専門家に広く依頼し，このたび刊行にこぎつけたものである．

　以上のごとく，本書は，インテリアに関する最新知識を集大成した「事典」である．公共図書館やインテリア系・建築系の教育機関に常備されることにより，まずはインテリアに関心のある一般読者や学生の閲覧の用に供していただきたいと考えているが，それと同時に，専門家としてインテリア関連の業務に携わる方々，あるいはインテリア関連の資格取得を目指している方々にもぜひ手にとっていただきたいと願っている．

「インテリアの百科事典」編集委員長
日本インテリア学会会長
直　井　英　雄

本書の構成と見出し語について

　インテリアとは何か，インテリアの領域とはどの範囲までか，などの問いに対して，的確に回答することは意外に難しい．これはインテリアの中にソフトとハードの両面を含んださまざまな要因が関係しているからである．そこで本書の編集委員会では，インテリア空間やインテリアエレメントを対象に研究・実践している者，つまりインテリアを作る側の者が中心となっていたこともあり，大枠の方針として，インテリアを作る上で必要となる知識を可能な限り網羅するという現実的な方針を共有し，編集作業を進めることとした．

　このような方針のもと，まず見出し語を網羅的に選定し，それを体系的に整理するとともに，それぞれの語を最もふさわしいと目される専門家に執筆していただいた．また，執筆された原稿の査読も，見出し語の体系に沿った専門家の体制により行った．したがって本書は，インテリアに関心のある読者にとって，かなり充実した内容を備えたものになっていると考えている．

　本書は，基礎編としての前半部分と応用編としての後半部分の2部構成になっている．

　前半は，インテリアに関連する基本的な内容についての見出し語を整理してある．例えば，「ライフスタイル」のようにソフトの項目から「床仕上げ材」といったハードの項目まで幅広い項目が挙げられており，インテリアの個別の内容に関心がある場合に役立つと考えている．また，実務的な項目や法律関連の項目を入れることにより，より深く関心をもたれている場合にも対応できるような構成としている．

　後半は実際のインテリア空間を対象として見出し語を整理している．住宅や学校のインテリア空間はどうなっているのか，といった具体的な点に関心がある読者は，こちらから読んでいただくとよい．

「インテリアの百科事典」編集委員
白　石　光　昭

序──わが国における「インテリア」の成立の記録

　日本は明治時代になってから，学問については東京帝国大学，京都帝国大学などの国立七帝国大学を誕生させました．また同時に私立の早稲田大学や慶應義塾大学などの学校を設立させて教育機関の整備に力をそそいで来ました．今から100年ほど前にあった東京工業学校は，その後東京工業大学に昇格されましたが，その中に含まれていた工業図案科は大学から離れて，都内の国鉄田町駅前に東京高等工芸学校として独立した専門学校になりました．

　ところがその後昭和12年に中国との戦争が始まると，工芸などという軟弱なものは不要だという校長の意見が強くなり，工業図案科と木材工芸科を残して，他の学科は純粋な工業系の学科に変更されてしまいました．そのうえ大東亜戦争中の東京空襲の時に田町の校舎は戦火で焼失し，さらに移転先の校舎も焼けるという二度の戦火を受けたのです．そこで戦争が終わった後に，東京を離れて江戸川を越えた千葉県の松戸市に残っていた陸軍工兵学校の校舎に移ることになりました．千葉市には旧制の千葉医科大学がありましたから，医学部を中心にして他学部を加えた千葉大学の工学部として運営されることになりました．その組織の中で，図案科は独立した学科として残り，木材工芸は建築学科の中の1講座として運営されることになりました．

　ところで私は昭和12年の支那事変が始まった時に補充兵として召集を受け，満州に送られて4年半の兵隊生活をすることになりました．ところが兵役を終えて京都大学に在学中に再度の召集を受けたのです．そして終戦の時には陸軍大尉になって京都大学の学生に戻りました．ですから卒業の時にはすでに30歳になっていました．

　幸い京都で府立大学の教員として採用していただきましたので助かりました．在任中に木材の老化に関する論文をまとめて農学博士になり，京都で教員として平穏に10年間暮らしていました．その後昭和31年に千葉大学工学部に採用され，助教授として勤務することになりました．

　私はそれまで木材の専門家として勤務していましたが，千葉大学の勤務は工学部の建築学科ですから，新しい学問分野を勉強することが必要となりました．その頃日本で注目され始めていたのは，アメリカで戦争中に開発された人間工学でした．私はそれを勉強するのがよいと考えて準備に取りかかっていました．幸い

なことに間もなくそれを利用する機会に恵まれました．その事情は以下のようです．
　日本では明治の初めから小学校も中学校も教室で使用していたのは，横に細長い2人が並ぶ木製の机でした．文部省はそれを1人用の机と椅子に全国的に取り替える方針を採用しました．ところがそれまで生徒の人体計測の資料がありませんでしたから机と椅子の設計ができません．そこで文部省は委員会を設けて生徒の人体計測をすることになりました．その方針に従って私達は生徒の人体計測をしたのですが，測定者がそれに馴れていないこともあって半年ほどかかってようやく15,000人の生徒の計測値が得られました．それにもとづいて学校家具の企画案が作製され，それが昭和41年になってJISとして登録されました．
　ところでこの件について付記しておきたいことがあります．私は昭和30年の中頃にヨーロッパに旅行する機会がありました．その時にスウェーデンの家具研究所を見学しましたが，その所長が昭和43年に日本に来る機会があって私の学校に立ち寄りました．私は日本の学校家具のJIS規格資料を差しあげました．その後にヨーロッパの数ヵ国が学校家具の規格を統一することになりました．その時，以前に私が差しあげたJISが参考になったそうで，ヨーロッパの規格ISOは日本のJISと同様なものになっています．
　もうひとつヨーロッパで家具と呼ばれているものが，日本では道具だったという話をつけ加えましょう．文部省が設けた学校家具の委員の中には小学校の校長先生と中学校の校長先生が入っておられました．そして2人とも「学校の中で家具と呼べるのは校長室と応接室にあるものだけだ．コシカケは道具であって家具ではない」と強く反対されました．その理由はヨーロッパの家庭は椅子生活ですが，日本の在来の家庭生活は平座式でしたから，椅子は特殊な家でしか使っていなかったからです．現在から考えると不思議に思いますが，当時は校長先生の意見のほうが正しかったのです．
　私は千葉大学の建築学科の中に含まれている木材工芸という講座名称を変えたいと考えました．それは図案科がデザイン学科と名称を改めたら入学志願者が増えたからです．そこで昭和43年に木材工芸をインテリアに変えて，室内設計のあり方を研究しようと考えました．ところが文部省ではすぐには許可になりませんでした．インテリアの改名許可が出たのは昭和45年になってからでした．各県には当時工業学校に木材工芸のコースがありましたが，工業学校でもインテリアに改名したら志願者が増えて女子生徒も入学して来るようになったと喜ばれました．私は改名の効果の大きいことを初めて知りました．以上に述べたのは文部省との関係についてでしたが，その後は通産省，建設省などで改名の成果をあげることができました．その話を書きます．

通産省は戦後になって社会が落ち着き始めると，大規模な産業から順次工業化への指導を応援するようになりました．ところが最後に残されたのは家具，室内装備具，電気応用具，壁装工事業などの零細な分野でした．通産省はこれを雑貨課の名称をつけてその活性化に頭を痛めていました．ところが優秀な役人がいて雑貨課の名称をインテリア課に改名して，毎年3,000万円ほどの補助金を出して東京と大阪で交互にインテリア産業展を開催させました．さらにその従業員にインテリアコーディネーターという大臣認定の資格を与えました．これが人気を呼びこの資格の受験者は最高時には年間17,000人にまで増えました．それらの人達は商品知識だけで技術力がないために，その後は次第に減っていくことになりました．いずれにしてもインテリア業界は通産省の後援を受けて急速な発展をすることになりました．

　通産省はまた外国の実情を調べる必要があると考えたので，私にアメリカの実情を調査して来るように依頼がありました．私はまずシカゴに行きました．当時世界最大の建築物として有名だったマーチャンダイズマートの中には多数の高級インテリア商店がぎっしりと並んでいました．また西海岸のロサンゼルスには立派なインテリアマーケットの建物があって盛況を誇っていました．さらに聞いたところでは各州ごとに同様の施設があるとのことでした．椅子式生活をすれば日本の和室のような家具の少ない生活空間とは大きな差が出て来ることは当然ですから，帰国して通産省にその旨を報告しました．アメリカではインテリアデザイナーと呼ばれる権威ある人が多いことも申し添えました．その後日本のインテリア産業は急速に発展することになりました．その実情は皆様のご承知の通りです．

　次は建設省との関係について述べます．建設省は建物の指導監督の責任を持っていますが，それは各部屋の壁の表面までで切れます．壁に囲まれた室内空間を，技術的な基礎知識を持たないインテリアコーディネーターの能力にまかせていたのでは発展する期待が持てません．そこで建設省は通産省のインテリアコーディネーターの持つ役割について無責任すぎると強い反対を申し出ました．そこで両省の権限の明確化が強く要求されることになりました．この件について約1年ほど交渉がありましたが，その結果，建物の室内空間については建設省の許可する一級建築士と同じ資格を持つインテリアプランナーが責任を持つという結論になり落着しました．私は両省のお手伝いを依頼されていながら，あまりお役に立たなかったことを申し訳なく思っています．以上のような経過によってインテリアの業界の中には商品の詳しい知識を持つコーディネーターと，店舗設計の技術に詳しいプランナーの両者が加わることになりました．

　ここでもう一度私達の住まいの歴史を振り返ってみましょう．日本の庶民の家

はすべて木造でした．それが戦争で焼野が原になった後も受けつがれて木造の家を建てていました．庶民がコンクリートの家に住み始めたのは昭和 30 年に住宅公団が生まれてコンクリートの集合住宅が普及した後からです．その歴史はまだ半世紀しか経っていません．私達はそれ以後集合住宅の中で椅子に座って食事をするのが当たり前になったのです．それ以前は畳の上に平座してちゃぶ台を囲んで食事をしていました．ですから多くの人が椅子の生活をするようになった歴史は僅か半世紀しか経っていないのです．日本の青年の姿勢がよくないといわれたのも，そこに原因のひとつがあったからでしょう．

　かつて第一生命の社長をされていた矢野一郎氏は，日本の青年の姿勢の悪さを憂えて昭和 43 年に姿勢研究所を設けられました．この研究所は半世紀にわたる成果をあげられましたが，私は矢野氏のその着眼に深い敬意を表したいと思います．

　上記のような経過によってインテリアの分野に残された課題は少しずつ明らかになって来ました．そこで私は島崎信氏と渡辺優氏に相談をして日本インテリア学会を設立することを提案しました．それが四半世紀を経て，次代の方々によって一層成果をあげていただけるようになったことは何よりも嬉しいことと感謝しています．日本インテリア学会の一層のご発展をお祈りいたします．

〔小原 二郎〕

［執筆者の略歴］
1916年 長野県生まれ．
京都大学卒業．農学博士．
千葉大学工学部建築学科教授，同大学工学部長を経て
千葉大学名誉教授．千葉工業大学常任理事．
日本インテリア学会名誉会長，日本建築学会名誉会員，
日本人間工学会名誉会員，中国江南大学名誉教授．
専攻は人間工学，住宅産業，木材工学．
受賞歴は日本建築学会賞，日本建築学会大賞，みどりの文化賞．
勲二等瑞宝章，藍綬褒章を受章．

「インテリアの百科事典」編集委員会

編集委員長
直井 英雄　　東京理科大学名誉教授

編 集 委 員
上野 義雪　　元千葉工業大学教授
金子 裕行　　千葉県立市川工業高等学校インテリア科
白石 光昭　　千葉工業大学創造工学部
松本 吉彦　　旭化成ホームズ株式会社くらしノベーション研究所

執筆者一覧

赤瀬 達三	株式会社黎デザイン総合計画研究所
安藤 恒次	国土交通省住宅局
池ノ谷 真司	凸版印刷株式会社環境デザイン事業部クリエイティブ本部
石橋 達勇	北海学園大学工学部
伊藤 香織	旭化成ホームズ株式会社くらしノベーション研究所
井上 昇	株式会社いのうえアソシエーツ
入澤 敦子	旭化成ホームズ株式会社くらしノベーション研究所
岩井 一幸	一般財団法人工芸財団
上野 弘義	スターツCAM株式会社新東京建築設計事務所
上野 義雪	元千葉工業大学教授
内田 和彦	株式会社岡村製作所マーケティング本部
大内 啓子	一般財団法人日本色彩研究所研究第一部
小澤 武	小澤建築研究室
織田 憲嗣	東海大学名誉教授
小野 久美子	国立研究開発法人建築研究所建築生産研究グループ
小野 淳	株式会社ジェイアール東日本建築設計事務所建築設計本部
小野田 行雄	有限会社イリス・アソシエーツ
鍵和田 務	生活文化研究所
片山 勢津子	京都女子大学家政学部
加藤 力	元宝塚大学大学院教授
金子 裕行	千葉県立市川工業高等学校インテリア科
川内 美彦	東洋大学ライフデザイン学部
川島 平七郎	居住環境研究所
川口 孝泰	筑波大学医学医療系
河田 克博	名古屋工業大学大学院社会工学専攻
河村 容治	東京都市大学都市生活学部
北浦 かほる	大阪市立大学名誉教授

執筆者一覧

木戸 將人	旭化成ホームズ株式会社くらしノベーション研究所
栗山 正也	KDアトリエ
小原 二郎	千葉大学名誉教授
小宮 容一	芦屋大学名誉教授
近藤 雅之	積水ハウス株式会社総合住宅研究所
佐野 友紀	早稲田大学人間科学学術院
島村 一志	公益社団法人インテリア産業協会事務局
清水 裕之	名古屋大学大学院環境学研究科
白石 光昭	千葉工業大学創造工学部
新舛 静香	株式会社スパイラル
菅野 泰史	大和ハウス工業株式会社総合技術研究所
鈴木 淳一	国土交通省国土技術政策総合研究所
鈴木 敏彦	工学院大学建築学部
高橋 正樹	文化学園大学造形学部
高橋 未樹子	コマニー株式会社研究開発統括本部
建部 謙治	愛知工業大学工学部
直井 英雄	東京理科大学名誉教授
中嶋 祥子	三菱地所レジデンス株式会社商品企画部
中島 龍興	有限会社中島龍興照明デザイン研究所
永瀬 彩子	千葉大学国際教養学部
中瀬 博幸	HN建築デザイン工房
仲谷 剛史	積水化学工業株式会社住宅技術研究所
中村 孝之	京都大学大学院医学研究科
長山 洋子	文化学園大学造形学部
西岡 基夫	大阪市立大学大学院生活科学研究科
西田 恭子	三井不動産リフォーム株式会社住生活研究所
西出 和彦	東京大学大学院工学系研究科
布田 健	国土交通省国土技術政策総合研究所
花岡 鈴実	元株式会社ノーリツ
樋口 恵美子	株式会社LIXILリフォーム事業部
藤原 成曉	ものつくり大学技能工芸学部
棒田 邦夫	金沢学院大学芸術学部
眞方山 美穂	国土交通省国土技術政策総合研究所
松崎 元	千葉工業大学創造工学部

松　本　吉　彦	旭化成ホームズ株式会社くらしノベーション研究所
村　川　剛　啓	千葉県立市川工業高等学校インテリア科
森　永　智　年	九州女子大学家政学部
矢　田　朝　士	ATELIER-ASH
横　山　勝　樹	女子美術大学芸術学部
吉　野　崇　裕	木夢株式会社
若　井　正　一	日本大学名誉教授上席研究員
脇　山　善　夫	国土交通省国土技術政策総合研究所
渡　邉　秀　俊	文化学園大学造形学部

（2016年4月現在，五十音順）

目次

第Ⅰ編　基礎知識編

1．計画関連

①生活系（執筆幹事：長山洋子）
- ライフスタイル……4
- 暮らしの作法……6
- 起居様式……8
- 室礼……10
- 茶の湯・いけ花……12
- 風水……14
- 居住形態……16
- 家族形態の変化……18
- ライフステージ……20
- ガーデニング……22
- テーブルセッティング……24
- ワークスタイル……26

②日用品系（執筆幹事：松崎　元）
- インテリア小物……30
- インテリア家電……32
- テーブルウェア……34
- インテリアグリーン……36
- カーペット・絨毯……38

③美術工芸系（執筆幹事：藤原成曉）
- 絵画・彫刻・置物……42
- 演出と照明……46
- プロポーションの美しさ……50

④エレメント系（執筆幹事：上野義雪）
- 家具……56
- 北欧家具……60
- 家具の耐震……62
- 住宅の椅子……64
- 床座用椅子……66
- 幼児用椅子……68
- 高齢者用椅子……70
- オフィス家具……72
- オフィスの椅子……74
- 学校用家具……76
- 公共空間の椅子……78
- 乗り物のシート……80
- ベッド・寝具……86
- カーテン・ブラインド……90
- 照明器具……92
- キッチン設備……94
- 浴室設備……98
- 洗面化粧台……102
- 便器……106
- 水栓金具……112
- 車いす・電動車いす……116
- 手すりの種類……120
- 階段・スロープ・はしご……124
- ホームエレベータ・階段昇降機……126

⑤内装材料系（執筆幹事：小宮容一）
- 仕上げと納まり……130
- 床仕上げ材……132
- 壁仕上げ材……134
- 天井仕上げ材……138
- 建具……140
- 左官仕上げ……142
- 塗装……144
- テキスタイル……146

⑥計画系（執筆幹事：白石光昭，渡邉秀俊）
- 人の寸法……150
- 姿勢……152
- 人間工学（エルゴノミクス）……154
- 動作・作業と空間……156
- 空間の寸法（規模）……158
- ユニバーサル・デザインとバリアフリー……160

ハンディキャップ者配慮のインテリア計画
……………………………………………162
色彩計画（カラーコーディネート）……164
カラーユニバーサルデザイン……………168
照明計画……………………………………170
群衆の行動…………………………………172
日常安全……………………………………174
サイン計画…………………………………178
動線計画・視線計画………………………180
ファシリティマネジメント………………182
スケルトン・インフィル…………………184
住空間の構成………………………………186
住空間の配置………………………………190

⑦ 人間の感覚・心理系（執筆幹事：西出和彦）
色彩と心理…………………………………194
かたちと心理………………………………196
素材と心理…………………………………200
対人距離・パーソナルスペース…………202
ソシオフーガル・ソシオペタル（人の集
合と心理）…………………………………206
空間心理（環境心理）……………………208
五感とインテリア…………………………210

⑧ 室内環境系（執筆幹事：高橋正樹）
断熱・調湿…………………………………214
換気・通風…………………………………216
遮音・吸音・残響…………………………218
日照・採光…………………………………220

⑨ 環境・省エネ系（執筆幹事：仲谷剛史）
エコロジー…………………………………224
シックハウス………………………………226
省エネルギー………………………………228
CO_2削減…………………………………230

⑩ 歴史系（執筆幹事：片山勢津子）
日本のインテリア…………………………234
数寄屋造……………………………………236
町家…………………………………………238
和室の伝統…………………………………240
西洋のインテリア…………………………242
アール・ヌーヴォーとアール・デコ様式
………………………………………………244
バウハウス…………………………………246
家具の歴史…………………………………248

2. 実務基礎関連

① 設計系（執筆幹事：棒田邦夫）
設計プロセス………………………………256
図面・図法の種類…………………………260
透視図・アクソメ図………………………264
インテリア模型……………………………268
プレゼンテーション技法…………………270
CADとCG……………………………………272

② 内装系（執筆幹事：藤原成曉）
床構法………………………………………278
壁構法………………………………………282
天井構法……………………………………286

造作…………………………………………292
幅木と廻縁…………………………………296
階段…………………………………………298
開口部（建具）の納まり…………………302

③ 設備設計系（執筆幹事：川島平七郎）
設備…………………………………………310
給排水設備…………………………………312
給湯設備……………………………………314
換気設備……………………………………316
電気設備……………………………………318
冷暖房設備…………………………………320

④ **施工系**（執筆幹事：鈴木敏彦）
建築構造の種類 …………………… 324
構造材料 ……………………………… 326
木造 …………………………………… 328
鉄骨造 ………………………………… 330
鉄筋コンクリート造 ………………… 332

⑤ **積算系**（執筆幹事：鈴木敏彦）
積算・見積 …………………………… 336

3. 法規関連

① **法律系**（執筆幹事：布田健）
建築基準法 …………………………… 340
消防法 ………………………………… 342
バリアフリー法 ……………………… 344
品確法 ………………………………… 346
建築士法 ……………………………… 350
消費者関連法規（PL法，消費者契約法）
　…………………………………… 352
省エネルギー法 ……………………… 354
グリーン購入法 ……………………… 356

② **規格系**（執筆幹事：岩井一幸）
日本工業規格（JIS）・日本農林規格（JAS）
　…………………………………… 360
国際規格（ISO）・欧州規格（EN）… 362
LEED ………………………………… 364
CASBEE ……………………………… 366
安全規格 ……………………………… 368
BL部品 ……………………………… 370

③ **資格系**（執筆幹事：金子裕行）
インテリアプランナー ……………… 374
インテリアコーディネーター ……… 376
建築士 ………………………………… 378
カラーコーディネーター …………… 380
ファシリティマネジャー …………… 382
福祉住環境コーディネーター ……… 384
キッチンスペシャリスト …………… 386
インテリア設計士 …………………… 388
マンションリフォームマネジャー … 390

4. 販売関連

① **商品企画系**（執筆幹事：島村一志）
市場調査 ……………………………… 394
商品企画 ……………………………… 396
顧客説明と打合せ …………………… 398

② **販売管理系**（執筆幹事：池ノ谷真司）
小売業の種類 ………………………… 402
流通 …………………………………… 404
情報システム ………………………… 406
販売促進 ……………………………… 408

第Ⅱ編　対象空間編

①住宅（執筆幹事：松本吉彦）
住宅インテリア設計の考え方……… 414
キッチン………………………………… 416
ダイニング……………………………… 418
リビング………………………………… 420
デスクコーナー………………………… 422
和室……………………………………… 424
浴室……………………………………… 426
洗面・脱衣・洗濯……………………… 428
トイレ…………………………………… 430
主寝室…………………………………… 432
子ども部屋……………………………… 436
玄関……………………………………… 440
廊下・階段……………………………… 444
収納……………………………………… 448
リフォーム・リノベーション………… 450

②学校（執筆幹事：横山勝樹）
学校インテリア設計の考え方………… 454
教室……………………………………… 456
特別教室………………………………… 458
図書室…………………………………… 460

③オフィス（執筆幹事：白石光昭）
オフィスプランニングの考え方……… 464

執務室（執務空間）…………………… 468
会議室・応接室………………………… 470
リフレッシュルーム（リフレッシュコーナー）
………………………………………… 472

④公共・商業空間（執筆幹事：白石光昭）
喫茶店（カフェ）……………………… 476
レストラン・食堂……………………… 478
ホテル・旅館…………………………… 480
百貨店（デパート）…………………… 482
駅………………………………………… 484
ファストフード店……………………… 488
公共トイレ……………………………… 490
病院・診療所…………………………… 492
劇場……………………………………… 494
福祉施設………………………………… 496
図書館…………………………………… 500

⑤その他（執筆幹事：島村一志）
ショールーム…………………………… 504
インテリア教育機関…………………… 506
インテリア関連の団体………………… 508

第 I 編

基礎知識編

1. 計画関連
- ①生活系 …………………………… 3
- ②日用品系 ………………………… 29
- ③美術工芸系 ……………………… 41
- ④エレメント系 …………………… 55
- ⑤内装材料系 ……………………… 129
- ⑥計画系 …………………………… 149
- ⑦人間の感覚・心理系 …………… 193
- ⑧室内環境系 ……………………… 213
- ⑨環境・省エネ系 ………………… 223
- ⑩歴史系 …………………………… 233

2. 実務基礎関連
- ①設計系 …………………………… 255
- ②内装系 …………………………… 277
- ③設備設計系 ……………………… 309
- ④施工系 …………………………… 323
- ⑤積算系 …………………………… 335

3. 法規関連
- ①法律系 …………………………… 339
- ②規格系 …………………………… 359
- ③資格系 …………………………… 373

4. 販売関連
- ①商品企画系 ……………………… 393
- ②販売管理系 ……………………… 401

1 計画関連

①生活系

ライフスタイル …………………… 4
暮らしの作法 …………………… 6
起居様式 ………………………… 8
室礼 ……………………………… 10
茶の湯・いけ花 ………………… 12
風水 ……………………………… 14
居住形態 ………………………… 16
家族形態の変化 ………………… 18
ライフステージ ………………… 20
ガーデニング …………………… 22
テーブルセッティング ………… 24
ワークスタイル ………………… 26

ライフスタイル

ライフスタイルとは

　私達の日常の生活行動は，個人の生活観や行動様式だけでなく人生観，価値観，習慣などを含めた個人の生き方やアイデンティティーを反映したものである．ライフスタイルはこれらを包括する概念であり，そこには個人の行動の選択基準となる価値観が読み取れる．ライフスタイルの概念は広義のものから，衣食住の専門分野を視野にいれた狭義の意味に至るまで多様に用いられている．住まいについていえば，具体的にはどこで，誰と，どのように暮らしたいかということであり，住居観や住まい方とほぼ同義に使われている．ちなみに，地方の人口減で国内の住宅総数に占める空き家の割合が 2013 年 10 月時点で過去最高の 13.5％，820 万戸に上ったとされており（総務省：「住宅土地統計調査速報集計」），リフォームや住宅市場では生活に着目したライフスタイルの商品化が注目されている．

社会の変化とライフスタイル

　住宅の量不足の時代を経て 1970 年頃には住戸数が世帯数を上回り，住宅面積や設備など，質が求められるようになった．オイルショックを契機に，経済の高度成長の過程で手にしてきた大量消費型の生活様式や総中流意識をもつ大衆消費社会が崩壊し，消費者ニーズの多様化やモノ離れ現象が現れ始めた．

　新しい経済社会の潮流の中で，個人は自分らしさを求めて個性的な生活を追求し始めた．インテリアが商品化され，システムキッチン設備やデザインなど生活へのこだわりがさらに追求されるようになった．

　環境保護と少子高齢社会の到来で，女性の社会進出は一段と進み，共働き家庭が増えさらに生活の外部化が浸透した．1 人でも快適に暮らすことができ，気の合う仲間や同じ価値観をもつ非血縁家族が増え始めた．核家族化が進行する一方，若年から高齢まで全年齢層を通じてシングルが増加し，DINKS（double income no kids）や DEWKS（double employed with kids）も増加した．人生 80 年時代となり，子どもの独立後の生き方が問われるようになった．

少子高齢社会とネットワーク時代のライフスタイル

　グループホームやコレクティブハウジングなど新しい家族の形態が模索され，技術の高度化，情報化の進展が住生活の選択肢を拡大する一方，環境・資源問題の深刻化は省資源・省エネルギー・リサイクル・環境との共生など，ライフスタ

イルのあり方にも多くの課題を生み出している．

　近未来の住まい方を約6,200名のインターネット調査から定量化した研究（北浦他：生活者の視点に立った次世代型集合住宅の研究）がある．抽出した11の住居観のうちリフレッシュ型，団らん型，こだわり型，シンプル型，ねぐら型の計5個が91.9％を占めた．危険率0.1％で有意差が見られたのは，「リフレッシュ型」（身体と心をゆっくり休められるものにしたい）が最も多く，20，30代シングルや20〜40代夫婦など同居家族の少ない比較的余裕のある層であった．「団らん型」（家族が団らんをする部屋に力をいれたい）は，専業主婦のベビーファミリーやキッズファミリーに見られた．「シンプル型」（あまり広い家より必要な部屋だけある家にしたい）は，アダルトファミリー（専業主婦）や50，60代の夫婦，40〜60代シングルは「ねぐら型」であった．「こだわり型」（他人のことは気にせず自分の個性に合ったものにしたい）は，1,200万円以上の年収の男性に関連が見られた．

　近未来に求められているライフスタイルは，「個人空間の重視」（プライベート空間，屋上・地下利用），「自然との関係づくり」（水・緑・光，自然エネルギー，既存建築の利用），「経年変化への対応」（好みの変化・経年変化に合わせて選べる設備・仕切り），「家族や地域での新しい人間関係づくり」（家族・近隣・地域との共有空間の設定）などである（図1）．

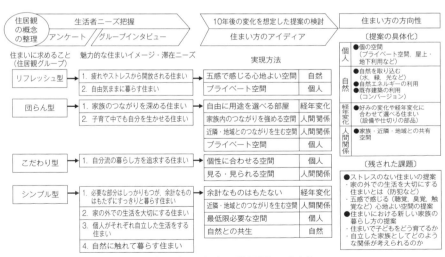

図1 ｜ ライフスタイル（住居観）の方向性

〔北浦かほる〕

暮らしの作法

日本では，古来，自然界のあらゆるものに神が宿ると考えられてきた．建築の現場では，建物を建てる時に，氏神を祀って工事の無事を祈り，家の繁栄を祈願する地鎮祭や，棟上げまで工事が終了したことに感謝する棟上げ式を行うことが多い．また住まいには玄関，座敷，竈（かまど），井戸，便所など暮らしに欠かせない要所には神が宿るとして祀った．このような生活文化は，豊かな自然に恵まれた島国という地理的条件の中で育まれ，身のまわりの暮らしの中に礼の心を生み出した．それは生活の場である住まいを日常生活の舞台と見立て，ふるまい，相手を思いやるという礼儀にもなった．

これらは暮らしの作法として現代へも受け継がれている．

玄関の作法

玄関は住まいへの正式な出入り口であり，来客をもてなす家の顔である．日本の履物を脱ぐ暮らしは，履物の脱ぎ方や揃え方の作法を生み出した．相手におしりや背中を向けない配慮により，正面を向いたまま履物を脱ぎ，斜め後ろに向き直って脱いだ履物を揃え，履物は下駄箱側（下座）に揃えるというものである．

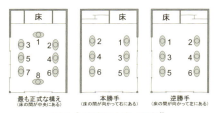

図1 ｜ 和室の上座・下座[1]
自分が招かれている立場の時は出入り口に近い席に座ると心得る．

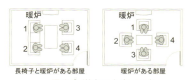

図2 ｜ 洋室の上座・下座
長椅子がある場合はゆったり腰掛けられる長椅子が上座となる．長椅子が出入り口に近い場所にある場合はこの限りではない．

---

1) 図1は作法の観点から小笠原礼法の例を示しているが，書院建築では床の間が向かって左にあるものを本勝手と呼び，茶の湯では亭主から見て客が右側に位置するものが本勝手とされ床の間の位置に拠らない．床の間の位置だけに注目すると，図1の呼び方と逆になる場合がある．

座敷の作法
　礼法では上位の者が座る場所を「上座(じょうざ)」、下の者が座る場所を「下座(げざ)」という。座敷では、神聖な空間である床の間に近い場所を上座とし、床の間を背にした座が「上座」となる。次に高い座は床の間を脇にする「客座」で、反対側の「主位」は迎える主人が座る場所である（図1）。

洋室の作法
　洋室では、暖炉に近い席が上座となる。暖炉がない場合は、出入り口から遠い席が上座、近い席が下座と判断する（図2）。
　一般に日本では向かって右が上位、西洋では向かって左が上位となる。

敷居の作法
　「敷居が高い（義理を欠きその家に行きにくい）」「敷居をまたぐ（家に入る、または出る）」など、敷居はその家の象徴とされ、敷居を踏むことは家や家人を踏みつけることと同じと考えられている。また世間と家、部屋と廊下を隔てる結界（境界）の役割があり、結界を踏むことは空間様式を崩すことになるとして、敷居を踏まない作法が生まれた。

畳縁の作法
　寝殿造で座臥具として使われた置畳の縁は、絹や麻を用いた高級品であった。また身分を表す文様や彩りが定められ、その家の格式を表した。それを踏むことは先祖や家人の顔を踏むことになる。また、畳の縁にも来客と主人を区別する結界の意味があり、畳の縁を踏まない作法が生まれた。

座布団の作法
　座布団は寝殿造で敷布団として使われた上蓆(うわむしろ)を正方形にしたものであるが、江戸時代中期には現在の形となって庶民にも広く普及した。権力者や高僧などの権力の象徴として用いられ、来客を敬いもてなすという意味がある。座布団を踏みつけることはもてなしの心を踏みにじる行為となり、座布団を踏まない作法が生まれた。

目線の位置
　和室では挨拶や襖の開け閉め等の行為は座って行うことが作法とされている。これは、目線の高さが人間関係を形作ることになるためであり、立居により座っている来客を見下ろすことを避ける配慮である。

〔長山　洋子〕

　📖 参考文献
［1］小笠原敬承斎：「小笠原流礼法入門　見て学ぶ日本人のふるまい」、淡交社、2011.

起居様式

　起居様式とは，立ったり座ったりという日常の基本的な生活の仕方や姿勢を表すもので，「ユカ座」と「イス座」に大別する．ユカ座は床に直接腰を下ろす・横になるなど床面に接した姿勢の暮らし方をいい，イス座は身体を椅子やソファ・ベッドなどの家具を用いて支え，床から離した暮らし方をいう．

ユカ座の空間
　ユカ座の床は身体が直接床面に触れるため，適度な弾力性や保温性など身体に快適な触感や清潔感が求められる．座敷の畳はユカ座生活に適した素材であり，卓袱台を配置すると食事の場になり，布団を敷けば寝室になるなど用途に応じて多目的に使える．そこに持ち込む家具や道具によって空間の用途が変わる転用性を持つ．また，座敷の暮らしは，相手を思いやる礼法やしきたりなど日本固有の生活文化を生み出した．

イス座の空間
　ダイニングルームにはテーブルや椅子を配置し，リビングルームにはソファ，ベッドルームにはベッドを配置するなど，イス座空間では部屋の用途を固定し，使用目的に合わせて部屋の大きさを決め，家具を配置する．西洋や中国では履物のまま室内に入るため内と外との区別が曖昧となる．そのため，床を生活面として捉える日本人のイス座空間とは，床に対する意識が異なっている．

日本におけるユカ座とイス座
　明治初期に西洋の生活様式が導入された．官公庁や小学校でイス座が取り入れられ，上流階級の住宅では洋風応接間がつくられたが，庶民の住宅にイス座が普及するのは第二次世界大戦後である．それまでの食事空間は，茶の間で卓袱台を用いていたが，ダイニングキッチンが導入されダイニングセットが用いられるようになった．これにより食事空間のイス座が広く普及し，さらにリビングにソファやテーブルを設えるなど，都市住宅を中心にイス座が進んだ．しかし洋家具を導入したものの実際にはそれらを十分に活用できず，昭和50年代以降は実用的に使いこなしていない応接セットを破棄してコタツローテーブルを設えたり，応接セットとコタツを組み合わせるなどリビングルームにおいてユカ座の暮らし方に戻る傾向が現れた．

生活の姿勢

ユカ座の正座は，日本人の伝統的な座り方として受け継がれ，正式な場面では必須の作法となっている．その一方で，膝を折るなど無理な姿勢を強いられるため，身体への負担が大きい．伏臥や側伏臥など身体・膝を伸ばす姿勢は，落ち着き感，安心感が得られ，リラックスする行為となる（図1）．また，イス座では，本来ユカ座でとられる正座や横座り，胡坐，側臥，伏臥などの姿勢もみられ，椅子やソファを用いながらも，さまざまな姿勢が自由に行われている（図2）．

現代の起居様式

現代日本住居では食事空間にはイス座を取り入れているものの，くつろぎを求めるリビングではユカ座を志向する傾向がみられる．リビングではフローリングの床に応接セットを配置している例が多い．しかし緊張感がある，落ち着かないなどの理由からユカ座姿勢が望まれ，堅くて冷たい触感を緩和するためホットカーペット，ラグ，置畳等の補助具を用いて対応している．畳敷の部屋は便利なユカ座空間として「洗濯物をたたむ」「アイロンをかける」など家事行為にも利用されている．

多様化した現代日本の住生活では，イス座とユカ座を混在させ，さまざまな状況に柔軟に対応した自由な姿勢の暮らし方が営まれている．

図1 ユカ座の姿勢 日本の正式な作法となる姿勢から，リラックスする姿勢までさまざまなユカ座姿勢がある．

図2 イス座の姿勢 イス座でもユカ座の姿勢が行われるなど，イス座ではさまざまな姿勢が行われている．

〔長山 洋子〕

□ 参考文献
[1] 沢田知子：「ユカ坐・イス坐」住まいの図書館出版局，住まい学大系 066，1995．
[2] 小泉和子：「昭和のくらし博物館」，河出書房新社，2000．

室礼

室礼は「飾りや調度をその場にふさわしく設備・配置する」という意味に加えて「室内などに調和した装飾や設備」などの装置を表す．現代では，室礼を季節や人生などの節目に合わせてモノを飾り，暮らしを豊かにすることとして捉え「インテリアに調和した装飾，設備」という意味で使われている．

室礼の変遷

平安時代の貴族の住まいである寝殿造の室内は，開放性と柔軟性を備えた一室空間だった．その空間を儀式や季節の行事など使用目的に合わせて障屏具(しょうへいぐ)で仕切り，座具や調度品を持ち込み，設備・配置した．さまざまな用途に対応させて，調度・座具などを組み合わせてインテリアを構成した．このように室内を仕切り，飾り付け，設営することを室礼といった．

室礼は，社会の移り変わりや日常生活の変化に対応しながら，武家の住まい・書院造へと受け継がれた．書院造では，畳が敷き詰められ，持ち運んでいた室礼の道具を造付にした．これらは床の間(とこま)・違棚(ちがいだな)・付書院(つけしょいん)などで構成され，座敷飾(ざしきかざり)といった．ここに，掛軸や花・置物などを飾り主人の座を荘厳なものに演出し，対面・接客儀礼を意識して身分差や格式を空間に表すものとして発展した．室礼は装飾や設備そのものを指すようになり現代へと受け継がれていった．

室礼の道具

障屏具（空間分割装置） 御簾(みす)は，光や風を通しながら視線を遮るものである．巻き上げる，垂らすなどして儀式や暮らしに必要な空間を造り出す．
壁代(かべしろ)・軟障(ぜじょう)は御簾と一緒に使われ御簾の視線透過性を補うために利用された．
屏風(びょうぶ)・几帳(きちょう)は御簾と併用されることが多く，空間を美的に演出する役割をもち，室内における隠れ場所ともなった．

座具（居場所を構成する装置） 置畳・円座・茵(しとね)などがある．これらの縁を身分に応じて差をつけ，空間における序列を表した．畳の縁は，天皇親王は繧繝縁(うんげん)，大臣公卿は高麗縁，殿上人は紫縁，諸大夫は黄縁である．

調度品（飾りの要素となる装備） 二階棚，厨子棚には，空間の使用目的に対応した道具などを飾り，それ自身も飾りとなった．

現代の室礼

　現代では生活の場としての座敷は減少しつつあるが，日本人の美意識は室礼というかたちで残されている．これらは日常生活の中に見出される美的なモノを敬い，自然や人事に心をくばるという日本人の感性の表現でもある．農耕民族である日本には暦を読み込み，季節の収穫に感謝する年中行事があった．年中行事は，暮らしの一大イベントとして家族総出で行われ，子ども達は晴れ着で装い，特別の器に盛られたご馳走をいただきながら，季節の営みに感謝することを学んだ．さらに季節を感じながら移ろい，はかなさ，あわれ，無常などの情緒を感じる心が育った．

　現代の室礼は，暮らしの豊かさを求める現代人が日常生活のアクセントとして，その時々の花や葉・実など季節をテーマに飾り，色とりどりの四季や年中行事をイメージして楽しむものとなっている．また，インテリアを豊かに彩る要素として，自分らしさを表すものとしても用いられている．

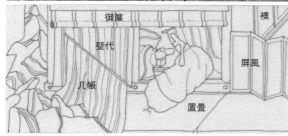

「源氏物語絵巻　第36帖　柏木その二」女三宮の出家を聞いて一層重体に陥った柏木の病床を親友の夕霧が見舞っている図．柏木の寝所は置畳が敷かれ，巻き上げられた御簾と壁代がかけられている．山水図の襖や屏風，朽木模様の几帳に室礼の様子がうかがえる．

図1 ｜ 源氏物語絵巻における室礼の様子（徳川美術館所蔵 © 徳川美術館イメージアーカイブ /DNPartcom）

〔長山 洋子〕

茶の湯・いけ花

　茶の湯は茶を飲むという日常的な生活行為を基本にしながら，茶専用空間や茶碗などの道具を用意し，自然や日常に心をくばり一定のルールを組み立てる芸術行為である．いけ花は草木のもつ美を時間経過とともに追求し，美を表現するところにルールをもたせた造形芸術である．ともに日常生活の中に美を求め，茶礼，規矩のルールを作り出し一定の表現形式に仕立てている．これら伝統文化は日本人ならではの自然観を取り入れながら，その時代の要求や事情に伴って，新しい広がりを生み出している．

茶の湯の変遷
　茶の始まりは8世紀に遣唐使が中国から持ち帰ったこととされている．12世紀末には栄西が禅宗とともに緑茶を飲む習慣をもたらし，寿命を延ばす薬として広く普及，喫茶の文化が定着した．14世紀には庶民の生活へも広がり，茶の味を飲みあてる「闘茶」が流行した．茶を中心とする宴会「茶会」が成立し，華やかな唐物道具を飾り楽しむものとなった．その一方で，日本的な不足の美を追求する独自の思想と様式を整えた「茶の湯」が登場した．村田珠光は茶の湯にはじめて心の問題を説き，武野紹鷗は連歌の美意識を取り入れ，千利休はわびの精神を重んじ，わびの美にふさわしい空間や道具を創造するなど，わび茶を大成した．

いけ花の変遷
　いけ花の始まりは，霊を迎えて蘇りを願う祭りや供養のために花を生けたこととされる．その後，仏教の伝来とともに仏前の供花を瓶子や壺などに挿して献ずることが一般化した．15世紀には華やかな東山文化のもとで格式を重んじる「書院造」が完成し，茶道具とあわせ舶来物の器に花を立て床の間に飾るようになった．その一方で草花は人間と同じく命を宿すとする思想が生まれ，つつましい姿の花こそ望ましいという見方から，瓶には素朴な木や竹がよいとされた．江戸時代には簡素で洗練された「数奇屋造」が町人たちにも広まり，いけ花はより自由に飾られるようになった．

茶の湯・いけ花とわび・さび
　「わび」は「思い通りにならないつらさ」，「さび」は「さびれていく，生命力の衰えていくさま」という意味があり，ともに否定的な感情を表す言葉であるが，平安時代や鎌倉時代の和歌の中で，閑寂・簡素・枯淡の世界観が生み出され，「美

を表す言葉」として用いられるようになった．これらは茶の湯・いけ花と結び付き，必要でないものを削ぎ落としたシンプルなさま，不完全なもの，ゆがんだものなど，ありのままの姿に美しさを見出す日本独自の美意識として発展した．

現代の茶の湯・いけ花

　明治以降茶の湯・いけ花はともに新しい解釈と様式的改革が試みられ，生活美学の母体となった．近代日本人の教養として女子教育に取り入れられ，国民的教養へと変革し人間の生活，生き方に関わりながら現代に受け継がれている．家元を中心として発展した茶の湯・いけ花は，日本を代表する伝統文化として国内外で広く注目されている．目まぐるしく変化する現代社会の中で人々の心を癒すものとしても，インテリアの要素としても欠かせない（図1, 2）．

図1（左）　「皇后宮御製唱歌」（豊原国周画，昭和女子大学図書館蔵）
花瓶に西洋風のアレンジメントが施され花が自由に生けられていることがわかる
（皇后の歌に曲をつけ唱歌として華族学校に下付された時のありさまを描いた錦絵．明治20（1887）年）．

図2（右）　赤坂拾庵（1982年，設計：石井和紘）
コンクリート打放の空間を羽毛で包み込んだ現代茶室．建築家により茶の湯を自由に楽しむ空間が提案された．

〔長山　洋子〕

参考文献
　「いけばな」別冊太陽，平凡社，1975．
　工藤昌伸：「日本いけばな文化史三」同朋舎出版，1993．

風　水

風水とは

　世の中のすべてのものが「陰陽」と「五行（木火土金水）」の要素から成り立つとする陰陽道を背景に，宮殿の築造や墳墓の地を占い定める術をいう．

　中国漢時代あるいはそれ以前から生気の宿る地に先祖を埋葬する墓地風水に端を発すると考えられており，少なくとも2,000年以上の歴史をもつ．日本では，さまざまな変遷を経て，百済から継体紀（6世紀前半頃）に易の本が伝わったとされ，子孫繁栄を主目的とする．

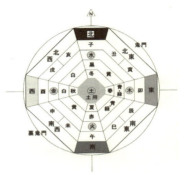

図1 ┃ 八方位測定盤

　風水思想のうち，居宅に関するものは①「陽宅風水」，墓地に関するものは②「陰宅風水」に分類され，①は主に「家相」として現代に伝わる．家の配置・方向・間取り・形状などをみて，その家の吉凶を判断する術である．②は死者（父母を始めとする先祖）が住まう家を表す墓地風水である．ともに広義には方位・地勢など，自然環境と人間との調和や共生を図る環境計画論と考えられる．一方，狭義には伝説的禁忌や呪術的信仰，迷信と捉える向きもある．

わが国における風水の歴史

　藤原京や平安京，さらには江戸の都市などが風水思想によるものとされる．

　藤原京は，飛鳥京の西北部（現在の奈良県橿原市）に位置し，日本史上最初で最大の人工の都城であった．藤原京・平安京ともに，天体の運行に基づく東西・南北軸が大地に引かれており，平安京の土地選定は風水思想に基づいて行われたといわれている．江戸は五体五色の不動明王が江戸の地を取り囲み，鬼門の北東には寛永寺を，裏鬼門の南

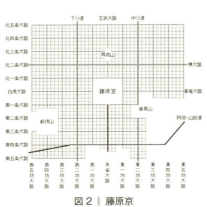

図2 ┃ 藤原京

1. 計画関連 ①生活系

西には日枝神社を建立し，さらに，北の日光に墓所を定めて江戸城を守る構造をとる．

また，飛鳥時代から現代まで，宮大工の棟梁に連綿と継承されてきた口伝の中にも「地域伽藍造営は四神相応の地を選ぶべし」とあり，常に方位を意識する思想が籠められている．

風水と住まいについて（表1，2）

表1	吉相
1	送り継（＊1）
2	奇数
3	北高南低の敷地
4	敷地の東南側の庭
5	南面するリビング　東または南東向きのダイニング・東向きのキッチン
6	南または東向きの神棚・仏壇・床の間
7	北東は清潔にして木気のものを置かないこと　など

表2	凶相（家相禁忌事項）
1	別れ継（＊1）
2	偶数
3	鬼門に便所
4	逆木柱
5	大黒柱の接ぎ木
6	和室の床挿し（畳・棹縁天井の向き）
7	川が近い
8	庭に石をたくさん敷くこと
9	北・南・西向きのキッチン　など

＊1　木造継手のつくり方で木の末と元をつなぐ方法（図3）

風水と色彩，季節

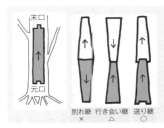

図3 │ 継手

五感の中の視覚情報で最も優位にあるのが色彩（光）である．色彩が人間に与える影響というものはとても大きい．風水では宇宙の構成要素の五大「地・水・火・風・空」に対応する五色は「黒（北）・赤（南）・白（西）・青（東）・黄（中心）」である．木は青，火は赤，土は黄，金は白，水は黒に対応しているとされる．

■家相についての主な要望
①平面形状は長方形とし，北西と東南の方向にはハリを出す．
②玄関は東南の方角にとる．
③台所および浴室は東または東南に置く．
④長男の部屋は東向きに．
⑤家の中心は踏まないように．
⑥夫婦の寝室（和室）は西に置く．
⑦和室に主人の座（北）と夫人の座（南）を設ける．
⑧床の間は南向きとする．
⑨神棚は和室に備え東向きに，上階から踏まれない位置に設け，近くに開口がある場合は10cm以上離隔距離をとる．
⑩仏壇は東または南向きに置く．
⑪納戸，物入は1，2階とも北西（鬼門）の角にとる．
⑫階段の向きは南または東を背にして登る位置に設ける．
⑬便所は北向きとし，便器は五黄線上に置く．
⑭客室の天井四隅に通気孔をとる．
⑮家の中心に大黒柱を建てる．
⑯家の中心付近の床下に息抜きをとる．
⑰真東，真南および真北の外壁（幅30cm）解放しない．
⑱建物の下部に配管を横断させてはいけない．
⑲汚水配水管は北西（鬼門）を通らない様に配管する．
⑳施主の年齢を考慮して地鎮祭，上棟，竣工日を決定し工事を進める．

図4 │ 家相に配慮した住まいの例
　　　（M邸／設計・監理：藤原成曉設計室）

〔藤原　成曉〕

居住形態

　居住形態という語は，住む家が持ち家か賃貸かというような所有関係，賃貸が公営か民営かといった運営主体の組合せで区分されることが多い．しかし，ここではより広い意味で，建物に一世帯だけで住むか，複数の世帯が集まって住むのかや，さらに居住者が1人なのか，家族で住むのかといった内容にも触れる．

所有関係の区分
　「持ち家」は住宅を居住者が所有している場合である．住宅が建っている土地（敷地）と建物に分けて考えると，一戸建てでは敷地と建物の双方を所有している場合と，敷地は借地で建物を所有している場合に分かれる．後者の借地契約は30年程度の長期が多く，地主側に正当な事由がある場合を除き契約は更新され継続するなど，借家人が住む家を失わないような保護規定があるため，借地権そのものに相当な価値が生じており，借地権と土地の一部を交換する「等価交換」も建て替え時に見られる．地主の側から見ると借地権の清算は難しく土地活用の計画が立てにくいため，近年では定期借地権とよばれる更新のない50年以上の借地権を設定する場合もある．この場合は契約終了時には更地にして土地を地主に返還しなければならないが，借家人にとっては土地を購入するより割安となり，地主にとっては清算が容易であるというメリットが生じる．また，父の所有している土地に子が建てるなど，家族間では使用貸借とよばれる無償での貸借関係もある．マンションでは通常「区分所有」という形態をとり，建物の住戸部分のみを専有し，建物の共用部分や敷地は共有となる．

　「賃貸」ではその運営主体，すなわち公営，民営によって区分されることが多い．賃貸契約によって，家賃を払って住む形態であり，契約期間は通常2～3年が多いが最近では週単位のものもある．社宅は会社所有の住宅に社員を住まわせる形態であり，公務員用に国や地方自治体が所有する住宅は官舎とよばれる．

建築基準法での区分
　建築基準法では建物内に住戸が1つか複数かによって住宅を一戸建て，長屋建て，共同住宅の3種に分けている．長屋建てとは複数の住戸が集まった建物で，住戸入り口が直接外部に接続しているもの，共同住宅とは共用の廊下や階段を経由して接続しているものである．長屋建て，共同住宅では住戸間の壁や床の耐火性能が規定され，一戸建てに比べ，避難や耐火性に関する規定が強化されている．

複数世帯が集合した住まい方

長屋建て，共同住宅は原則として世帯ごとに1つの住戸を使うことを想定しているが，近年は複数の世帯が1つの住戸に住む居住形態も多数ある．

二世帯住宅　親子が2つの世帯に分かれて1棟で住む住宅．親世帯は夫婦のみか単身，時には未婚の子や祖父母の同居者が含まれる．子世帯は夫婦＋子の世帯が典型的であるが，単身の場合もある．LDKを世帯ごとに分けるものと，共用のものがあり，親世帯が1人の場合や，子世帯が娘夫婦同居，共働きの場合は夕食を日常的に一緒にすることが多く融合型とする比率が高まる．共用部分がない独立型は，両世帯がそれぞれの生活リズムで過ごすことが可能で，内部に行き来する通路を設ければ協力もしやすい．部分共用型はLDKが世帯ごとに分かれているが，玄関，浴室等を共用するものである．

シェアハウス　主に単身者が，LDKを共用しながら各個室を専有して住む賃貸住宅．小規模の場合は一般の住宅を改装して利用しやすいこと，居住者間のコミュニティが促進されやすいことから近年注目を集めている形態である．数十人規模のものでは浴室やキッチン，洗濯機などの共用施設も複数設けられる．学生や社員に居住者が特定される寮と異なり，居住者の属性はさまざまで個別に募集される．

老人ホーム　高齢者のみで住む住宅で，食堂，浴室などの共用部分と個室で構成され，食事や入浴介助などのサービスが付帯することが特徴である．居住者は単身者が多いが夫婦で入居するケースもある．基本的に24時間介護職員が常駐するが，医療施設ではなく住まいとして考えることが必要である．

独立型
各世帯に独立したLDKがあり，予備室などを除く住宅として不可欠な部分を共用しないもの．縦割りの連棟型，階で分ける重層型の構成に分かれ，重層型の場合2階の住戸へ外階段でアクセスする場合と，1階に玄関を設けて内階段で上がる場合がある．両世帯が建物内で行き来できない場合は2つの主戸とみなすが，行き来する通路をもつものは通常一戸建てとして扱われる．

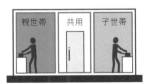

部分共用型
各世帯に独立したLDKがあり，それぞれのリズムで生活するが，共用空間があるもの．共用化によりスペースと建設費の節約ができ，エネルギー消費も下がる．共用する空間として最も多いのは玄関であり，外部から見ると1つの家となる．浴室を共用する場合は世帯間のコミュニケーションが強い場合が多く，サブとしてシャワー室を設けることもある．

融合型
両世帯で共用のLDKがあり，夕食はそこでとる．玄関や浴室も共用となることが多い．しかし2階を子世帯専用とする等，寝室を中心として各世帯専用のゾーンが形成されることが多い．朝食や晩酌，お茶，服薬等のために，世帯専用にサブキッチンを設けたり，シャワー室，洗濯スペースを設けることもある．

図1 ｜ 二世帯住宅の分離度タイプ分類

〔松本 吉彦〕

家族形態の変化

　人口や家族と世帯に関する調査で最も大規模なものは，5年ごとに行われる国勢調査である．国勢調査の結果は，総務省統計局のホームページで閲覧できる．

家族類型の推移

　国勢調査の16区分の家族類型ごとの普通世帯数を，筆者が6区分にまとめたものが図1である．単独世帯，夫婦のみの世帯が増加しているのは，30代の晩婚化・非婚化と，長寿化による高齢者世帯増の双方によるものである．少子化が叫ばれているが，夫婦と子の世帯が微減，片親と子の世帯が微増しており，子のいる世帯が減っているわけではない．これは非婚化の影響で例えば70代の親と40代の子，という比較的高年齢の組合せがカウントされるためである．三世代同居は15年間で半数近くになっている．これは必ずしも親子同居が減少したことを意味しているわけではない．世帯の定義は住居と生計が一体であることであり，生計が分かれた二世帯同居では親世帯が夫婦のみ，子世帯が夫婦と子の世帯とカウントされる．また，夫が単身赴任していれば住居が分かれているため単身

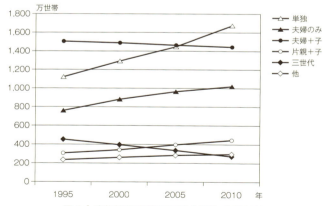

図1 ｜ 家族類型別普通世帯数の推移（国勢調査）

※片親+子：男親と子，女親と子の2類型の計．三世代：夫婦+子と両親，夫婦+子と片親，夫婦+子+親と他の親族の3類型の計．他：夫婦と両親，夫婦と片親，夫婦と他の親族，夫婦+子と他の親族，夫婦+親と他の親族，兄弟姉妹のみ，他に分類されない親族，非親族の8類型の計．

社員寮等の居住者は準世帯で普通世帯に含まれないため，図2の1人世帯数より単独世帯数が少なくなっている

世帯と扱われる．その他が増加しているのは夫婦と片親，親子関係以外の親族が同居，非親族が同居などのケースが増えているためである．

世帯人数の変化

1950～2010年までの60年間の推移を示す（図2）．1950年代は6人以上の世帯が最も多いが，1970年代は4人世帯が増加し，1990年代以降は1人，2人の世帯が急激に増加している．65歳以上の高齢の単独世帯，夫婦のみ世帯の数を内数で同じグラフ上に表すと，高齢者世帯の増加だけでなく，晩婚化・非婚化による単身者増，片親＋子の増加が加わり，このような状況が生まれている．

変化を生み出した背景

1960年代に地方から都市への人口移動が起こり，1970年代にはその単身者が結婚して夫婦単位の核家族へと移行していった．6人以上家族の減少とともに1～4人家族が同時並行で増加していったのはこうした背景がある．この影響で都市では大量の住宅需要が発生し，郊外への住宅地の拡大とともに，多くの住宅が建設された．こうした核家族は子が独立すると高齢の夫婦のみ，単身の家族となっていく．合わせて晩婚化・非婚化，さらには離婚の増加で1人，2人世帯が増加し単身者が同居する親族同居世帯も増加していく．このような変化は住宅需要を変化させ，インテリア産業にも大きな影響を及ぼしていく．

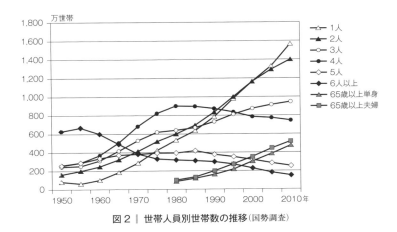

図2 ｜ 世帯人員別世帯数の推移（国勢調査）

〔松本 吉彦〕

ライフステージ

ライフステージとライフサイクル

　ライフステージとは，結婚による家庭形成や家族員の拡充・縮小など，核家族の変化の過程（ライフサイクル）におけるある一定時期の家庭生活の段階をさしている．一般的には図1に示すように，次の6段階に分けて捉えられている．(1) 第1生活周期：新婚期．結婚により始まる夫婦2人だけの生活で，長子の誕生で終わる．きわめて生活の満足感，幸福感の高いステージである．(2) 第2生活周期：乳幼児の子育て期．長子誕生に始まり，夫婦と学齢前の乳児や幼児のいる生活である．親の役割が始まるとともに家を空けにくくなり，親としてのプレッシャーや葛藤が急激にかかってくる時期でもある．(3) 第3生活周期：子どもの教育期．子ども達がすべて就学し，子どもの教育が生活の中心になる時期である．家族が最も膨張し家族全員が活動的な時期でもある．経済的にも家計の負担が最も大きくなる時期である．(4) 第4生活周期：子どもの独立期．子ども達が青年期に達し成人となってそれぞれ独立していく時期である．家族が成熟し家族員の縮小が始まるステージである．エンプティネスト（空の巣）になる過程でもあり，親の主な役割が終わり，解放感や虚脱感にとらわれることがある．末子が卒業して家から独立することでこのステージが終わる．(5) 第5生活周期：夫婦期．子ども達がすべて独立して親元を離れ，再び夫婦2人になるため，生活全般にわたる縮小や減築などが求められる．平均寿命の伸びがこの時期を長くした．子育てを終えた夫婦としてのセカンドステージであり，個々人の生き方を実現できる時期としても注目されて

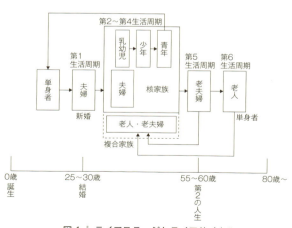

図1 ライフステージとライフサイクル

いる．(6) 第6生活周期：単身期．夫婦のうち一方が亡くなり再び単身者となって，ライフサイクルが閉じる．しかし，子どもの独立がうまく果たされず，親へのパラサイト（寄生）現象がいつまでも解消されないなどの問題がある．

平均寿命の伸びと少子高齢社会による，ライフステージへの影響

　日本人の平均寿命は戦後間もない1947年頃には男性が50.06歳，女性が53.96歳で「人生50年」といわれていた．その時代には子ども達を教育し独立させることが人生の1つの目的になっており，その後の人生は余生とされていた．

　しかし，2013年には日本人男性の平均寿命が80.21歳と80歳を超え（厚生労働省：簡易生命表），女性は過去最高の86.61歳と男女とも「人生80年時代」に突入した．子ども達が独立した後に30年残され，健康でいかに自分らしく生きるかが問われ始めた．

　今後20～30年先の少子高齢社会の世帯構成を世帯数の将来推計値（国立社会保障人口問題研究所）で見ると，その変化はより顕著になっている．平均世帯人員は2010年の2.24人から減少を続け2035年には2.20人となる．これまで世帯総数の4割以上を占めた「夫婦と子」は約2.3割に縮小し，その代わりに「単身」世帯が約3.7割とトップを占め，「夫婦」が2.1割，「単親と子」が1.1割に上昇している．65歳以上の世帯主の割合は全世帯の約4.1割で，その6割が75歳以上の世帯主となる．単身世帯は若年だけでなく中年・熟年・高齢の各年代に見られる．夫婦も若年と中年，高齢層と多様で，単親と子も，若年のシングルマザーや高齢の親と未婚の子，パラサイトの子などさまざまである．これまでのようにライフステージだけで，ライフスタイルや住まい方などを単純に論じにくくなっている．

ライフステージにおける住まい方

　社会の変化と生活の技術革新や進展の影響で，人生80年時代のライフステージと住まい方の関係は多様化するとともに，緩やかになってきている．生活者のライフステージと住まいや生活用品の要求を尋ねた研究（北浦他：次世代型集合住宅の研究）を見ると，子育て期にあたる第2～第4生活周期のベビーファミリーやキッズファミリーはいずれも団らん志向で，家族が団らんする部屋に力をいれたいとしている．他方，若年シングルや若年夫婦は住まいをリフレッシュの場と考えており，心身をゆっくり休められるものにしたいという要求がトップである．第4，第5生活周期にあたるアダルトファミリーや50～60代の夫婦は，あまり広い家より必要な部屋だけある家にしたい，といった必要最小限のシンプル志向である．40～60代のシングルも住まいは寝る場所であればいいと考えており，無駄な装飾や贅沢な材料は使いたくないと考えている．子育て期以外の住まい方には，年齢などに支配されない共通の傾向が見られる．　〔北浦　かほる〕

ガーデニング

　ガーデニングとは，自ら好きな植物を育てることにより，豊かな空間をつくり，生活を楽しむことである．ガーデニングは，植物を育てる行為だけではなく，関連する庭などのデザイン，エクステリア（例：ベンチ，デッキ，植物を植える鉢），園芸用道具なども総合して指すことが多く，ガーデニングを行う人のライフスタイルも注目される．日本において，ガーデニングという言葉は，1990年代後半，イングリッシュガーデンの流行とともに広がった．

　ガーデニングという言葉を聞いてイングリッシュガーデンを思い浮かべる人も多いが，日本における庭づくりは，非常に長い歴史をもち，思想的な背景が語られることが多い．日本庭園では，しばしば「生けどる」とよばれる，風景を切り取り，景の広がりを感じさせる手法をとる．例えば，京都の源光庵の悟りの窓とよばれる円窓は，庭の景色を切り取り，部屋の中から違った見方で庭を鑑賞できるようになる．これらは，宗教的意味をもつことが多いが，部屋の中で季節を感じるインテリアの一部ともいえる．また，安土桃山時代に茶庭と同時期に出現した坪庭は，手水鉢や灯籠などが飾られ，中庭に位置していることから採光にも重要な役割を果たしている．建物内より楽しむことができる坪庭は，小さいながらも魅力ある小空間となっており，今でも京都の長屋などで多く見ることができる．現在行われているガーデニングに最も近い形が花開いたのは江戸時代である．江戸時代には，情勢が安定し，文化を楽しむ余裕が出たことにより，上流階級で流行した園芸は，庶民にまで広がり，あらゆる階級の人たちが夢中になった．庭をもたない庶民は，季節に応じた桜などの花見を楽しみながらも，身近で鉢植えを楽しむようになった．

　近年，特に都市部で，ガーデニングを行う人が増加している．以前は植物を育てるのは年配の人の娯楽というイメージが強かったが，若者向けの雑誌などで紹介されるようになり，ガーデニングがおしゃれであるという認識が広まった．また，世界各地より葉や花の形がユニークな植物や育てやすい植物が入手できるようになり，エクステリアもさまざまなデザインのものが入手可能なことから，ガーデニングのスタイルが多様化した．また，大学などにおいて緑がもたらす効果の研究が数多く行われるようになり，装飾だけではなく，環境改善効果や癒し効果を期待してガーデニングを行うことも増えてきている．今日のガーデニングの

場所は，庭や玄関先に留まらず，ベランダ，室内，壁面，屋上までに広がっている．最近の都市生活者の多くは，集合住宅に住んでおり，ベランダと室内が最も身近なガーデニングの場所である．ベランダは狭く，洗濯物や布団を干す場所を確保すると，ガーデニングを行う場所が少なくなってしまうことが多い．しかし，最近の新築マンションでは，ベランダを部屋の延長と考え，椅子やテーブルなどの家具などを置ける広いスペースがあり，水道栓を設置し，ベランダ緑化を身近に楽しむことができるようなデザインが普及してきている．

室内緑化では，観葉植物が多く用いられるが，鉢のデザインによりさまざまな印象をつくり出すことができる．室内緑化では，土を持ち込まずに培養液を用いて植物を栽培できる，ハイドロカルチャーとよばれる水耕栽培も使用される．また，最近では，人工光を照射してレタスをはじめとする野菜やハーブなどを育てる家庭用植物工場も売り出されており，室内における栽培の幅を広げるものとして注目されている．2011年の東日本大震災以降，節電のために壁面にゴーヤやアサガオなどを這わせる「緑のカーテン」を家庭や学校で実施しているところも多い．ゴーヤは比較的簡単に育てることができる上に，収穫する楽しみもあり，部屋の中から緑のカーテンを見ると，外から眺めるのとはまた異なる美しさがある．

一方，近年，管理がほとんど不要で，安価であることから，本物の植物ではなく，人工植物を使用することが増えてきている．最近の人工植物はよくできており，本物と区別がつかないこともある．確かにガーデニングは，生き物を扱うため，さまざまな栽培技術が必要で，必ずしもうまくいくとは限らない．しかし，試行錯誤したからこそ成功したときの喜びが大きく，得られるものがある．今後ガーデニングに，時代の流れにより，デザインや栽培技術が進化しながらも，生活を豊かにするものとして多くの人々から愛され続けると考えられる．

〔永瀬 彩子〕

参考文献
[1] 小笠原左衛門尉亮軒：「江戸の花競べ 園芸文化の到来」，青幻舎，2008．
[2] 佐藤忠一：「日本庭園の見方」，JTB出版，1999．

テーブルセッティング

　食事をするために必要な食器やカトラリーなどを取り揃えることをいう．西洋料理では，テーブルクロスやナプキン，食卓花などの準備も含まれる．
　テーブルクロスやナプキン，食卓花は，工夫することにより，食卓が華やかになり，食べる楽しさを実感し，コミュニケーション機会が増えればと考えられた．
　西洋料理のテーブルセッティングには，主に2つの方式がある．Service à la russe（フランス語で「ロシア式」）は，料理が順番に出される通常のコース料理方式である．一方，Service à la française（フランス語で「フランス式」）はコース料理すべてが食卓に並べられ，席に着いた全員が同時に取り分け食べる方式である．Service à la russe はほとんどのレストランでの慣習となり，Service à la française は家庭料理の慣習となった．Service à la russe のテーブルセッティングは，用意される食事の数により変わり，必要な食器やカトラリーをテーブルに並べる．カラトリーは，一番外側に並べられたものから使い始める．料理が食べ終わると，使い終わったカラトリーを使った皿またはボウルに置き，給仕する人が皿やボウルと一緒に食卓から下げる．次の料理が始まると，外側から次のカラトリーを使い，これを繰り返す．ディナー皿の左にはフォーク，右にはナイフ，スプーンはさらに右外側に置く．基本配置は，通常中央にチャージャーに重ねてディナー皿を置く．その他の配置は，最初の料理がスープかサラダかにより変わる．最初の料理がスープの場合，時計回り配置で，ディナー皿の左に小さなサラダフォークを置く．大きなディナーフォークをサラダフォークの左に，小皿をフォークより上側に，ワインまたは水のグラスをディナー皿の右上に，大きなディナーナイフをディナー皿の右に，小さなバターナイフをディナーナイフの右に，ディナースプーンをナイフの右に，スープスプーンをディナースプーンの右に置く．サラダが最初の料理の場合は，スープスプーンが省略される．ディナーフォークはディナー皿のすぐ左に配置される．サラダフォークは一番左側に配置される．ナプキンはフォークの下に折り畳んで置かれるか，ディナー皿の上に折り畳んで配置される．多くの料理が出る場合は，料理により専用のカラトリーがさらに配置され，テーブルセッティングはより複雑になる．
　日本料理は，料理の種類に必要なだけの食器を食卓に最初から配置する傾向がある．通常1人分が少量であるため，料理と調味料用に使う小さな皿と椀の数種

1. 計画関連　①**生活系**　　　　　　　　　　　　　　　　てーぶるせっていんぐ

類を1人に配膳する．1人向けの基本的に必要な食器とカトラリーは，ご飯茶碗，汁椀，2つまたは3つの浅皿（直径76.2～127mm），2つまたは3つの小鉢（直径76.2～127mm，深さ25.4～76.2mm），正方形または長方形の皿，魚料理用3つの皿（直径76.2～127mm），そして箸と箸置きである．1回の食事にすべての皿と椀が必要ではない．1人向けの通常の配膳では，ご飯茶碗，汁椀，2つか3つのおかず用小皿，2つか3つの調味料用皿である．さまざまな大皿も食卓で使われ，醤油さし，天ぷらつゆや他のソース入れ，急須と茶碗，茶托も配膳される．

　テーブルセッティングは，西洋，日本ともに，その時の食生活に即して出現する．日本では昔，お膳とよぶ現在のお盆に足がついたような台に1人ずつ，使用する食器を収納し，食事のたびに食器を取り出し，お膳にテーブルセッティングを毎食ごと行っていた．その後，ダイニングテーブルで食事をすることが多くなり，日本料理ではお膳の代わりにお盆を使い，西洋料理ではテーブルクロスやランチョンマットを敷いて，テーブルセッティングするようになった．現在では，お盆やテーブルクロスやランチョンマットを省略し，直接テーブルに食器やカトラリーを置いてテーブルセッティングすることが，家庭では多くなった．来客時にテーブルセッティングする場合は，テーブルコーディネートといい，テーブルクロスやランチョンマットの素材や色，柄で格を表現し，飾花や食器，グラスと組み合わせ，色使いと配置の高低差で変化をつけて楽しむ．

　テーブルセッティングをすることで，季節を感じ，料理や食器の品格が上がり，気分が向上し，暮らしをより豊かに充実させる効果がある．簡単でよいので，テーブルセッティングを日常的に行い，生活や暮らしを楽しみたい．〔樋口 惠美子〕

📖 参考文献
[1] 大辞林，三省堂，2006．
[2] The Art of the Table: A Complete Guide to Table Setting, Table Manners, and Tableware (Drachenfels, Suzanne).

普段使いのテーブルセッティング例

ワークスタイル

　ワークスタイルとは，働き方のことであるが，近年その働き方が多様化してきている．

　我々はライフスタイルという言葉をよく使う．どんなライフスタイルがよいということではなく，人それぞれ生活の仕方は異なるとの点から使われている．自分の考え方や趣味，住んでいる地域の特性，職業等のさまざまな要因が絡み合い，さまざまなライフスタイルが存在する．例えば，住宅を設計する際には，居住者のライフスタイルを確認しておくことが重要とされる．また，居住者が住まいを考えたり，見直したりする際のキーワードでもある．

　かつてのワークスタイルはどのようなものであったか．例えば30年くらい前までは，オフィスで働く人のワークスタイルはほとんど大きな違いはなく，主にオフィス内で仕事をする人と営業のようにオフィス外に出ていく人の違いくらいであった．ただし，営業担当者たちも夕方にはほぼ毎日オフィスに戻り，上司への報告・相談や事務的な仕事を行っていた．主に外出時間が多いか否かの違いでしかなかった．そして，土曜日や日曜日等には体を休めるために，自宅で休息する．このようなワークスタイルに対し，当時もサービス産業に従事している人は休日に働き，平日に休んでいた．この点ではワークスタイルは異なっていたといえるが，その割合は現在ほど多くはなく，あまり意識もされていなかったと思われる．

　しかし，近年仕事の内容や種類が多様化してきたため，ワークスタイルの違いが顕在化し，重要性が認識されるようになった結果，使われるようになってきた言葉といえる．ただし，基本的には仕事を遂行することが目的であるから，ライフスタイルのようには個人で自由に変えることができない点もある．また，ライフスタイル同様，ワークスタイルに含まれる意味は広いので，注意も必要である．

　例えば，下記のような違いはワークスタイルの違いといえる．

- サラリーマンのようにオフィスで働く人と，個人事業者のように自宅が働く場所になっている人
- 月曜日から金曜日まで働く人と，サービス産業で働いている人のように土・日曜日や祝日に働く人
- 1日の中で会議や打合せ等の共同作業が多い働き方と，個人作業が多い働き方

1. 計画関連　①生活系

- 企業がグローバル化する中で，24時間体制で交代で働く場合と，昼間のみ働く場合

　私たちは一定の年齢になると何らかの仕事に従事するわけであるが，その働き方は多様であり，ライフスタイル同様これらはどれがよいというものではない．必要なことはワーカーにとってどのような働き方が適切かということである．仕事の効率化を左右することもあるワークスタイルは重要であるが，基本的にはライフスタイルの中の1つであり，これからの時代はそのバランス（ワークライフバランス）が重要といわれている．

　1990年代以降の不況や情報通信技術（ICT）の進歩とともに，オフィスの在り方が見直され，より効率的に働くための働き方も見直され，私たちのワークスタイルの改善（革新）が始まった．現実的にはこのICTの進歩とともに，ワーカーのワークスタイルは変わり始めたのである．

　さて，ここでオフィス空間との関係からワークスタイルを考えてみる．

　経済のグローバル化が進み，多くの企業は常に世界の中での開発競争や価格競争にさらされている．この競争に勝ち，生き残っていくための1つの手段としてワークスタイルの変革が求められている．例えば，営業担当者がオフィスに戻らず，電子メールや企業内グループウェアを利用し，上司や同僚に報告書を提出し，あるいは顧客へ見積書等を提出し，移動時間等を別の顧客への対応時間に振り分けるなどして，効率化することが増えてきている．つまり，パソコン等がある場所がその人の仕事場になっているのである．このようなワークスタイルの従業員に対して，従来のように個人の席を設けておくことに疑問も生まれる．オフィススペースにもコストが掛かっているわけであり，そこで，オフィスを不在にする機会の多い従業員のために提案された手法が，フリーアドレスである（なお，欧米ではノンテリトリアルオフィスとよばれる）．

　また，海外の関連企業との打合せ等は，最近では内容によってはテレビ会議等で代替されることが多くなっている．ICTが進歩する前は海外出張をする場合，一定期間不在になるため，仕事が滞ることもあった．しかし，現在ではテレビ会議を利用することで，日本にいるのと変わらず意思疎通が図れるようになってきた．これまで多くの出張が必要であった人たちの働き方が変わってきたのである．

　このように，さまざまな要因でワークスタイルは変わってきているが，その結果私たちが利用する空間も変化が生まれてきているのである．今後もワークスタイルは少しずつ変化することが予想され，それに応じて空間だけでなく，私たちも常に対応していく必要がある．

〔白石　光昭〕

1 計画関連

②日用品系

インテリア小物 ……………………… 30
インテリア家電 ……………………… 32
テーブルウェア ……………………… 34
インテリアグリーン ………………… 36
カーペット・絨毯 …………………… 38

インテリア小物

　近年，インテリアにおける装飾の対象は，床，壁，天井，家具や照明以外に，好みの置物や雑貨，時計や写真立てなど，さまざまなアイテムへと広がっている．これらは，かつての権威の象徴や富裕層の贅沢品という特別なものではなく，個人の趣味や個性の表現，伝統行事などで季節感を表すために飾られ，室内空間を彩る重要なアイテムとなっている．高度経済成長後の核家族化や単身居住者の増加により，気に入った小物を飾って生活や職場の空間を演出する風潮は，広がりを見せており，ここでは，装飾のための小物，生活用品としての機能性小物，季節・行事の小物，趣味やコレクションに関わる小物についてまとめた．

装飾のための小物

　観光地の土産物には，その土地の手工芸品や特産物，名所に因んだ置物など，インテリアを飾る記念品が多く売られている．壁面用には，タペストリーも高価で手の込んだ大きなものから，小さな飾りまで幅広い．一輪差しやプランターなど，花を飾るための花瓶も小さなものは装飾のための小物といえ，陶器に限らず金属やプラスチックなどさまざまな素材が活用されている．日々生活する空間は，「模様替え」によって気分を変えたり雰囲気を演出したりと，暮らしの中で楽しまれてきた1つの文化であり，こうした世界中にあるインテリア小物の文化は大変興味深い．最近では，ユーモアのある雑貨やアート作品も多く目にするようになった．

機能性小物

　インテリアに置かれる小物には，生活に役立つ実用的な機能を備えたものも多い．時を知らせる置き時計や掛け時計，目覚まし時計，暦を表記するカレンダー，温度計や湿度計など，見えないものを視覚的に表現するこうしたアイテムは，デザインも豊富で，機能性小物の代表である．また，視覚的な表示だけではなく，アロマオイルのような香りの機能，風鈴のような音による演出もインテリアコーディネートの観点から重要である．さらに，ティッシュケース，傘立て，コートハンガー，ブックスタンドなど，こうした製品は枚挙にいとまがない．ゴミ箱も古くからある製品であるが，エコロジーの考えから，分別方法が徹底され，分別に対応したゴミ箱が数多く商品化されている．

季節・行事の小物

　日本の四季は，古くから人々の生活スタイルや住宅様式と密接な関係にあり，季節の飾りや行事，儀式や祭りなど，豊かな文化が根づいている．新年を迎える正月飾り，子どもの成長を願う五月人形や兜，ひな人形，繁栄や豊作を祈る飾りや置物など，地域によって特徴のある小物が民芸品となって数多く伝承されてきた．イースターの卵，ハロウィンのかぼちゃ，クリスマスのリースやツリーなど，欧米から渡ってきた風習が広まった例も多い．このように，私たちの生活には，日常と非日常（ハレとケ）の変化を楽しむ行事や儀式，風習が受け継がれており，関連した装飾や小物がシンプルな空間に華やかさを与え，インテリアとしての雰囲気を醸し出すのである．

趣味・コレクションの小物

　高度経済成長後の核家族化や集合住宅での単身居住者の増加によって，個人の趣味や好みで物を収集したり，集めた物を飾ったりと，物質的な豊かさがインテリアのあり方をも変化させつつある．これらは，小物入れやアクセサリーケースにしまい込むのではなく，ガラスケースやキャビネットなど目の届く所に陳列される．また趣味として，観賞用に水槽で金魚や熱帯魚を飼育するのも珍しくない．一方で，戸建て住宅の増加とともにペットと住むことができる集合住宅も増えており，高齢の単身者が室内で，犬や猫を飼うケースも増えている．こうした生き物は，飼い主にとって単なるペットではなく，家族の一員として生活しているという意識から，そのための小屋や小物などもインテリアの一部となりうるのである．

図1　ひな人形（大阪松屋町：久宝堂）

図2　水槽（水作）

〔松崎　元〕

インテリア家電

かつての権力者や上流階級だけが贅沢な生活を送っていた時代と異なり，今日では，一般市民にとって便利で安心な生活，趣味や娯楽を楽しめる空間が求められている．デジタルフォトフレームやイオン式空気清浄機，サイクロン式掃除機，ホームシアターなど，インテリアに関わる家電製品は，年々進化を遂げている．また一方で，ハウスダストや花粉など，アレルギー予防と健康志向の高まりによって，加湿器や除湿器，空気清浄機などさまざまなインテリア家電が普及している．ここでは，装飾・空間演出のための家電，空調・冷暖房のための家電，家事・仕事のための家電，趣味・娯楽のための家電に分類し，インテリアとの調和や過度な装飾を除いた「デザイン家電」にも言及する．

装飾・空間演出のための家電

生活の利便性や交通事情等は，宅地開発に影響を与え，戸建て住宅や集合住宅，オフィス空間においても，希望する広さの空間に住まい，十分な広さのオフィスで仕事ができるとは限らない．インテリアや建築の手法としては，古くから「借景」の方法がとられ，視覚的にも建物の内と外の関係は重要である．限られた空間での生活においては，薄型化，大型化したテレビやパソコンモニタ，デジタルフォトフレームなどの家電製品が，空間の装飾や演出の一部を担うようになってきた．コンピュータのディスプレイが，一定時間操作されなかった時に，画面を保護するために映像を流す「スクリーンセイバー」は，省電力化に寄与するが，最近では電源がオフになるブランクスクリーンが取り入れられている．また，地下鉄の駅構内や，百貨店で設置されている大きな画面のデジタルサイネージ（電子看板）は，広告目的の利用だけでなく，映像表現としての装飾や演出が可能で，単なる文字や写真を掲示するだけではない効果が期待される．

空調・冷暖房のための家電

快適なインテリアは，実用的な装備品，収納，家具によるもの以外に，空気の質，温度や湿度，香りやイオンなど，換気や空調のように窓の開閉や換気扇によるものだけでなく，冷暖房や加湿器，除湿器，空気清浄機のような家電製品によるところが大きい．風力や熱交換率，加湿・除湿の機能は年々向上しており，自動で内部が掃除されるエアコンや，イオンを排出する機能を備えた空気清浄機など，健康志向を反映した製品が数多く見られる．こうしたインテリア家電のデザ

インは，色や素材，形状も含めて，インテリアの一部として各空間のイメージに合うものが必要とされるため，家電メーカー各社は，その点に配慮しながらカラーバリエーションや外観形状をデザインしている．

家事・仕事のための家電

　情報通信の手段，家事や労働の負担軽減，事務仕事のデジタル化など，家電製品の進歩によって，インテリアの構成や空間のあり方も変わってきている．中でもパソコンやタブレット端末の普及により，ライフスタイルや仕事の進め方も変化しており，家具の機能や配置にも影響を与えている．室内環境を維持するにあたり，掃除や片付けは重要な作業である反面，家事や労働の時間は限られている．床の仕上げが，フローリング，カーペット，ラグなど，さまざまな素材の組み合わせで構成された家庭や職場が増えていることもあり，吸引力を向上させたサイクロン式掃除機，不在時に自動で床を掃除するロボット掃除機が普及してきている．

趣味・娯楽のための家電

　自宅での快適な暮らしを求めて，リビングルームでの音響設備やホームシアターの需要は高まっている．衛星放送やケーブルテレビ，レンタルCD・DVDによる音楽鑑賞，映画鑑賞がその目的であるが，オリンピックなどのスポーツイベントを機に，こうした設備が購入される場合も多く，趣味や娯楽を楽しむ前提でインテリアを設計するケースも珍しくない．壁掛け式の大画面薄型テレビ，プロジェクタ，スピーカなどのオーディオビジュアル（AV）機器は，高価ではあるが豊かな生活の一部として欠かせないものとなってきている．これらインテリア家電の設置場所により，ソファや椅子などの家具配置，開口部や照明の位置も決まってくるため，設計にあたっては十分な検討が必要である．〔松崎 元〕

図1　加湿空気清浄機（画像提供：シャープ株式会社）

図2　ロボット掃除機 アイロボット ルンバ（2015年6月現在，画像提供：セールス・オンデマンド株式会社）

テーブルウェア

　テーブルウェアとは，食事に使用する食器（ガラス食器を含む）のことをいい，カトラリー（スプーン，フォーク，ナイフ，箸等）は含まないのが一般的である．
　洋食器とは，ディナーの時に使用する食器を示す場合が多く，ディナーウェアともいう．テーブルウェアという用語は1766年に，ディナーウェアは1946年に最初に使われた．土器，炻器，ボーンチャイナ，磁器といったセラミック素材，もしくは木，銀，金，ガラス，プラスチックから作られる．器（うつわ）は4組，8組，12組のセットで，または単品で購入し，壊れたらそのつど補充していく．作り手により標準の大きさが定められており，「チャージャー：12インチ（304.8mm）」「ディナー皿：10.5インチ（266.7mm）」「デザート皿：8.5インチ（215.9mm）」「サラダ皿：7.5インチ（190.5mm）」「小皿，茶皿：6.75インチ（171.5mm）」となっている．大きさや形が一定化しているので，種類別に重ねて収納できる便利さがある．季節や料理により器を選択するが，TPOに合わせての選択が多い．カトラリーは，「ナイフ」「フォーク」「スプーン」などの金物類が中心で，「サーバー」「トング」などがある．
　和食器は，食器というよりも器という表現がよく使われる．土器，陶器，炻器，磁器などの焼き物が多い．産地によって分類され，代表的なものとしては，有田，唐津，備前，信楽・伊賀，瀬戸，美濃（志野，黄瀬戸，織部），京都，楽，九谷がある．作り方の手法もさまざまで，赤絵，粉引き，染付け，楽，白磁，青磁等多種に渡る．形態は「向付け，小鉢：手に乗るサイズ」「皿もの：豆皿（5cm程度），小皿・中皿（三寸（9cm）～七寸（21cm）程度），大皿」「鉢もの：大鉢，中鉢，平鉢，深鉢，手付き鉢」「蓋茶碗」などがある．また，漆科の樹木からとれる樹液を木地に何度も塗り，仕上げた漆器も使われる．こちらも産地と手法により区分される．代表的な産地は，輪島，山中，京都，春慶（岐阜高山，秋田能代），根来（和歌山）がある．代表的な手法としては，漆絵，蒔絵，螺鈿，沈金，一閑張，籃胎漆器がある．形態としては，「煮物椀」「吸物椀」「汁椀」「小吸物椀」「大椀」「平椀」「飯椀」「折敷」「縁高：大徳寺，松花堂」「重箱」「八寸皿」とこちらも多種に渡る．その他，木工芸，竹工芸，ガラス（切子，縁金），金属工芸（鉄，銅，錫），貝類を食器として使う場合もある．日本料理は，歴史や地理的な要因に加え，季節の材料を調理して，器という額縁の中に絵のように表現する．

色彩の豊かさがあり，五感（見る，聞く，嗅ぐ，触れる，味わう）を刺激し，料理と器の釣り合いが食文化としての完成へと導くので，多種多様な形，大きさが必要となる．収納に関しては，さらに重ねてしまえるとは限らず，場所を広く取る必要がある．カトラリーとしては，手元箸と取り箸に分かれ，箸置きも用意される．手元箸には，杉利休箸，杉漆浸け箸，杉天削げ割り箸，竹天削げ割り箸，柳祝い箸があり 取り箸には，天節白竹箸，中節白竹箸，竹燻し箸，胡麻竹箸，黒文字箸，青竹取り箸（両細，中節，天節）がある．手元箸の大きさは，手のひらの下部から中指の先端までぐらいが適当といわれている．

現在では，日本料理でも調理法の多様化や味覚の変化により，白や青磁の洋皿に盛り付けることも多くなってきた．しかし，どんな料理でも似合うとは限らず，器のもつ特異性に注意し，盛りつけ方を考えることが必要となる．

現在の日本家庭では，日常使いの食器は洋食器，和食器の両方が混在している．これは食生活が，和食と洋食が入り混じり，混在しているゆえであるが，それ以上に料理に合わせて食器を使うよりも，各自の好みや生活事情（予算や収納場所）に応じて食器をもち，使用するという変化が起因している．

昔，食器をお道具とよんでいた時期もあり，1つ1つ心ひかれた食器を購入し，大切に使うということをしていた．古い皿や小鉢には，何気ない図柄なのに枯れた筆運びにユーモアや遊びが感じられることがあり，皿の絵を飽きずに眺めて楽しむこともあったと聞く．食器と料理はセットで成り立っており，和食器だけでなく，洋食器でも料理が絵で，食器はその絵の品格を決める額縁である．よって，料理を目で楽しむという，味を楽しむ前の前哨戦で，食器が請け負う役割は大きい．そう考えると，日常使いとはいえども，予算の許す限りで，いかに自分のセンスを磨き，料理に合う最良の器を用意できるかが，食事の味を変え，ひいては食生活の価値を変え，人生を変えてしまうといっても過言ではない．子育てに至っては，食育ならぬ「食器育」が人の品性を左右するかもしれない．常に一流の物を美術館や展覧会で見て，一流の物を知り，教養という生活においての選択を決める文化的尺度を向上させ，ブランド志向ではなく，作る料理を念頭に描いて，自分なりのよりよい食器をもち，日常使いすることで，より豊かな食生活を送ることができるのではないだろうか．

〔樋口 恵美子〕

図1 | 洋食器，和食器の例
（所蔵：ホルトハウス房子，撮影：スーパースタジオ）

(a) 洋食器　　(b) 和食器

インテリアグリーン

インテリアグリーンは空間を構成する要素として欠かせない存在となってきている．空間の演出性はもとより，人間にとってより身近で親しみやすい自然の植物を室内に取り入れることで多様な活用・効果を得ることができ，人々の生活の中で楽しみの幅を広げてくれる．インテリア雑貨と異なる点としては，植物が日々成長する過程を飽きることなく楽しむことができ，自然の安らぎを与えてくれることがある．また比較的どのような空間にも周りのデザインイメージを損うことなく調和しやすいという特徴がある．

配置計画
グリーンを空間配置する場合，あらかじめどこにどのような種類の植物を，どういう栽培方法や飾り方で見せるのかを考慮し，空間のイメージに合うものを選び雰囲気を演出するとよい．

場所 基本的に部屋のコーナーや，淋しく感じられる場所にアクセントとして置く．家具の横も納まりがよい．手入れのしやすい場所や日当たりなど植物に適した環境に置くのが望ましい．環境は原産地を目安にするとわかりやすい．

植物の選び方 同じ植物でも枝ぶりや葉の形で印象は変わる．空間スタイルに合うイメージの植物と容器で統一感をもたせる．スペースに合った大きさのものを選ぶ．植物は成長過程で丈が伸び，葉が広がるものもあるので注意する．種類としては樹木，草植物，つる性植物，多肉植物（サボテン等），水生植物（水草等），苔類，エアプランツ（空気で育つ着生植物），ハーブ，スプラウト（発芽野菜），球根などがある．

人工植物 育ちにくい環境や育てることが苦手な場合には人工観葉植物を用いる方法もある．精密に作られ本物と区別がつかないものもある．光触媒で空気清浄・有害物質除去・消臭・抗菌・防汚効果，天然の植物に含まれる精油や香気成分を塗布し，天然植物と同様の作用を得ることのできる製品もある．

栽培法の選び方 置き場に適した品種と栽培法を選ぶ．土栽培，水耕栽培（ハイドロカルチャー），苔玉などがある．キッチンや食卓まわりなど清潔感を大切にしたい場所では，土よりも水栽培や苔玉にして育てた方が清潔感があり見た印象

がよくなる．特殊なスポンジを用いたり，LED の光で効率よく育てる方法もある．エアプランツは空気だけで育つ．

飾り方：鉢・花器に入れる（植物と鉢の形・素材・色の組み合わせ）・吊るす（ハンギング・つる性植物や下に伸びるもの）・壁に掛ける（オブジェ・アートパネルの感覚）・苔で包む（苔玉）・盆栽・テラリウム（ガラス容器内に寄せ植えしたミニチュアガーデン）・ビオトープ・小物（土の部分に玉砂利，ガラス玉，ウッドチップを使う）．

効果・活用・楽しみ方

- 光合成（二酸化炭素を吸い酸素を出す）による空気浄化作用．シックハウスの原因とされる有害物質の吸収除去作用もあるとされている．
- フィトンチッドという森の香り成分を出す．人間の気持ちをリラックスさせ免疫力もアップする．防虫・殺菌作用もある．また，マイナスイオンを出し，電化製品等の出すプラスイオンと結びつき室内環境のバランスを整え気持ちを安定させる効果がある．
- 緑色には目の疲労回復効果があり，心理的にも緊張を緩和し気分を落ち着かせるカラー効果がある．
- グリーンセラピーともいわれる療法で，人が植物と関わることで人間本来のもつ心身のバランスをよび覚まし，人として健全な成長を促す目的で用いられる．
- みずみずしいグリーンの生気が自然のエネルギーを運んでくれる．その力を活用し風水などの観点から室内環境を考える利用例もみられる．
- ハーブは育て収穫を楽しむ他に香りを楽しむなど，料理のスパイスとして，お茶やアロマ・入浴剤・ポプリとしても広範囲に利用できる．スプラウトも見た目に美しく楽しいインテリアグリーンのアイテムになる．植物は花や実を付けるものを選ぶとより一層楽しめる．冬期の花の少ない時期には室内で球根を育て，花と香りを楽しむのもよい．

育て方

日当たりのよい場所に置くことは大切だが，直射日光は葉焼けを起こす場合もあるので注意する．水やりは基本的には土が乾いたら底から水が出るまでたっぷりと与える．夏は多めに冬は少ない回数でよい．水過多は根腐れの原因となるので注意．養分は肥料，栄養剤，活性剤がある．一般的には活動の高い時期に与えるが，種類によって分量や与え方に注意する．気温が下がると植物は活動を止め休眠状態になるので寒い場所は避ける．一般的に暖かい場所がよい．

〔新舛 静香〕

カーペット・絨毯

　カーペット（絨毯），ラグなどは，さまざまな繊維から手織りまたは機械織りの製法によって作られた敷物であり，近年，床の仕上げ材として不可欠な存在となっている．色や柄など，装飾面でも空間の印象を決める重要な役割を担い，機能面でも，保温効果や吸音効果，歩行時の快適性などにおいて効果が高く，現代のインテリア産業にとっても重要な製品の1つである．ペルシャ（イラン）が発祥で約3,000年もの歴史をもち，ヨーロッパからアジアにかけて発展し，素材や製法もさまざまである．ここでは，カーペット（絨毯）の種類，素材，製法などの分類について解説し，ラグの使われ方，ユニット式のタイルカーペットや，マット，畳などについても触れる．

世界のカーペット

　カーペットと絨毯はほぼ同じ意味で使われるが，緞通（だんつう）は，中国独特の厚みのある製法によるものであり，手織りの緞通が最高級とされる．中国では，15世紀頃に中東から製法が伝わり，模様の輪郭に沿って斜めに切り込みを入れる独特の仕上げ法が発展した．緻密な花模様が特徴のペルシャ絨毯は，最も古い伝統があり，タペストリーやテーブルクロスとしても使用された．主な材料はウールで耐久性が劣るため，質の高いものは希少価値が高い．トルコ絨毯は，宗教上の理由から人物や動物ではなく幾何学模様が多用され，赤を基調とした色彩のものが多い．日本では，江戸時代に鍋島（佐賀），赤穂（兵庫），堺（大阪）で盛んに生産され，現在では化学染料によるマーセライズ加工が特徴の山形緞通が有名で，伝統的な模様からモダンなデザインまで幅広い．

素材

　カーペットのパイル素材には，古くからウールが使われてきた．パイルとは下地から出ている繊維のことで，ループ状のものをループパイル，輪を切ったものをカットパイルという．このほか，組み合わせによるカット＆ループパイル，平織り調やフェルト調のフラットタイプがある．パイル糸の素材は，ウール，綿，麻，絹，毛のような天然素材と，レーヨン，ナイロン，アクリル，ポリプロピレン，ポリエステルなどの化学繊維の2つに大別される．インテリアの計画段階では，色や面積だけでなく，弾力性，耐摩耗性，保温性など，パイル糸の素材特性を十分に理解して選定する必要がある．また，消防法の規制により，防炎性の機

能も大変重要である．

製法

　カーペットは，織り方によっても分類される．タフテッドは，多数のミシン針による刺繍方式で，大量生産が可能な無地カーペットである．裏面はラテックス（ゴム）のコーティングで固定され，耐久性も高く，世界で最も多く生産されている．フックドラグは，あらかじめ基布に描いた絵柄に沿って，電動のフックガンでパイルを刺し込む製法で，ラグやマットなどの少量生産に向いている．ジャガード織りは，パイルの糸が細く，薄くて使い勝手のよいものである．ウィルトン織りは，18世紀にイギリスのウィルトン市で作られた機械織りの製法で，ジャガード織りよりも色や柄の自由度が高い．

その他の敷物

　ラグは，部屋の一部に敷いて使うサイズの決まったもので，カーペット（絨毯）は，一般的に床面全体に敷く場合を指す．タイルカーペットは，500mm角程度のタフテッドカーペットをタイル状に敷き詰めるもので，防炎性や防汚性に優れ，主にオフィスや商業施設で使用されている．こうしたユニット状の製品は，さまざまな形状の床面に対応可能で，最近では，家庭のフローリングや商業施設のキッズコーナーでも，パズルタイプのウレタンマットやユニット畳などが活用されている．

図1　ペルシャ絨毯（ペルシャン・ギャラリー）

図2　タイルカーペット（画像提供：株式会社川島織物セルコン）

〔松崎 元〕

1 計画関連

③美術工芸系

絵画・彫刻・置物 ……………………… 42
演出と照明 ……………………………… 46
プロポーションの美しさ ……………… 50

絵画・彫刻・置物

アートの重要性と空間との調和

建築における空間の質が，家具や芸術作品などのインテリアエレメント[1]によって決定づけられることはしばしばである．インテリアにおけるこれらのアートワークは，空間に彩りやアクセントを与え，生活に豊かさと潤いをもたらしてきた．元来絵画はタブロー[2]として独立するまで，壁や天井あるいは床に描かれてきた．また，日本建築の障壁画や襖絵・欄間の透かし彫りなども建築と分かち難く存在していた．一時期，インターナショナルスタイル建築の台頭による「装飾は罪悪である」という風潮の中で，建築

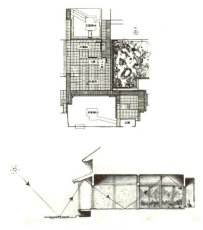

室内に光を送る

から芸術作品や装飾を排除する動きが高まるが，後年「建築と美術の協同・連携による人間の空間の模索」が再び追求されるに至る．このような思潮に応えるため，事業費の1%前後を美術家との協同の経費に充てることを条件とした国立京都国際会館の例がある．

戦後日本の近代建築において建築家と美術家が協同した例（図1）は，前川國男と向井良吉，丹下健三と岡本太郎（東京都庁舎の壁画，大阪万博のお祭り広場の太陽の塔），谷口吉郎とイサム・ノグチ（万來舎）などに見ることができる．さらにアートとの融合性の強い建築作品として，今井兼次（日本二十六聖人殉教記念館）広島世界平和記念聖堂が挙げられる．

日本の室内空間と絵画

我が国における障壁画や襖絵は，絵巻物や浮世絵とは一線を画し，空間性を踏

---

1) インテリアエレメントとは，絵画（洋画，日本画，版画，ポスター），タペストリー，彫刻，陶器，家具，観葉植物，水槽，フラワーアレンジメント，テレビ，オーディオ，時計，カレンダーなどを指す．
2) タブローとは，画家の思想が完全にできあがった絵画を指し，習作や建築物に描かれた壁画・天井画は含まない．元来は板絵の意味である．

1. 計画関連 ③**美術工芸系** かいが・ちょうこく・おきもの

東京文化会館(1961)のホールの壁面デザイン
(前川國男×向井良吉)

東京都庁舎(1956)の壁画
(丹下健三×岡本太郎)

日本二十六聖人殉教記念館
(1962) (今井兼次)

図1 | 建築家と美術家が協同した例

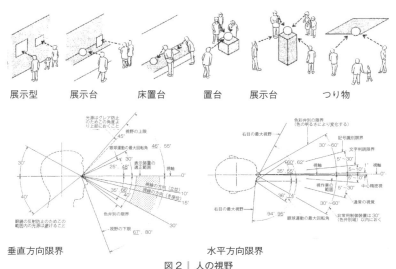

図2 | 人の視野

まえて設えられたものであるから，その場所にあってこそ意味をもつものである．軒の深い日本建築では庭の白砂から軒裏に反射した光が奥の間の襖絵や金屏風に届く．そこにはその光の情景に相応しい絵画・調度品が置かれることになる．また，我が国固有の「床の間」は，四季の移り変わり，時を演出する限定された展示空間でもある．掛け軸・生花・節句の人形などを飾ることによって，その家の主の趣向を表現してきた．

住まいにアートを飾る

人の視野と眼球・頭部運動と展示タイプ 人の視野は，垂直方向は通常下向きに偏っており，立位で10°，座位で15°，水平方向は，30°から60°といわれる．ま

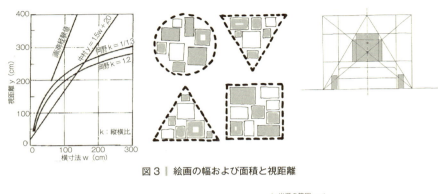

図3 | 絵画の幅および面積と視距離

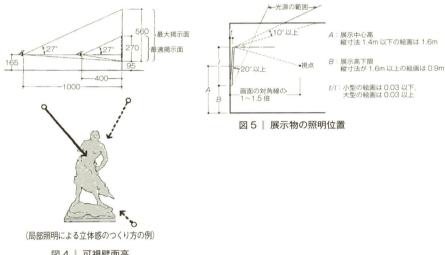

(局部照明による立体感のつくり方の例)

図4 | 可視壁面高

図5 | 展示物の照明位置

た，俯瞰景（俯角0°から30°）が楽に見ることのできる最適な角度とされている．自然に頭を動かすことのできる範囲は左右各45°，上下各30°とされ，眼の動きと頭の回転角度で視界が決定される（図2）．

アートに相応しい場所を選ぶ　玄関には来客を迎え入れる設えが欲しい．廊下の突き当たりやコーナーはフォーカルポイントとして，彩りを醸し出すための絵画・生花・オブジェなどが重要なアートとなる．廊下の壁面は絵画を掛けることで，文字通りギャラリーとして利用することが可能である．また，縦長の絵は，柱や窓の脇など，狭い場所に適している．小さな絵は，サイドボードの上やキッチンの脇などさまざまな場所に置くことができる．また，床の間の掛け軸の掛け

方は，啄木（掛け物の巻緒のこと）を下座の方へ引いておくのが約束になっている．

絵画の場合　先述により位置決めを行う．絵の映える場所を選び，高さについては座居と起居で異なるが，それぞれの姿勢で絵（額）の下から1/4のところをやや上目に絵を見上げる位置に目の高さがくるようにする．直射日光の当たるところや，エアコンの吹き出しが直接当たるところは避ける．また，額縁について，建具・小物などと素材・カラーを揃え，さらに部屋との調和を図る．ソファやローボードなど，家具の近くに絵を飾る場合は，家具の中心と絵の中心を合わせてバランスをとる．特に五感の中で色情報は大いにインテリア空間に影響を及ぼす．室内に同じ色を繰り返すことで作品が空間に馴染む．水彩画の場合はマットの色にも留意することが必要である．

照明の当て方

　絵の表面に天井の蛍光灯が反射して見づらくならないよう，絵や蛍光灯の位置や角度を調整する．数点を壁面に飾る場合はライティングダクト[3]が望ましく，一点を強調する場合は，スポットライトを当てると効果が得られる．照明の調光次第で絵に相応しいインテリア空間を演出することができる．蛍光灯には紫外線が含まれており絵を傷める恐れがあるため，一般家庭では調光可能なハロゲンライトか高演色性のLED照明を使用することが望ましい．美術館・博物館などの展示スペースの照明は，展示内容によって照明手法が変わる．美術館であれば観賞中心に，展示物を好ましく表現することが望まれ，博物館であれば観察・調査研究中心に展示物の形・色・テクスチュアを正しく表現することが必要となる．目的に合わせた快適な視環境を得るため，照度・視野内の輝度分布・不快グレア・反射グレア・影やモデリング・光源の光色と演色性など，さらに展示物の損傷を防止するための熱・放射の影響を考慮することが大切である．

シーリング照明

スポット照明　ブラケット照明

ウォールウォッシャー

図6 ｜ 照明の当て方の例

〔藤原 成曉〕

---

3) ライティングダクトとは，スポット照明を任意の位置に取り付けることのできる電源用レールのこと．

演出と照明

　演出とは目的をもって効果をねらい工夫をめぐらすこと．インテリアにおいては，その構成要素である素材の色や形を駆使して空間を豊かに表現することが目的となるので，その表現において照明の果たす役割は多大である．
　一般にインテリアにおいて演出を考えるときに，照明はその場で使われる照明器具を意匠として捉えた上で，その使われる空間内で行われるさまざまな機能や用途を視覚的に満足させることを役割とした光自体のことを示し，その場で必要な明るさを採るものと認識されることが多い．しかしそうした照明器具の意匠だけではなく，その照明器具から得られる光そのものが，実は色の再現性や形の表現力に大きく関わり，インテリアの演出を左右する重要な要素であることを深く理解する必要がある．

本質的な光の演出
　演出の視点では，光を照明器具の形で表現された意匠として並べることで，その様子は理解しやすいが，それだけでは表面上の演出にすぎず，むしろ照明器具の形が見えない演出こそ本質的な光そのものの演出として重要視されることが多い．
　具体的には照明器具の意匠選びだけを行っても，求める光の演出は困難であり，そこで求める演出に必要な光を放つことができる照明器具を選択することこそが必要である．意匠的に目立たない照明器具を必要最低限設置した状況等では，単なる明かり採りで，一見演出されていないと判断されることも少なくないが，光の演出効果はむしろ高い場合が多いのである．
　照明器具は「意匠」と「放つ光」の両視点で捉えることが大切である．単純に言い換えれば，「意匠での演出」と「光での演出」で両方ともに演出の視点をもつことがわかるので，この両面を満足させることで初めて照明（光）によって表現される効果にねらいをもって，空間に統一感や調和を与えることが可能となり，インテリアにおける本質的な演出が可能になるのである．
　またこのことは，人間が視覚的に物を見る場合，その伝達のすべては光によるものであることからも理解できる．

色と形と光
　我々を取り巻く周囲の光は大きく分けて太陽から得られる自然光と，人工的に

作られた各種光源からの人工光に分けられる．演出する場合の「色の見え方」という点では，前者の自然光の成分にはさまざまな色相を表現するための光が平均に含まれるが，人工光の場合はその光源の特性によって大きく異なり，すべての人工光が同じ色の表現力をもっているわけではない．これはそれぞれの照明器具に使われている光源が，どの色相の表現力をもっているかの特性であり，個々の光源の「光の演色性」の違いによるものである．

また建築で見られるインテリア空間への明かり採りは，窓（開口部）から自然光を採り入れる自然採光とよばれるもので，これは建築家が行う昼間のインテリア空間の光による演出でもある．ここでの光は主に空間に入射する自然光の「光の方向性」や「光の拡散性」が演出性を高めるための重要な役割を担っていることになり，演出する場合の「形の見え方」という点では，開口部の設置位置や面積，また光の通り方が重要になる．

したがって自然光の採れないインテリアでは，演出する上で人工光である各種光源を用いたさまざまな意匠の照明器具を使用することになるので，その照射される光の方向性によって，色や形に大きな違いが生じることを十分理解した上で，使用する照明器具の形態や特性，設置位置等を考慮することが重要になるのである．

以上のことからインテリアの演出において，その空間を構成する各種要素（色，形，素材，仕上げ等）の見え方を司るのが光であることを理解することができる．

演出のための道具としての照明器具（意匠と光）

インテリアにおける演出で照明（光）の扱い方が見ることのすべてに影響することは前述のとおりであるが，ここではインテリアでの個々の要素の演出に視点をもって使う照明器具を，その演出を行うための道具として捉えたいくつかの具体例を挙げる．

例えば前項のアートに対する演出，ここでは意匠としての照明器具ではなく，機能を優先した照明器具が必要となる．美術館やギャラリーなどのパブリックな空間で絵画等平面的なアートを演出しようと思えば，面的に平均的な広がりをもった光を照射できる照明器具が必要となる．特に画面の大きな絵画などでは均斉度の高さが要求されるとともに，その光の演色性の高さも求められることになる．ただし住宅などプライベートな空間においては，平面的な物でもポスターやリトグラフといったアートには，そこでの積極的な光の存在を表すために，集光した光を照射して，メリハリをもたせた演出をすることも少なくない．また彫刻等立体的なアートにはむしろ光の方向性が重要となる．これは明るく照らされた部分に対して生じる陰影のあり方が，立体感を表現する場合には重要となるからである．

変化する光の演出

　ここまではインテリアにおける光の演出として基本的な考え方に基づき，動きを伴わない光，静止した変化のない光の捉え方で述べてきたが，別な視点として，より演出性の高い動きに変化を伴う光の効果を挙げる．ここでの変化とは，光の動き・明暗・色変化（色温度変化を含む）が代表的なものとして挙げられる．

　特に時系列で変化させる光の演出では，その場で変化する光の動きを感じさせないことも多くあり，自然光の移ろいと同様な変化をねらうもの等は，高度な照明演出ということができるのである．

　これは光の二次制御とよばれる中で，各種調光器を用いた演出であり，代表的なところではコンピュータ制御の調光器による演出が多く行われている．

　さらにその変化する光は，その動きに伴った色の変化や，照射方向の変化も同様に行われるようになってきている．これらの演出はその場にいる人に，光の変化が気づかれない状況で行われてこそ価値の高い演出として扱われ，公共空間等で多く用いられている．

　逆に商業空間等では，同様な演出手法をあえて目に見えて感じさせながら，色の変化もカラーライティング（色光）手法を用いる等してその空間に賑わいと華やぎをもたせ，一層その場の演出効果が高められている．

　特に昨今急速に開発の進められている発光ダイオード（LED）を光源として使用している各種照明器具の採用により，従来では不可能であった色光の選択や，複雑な動きの変化を伴う演出も可能にしているのである．

代表的な演出照明（建築化照明）

　インテリアでの演出照明手法として，古くから天井面や壁面等を用いて照明器具化する考え方の代表的な形態に建築化照明が挙げられる．また近年欧米からの照明デザインの発信で，床面までも照明器具化した建築化照明が使われた演出が多く見られるようになってきている．

　建築化照明とは照明と建築内装を一体化させて造り付けとしたり，各種機能優先の照明器具を埋め込んだりして使用する照明手法で，この多くの場合は空間での直射光を用いることは少なく，内装の仕上げ材料に光を反射させて間接的に用いる場合を指すことが多いため，素材の色彩・テクスチャー等を考慮して計画する必要がある．

　このようにいわば内装の一部を照明器具化して行う照明はその時点で演出された照明といえるのである．この光源が直接見えない場合が多い照明手法は，直接光を使わない手法であることから，間接照明といった呼称で扱われることが多く近年大流行しているのである．

間接照明手法ではそこで使用する光源が直接目に入らないことが多いため，古くは光の色温度（光源の光の色味）の低い（赤っぽい）白熱灯と，逆に色温度の高い（白っぽい）蛍光灯を併設することで，それぞれの光の混ぜ具合（混光）により調節して演出効果を高めた．

　これは前述した自然採光の光の色温度，すなわち自然光の色温度（外光の光の色味）の変化に合わせて，人工光（各種光源）の変化を演出したもので，近年では蛍光灯でも電球色の開発とともに色温度の違う蛍光灯の併設によって行われ過剰設備ととられがちであったが，現在では各種LEDを使用した照明器具の開発によって調光・調色が可能となり，簡単に行えるのである．

　また医科学的側面から提唱されている「サーカディアンリズム」といった本来人間のもつ体内リズムに対応して，デジタル制御技術とLEDの組み合わせによって，1日の自然光の移ろう様をその使用される光源の明るさと色温度を時系列で制御する等，巧みに変化させる演出照明等も見受けられるようになってきた．

　一方で先に述べた商業空間を中心に，さらに光の演出効果の高い方法がとられるようになり，前述のカラーライティング手法では，光の三原色であるR（赤色）・G（緑色）・B（青色）の光を用いたカラー間接照明の光の演出が，各種宴会施設等で大いに展開され，演出照明の一時代を作ったことも記憶に新しい．

　またこの間接照明による光の効果は，その使用している空間内で機能を満足させるために必要とされる実際の明るさというよりも，視覚的な明るさ感を利用する照明手法であることからも，空間演出のための照明として高い人気を得ている．

　そして現在ではLED照明の開発とその制御技術が進み，デジタルカラーライティングと称して，一部では映像も光の演出として捉える等，多種多様な演出照明が可能となっているのである．
〔小野田　行雄〕

プロポーションの美しさ

　造形・形態に関する美的規準であるプロポーション（比例）は，①スケール（尺度・大きさ），②バランス（均衡性・釣合），③コンポジション（構成）に深く関係し，古今東西，さまざまな美的表現に利用されてきた．古代ギリシャにおいては，石造建築の比例を定めるために用いられたモデュルス（modulus）がある．また，ローマ時代，ウィトルウィウスによって著された『建築十書』には，円柱下部直径を寸法の基本単位（1モデュルス）とした上で，柱の高さや柱間など神殿各部の寸法を導く方法や，人体の整数比例について記されている．「自然は人間の身体を，その肢体が調和するように形づくっているものと考え，そうであるならば，その容姿に似せて建築の各部分を人体寸法に添って正確に割り付けることは根拠がある」として，比例の基本を人体に求めたことは画期的な試みであった．後にルネッサンス期の万能の天才，レオナルド・ダ・ヴィンチが，「ウィトルウィウスの人体図」として残している．近代建築家ル・コルビュジエも，「人間は万物の尺度である（ピタゴラス）」を根拠に，黄金比を利用して「モデュロール」を提唱した．一方，日本の伝統建築では一間や一尺の基準寸法（モデュール）を使い，建築における各部の比例部材寸法を定める体系として「木割り」が用いられる．

スケール（尺度・大きさ）

ヒューマンスケール　メートル法と同時に現代に息づいているインチや尺は，人体寸法を基準に誕生した尺度である．これらの尺度を利用して結実した建築物や建築空間が合目的的に程よい大きさ（スケール）であるか否かが最終的に建築としての適否を決定する重要な要素である．

力学に制約される大きさ　形態と大きさには密接な関係がある．重量は長さの3乗，面積は長さの2乗に比例する

白銀比の方形

黄金比の方形

白銀比・黄金比の作図

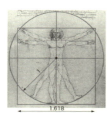
レオナルドの人体図

ル・コルビュジエのモデュロール

が，その一方で，長さを拡大（縮小）したときに，立体とそれを支える面との力学的な関係は一定ではない．結果として，一様に拡大（縮小）することは困難となる（プロポーションに変化をもたらす）．

バランス（均衡性・釣合）

整数比 人体比例は一般的な美の根拠として，整数比は建築を構成し秩序をもたせる目的で使われた．エジプトで3：4：5の比例は，神聖なものとされた．法隆寺の五重塔の初重と最上層の比は1：2（逓減率0.5）であり，それが独自の安定感をつくっている．

黄金比 黄金比（1：1.618）は，自然現象の根底にある基本的な形態や構造に多く見られ，調和の比率として尊重されてきた．黄金比で構成されている図形の代表である五芒星は，紀元前3000年頃のメソポタミアの書物で確認される．正五角形はギリシャのピタゴラス派も主張し，自然物の中に隠されている黄金比としてそれを利用した．修道僧で数学者でもあったルカ・パチョーリ（1445～1517年）は，著作『神聖比例論』（1509年）の中で，黄金比は「神聖なる釣合」であると論じ，西洋の美の基準として絵画・彫刻・建築などに応用した．

3項目以降のそれぞれの数は手前の2つの項の数の和になるフィボナッチ数列（0, 1, 1, 2, 3, 5, 8, 13, 21, 34, 55, 89, 144, 233…）は，2つの連続する項の比が次第に黄金比に近づいてくる．これを正方形に置換し1/4円で繋げていくとオウム貝の螺旋が生まれる．このように，人体をはじめ，自然界に存在する多くの命ある自然物に範を求め，美の創造にあてはめてきた．近代建築の巨匠の1人であるル・コルビュジエは黄金比を利用し建築の寸法体系「モデュロール」を考案した．

白銀比 白銀比（1：1.414）は，用紙サイズとして用いられる．二つ折りにして常に相似形が繰り返される縦横比はこの比率のみである．

日本は古来，白銀比を美しい比率と捉えてきた．法隆寺の五重塔の庇の逓減率をはじめ，建築物や彫刻・生け花に

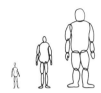
力学から決まるプロポーション

整数比

ミロのヴィーナス

五芒星

オウム貝

凱旋門

パルテノン神殿

も白銀比を用いたものが多く見られ，「大和比」ともよばれる．大工道具の指矩の裏面には，丸太の直径から一瞬にして最も大きな角材の寸法がわかるよう，「角目」とよばれる目盛（$\sqrt{2}$ を掛けたもの）が刻まれる．

構成（対称性・非対称性）

対称性（シンメトリー）には，並進対称性・回転対称性および線（鏡像）対称性がある．論理的に説明しやすく，自己完結性，象徴・権力・理想を表現し，西欧に多い．一方，日本美の特質である非対称性（アシンメトリー）は，ある調和を求めて秩序ある形をつくり出そうとするために定量化され難く，対称性を崩しながら釣合と調和を図るものである．生け花における「天・地・人」や「真・副・体」，造園の「七・五・三」の石組みや，法隆寺の伽藍配置・桂離宮の平面計画などが，その例として掲げられる．

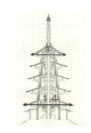
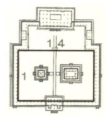

法隆寺西院伽藍・金堂・五重塔（白銀比の例）

その他（ゲシュタルト・遠近法・錯視）

ゲシュタルト 人間がゲシュタルト（全体性をもったまとまりのある構造）を知覚するとき，一定の法則がある．「近接の要因（①）・類同の要因（②）・閉合の要因（③）・よい連続の要因（④）・よい形態の要因（⑤）・共通運命の要因（⑥）」などがプレグナンツの法則（知覚の傾向性）として指摘され，さらに「図と地」（⑦）の法則がある．

遠近法の適用例 距離感を心理的に操作するために遠近法を利用する（桂離宮表門から御幸門までの園路幅（⑧）・鎌倉の段葛の道幅（⑨）・龍安寺石庭の塀の高さ（⑩））．

錯視 俗に「目の錯覚」ともよばれる．空間の歪みを演出しあるいは矯正するために錯視を利用する．

タージ・マハル（対称性の例）

生け花の真・副・体
（非対称性の例）

1. 計画関連　③**美術工芸系**　　　　　　　　　　　ぷろぽーしょんのうつくしさ

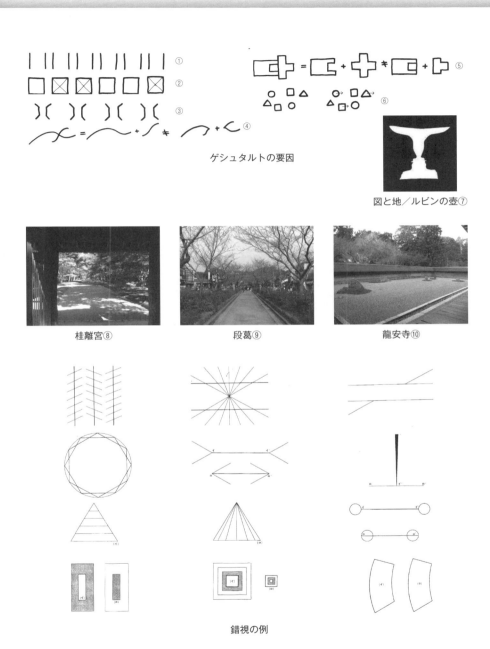

ゲシュタルトの要因

図と地／ルビンの壺⑦

桂離宮⑧　　　段葛⑨　　　龍安寺⑩

錯視の例

〔藤原　成曉〕

1 計画関連

④エレメント系

家具 ……………………………… 56
北欧家具 ………………………… 60
家具の耐震 ……………………… 62
住宅の椅子 ……………………… 64
床座用椅子 ……………………… 66
幼児用椅子 ……………………… 68
高齢者用椅子 …………………… 70
オフィス家具 …………………… 72
オフィスの椅子 ………………… 74
学校用家具 ……………………… 76
公共空間の椅子 ………………… 78
乗り物のシート ………………… 80
ベッド・寝具 …………………… 86
カーテン・ブラインド ………… 90
照明器具 ………………………… 92
キッチン設備 …………………… 94
浴室設備 ………………………… 98
洗面化粧台 ……………………… 102
便器 ……………………………… 106
水栓金具 ………………………… 112
車いす・電動車いす …………… 116
手すりの種類 …………………… 120
階段・スロープ・はしご ……… 124
ホームエレベータ・階段昇降機 …… 126

家　具

和と洋の家具

　家具は英語で Furniture，ラテン語で Mobilia という．英語では生活するために必要な備品などを，ラテン語では室内で動かせる道具を意味する．
　日本は伝統的に畳に座る床座であり，必要に応じて座布団や布団を押入れから出し入れし，家具は座卓，ちゃぶ台，タンスなどの小型で移動が容易なものが多い．そして部屋の機能を固定せず多目的に使用し，部屋の転用性や融通性があった．西洋の住まいでは，各部屋を居間，食堂，寝室，応接室，書斎など機能別に設け，各部屋の目的に合った家具を置くため，家具によって部屋の使い方が限定される．
　和風の「床座」に対して，洋風の起居様式は「椅子座」であるが，フローリングや絨毯の上に，椅子やテーブル，ソファ，ベッド，クローゼットなどの洋家具を使用した和洋折衷の椅子座生活は，床座に比べて立ち座りなどの点から能率的で合理的でもある．
　日本では和風生活に見合った家具がつくられてきたが，今では，生活スタイルの洋式化により，使用する家具も大きく変わってきた．人間は成長に伴い家具との関わりは強くなる．
　幼児，学童の頃は，住まいでは睡眠のためのベッドや布団，食事のためのテーブル・椅子，学校では机・椅子，ランドセル収納棚程度であるが，社会人になると，住まいのみならず仕事場での家具使用や商業施設，社会教育施設，医療施設など多くの施設特有な家具との関わりが生じる．
　住まいにおける家具は，住まい手が好みの家具を選ぶことはできるが，自宅以外の学校や勤め先などにおいては，自らが家具を選ぶことはなく，用度課などの担当者が選ぶことになり，多くの場合には与えられた家具を使うことになる．したがって，いかに適切な家具を選び，うまく使いこなすかが重要になる．
　家具の好ましい選び方や使い方をするには，家具に対する知識を身につけることが重要で，住まい手の好みやセンスを反映するのが家具であるため，室内に置かれた家具を見れば住まい手の生活が想像できる．家具は，空間と人を結びつける媒体としての役割をもつ．
　今から40年ほど前までは，中学校の技術・家庭科の授業において，家具の機

能や使い方を学べたが，その機会もなくなった．このことは，日本人は，日常生活に密接な関わりをもつ家具に関する教育はなされずに一生を終えることを意味し，その結果，間違った使用による身体への悪影響が懸念される．
　家具にはそれぞれの役割と機能があるため，単なる道具と解釈するのではなく，その機能を理解した上で家具の選択や使用することが重要になる．

家具の機能分類
　人体と直接触れ合う家具として，ベッドと椅子が挙げられるが，これらの家具は，人体を支持し，寝姿勢や作業姿勢をつくる．1日の中で，睡眠に費やす時間は8時間程度，椅子や自動車，電車などでとる座姿勢は，8時間にも及ぶ時代になった．これらの家具は，人体と直接関わるため，その寸法・角度，クッション性などベッドや椅子の機能条件が，使用者の姿勢を良くも悪くもする．このようにこれらの家具は，人体と最も関わりの強い家具であることから「人体系家具」として扱う．
　次に人体系家具に続いて人体と関わりをもつ家具が，机，テーブル，カウンター，調理台などの作業面をもつ家具で，「準人体系家具」という．これらの家具の高さ，奥行，幅寸法は作業姿勢を決めるため重要になり，作業に使用する道具や操作具などの物との関わりをもつ．
　このほか，人との関わりよりも物や空間との関わりをもつ家具として，収納家具と空間を仕切る衝立があり，「建物系家具」として扱う．収納家具の寸法は収納物の大きさと量などにより決まる．衝立の高さ寸法は，立位時と椅子座位時の目の高さが重要になる．

置き方による収納家具
　収納家具の設置の仕方により，建物と一体化させる造り付け家具と置き家具がある．これらの中間の収納家具として，壁面スペースなどに既製の家具を埋め込むユニット家具もある．

表1 | 家具の機能分類

家具の分類	具体例	機能	姿勢	人・物・空間の関わり	寸法決めの原点	使用材料	取引上の呼称	機能別呼称
人体系家具 アーゴノミー系	椅子　シート ベッド　敷布団	人体の支持 姿勢の保持	椅座位 臥位	人／物／空間	座位基準点 (坐骨結節点)	柔らかい	脚物家具	作業用家具 休息用家具
準人体系家具 セミアーゴノミー系	机　テーブル 調理台　カウンター 卓子台類	作業面をもつ 物をのせる	椅座位 立位 平座位 立位	人／物／空間	座位基準点 (坐骨結節点) 立位基準点 (踵点)		脚物家具	作業用家具
建物系家具 シェルター系家具	戸棚　タンス 衝立　間仕切	収納 空間の仕切り	立位 ―	人／物／空間	立位基準点 (踵点)	硬い	箱物家具 ―	収納家具 間仕切家具

建物別家具

家具は使用される建物や空間により，寸法，形状，材質，色彩，構造，機構などが異なる．それは，建物の用途や環境の違い，使用者の違いなどにより家具の役割が異なるためで，例えば家具を置き家具として使用する場合と頻繁にレイアウトを変えながら使用する場合には，前者では丁寧に扱われるものとして対応し，後者では強度を高めた家具作りが行われている．建物別とは，住宅用，学校用，オフィス用，ホテル用，病院用，店舗用，駅舎・空港用，劇場用などを意味し，それぞれの建物や室内に見合った意匠として仕上げられる．

空間別家具

家具の機能が同じであっても，使用する空間が異なる場合には，家具の設計条件が変わる．例えば，住宅におけるダイニング用とリビング用の椅子では，両者の空間の使われ方，すなわち行為や姿勢が異なるため，ダイニング用椅子では作業性の条件を備え，リビング用椅子では休息性を付加した作りになる．収納家具では，キッチン収納とリビング収納とでは，収納物や空間の機能が異なるため，それぞれに見合った材料と構造で仕上げられる．

材料別家具

家具に使用される構造材料や表面の仕上げ材料は，強度，耐久性，グレード，価格，使用空間，用途などにより異なる．

使用空間の違いでは，住まいの空間と職場空間，商業空間などそれぞれにおけるプライベート空間とパブリック空間などにより使用材料は異なり，プライベート空間に近いほど天然木の材料が使用される．逆にパブリック空間に近い家具では，非木質系材料が使用される傾向がある．家具を使用材料で分けると，木製家具，スチール製家具，木金混合家具，樹脂製家具などになる．最近では，材料の組み合わせによりつくられることが多い．

構造・機構別

椅子やテーブルなどは，使用時には家具としての形態をとるが，非使用時には，あまり収納面積を要しないよう，重ねる，並べる，折り畳むなどの工夫がなされている．代表的なものとして，椅子に多く見られる積み重ねをするスタッキングがある．専用の台車を使用すれば40脚を超える椅子の積み上げも可能である．

また，椅子やテーブルを水平方向に並べる水平スタックがある．学校やオフィスなどでは，テーブルの天板角度を傾斜させて水平スタックをするフラップタイプもある．

その他，機能の変更，収納や移動，使用人数への対応などのために折り畳み機

1. 計画関連　④**エレメント系**

図1 ｜ 椅子のスタッキング

図2 ｜ 椅子の水平スタック

図3 ｜ テーブルの水平スタック

図4 ｜ エクステンションテーブル

図5 ｜ バタフライテーブル

図6 ｜ ネストテーブル

構などを備えた椅子やテーブルがある．代表的なものには次のようなものがある．
- ソファベッド：ソファとベッドの両機能に使える兼用家具
- エクステンションテーブル：天板を水平に伸縮させて作業面の広さを変える
- バタフライテーブル：両側の天板を下方に折り畳んで作業面の大きさを変える
- ネストテーブル：高さの異なる小・中・大のテーブルを「いれこ」にして収納面積を少なくする

家具の耐震性

　地震による負傷の多くは，家具類の転倒・落下が原因である．転倒・落下した家具につまずいたり，割れた食器やガラスに触れることなどが，多くの負傷原因となる．地震では，家具は必ず倒れるものと想定して災害に備えることが必要である．その防止には，以下の5項目の実践が重要になる．
- 家具の倒れる向きを考えて家具の位置を決める
- 家具の専用室を設け，住まいに「安全空間」をつくる
- 造り付け家具を用いる
- 寝室の家具設置を控える
- 家具は固定する．家具固定には，壁や天井，床などに複数の固定器具を併用する．家具同士の連結も効果がある

家具の数え方

　家具はその種類によって数え方が異なる．椅子・机は1脚，テーブルは1卓，箪笥は1棹または1本，鏡台は1台または1面，1基などと数える．〔上野 義雪〕

北欧家具

　北欧の厳しい気候は，結果的に相互扶助の考え方による平等主義を生み出した．近代になって北海油田が発見されたものの，それまでは天然の地下資源に恵まれず，他のヨーロッパ諸国と比べ，経済的に立ち遅れた．そのため，身近な木材資源の有効活用が促され，高度な木材加工技術を育てることになったのである．
　その好例として，バイキング船やノルウェーの木造のスターヴ教会に見ることができる．そうした木材加工技術は北欧独特のもので，一般の家庭では冬の夜長を利用したハンディクラフトによる日用品の制作や，白夜の夏にはセルフビルドのサマーハウス建設や自宅の改修などに高度な技術が見られる．それは現代においても学校教育のカリキュラムに木工の授業があることからもうなずけるものである．
　北欧では，早くから女性の社会進出が見られたが，それは男性の家事の分担を促すことに繋がり，男性も女性と同様に生活者としての視点をもつことになったのである．これはデザイナーや職人，セールスマンなどあらゆる職種の人々が使用者の視点を共有することになり，企業主導ではなく，消費者（使用者）主導の物のあり方を実現させた．
　1919年，ドイツにバウハウスが誕生した同じ年，スウェーデンではグレゴール・パウルソンによって「日用品をより美しく」というスローガンが提唱された．家具をはじめ，さまざまな日常の生活用品こそが，機能的で飽きのこない美しいものであるべきだとの考え方は，北欧各国の職能団体に支持され，一種の国民運動的な拡がりをもつに至った．また，北欧ではそれぞれの国にカリスマ的リーダー（建築家，デザイナー，教育者，思想家など）がいたことに注目したい．デンマークでは，キリスト教の牧師で，国民高等学校ホイスコーレの創設者であるN・F・S・グルントヴィや，「デンマーク近代家具デザインの父」とよばれたコーア・クリントがいた．クリントの門下生には，オーレ・ヴァンシャや，ボーエ・モーエンセンのほか，アルネ・ヤコブセン，フィン・ユール，ハンス・J・ウェグナー，ポール・ケアホルムなど優れたデザイナー達がその才能を競った．スウェーデンには，デザイナーのリーダー的な存在のグレゴール・パウルソンをはじめ，北欧に機能主義を導入したエリック・グンナール・アスプルント，そして家具を通して人間教育を行ったカール・マルムステンがいた．彼らに続く家具デザイナーとしては，ブルーノ・マットソンやイングヴェ・エクストローム，ウィー

ンから移住したヨーゼフ・フランクらがスウェディッシュ・グレースとよばれる美しい家具の数々を生み出した．ノルウェーでは解剖学的な視点で家具をデザインしたアルフ・ストゥーレをリーダーに，イングマール・レリング，シグード・レッセル，そして第三の座り方を提案し，世界の注目を浴びたペーター・オプスヴィックらがいる．1917年，ロシアから独立したフィンランドは，他の北欧諸国と少し事情が異なる．フィンランド建国の叙事詩「カレワラ」を描いたアクセル・ガレン・カレラや，名曲『フィンランディア（フィンランドは目覚める）』の作曲家，ジャン・シベリウス，そして建築から家具デザインに大きな足跡を残したアルヴァ・アアルトやイルマリ・タピオヴァアラ，エーロ・アアルニオ，イーリョ・クッカプーロなど，趣を異にするユニークなデザイナー達を生み出した．

　ここでは北欧家具デザインの中心となったデンマークの家具デザインについて述べたい．今日においてもなお，その影響力を及ぼしているのが，先に挙げたコーア・クリントである．彼の行った2つの重要な研究はデンマークのみならず，家具デザイン史においても特筆すべきものだ．その1つは，現在の「人間工学」にも通じるもので，「分析の概念に基づく家具デザイン」である．彼はデンマーク人の平均的な体格の人体各部の寸法測定を徹底的に行った．またデンマーク人の平均的な家族数，4人分の使う食器や衣類の調査も行い，それら各種の平均的数値を得た上で家具のデザインを行ったのである．これにより，人と物と家具の合理的なデザイン，つまり，きわめて機能的な家具が生まれたのである．例えば収納家具では，それまでの同じ外形寸法の家具と比べ，クリントのそれでは2倍の量の食器や衣類が収納できたといわれている．こうした分野の研究はドイツが進んでいたように考えられがちであるが，ドイツではクリントと同様の研究をアドルフ・シュネックがクリントの研究発表から5年後にその成果を発表している．

　2つ目の研究としては，長い時代を生き抜いてきた過去の様式家具の中に潜む普遍的な美しさや問題点を見出し，それらを解決し，現代生活にマッチするよう「リデザイン」をすることの重要性を説いたのである．当時はバウハウスの考え方，すなわち，過去の様式を捨て去り，産業と芸術の統合という新しい概念であり，それは常にゼロからのスタートというデザインアプローチであった．これに対してクリントは「古代は我々よりも，もっとモダンである」と述べているように，過去の作品を再評価し，リデザインを重ねていくことで，より完成度の高い作品を生み出すことになったのである．つまり，名作は突然や偶然に生まれるのではなく，リデザインの延長線上に必然的に生まれることを示したのである．この2つの研究がデンマーク家具の機能性と審美性を併せもつ「機能美」を生んだのである．

〔織田　憲嗣〕

家具の耐震

地震時の家具による被害と家具の挙動

　地震の大きさにもよるが，現在の建築基準法の耐震基準を守って建てられた建築物であれば，すぐに倒壊する危険は少ないとされている．

　しかし，室内にある家具や冷蔵庫やピアノ類の大型家具や機器は，建物の揺れにより室内を移動・転倒し，人間にとって凶器となってしまう．1995年に発生した阪神・淡路大震災においても，家具の下敷きになる，家具が身体にぶつかる等による負傷者も多かった．日本建築学会の報告書によれば，内部被害による怪我の原因の約5割が家具等の転倒や落下によるもので，家具のガラス扉や食器類が割れて散乱したことによる怪我は約3割あったと報告されている．

　また，家具の転倒等でドア等の開口部が開かなくなり，火災が発生した時に避難が難しくなる場合もある．いわゆる二次被害を受ける場合も想定される．

　地震時の家具の挙動をまとめると大きく次の3種類が考えられる（図1）．

移動　すべるように移動する場合と，前後に揺れながら歩くように移動するロッキング移動がある．

転倒　背の高い家具は重心が高いために，水平力がかかることにより転倒する可能性が高い．

落下　扉や引き出しが横揺れにより飛び出し，収納物の飛び出しや，家具の上に載っている物の落下も多く発生する（例えば，食器棚からの食器類の飛び出し，上下に重ねて置いてある場合の上置き家具の落下）．

家具の地震対策

　地震時における家具の挙動を止め，災害を防ぐための対策は次の通りである．

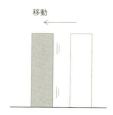   

図1　地震時の家具の挙動

レイアウト（配置）による対策　レイアウト上で考えられる対策は，移動や転倒による直接被害を避ける，または開口部（避難路として）が開かなくなることを避けることである．

まず，移動や転倒による直接被害を避けるには，レイアウト上において人が普段いる位置から家具を離して置くことである．例えば，居室や寝室において家具が人の上に倒れない程度の距離を取ることである．しかし，オフィスや商業施設等のある程度の広さをもつ空間では可能であるが，一般住宅では現実的には難しく，次に述べる対策で対応すべきであろう．

開口部が開かなくなることを避けるためには，ドアや窓などの開口部の近くに背の高い家具を配置しないことである．

移動防止・転倒防止　家具が転倒することで，大怪我をする可能性や，避難路が塞がれてしまう可能性もある．また，転倒時に大きな音も出るため，被災者に心理的な不安をもたらすことも考えておかねばならない．転倒防止にあたっては背の高い収納家具を対象とし，その対策は壁への固定が中心となる．

家具と天井との間に隙間が少なければ，家具が前後に動いても振れ幅が大きくならないため，転倒防止に役立つ場合がある．家具を上下に積み重ねている場合は上下固定が必要である．

これに対し，テーブルやソファ等の背の低い家具は転倒しなくとも，地震時に移動し，身体へダメージを与える場合がある．移動を防止するには固定が望ましいが，これらの家具は簡単に移動できることが長所でもあり，なかなか難しい．次善策としては，脚部分にゴムシートを引くことが挙げられる．

ガラス扉・収納物の飛散防止　収納されていた物が室内に飛び出すことで，身体に当たり怪我をすることがある．また，収納物が散乱することで，地震が収まった後で室内から逃げ出すのが困難になることも想定される．特に，食器などの割れ物が床に散乱した場合には，室内で靴を履かない日本の生活様式では，逃げる際に足に怪我をすることもあるので注意が必要である．また，棚の扉にガラスが使用されている場合には，中に食器等が入っていなくても，中の物が動くことで扉のガラスが割れて散乱することもあり，危険である．

ガラス扉の飛散防止策であるが，飛散防止フィルムの貼付が考えられる．

収納物の飛散防止策として，粘着性のあるゴムシートを敷くことで，棚に剥き出しで置かれているものの飛び出しや落下をある程度防ぐことができる．

〔白石　光昭〕

住宅の椅子

日本の住宅環境はフローリング化が普及し，食事の時に使うダイニングチェアやくつろぎの椅子であるソファはもはや日本の住まいの必需品である．生活の中で毎日，長時間使う椅子は，欧米人と比べて平均身長が「小柄」で「胴長短足」の日本人には服と同じく日本人の体型，自分のサイズに合った椅子が快適な生活を送る上で欠かせない．日本人のための「椅子の人間工学」研究データに基づき設計された椅子を使うのが基本である．

図1 椅子の人間工学プロトタイプⅡ型 [1][2]

ダイニングチェア

くつろげるダイニングチェアの5原則 ① 背もたれは骨盤の上部を含む背支持中心点でしっかり支える．② 座面の高さはひざを直角にして足裏がつく高さ．③ ひざ裏，太ももの裏側に圧迫感がない．④ 座面は底付きしないやや固めのクッションで幅に余裕がある．⑤ 肘かけは腕の重さをあずけられる．

説明 ① 背を正しく支え背のS字を維持する．背もたれの角度は垂直から10°～13°内．ホールド感のある3次元カーブのあるものがよい．② 座面の高さは身長の約1/4，41 cmが推奨（日本人の男女平均身長165 cmの場合）．テーブルの高さは68～70 cmがよい．③ 座面は左右のゆるいカーブ付きで薄めのクッション付きがよい．坐骨結節をしっかり支え，体圧の分散と軽減が血流の流れを妨げない．④ 座面の傾斜はクッション付きで2～3°，板座で5°あたりがよい．⑤ 肘かけは腕の重さを支え，立ち上がる時の支えになる．大きめの肘かけが邪魔な場合，短めの肘かけがよい．「椅子の人間工学プロトタイプ」Ⅰ，Ⅱ型がこれにあたる．

図2 肘なしダイニングチェア
（Awaza，株式会社いのうえアソシエーツ）

図3 肘付きダイニングチェア
（Awaza，株式会社いのうえアソシエーツ）

リビングダイニングチェア

最近，ダイニングチェアにリビングのリラックス機能をもたせた「リビングダイニングチェア」が好まれている．1脚に食事とリラックス機能を合わせたパーソナルチェアである．回転機能も付くことによってさらに選択幅が広がってきている．座面と背もたれはやや大きめで底付きのしないクッション付きがよい．肘かけ付きが基本．座面の角度は2～3°．背もたれの角度は15°が推奨．「椅子の人間工学プロトタイプ」Ⅱ，Ⅲ型がこれにあたる．

リビングチェア

リラックス，くつろぎ用の椅子である．4本足のリビングチェアばかりでなく，回転付きリクライニングチェア，マッサージ機能付き椅子もこのタイプの椅子に属する．「椅子の人間工学プロトタイプ」Ⅳ，Ⅴ，Ⅵ型がこれにあたる．

ソファ

日本におけるソファは2つのタイプに分けられる．

座るソファ ① 座面があまり沈み込まずシートはやや固めがよい．② 座面の傾斜はあまり強くなく7°ほどがよい．③ 座面の高さは低めがよく，37 cm ほどが落ちつく．④ 背もたれは腰をしっかりサポートし猫背にならないこと．⑤ 肘かけは座面から 20 cm ほど，高めより低めの方がよい．

寝られるソファ ① 座面の傾斜がなくフラットシートが安定感を与えてくれる．② 脚を伸ばすためには座面の幅は 2 m はあった方がよい．③ 座面のシートはベッドと同じくコイルスプリングがよい．④ 座面の高さは低めがよく 37 cm ほどが落ちつく．⑤ 背もたれは低めがよく，奥行きはクッションにより調整する．〔井上 昇〕

図4 | リビングダイニングチェア
（Awaza，株式会社いのうえアソシエーツ）

図5 | 座るソファ
（クレセント，株式会社飛騨産業）

図6 | 寝られるソファ
（GILBEL TO，株式会社タイム・アンド・スタイル）

 参考文献
[1] 井上昇：「椅子―人間工学・製図・意匠登録まで」，建築資料研究社，2008．
[2] 小原二郎，内田祥哉，宇野英隆：「建築・室内・人間工学」，鹿島出版会，1969．

床座用椅子

　一般に知られる「座椅子」は床上で靴を脱いで暮らす日本人の生活様式に合わせるために「椅子」の脚をなくしたもので，座り方や座りやすさに配慮したものではない．特に問題なのは胡座姿勢で，床上で脚を組むために臀部を床につけ，上体をかがめてバランスを取るため腹部が圧迫される．また，背骨を曲げるために腰椎に過剰な負荷をかけ，視点も下がる．その低い視点から見上げることで首にも大きな負担をかける（図1）．この時の腰椎負荷は椅子座や正座の倍以上になることが知られている．その胡座姿勢について上野らが行った「胡座のための座具の条件」[1]は腹部や腰椎への負荷を軽減するために胡座姿勢の膝下を60〜150 mmまで30 mmピッチで下げ，その時の体幹の揺れや筋電図等から安定感のある座面高を導き出すもので，次に紹介する開発の基礎になった．

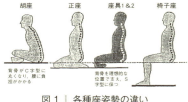

図1　各種座姿勢の違い

　著者の開発事例は座面高90〜120 mmを15 mmピッチで3段階調節可能とし，椅子同様に座面から下肢を下ろして胡座を組み，腰椎を支持する背もたれや立ち上がりを補助する肘かけを付けた座具モデルを数種類設計・製作し，被験者数十人による座り心地比較実験を行った結果，成形合板製モデルの評価が高かった[2]．これは展

図2　座具 1a

示説明会の時に県内企業から依頼があり，結果図2のものが商品化された．それまでの「座椅子」とは形も使用方法も異なるために数年間は販売実績が上がらなかったが，約10年後に複数の紙面で取り上げられたのをきっかけに販売数が飛躍的に伸びたので，次の正座用座具の研究開発が可能になった．

　胡座の腰椎負荷に対して正座の課題は下肢のしびれである．これは正座姿勢の膝下圧迫からくる血流障害によるもので，これを最小限に止めるため，まず胡座用座具の座面後部を水平近くまで持ち上げ，座面の下に下肢を入れることで，下肢に圧がかかりにくくした．同時に立ち上がり補助のために両肘を付けた（図3）．

　また，これらと並行して行った座面前傾角と前縁高の比較実験（表1）では，前傾角0, 2, 4, 6°，前縁高100, 110, 120 mmの12種類の実験モデルを作成

1. 計画関連 ④エレメント系

表1 | 座面前傾角と座面前縁高

	座面前縁高 100 mm	座面前縁高 110 mm	座面前縁高 120 mm
座面前傾角　0°	0.0 + 0.0 = 0.0	0.0 + 0.0 = 0.0	0.0 + 0.5 = 0.5
2°	1.0 + 0.0 = 1.0	1.0 + 1.0 = 2.0	0.0 + 1.5 = 1.5
4°	3.0 + 0.0 = 3.0	1.5 + 6.0 = 7.5	0.0 + 2.5 = 2.5
6°	4.0 + 0.0 = 4.0	4.0 + 4.5 = 8.5	0.5 + 3.0 = 3.5
女性＋男性＝合計	7.0 + 0.0 = 7.0	6.5 + 11.5 = 18.0	0.5 + 7.5 = 8.0

注：女性14人，男性19人，1人1点選択は1ポイント，2点選択の場合は0.5ポイント×2．

し，被験者33人（女性14人，男性19人）に最も座りやすい組み合わせを選択させた結果，前傾角は4°と6°（ただし6°は前滑り感あり）で，女性は100～110 mm，男性は110～120 mm が好評であった．

筋活動度や血流量の比較では，座具を使用することで筋活動度が減少し，血流量が増加することが確認された（図4，5）[3]．

同様の実験を数回重ねた結果，座面角は4～5°，座面前縁高は95，110，125 mm の3段階調整可能とし，座面内部に除圧用のクッション材を入れることで長時間使用に耐える商品を開発した（図6）．

図3 | 座具1b

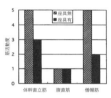

図4 | 筋活動度（女）

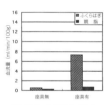

図5 | 血流量（女）

図6 | 座具2

正座用補助具は小型組み立て商品は多数出ているが，胡座と共用で長時間使用でき，体格に合わせて座面高を調整できるものはほとんどない．今後は体への負荷が少なく，座りやすさを追求した椅子が増えることが望まれる．〔中瀬 博幸〕

□ 参考文献
[1] 上野義雪，牧田和久，小原二郎：「胡座のための座具の条件」，日本建築学会研究報告集，計画系48，189～192，1977．
[2] 中瀬博幸：「床座生活のための座具の研究」工業試験場研究報告，昭和58年度，131～136，1984．
[3] 中瀬博幸，中岡正典，内田なおみ：「新しい床座椅子の開発」工業技術センター研究報告，Vol. 5，59～67，1996．

幼児用椅子

　幼児用椅子は，家庭で使用する場合や保育所や幼稚園などの施設で使用する場合など，使用場所によってその用途に違いが見られる．

　家庭では，使用する子どもが園児であるなど，使用者はほぼ限定されるが，施設においては，不特定多数の幼児により使用され，時には遊び道具となったり意図しない使われ方がなされる場合がある．椅子の使用が原因で発生する事故が多いことから，使い方の指導をしたり，管理者や保護者の目の届く範囲で使用するなどの注意が必要になる．

　施設などで使用される椅子においては，床掃除や収納などの理由により椅子のスタッキング機能が不可欠になる．

　幼児用椅子には，一般的なもののほか，1人用乳幼児用椅子，乳幼児用ハイローラック，テーブル取付け座席，乳幼児用揺動シートなどがある．中には，組み立て用椅子があり，組み立て後や使用前には，十分な安全確認が必要になる．

　幼児用椅子とはいえ，施設を訪ねた保護者が幼児用椅子に腰かけることもあるため，安全設計や正しい使用方法の情報伝達などの配慮が必要となる．家庭では，幼児用椅子を踏み台代わりに使用することもあるが，このような使用方法は避けなければならない．

　日本においては，日常生活における椅子使用の歴史は長くないため，多くの人は椅子の役割や座り方を知らない．過去に中学校の技術・家庭科において椅子に関する単元があり，座りの教育がなされていたが現在は行われていない．日本人成人における1日の椅子やシートに対応する時間は，1/3に及ぶ時代になったことを考えると，幼少の頃から座りの教育（座育）は不可欠であると考えられる．

　3〜4歳児の身長は，年に6〜7cm程度伸びるため，椅子の座面高を身長に合わせることが大切になるが現実には難しい実情がある．

　椅座姿勢は楽な姿勢であると考えられることが多いがそうではない．座ることは，骨盤と腰椎に負担をかけることになるため，正しい座り方を身につけることが必要である．

　椅子は，デザイン性を優先させて作られる場合が多いが，座るための座具であることから，座る機能をどの程度盛り込んだ椅子であるかが重要になる．特に幼児用椅子では，幼児の年齢別身体・動作特性などを把握することが前提となる．

1. 計画関連 ④**エレメント系** ようじようす

日本工業規格（JIS）には，幼児用椅子はないが，製品安全協会のSG制度では，「乳幼児用いす」「乳幼児用ハイチェアー」「乳幼児用ハイローラック」が対象椅子として基準が設けられている．この制度の目的は，危害防止，生命の安全を図ることである．

「学校用家具−教室用机・いす」のJIS規格は，対象とする子どもで最も低い身長が90 cmで，2〜3歳児の身長に対応するため，幼稚園児にも適応できる．

幼児用椅子の設計・デザインは大人により行われるが，実製品の評価を大人がするのは極めて難しいため，椅子づくりのポイントを明確にしておく必要がある．

近年，出生率の低下に伴いJISに対応する学校家具メーカーや幼稚園家具メーカーなどの減少傾向が見られ，今後の幼児用椅子の生産に支障が出る状況下にある．

表1 幼児用椅子に求められる設計ポイント
・安全性の確保
・着座時の安定性
・椅子の強度
・木製など肌に優しい仕上げ材料
・汚れにくく清潔さを維持できる仕上げ材料
・有害な化学物質を含まない塗装
・突起のない仕上げ
・折りたたみ，座面の回転，キャスターなど，可動部のないこと
・軽量化への配慮
・使用身長の表示
・その他

表2 幼児用椅子の使用時における注意事項
・奥深く座り，足の踵が床に着くこと
・奥深く座り，膝裏と座面前縁に隙間があって圧迫のないこと
・座り方を教えること
・座面に立たせないこと
・大人も座面に乗らないこと
・保護者の目の届く範囲で使用させること
・その他

図1 トリップトラップ
（ノルウェー ストッケ社）

図2 幼児用椅子（a）と幼児用椅子スタッキング（b）
（画像提供：株式会社ジャクエツ）

図3 キッズ ラビットチェア
（広松木工 ホームページより，元千葉工業大学 渡辺優教授のデザイン）

〔上野 義雪〕

高齢者用椅子

　近年は高齢者用に特化した椅子も開発され，さまざまな視点で椅子を選べるようになったのは，喜ばしいことである．しかし，一般に椅子を選ぶときの基準はまだはっきりとしたものがなく，取り扱う店舗においても十分な商品知識がない場合も多い．ここでは高齢者用椅子の特徴と，実際の購入時における身体に合わせた椅子選び，身体に負担のない椅子選びを中心に解説したい．

　一般にあまり知られていないことだが，椅子にも性能差があり，身体に合わない椅子，身体に優しい姿勢をとる上で機能が劣る椅子があることも事実だ．そのような椅子は，見た目にはわからないが，長時間の使用によって，不快感があったり，疲れやすいばかりでなく，時には身体に故障を生む原因になるような椅子さえある．ほとんどの場合，体調不良の原因が椅子にあるとは考えられてはいないが，実は椅子と健康には大きな関係がある．

　よって高齢者用椅子に関しては，デザインや宣伝文句だけにとらわれずに，実際座ってみて身体とのバランスを確かめ，不具合のないものを選びたい．

高齢者用椅子の特徴

　高齢者のために必要な条件を考えてみたい．

　第一に安全性の確保．

　第二に長時間座り続けるための快適性．

　第三に加齢に伴うさまざまな身体的条件に合わせることができる可変性．

安全性　安全に関しては通常の椅子よりもいっそう厳しい選択基準で考えるべきである．加齢とともに身体各部の筋力が衰える．着座時，立ち上がり時には，最も事故が起こりやすい．まず基本は安定性のよいものでなければならない．中腰で不安定な状態になり，肘かけを利用して身体を支えながら動作をするので，肘かけは重要である．肘かけの適正寸法は個人差があり，一般化し難い．よって，肘かけの高さ，前後位置，形状は実際に動作をしながら選ぶべきである．また，回転椅子，キャスターの付いた椅子は，着座の瞬間動いてしまい，高齢者はその動

図1　適切な肘かけの位置と形状の一例

きに対応できず，転倒を招いたりすることもある．

快適性 快適というとクッションに目がいく．決して間違いではないが，クッションだけが座り心地を決めるのではない．最も優先するのはサイズである．小柄な方が多い上，加齢とともに身長も縮むことや，背中が曲がることもサイズを決める要素として考えたい．

①座面高　一般に売られている椅子は座面高が高すぎることが多い．平均的な椅子の座面高は42 cmだが，日本の80代の女性の平均下腿長は34 cm，80代男性は38 cmである．腰をしっかり奥に入れて座ると，どれもかかとが浮いてしまう寸法だ．34cmの椅子は市販していない．購入の際に脚を切り詰めてもらうか，脚載せ台を使用することで解決できる．

図2 適正な座面高　　図3 高すぎる座面

②座奥行き　デザインを優先するあまり，奥行きが考慮されていない椅子も多い．腰を前方にずらした座り方は脊椎に負担を与えるので，奥行きいっぱいまで座ることが可能かどうかもチェックしたい．不可能な場合は，パット，クッションで調整する．

可変性 加齢によるさまざまな座り方を想定すると，リクライニング機能の使用や，クッションを使ったり，補助具を入れて姿勢を安定させることも考慮すべきである．

図4 高さ，奥行きともに合わない一例

また，ソファのようなクッションがあまりに多いものは座ったり，寝転んだりと可変性に富み，一見楽に思えるが，姿勢を安定させるという点では機能が劣るため，長時間の着座に適さないものもある．

選択の基準

上記のようにさまざまな機能が必要とされるが，椅子の選択時に最も大切なことは，自分に合っているかを判断するのは自分自身だということである．どのような姿勢で座れば負担が少ないかを，試し座りをする中で，自分の身体でじっくり判断するべきであろう．

特に腰でしっかり上半身を支えて座ることは腰痛予防，長時間使用の負担減になるので，腰を安定して支えてくれる椅子という視点をもつことで，自分の身体に合うか否かを判断できる．　　　　　　　　　　　　　　　〔吉野　崇裕〕

オフィス家具

　オフィス家具と家庭の家具は何が違うのか？　作業をする机（台，テーブル），座るための椅子，ものをしまっておく収納．使う目的はオフィスの家具と家庭の家具に大きな違いはない．違いといえば，家庭用の家具はユーザーが求める空間との調和を優先して選ばれることが多く，オフィスの家具は機能を重視して選定される．機能性という視点からオフィス家具を見るとわかりやすい．

現代オフィスの誕生

　1950年代，戦後の復興期に現在のオフィスの基礎が出来上がった．戦前のオフィス家具は木製が主流であったが，戦後は米軍向けに作り始めたスチール製家具が国内の一般のオフィスにも普及していった．当時の机や椅子のグレーカラーは軍艦の色に合わせたものといわれている．

　当時の働き方としては筆記事務作業が中心で，その作業を行う空間を構成する家具として，机，椅子，収納庫がオフィス家具として誕生した．その後は電話やタイプライター，コピー機，パーソナルコンピュータ（パソコン）等，仕事の効率を上げるための通信機器や事務機器が，オフィスに導入されるたびに働き方が変わり，対応するオフィス家具が誕生した．

　オフィス家具は働き方と事務機器によって変化を遂げる一方で，ワーカーの働く環境を改善するという観点からも色や形を変えてきた．グレーの無機的な空間で長時間過ごす居心地の悪さを改善するために，椅子の色が選べるようになったり，机の天板面に木目柄が使われるようになったりしてきた．機能性の追求と快適性の追求はこれからも変わらない改善テーマといえるだろう．

図1 ｜ 初期のスチールデスク

事務机・デスク

　戦後間もない頃のオフィスにおいて，仕事をするための机に求められる機能とは，必要な広さの作業面をもち，手元に置いておくことが必要な文房具類を収納でき，状況に応じて施錠できることだった．

図2 ｜ 現在のスチールデスク

それはまた同時にオフィスにおける自分の領域（居場所）を定めるものでもあった．作業面として捉えた場合，もう1つの重要な要素は高さであるが，米軍の事務机を見本とした初期のものは高さが740 mmで足を乗せる桟が付いていた．その後日本人の体形に合わせて規格の見直しが行われ，一般的な事務机の高さは長い間700 mmに統一されてきた．しかし，近年は日本人の体格向上もあり，また車いすへの対応等も考慮に入れ，オフィス家具の業界団体である日本オフィス家具協会（JOIFA）では2011年に事務机の推奨高さを720 mmと定めている．

事務用回転椅子（オフィスシーティング・オフィスチェア）

仕事をするために必要な機能をもつ椅子．ゆったりとしたくつろぎ感やリラックスした姿勢よりも，仕事をするための姿勢をしっかりと支えることが求められる．事務用回転椅子に関しては人のからだと結びつきが強く，また多機能化が進んでいるため項目「オフィスの椅子」を参照いただきたい．

収納（ストレージ・キャビネット）

オフィスで仕事をするために必要なものはさまざまあり，しまいやすく取り出しやすくするためにさまざまな形態の収納がある．代表的なものは書類を入れておくためのシステム収納だが，用紙のサイズやバインダー，ボックスなど綴じる形態によって，両開き扉や引き出しなどさまざまなバリエーションがある．制服や作業着をしまっておくためのロッカーなどもオフィスに必要な収納の1つである．

図3 ｜ システム収納

ローパーティション・衝立

レイアウト変更を容易にするために壁や柱がないオフィスが多い中で，通路を明確にしたり，打合せコーナーを作ったり，ちょっとした目隠し代わりにローパーティションや衝立が用いられる．ローパーティションは配線をすっきりおさめるための配線収納機能をもたせたり，天板を取り付けて机として機能するようにしたりといった多機能化が進んだが，床下に配線を通すためのOAフロアの普及などにより，近年では間仕切りとしての使われ方が多くなってきている．

〔内田 和彦〕

オフィスの椅子

　オフィスの椅子と聞いてイメージするのはどのような椅子であろうか．職員室の椅子，役所の職員の椅子，最近ではテレビCMやドラマ，ニュース番組などでも存在感のある椅子を見かけるようになった．ごく普通にオフィスの椅子というと事務用回転椅子（オフィスチェア・オフィスシーティング）を思い浮かべることが多いと思うが，実際のオフィスにはいろいろな椅子がある．

オフィスのさまざまな椅子

　用途での分類をすると，執務用，会議・ミーティング用，応接用，研修用，ロビー・ラウンジ用などさまざまである．

　会議や打合せ，研修などは参加人数がその都度違う場合が多く，人数に合わせて椅子の数を増減できるように，積み重ねて収納しておくことができるスタッキング椅子を使用することが多い．

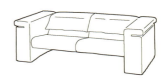

図1 ┃ オフィスのさまざまな椅子

事務用回転椅子の歴史

　1960年代からの事務用回転椅子の移り変わりを見てみると，張材はグレー色のビニール素材から色彩豊かな布に変わり，快適な空間を追求してきたことがうかがえる．また，椅子の大きさや肘かけの有無で一般職と役職者を区別していた時代から，パーソナルコンピュータの操作に適した環境のために可動する肘かけ

　　1960年代　　　1970年代　　　1980年代　　　1990年代　　　2000年代

図2 ┃ 事務用回転椅子の歴史

が実用的に用いられてきたことがわかる．

人間工学的視点と座り心地

　2本の足で歩く人間のからだは四脚動物から進化した．四脚動物の時代，内臓を吊っていたアーチ形の背骨は，後ろ足で立ち上がることによってS字カーブを描くようになり，全体重を2本の足で支え歩くために骨盤が発達した．骨盤の上には背骨が載り，頭や肋骨，腕をバランスよく支えている．人間の骨格はこの立位の状態を実現するために進化してきたので，立っているときが一番自然な姿勢といえる．

　一般的に疲れると座るという意識が強いが，座って楽になるのは脚だけで，腰にとってはつらい姿勢になる．骨盤の形状は座るときに不安定な形状になっており，座ると骨盤は後ろに回転し，背骨はS字カーブからアーチ形になりがちである．背骨がアーチ形になると背骨の椎体と椎体の間にある椎間板には圧力がかかる．背中の表層の筋肉は延ばされたままの状態になる．長時間この姿勢を続けると，血流が阻害され，腰痛や肩こりなどが起こり得る状態となる．

　また座面や背もたれのクッションは柔らかいものほど座り心地がよいように思われがちだが，クッションが柔らかすぎると姿勢が安定しないので，座っているうちに疲れてきてしまう．姿勢が安定する程度の硬さが必要であり，姿勢がしっかりと支えられて初めて座り心地がよいといえるのである．

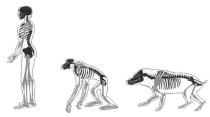

図3｜人の骨格の進化（「椅子の科学を考える」）

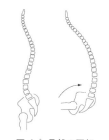

図4｜骨盤の回転

　こうして改めて座るということを考えてみると，長時間の使用が想定される事務用回転椅子に求められているのは，からだの負担を軽減することだということがわかるだろう．ただし，椅子は座り方次第で良い椅子にも悪い椅子にもなり得るので，からだの負担を少なくする座り方を心がけることが大切である．からだに合った大きさの椅子を選び，座面の奥深くに座り，姿勢をしっかりと支え，肩や首に負担がかからないようにリラックスした状態で作業をすることを心がけることが事務用回転椅子を使いこなすコツといえるだろう．

〔内田 和彦〕

学校用家具

　学校用家具は，小学校・中学校・高等学校において使用される児童・生徒用，そして教員など管理者用家具を意味する．学校用家具の役割は，成長段階にある児童・生徒の体位と，多様な学習形態への適合，安全の確保である．学校用家具の核をなすのは普通教室用の机・いすで，人間工学を取り入れ，まず人間に見合ういすを考え，次にこれに見合う机を考える計画の順番の構築である．さらに，教育現場におけるパーソナルコンピュータの導入による情報化教育と多様な教材使用，多目的スペースの採用とグループ学習，個別学習などに対応可能な学校用家具とすることが重要である．これらを背景に日本工業規格（JIS）に制定され，学校用家具のJIS規格における主な概略は以下のようである．

- 1954年（昭和29年）：JIS S 1021 学校用（普通教室用机・いす）．最初のJIS規格．木製，2人用，幅1,200mm，奥行400mmの机．1号から7号の7段階．戦後の混乱期に粗悪品の防止目的として制定．
- 1966年（昭和41年）：人間工学の考え方を取り入れ，大幅な改正．2人用机を廃止，1人用机に．幅600mm，奥行400mmの机．高さを11段階にし，児童・生徒の身長との適合を明確にした．また，木製以外の材料を使用できるように強度，性能，試験方法を加えた．
- 1991年（平成3年）：JIS S 1021 高さを12段階へ．
- 2004年（平成16年）：国際規格ISO 5970に対応させ，0号から6号の7段階に．いすの段階ごとの高さのピッチは40mmへ，机では60mmへと粗くなった．机面の奥行を450mm，500mm，机面の幅を1人用では600mm，650mm，700mmに．
- 2011年（平成23年）：JIS S 1021 標準身長173cm前後の需要に対応させるために5.5号が設けられ，8段階に．ISOの対応と異なる規格となった．

　1985年以降，収納家具の寸法，理科用実験台・いす，図書室用机・いす，家庭科用調理実験台，家庭科用被服実習台・いす，図画工作・美術・工芸用実習台・いす，多目的机，教卓，技術科用実習台・いす，小学校家庭科用実習台・いす，収納家具，履物入れ，かさ立て，児童・生徒用ロッカー，清掃用具入れなどの家具規格が制定されたが，現在は廃止．

学校環境衛生の基準

文部科学省は，児童・生徒等および職員の健康の保持増進を図るために，学校保健安全法に基づき学校環境衛生管理マニュアル「学校環境衛生の基準」を定めている．この基準に普通教室用机，いすの整備に関して以下の記述がある．

- 机，いすの整備検査として（1）構造，（2）適合状況，（3）清潔状況，（4）破損の有無を毎学年1回定期に行い，机，いす等の構造，適合状況，汚れ及び破損等の管理状況を調べる．判定基準は，（1）机といすは，分離できるものが望ましい．（2）机面の高さは，座高／3＋下腿長，いすの高さは，下腿長であるものが望ましい．（3）机，いすの清潔状況は，良好であること．（4）机，いすに破損がないこと，としている．また，事後措置として，（1）机，いすの高さは，児童生徒等の身体に適合させるようにする．（2）清潔状況の不良のものは，速やかに清潔にする．（3）破損のあるものは，速やかに補修する等の適切な措置を講じるようにすることとしている．
- 机，いすの整備には，（1）児童・生徒等の身体に適合した机，いすが使用されていること．（2）児童生徒等の机，いすは清潔であり，破損がないことを条件としている．

学校における家具の使用については，教師のみならず児童・生徒に知識と関心を持たせることが重要になる一方で，家庭において保護者の関心・向上も欠かせない．家庭用学習家具には，家庭用学習机JIS S 1061，家庭用学習いすJIS S 1062の規格がある．

〔上野 義雪〕

図1 ‖ 普通教室用机・いす

表1 ‖ 学校洋家具ー普通教室用机・いす(JIS S 1021: 2011)　　　(mm)

種類		0号	1号	2号	3号	4号	5号	5.5号	6号
標準身長（参考）		900	1,050	1,200	1,350	1,500	1,650	1,730	1,800
机の寸法	机の高さ	400	460	520	580	640	700	730	760
	机面の奥行	450, 550							
	机面の幅　1人用	600, 650							
	2人用	1,200, 1,300							
いすの寸法	座面の高さ	220	260	300	340	380	420	440	460
	座面の有効奥行	—	260	290	330	360	380	390	400
	座面の最小幅	—	250	270	290	320	340	350	360

公共空間の椅子

　椅子に座るということ自体が目的である場合は少ない．何らかの目的を果たすために椅子は存在する．公共空間の椅子は人々がその空間を快適に利用することを目的として設置されている．空間設計と同時に椅子も計画されることが大半である．

劇場・音楽ホール・映画館の椅子

　演目にもよるが，長時間あまりからだを動かさずに座り続けている必要があるため，比較的クッションが厚くゆったりとした椅子が使われる．限られたスペースにできるだけ多くの観客を収容しつつ，安全性と座席への通路を確保するため，座面跳ね上げ式の椅子を採用することが多い．空間全体で音響効果が設計されるため，椅子自体に施設に合わせた吸音性能が求められる．基本的に椅子は床面に固定されている．一席当たりの幅や通路幅，前後の席の間隔は法律や条例で規制される．多目的に使われるホールなどではフロアに移動可能な椅子を並べる場合もある．

図1　劇場の椅子

スタジアムの椅子

　野球場やサッカースタジアムでは屋根がない施設も多く，紫外線や風雨に対する耐候性が求められる．また飲食が可能である施設も多いため，清掃が容易なプラスチック製の椅子が多く用いられる．背もたれのない座面だけの椅子や背もたれと座面が一体になった椅子が多いが，試合が白熱してくると座面に立ち上がって応援する様子も見受けられることから，その抑止策も兼ねて座面に立ち上がることが難しい座面跳ね上げ式の椅子の採用が増えている．劇場・音楽ホールの椅子と大きく違う点は，座ることに疲れたら立ち上がったりからだを動かすことができるという点である．基本的に椅子は床面に固定されている．一席当たりの幅や通路幅，前後の席の間隔は法律や条例で規制される．

図2　スタジアムの椅子

役所・病院などの待合用椅子

　順番待ちのために設置されている椅子である．病院では除菌または殺菌のため

の清掃を行うため，張材にはビニールレザーやウレタンレザーのような人工皮革が使われることが多い．最近は布に加工を施して菌が付きにくくした製品もある．緊急時の対応用にベッドとして使用できるものもある．また患者が特定される整形外科などの専門科クリニックや，総合病院の診療科別の待合所では，患者の特性

図3｜待合用椅子

に合わせて立ち座りがしやすいように座面の高さを通常より高めにした椅子を設置したり，妊婦が苦しくない姿勢を取りやすいよう，座面の奥行きを深くしたり，背もたれの角度を倒し気味に設定した椅子を設置するケースもある．

公園・広場の椅子

主には屋外で使用される椅子である．素材としては木材やプラスチックの座面，背もたれと，鉄やステンレスの脚で構成されるものが多いが，プラスチックだけでできているもの，アルミニウム製，セラミック製や石材で作られた椅子もある．風雨にさらされるため

図4｜公園の椅子

木材は傷みやすくメンテナンスが必要となるので，プラスチックやアルミニウムを木目柄に仕上げたものもある．

美術館・博物館の椅子

美術館・博物館は展示品を見て回るための施設であり，展示スペースが広くない施設などでは椅子が設置されていなかったり，ロビースペースにのみ休憩を目的とする椅子が設置されている施設もあるが，展示室内に休憩や展示目録を確認するために椅子が設置されている場合がある．展示品の大きさはさまざまであるので，展示スペースに設置される椅子は，背もたれがなく鑑賞の妨げにならないように配置されていることが多い．その他，展示室内に職員が常駐する場合は背

図5｜美術館の椅子

もたれ付きで手荷物等を置くことができる下棚付きの椅子を設置することもある．

このように公共空間の椅子にはさまざまな形状があり，求められる機能もさまざまである．ひとことで椅子と括ることができてしまうが，そこにある要求事項をしっかりと見極めて目的に合った椅子を使用することが大切である．

〔内田 和彦〕

乗り物のシート

　乗り物には，自動車（乗用車，バス，トラックなど），鉄道車両（新幹線，電車，地下鉄，路面電車，新交通システムなど），航空機（国内線，国際線），船舶（旅客船，フェリー，豪華客船など）があり，それぞれ乗客が使用するシートと運転士や運転手，操縦士などの運行側のシートがある．シートは腰かけや座席のことをいい，腰かけは腰をかけるための設備，座席は腰をかける場所をいう．

　シートに座る椅座姿勢そのものは，人体の腰部に負担を強いる姿勢であり，楽な姿勢とはいえない．椅子や腰かけに座ると骨盤が後傾し，それに伴い人間にとって自然であるS字形の脊柱がアーチ形，すなわち猫背に変わる．これが腰痛や肩こりの原因になる．したがって，椅子や腰かけに座る場合，身体に相応しい座り方を心がけることが重要になる．シートは人体を自然に支える役割をもち，シートづくりには人間工学の応用が有効である．

　良好な着座姿勢を保つためには，座面，背もたれ，枕，肘かけ，フットレスト，レッグレストなどのほか，足を自然に置ける床の条件も含めて適切でなければならない．

　一般的なシートの評価項目には，寸法，角度，クッション性，最終安定姿勢，体圧分布（圧迫と支持圧），滑り摩擦，通気性，保温性などがある．乗り物のシートは，住まいや学校，オフィスなどで使用する椅子とは異なり，振動の軽減や重力や加速度の変化，耐久性などに対する配慮が必要になる．

　乗り物のシートは，乗り物の種類により，機能や構造，寸法・形状，使用材料などが異なる．近年のシートは，軽量化，耐久性の向上，コスト削減などが必須条件となり，さらにデザイン性が強く求められる．今後どのシートにおいても検討すべき事項に超高齢社会におけるシートの在り方があり，特にクッション性の確保と適正材料の使用が課題となる．材料が変われば座り心地もデザイン性も変わる．日本には座りの歴史が少ないことと，これに関する教育が成されていないことなどが原因で多くの国民は，座り方も椅子の選び方も知らない．1日の3分の1近くを座る姿勢で対応する時代になった．今後は生活に欠かせない椅子について，幼少の頃から「座育」の場を設けることも重要になる．

乗用車シート

　乗用車のシートは，国によりシート寸法やクッション性が異なる．寸法の違い

は，国民の体位の違いによるもので，成人男子の平均身長が最も高い国はオランダの181.74 cm，続いてデンマークなどの北欧諸国，オランダよりも5 cmほど低い国がアメリカやカナダ，さらに5 cmほど低い国が日本で171.6 cmである．この身長の違いは，シートの寸法や運転席のスペースの設計に大きく影響する．

従来のシートのクッション性は，国産車と欧州車とでは異なり，ドイツ車は硬め，フランス車は柔らかめであったのに対し，国産車はその中間的な位置を占めていた．最近では，製法上の理由から硬めに仕上がる傾向にある．これは軽量化や生産性の事情からシートにバネが使われなくなり，一体成型品として仕上げられていることによる．これにより表面層は硬くなり，シートの詰め物と表皮材が接着されることによりさらに硬さが増す．加えて座面の奥行き寸法が長すぎる場合には，膝裏が強く圧迫され，辛い運転を強いることになる．振動との戦いである自動車のシートには，Sバネやコイルバネの使用は有効であるが，最近では，3次元ネット（3Dネット），あるいはメッシュ構造の樹脂製クッション材料によるバネ感を担うシートが出現し，軽量化や通気性に優れた材料といえる．しかし，表面材として使用すると，ネットやメッシュ材料と着衣との間に抵抗摩擦が生じ，着衣を傷つけることがある．

乗用車のシートの運転席と後部座席ではその役割が異なり，運転席には作業性，後部座席には休息性が求められ，これらの機能を活かしたシートが作られている．運転席と助手席シートとではその役割は異なるが，実際には，ほぼ同一条件で仕上げられている．運転席は作業性，助手席はやや休息性が必要であることから両者の支持条件を考慮したシートが必要である．これまでに運転席と助手席に見合う支持条件のシートを試作し，走行実験を行った結果，この考え方が理にかなっていることが明らかになったが，市場にはない．

着座姿勢は身体の中でも特に腰部に負担をかける姿勢であるため，生産コストを理由にシートの性能を低下させることは避けなければならない．

軽自動車は，長距離走行を前提としないため，普通車に比べてシート寸法は小さく，結果としてクッション性を抑えたシートが多くみられる．

自動車の走行には，シートベルトの着用が義務づけられているため，このシートベルトの車体取付け位置や装着方法によって，シートの座り心地に影響することもある．

バスシート

バスは，その用途により，路線用バス（乗り合い），都市間連絡用バス，観光貸切用バスなどに分類される．バスは，乗客に対する安全性確保と快適なサービスの提供が不可欠で，そのためには，安全運転を可能とし，機能的な運転席とシ

ートの設計条件が重要になる．

　高速道路が整備され，高速長距離バスのダイヤ数が増え，安価なバス運賃が好評なことから高速長距離バスの利用者は多い．夜間バスでは，シートの機能性向上やスペースの拡大，座席配置を工夫した車両に人気があり，バスの運行会社では，夜間走行のさらなる快適な車内環境の整備に尽力している．

　これらのシートは，可能な限りシートピッチを長くして足を伸ばす寝姿勢のとれるリクライニング機構を採用し，夜間の睡眠に配慮している．シート配置は4列から3列，さらには2列配置により隣席の乗客との心理的距離を遠ざけ，中には斜め窓向きにシート配置したシートレイアウトや，座席周りにローパーティションを設けた個室化したものもある．

　路線用バス（乗り合い）や地域コミュニティーバスにおけるシートの多くはロングシートであったが，近年では1人ずつ座席を分けるバケットシートが主流になりつつある．これは，座席に定員通りの乗客を着座誘導し，身体の支持性を高めるための対応である．

　バスシートにおいても軽量化，コストダウンなどが必須とされ，Sバネやコイルバネ使用のシートから，一体成型によるシートが主流となっている．クッション性は硬めの仕上げが多い．振動に配慮したシートは，都市間連絡用バスや観光貸切用バスに採用されている．

　超高齢社会の中で，高齢者の身体的特性に適合するシートの寸法・角度，形状，そしてクッション性を確保した質の高いシート開発が必要とされる．

トラック用・商用車用シート

　トラック用・商用車用シートは，コスト抑制のために最小限の機能で仕上げられるものが多い．エアーサスペンション，アームレスト，ランバーサポート，可変式ヘッドレスト，乗降時のシートの耐久性確保などは，一部の長距離用トラックに設置されることが多い．

鉄道車両シート

　旅客車の座席配置は，クロスシート，ロングシート，セミクロスシートに分けられる．

　鉄道車両の腰かけは，Sバネやコイルバネ（図1）によるバネ構造から，バネを使用しない一体成型に変わった．一体成型では，シートクッション

図1　コイルバネ使用のロングシート

の下にシートパンといわれる鋼製や樹脂製の皿状のパンを用い，バネの役割を果たす．この背景には，車両の軽量化とコスト削減がある．一体成型によるシートクッションは，型にウレタン材料を注入して発泡させるもので，型から脱型したクッションは，表面層が硬い特性をもつ．座面高が高くて奥行きの長いシートでは，着座時に膝裏に強い圧迫が生じる．膝裏には，毛細血管や神経が通っているため，これらが圧迫されて血行障害や痛みを生じることがある．また，シートの表面形状を曲面としてきれいに仕上げるためにシートクッションと表皮材を圧着や接着するが，これによりさらに硬さが増す．これらの問題は，鉄道車両に限ったことではない．

通勤型や近郊型車両のロングシートでは，設計上の着座位置に乗客が着座しないことや，足を通路に投げ出すなど迷惑行為を防止する新型シートが一般化している（図2）．このシートは，1人分の着座位置がわかるよう，バケットタイプとして仕上げられているが，人間工学的には座り心地の損なわれたつくりとなっている．

図2｜曲面仕上げのロングシート

図3｜中央席の色変えによるロングシート

7人がけのロングシートでは定員通りに乗客が着座しないことから，乗客の着座位置と着座順序を調査したことがある．まず，ロングシートの両端に乗客が着座すると3人目の乗客は，ほぼ中央位置に座る．しかし，正位置に座らないと7人がけに至らないことがわかり，ロングシートの中央の背もたれを明るい色のモケットに変え，着座位置を明確にしたところ，7人がけを誘導する効果のあることが明らかになった．そこで，JR中央線201系の新型車両から中央席の色を変えた（図3）．

新幹線のシート

新幹線の普通車両における設計上の1人分のシート幅は455 mmで在来線の430 mmよりも広くなっている．現在では，普通車両であってもシートのリクライニングや枕の上下調整が可能となり，シートの機能が向上している．

シートピッチは，初期の0系新幹線（図4）では980 mmであったが，国鉄時代最後の新幹線車両となった2階建てニュー新幹線100系を機に60 mm長くし（図5），1,040 mmとした．この結果，足を伸ばすことができ，窓側の乗客の通路への出入りが容易になるなど乗客の快適性と利便性を向上させた画期的な設計となった．その陰には，国鉄車両設計事務所の技術者であった高林盛久の車両アコモデーションや腰かけに対する功績が大きく，今日のシート設計の先駆けとなっている．

図4 ｜ 0系新幹線腰かけ

図5 ｜ 100系新幹線腰かけ

航空機のシート

航空機のシートの特徴は，強度と軽量化である．多くは，アルミ合金製で軽く，規定強度を維持し，耐火性布地の使用や腰用シートベルトの装着などが挙げられる．

航空機の搭乗による特有な身体負荷として，エコノミークラス症候群の発症がある．この原因は座席の狭さにより長時間に及ぶ下肢の運動不足があるといわれている．シートピッチは，ファーストクラスでは1,520 mm，ビジネスクラス1,020〜1,270 mm，エコノミークラス860〜790 mm（図6）で設定する航空会社が多く，新幹線車両に比べて短い．

近年の航空機シートでは，立体編物である3Dネットなどの採用により，座り

図6 ｜ 航空機シート　B787

心地を損なうことなくシートの厚みを抑え，膝の周囲に下肢スペースを確保する工夫がある．

　普通席の標準的なシート幅は 42〜45 cm で，航空会社や機体により異なる．

〔上野　義雪〕

ベッド・寝具

人生の1/3は布団の中

　人間の一晩に要する睡眠時間の平均は8時間程度であり，1日の1/3を占める．仮に人生90年とすると30年間は布団の中で過ごすということになる．つまりベッドはインテリアの人間工学において人体系家具として位置づけられ，人体と関わりの強い家具として重要な意味をもつ．

　睡眠の役割は，身体の疲労回復や免疫力の向上，脳の休息などであり，脳自身が睡眠を要求する．睡眠は，浅い眠りのレム睡眠（Rapid eye movement：Rem）と深い眠りのノンレム睡眠の質の異なる睡眠が交互に出現するもので，前者は，身体を休ませる眠り，後者は脳を休めるための眠りである．よい睡眠とは，眠りに入ったら一気に深い眠り（レベル4）に入り，その後1時間半程度の周期で浅い眠りと深い眠りが繰り返され，ノンレム睡眠は徐々に浅い眠りとなりつつ目覚めることになる（図1）．睡眠で重要なことは，睡眠に要する時間よりも深い眠りが得られるかである．そして質の高い眠りは，寝具の条件のほか，音・熱・光などの寝室の睡眠環境を整えることで可能となる．

　ベッドは人体系家具として扱われ，人体系家具には椅子も含まれる．椅子に座った作業姿勢を次第に後方に倒していくとやがては休息姿勢に変わり，そして寝姿勢に変わる．すなわち，椅子もベッドも同じ働きをもつ家具である．

　寝具には，ベッドのマットレスや敷布団の敷く側と掛布団や毛布などの掛ける側，そして枕の三要素で構成される．

　日本では，生活スタイルの洋風化により，畳の生活から椅子・ベッドの生活に変わりつつある．起居が床から座面やベッド面に変わることにより，不必要な姿勢変化や重心移動が軽減し，立ち座りによる身体負担が低下することも洋風化への理由の1つである．このようなことから，特に高齢者には，立ち座りが容易で膝の曲げの少ない椅子とベッド生活が好まれる．

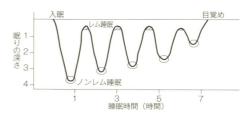

図1 ｜ 睡眠曲線

敷く側

　ベッドのマットレスや敷布団の役割は，人体をうまく支持してよい寝姿勢をつくることであり，寝返りがしやすく，身体と接する部分には，無理のない圧力が分布することである．そして心地よいクッション性を保つことである．よい姿勢とは脊柱がS字形を成し，肩甲骨と臀部を結ぶ腰部の空き寸法は2～3cmを成し，後頭部の高さが6～8cmになる姿勢をいう．この腰部の空き寸法は，立位姿勢では2倍の4～6cmになるのは，立位姿勢と臥位姿勢では腰部にかかる重力の方向が90度異なるためであり，臥位姿勢の方が腰部に受ける重力の影響が多いため腰部が重力方向に押されて空きが小さくなる．この空き寸法は，敷く側のクッション性により異なる．すなわち柔らかい場合には，沈みによる空き寸法は大きくなり，硬い場合には逆に小さくなる．また，敷く側が新しい場合とそうではない場合とでは，へたり方に違いが生じ，沈み量も異なる（図2）．

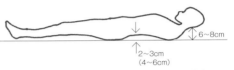

図2 ｜ 好ましい寝姿勢時の腰部と頭部の寸法
　　　（ ）は立位姿勢

図3 ｜ 臥位における人体各部の重量比（％）

　これらの沈み量の違いは，敷く側の材料の違いのほか，使用者の体重が大きく影響する．寝姿勢を想定した人体モデルでは，人体を4つのブロックに分け，それぞれのブロックがジョイントで接合されていると仮定すると寝姿勢が描ける．それぞれのブロックのうち，最も重い部位が臀部で，敷く側が柔らかいクッションでは，臀部が沈みすぎて腹部を圧迫する苦しい寝姿勢をつくる（図3）．

　敷く側の性能評価には，クッション性，荷重・撓み，最終安定姿勢，体圧分布，通気性，吸湿性，熱の発散性，保温性などがある．クッション性とはクッション材料の硬さと柔らかさの程度を示すが，物理的には，荷重・撓みを調べることであり，荷重に対して撓みがどの程度変化するか，その曲線が重要になる．スプリングの場合には，この曲線が直線状となり，比較的よい寝姿勢が保たれる．一方でウレタンフォームの場合には，その曲線はS字形に近くなり，荷重と寝姿勢における人体のブロックの接触面積などにより，沈み量が一定にはならず，好ましくない寝姿勢をつくる．

　ウレタンフォームは，手で押した時と指で押した時では沈みに大きな違いがみられる．手のひらで押す面圧は高く，指で押す点圧の低い特性をもつ材料であり，人体の背面と接する表面を硬く感じるため，表面の接触面を少なくするために凹

凸をつけるプロファイル加工を施し，面圧を抑える場合がある．近年，低反発ウレタンに定評があり，最大の特徴は，衝撃力の吸収性にあり，アメリカのNASAがロケット発射時の衝撃力から宇宙飛行士を守るために開発したもので，ここではあくまでも衝撃吸収材であった．この材料を応用した代表的な製品が枕，そしてマットレスである．この材料は押すと戻りが遅い特徴があるため，従来にない感触が好まれているものと考えられる．

敷く側のクッション材には，綿，羊毛，ウレタン，スプリングなどがあり，柔らかさと硬さが必要で，人体の接するマットレスの表面（A層）は柔らかくすべきであり，その下にはよい姿勢をつくる硬い特性をもつ材料（B層）で，最下部の層（C層）は，ベッドへの立ち座り時に生じる衝撃力を吸収するバネ特性をもつ材料とし，これらの組み合わせにより，よりよい寝姿勢をつくることができる（図4）．このような硬さの異なる材料を三層に組み合わせ，それぞれの特性を総合的に活かす構造を「寝具の三層構造」という．1種類のクッション材でよい寝姿勢を保つことは難しい．

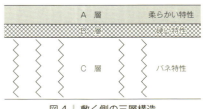

図4 | 敷く側の三層構造

日本古来の綿布団は，三層構造の役割がないように思われているが，そうではない．綿布団は，畳というクッション材の上で使用され新しい綿布団は，表面を手で軽く抑えると心地のよい沈み方をする（A層）．さらに力を加えていくと復元しようとするバネ感が生じ（C層），さらに力を加えると硬さを感じる（B層）．すなわち，綿布団は，畳の特性をうまく活かしたクッション性をもつといえる．

敷く側の大きさは，人体寸法から求める．長さ寸法は，身長に30〜40cmを加えた寸法，幅は肩幅の2.5倍が目安となる．ただし，子どもの場合には，寝返りの範囲が大きいため，大人並みの寸法を必要とする．

ベッドには，シングルサイズ，セミダブルサイズ，ダブルサイズ，クイーンサイズなどのサイズがあり，ベッドの室内配置には，ベッドメイキングのためのゆとり寸法を含む必要がある．シングルでは1×1mのスペースを必要とする．

タイプとしてはウォーターベッドが人気を集めるが，これは耐圧性のある袋に水を入れたもので，かなりの重量になる．床の構造がしっかりしていないと設置できない場合がある．寝返りなどで揺れが生じると揺れをすぐには止めることができない．ダブルの場合片方の人が寝返りをするとその揺れで目覚めることもあるが，シングルであれば心配はない．ウォーターベッドは，浮力を利用し，体圧分散がよいといわれている．ベッドから起きることのできない人には褥瘡防止が

期待できるが，そうでない人には，よい寝姿勢を保つことが難しい．また，介護用や病院用ベッドに背上げのできるギャッジベッドもある．これは，自力で上体を起こせない人のためのベッドで，背上げにより安定した姿勢を保つために臀部と膝裏部分で折り曲げる構造になっているが，不安定で苦しい姿勢になる．背上げによる姿勢は臥位姿勢ではなく，椅座位姿勢であるため，踵が床に着くように踵を受け止める配慮が必要である．残念ながらこの配慮のベッドについての既往研究はあるが，製品にはなっていない．

枕

これまでに枕の役割は不明確で，枕を使えば楽である，という程度の認識が一般的であったが，後に人間工学的には，心臓と脳との高さ調整の役割をもつことが明らかになった．その後，低反発ウレタン使用によるクサビ形枕の誕生が枕ブームを引き起こした．

敷布団やマットレスの硬さは寝姿勢の身体の沈み具合に影響し，敷く側のクッション性に応じて枕の高さを調整しなければならない．また，枕は仰臥のみならず，側臥姿勢にも対応するように枕の高さが変えられるクッション材料と構造をもつこと，熱の発散性に富み，睡眠中に枕が動かない程度の重さをもつことなどが枕に要する性能である．枕の材料がそば殻やパイプ，ビーズなどでは，過剰な量の材料が枕に入れられている場合があるため使用量を調整することが望ましい．枕の材料には，綿，そば殻，羽毛，発泡ウレタン，低反発ウレタン，パイプ，ビーズなどがあり，睡眠環境に適した枕素材を得ることが重要である．

掛ける側

掛ける側には　掛け布団，毛布などがあり，これらの役割は，体温を保つことであり，保温性，軽さなどが重要になる．材料には綿，羽毛，化繊綿などがある．羽毛布団の手入れで重要なことは，布団たたきで埃を除去したり，日干しにしないことである．

〔上野　義雪〕

カーテン・ブラインド

　窓まわりに取り付けられるカーテン・ブラインドは，外部からの光や視線を調節する機能だけではなく，デザイン的にも重要なエレメントとなる．開閉機能で分類すると，上下開閉と左右開閉の2種類に分けられる．上下開閉にはベネシャンブラインド，ロールスクリーン，プリーツスクリーン，ローマンシェードなどがあり，左右開閉にはカーテン，バーチカルブラインドなどがある．

ブラインド
　アルミ製や木製のスラット（羽）を横にしてつないだものを上下に開閉するベネシャンブラインドと，ガラス繊維などのルーバーを縦にして上部をレールでつなぎ左右に開閉するバーチカルブラインドがある（図1）．いずれもスラットやルーバーの角度を変えて，外部からの光・視線を適度に調節する機能に優れている．
　布製のスクリーンを巻き上げて開閉するロールスクリーンは，布地の素材・色・柄の特徴を出しながらフラットでシンプルなイメージを作ることができる．すだれや和紙調の不織布のプリーツブラインドなどは和の演出も可能である．

カーテン
　装飾性を高める手法が最も多いのがカーテンである．
縫製方法　布地を窓幅の2.5～3倍近く使用する3本プリーツ，ボックスプリーツ等でカーテンのひだを調節し，適したボリュームにすることができる．
吊り方　厚い布地のドレープを室内側に，薄地のレースを窓側に二重に吊るす吊り方が一般的であるが，クロスオーバー（図3）などの装飾的なスタイルは，開閉はできないが，カーテンの美しいラインを作ることができる．
カーテンアクセサリー　カーテンレールに取り付けるバランスやカーテンを束ね

図1 ｜ ベネシャンブラインド（左）とバーチカルブラインド（右）
（画像提供：立川ブラインド工業株式会社）

1. 計画関連 ④エレメント系

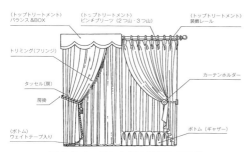

図2 ｜ カーテン各部の種類と呼称[1]

図3 ｜ クロスオーバー

呼称	プレーン	シャープ	バルーン	オーストリアン	ムース(センタートップアップ)	ピーコック	プレーリー
スタイル	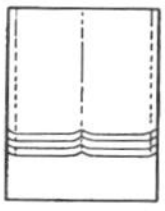	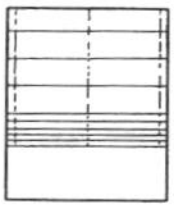	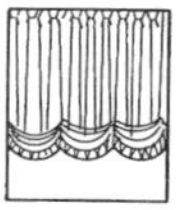	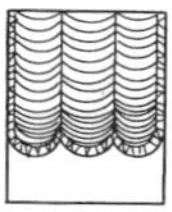	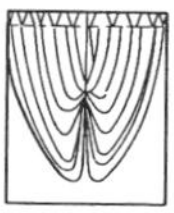	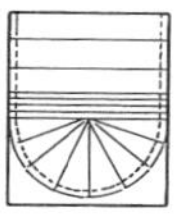	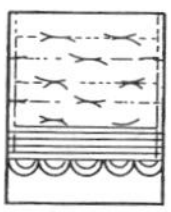
特徴	一定の間隔でフラットなひだを畳み上げていく。ローマンシェードの最もシンプルでベーシックなスタイル。幅広いファブリックスを選べる	生地とバーを組み合わせたシャープで規則正しいラインが特徴	たくし上げると両端から中央に向かってカーブを描くタイプ。スタイルカーテンのような雰囲気	ウェーブをたっぷりとった最もゴージャスなタイプ。ホテルのロビーや劇場などにも用いられる	中央を1本のひもで引き上げて作り出されるスタイルが特徴。引き上げて止める位置によっても微妙にスタイルが変化する	引き上げたときにボトム部分が半円形になる。孔雀が羽を広げたような形から、ピーコックタイプといわれる	タックを交互にとり、草原のさざ波を思わせる細い起伏が特徴。ボトムにフリルが付く

図4 ｜ ローマンシェードのスタイル[1]

るタッセルは（図2），クラシカルな空間を演出する効果的なエレメントである．

　カーテンはひだ，吊り方，カーテンアクセサリー，布地のデザインなどの組み合わせで何通りものスタイルを作ることができる．

ローマンシェード

　布をたくし上げて上下に開閉するローマンシェードは多様なスタイルがあり（図4），布地の特徴を活かしたエレガントな空間を演出できる． 〔中嶋 祥子〕

📖 参考文献
[1] 「ウインドウトリートメント」，トーソー出版，1987．
[2] インテリア産業協会：「インテリアコーディネーターハンドブック 販売編」，産業能率大学出版部，2010．

照明器具

　照明器具とはJISで「おもにランプの配光（ランプから各方向に放射される光の強さ加減）及び光色（色温度）を変換する機能をもち，それらのランプを固定し保護するため，及び電源に接続するために必要な全ての部分をもつ装置で，必要に応じて点灯用付属装置を含む」と定義されている．

照明器具の素材

　照明器具はコードやソケットなどの電気的部分と支柱やアームなどの機械的部分，そしてシェードやグローブなど光源の光を変化させる光学的部分からなる．これらの機能を満足すれば，金属やガラス，プラスチック，布，紙，木，皮，石などが器具の素材として使用される．光学的部分に使われる素材はその仕上げによって透過，屈折，拡散，反射，吸収といった光の作用が起こる．照明器具の開発はこの作用をいかに効果的に導き出し，生活に役立つ光にするかの長い歴史がある．照明器具は，例えばダウンライト器具のように器具を天井に埋込んでその存在をできるだけ隠して，光で空間を美しく見せたり，快適な雰囲気を作る，いわゆる光のスペースデザインに寄与するものと，シャンデリアや多くのペンダント器具（一灯用天井吊り下げ）などに見られる，光の形や色，輝きが空間のアクセントや装飾とする光のオブジェクトデザインに関係するタイプに大別される．

器具の安全性と耐久性

　照明器具はユーザーが安心して，長く使用できるよう，電気用品安全法（PSE法）やJIS規格などの基準適合が求められる．例えば照明器具のランプから発生する熱をいかに逃がすかが器具の劣化防止やランプの定格寿命を維持するために重要である．そのため厳重な温度上昇試験によって，器具に使えるランプの種類とワット数が決められる．また，機種によっては水気や埃が器具内に侵入することを防いだりして，漏電や明るさの低下が生じないように設計される．しかし，いかに安全な器具といえども使い方を誤るとその限りではないので注意が必要である．

照明器具の種類

　照明器具には屋内用と屋外用がある．屋内用は取り付けの場所や方法によっていくつかの種類と名称がある．また屋外用は防水性が求められ，光源の設置位置などによって地中埋設，低位置，ローポール型などに種別されることがある（図1）．

1. 計画関連 ④エレメント系　　しょうめいきぐ

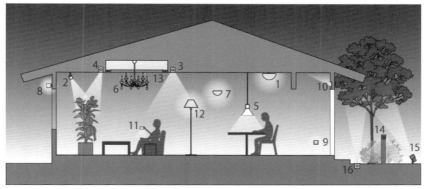

1. シーリングライト
2. スポットライト
3. ダウンライト
4. ユニバーサルダウンライト
   （照射角度自在型天井埋込み）
5. ペンダント
6. シャンデリア
7. 屋内用ブラケット
8. 屋外用ブラケット
9. フットライト
10. シーリングウォッシャー
    （壁埋込み天井照明）
11. テーブルスタンド
12. フロアスタンド
13. コーブ照明（直管型蛍光灯・直管型
    LEDランプ器具など使用）
14. 低位置型
15. スパイク（地面差し込み）式
    スポットライト
16. 地中埋設型

図1 ｜ 照明器具の名称

住宅照明を代表するシーリングライト器具

日本では住宅の多くが，天井中央に引掛シーリングローゼットが付いている．それは電気工事の資格のない人でも器具の取り付けが可能で，一般には乳白色のカバー付きのシーリングライト器具（天井直付）が付けられる．器具が大型になると，一灯で部屋全体が明るくなるため，一室一灯照明が定着する．しかしこのような天井灯だけでドラマチックやリラックスの雰囲気は得られにくいため，主要な部屋は壁付け（ブラケットなど）や置き型（スタンド）器具の併用を考慮した多灯分散照明が薦められている．

時代はLED照明器具

最近，照明器具に使われる光源の多くが高い発光効率と長寿命をもつLED（発光ダイオード）に変わりつつある．LEDは電流を流すことで発光する半導体素子で，この光源を使用した器具をLED照明器具という．LED光源は主にLED電球や直管形LEDランプなどのLEDランプとLEDモジュールがある．前者はソケットをもつ照明器具に取り付け可能で，後者は照明器具と一体型のタイプがあり，モジュールの寿命に達すると多くの場合，器具ごと交換する．LED照明器具の中には調光や光源の光色を変える調色といった光の制御に優れたものもある．〔中島 龍興〕

📖 参考文献
[1] 中島龍興，福多佳子：「LED照明の基本と仕組み」秀和システム，2012
[2] 照明学会編：「照明のハンドブック」，オーム社，2003．

キッチン設備

　住宅を「公共の部屋であるLDK＋独立した個室群」という図式で考えると，この公共の部屋であるLDKは大きな存在として姿を表す．
　リビング（L）は「くつろいで休息し，明日への元気を養う場所」，ダイニング（D）は「会話を楽しみながら，食事をする場所」，キッチン（K）は「生命を育む，食事を作る場所」である．キッチンのみが調理作業という労働を行う場所として存在している．
　しかし，LDKは一体化している．ここにキッチンが単独の部屋で存在していた時代とは違う．LDKの中のキッチンとして要求される要素が生じてくる．
　つまりキッチンという場所は，調理という作業を行っているときの労働効率だけでなく，作業をしていないときには大型家具として，ダイニングやリビングで果たす目的を邪魔せずに存在することが必要となったのである．こ

図1｜リビングダイニングに開放的に接続するキッチン

の意識を強くもって，キッチンが開発され，選択され，設計されるようになった．これは，住宅における各エレメントの設計に対して，各自の役割だけでなく，生活，暮らしという人間の生活を中心とし，トータル的に考えるようになってきた進化の現れの一つではないかと考える．
　調達してきた食材を冷蔵庫や食品庫から出し，流しで洗い，食べやすい大きさに切り，加熱して料理を作る．「洗うための給水」「流すための排水」「加熱するためのガス，電気」「加熱調理の際に発生する二酸化炭素，匂い，煙等を局部換気するレンジフード」「材料を切る，皿に盛りつける等の作業を行うスペース」を加えて，キッチン設備となる．
　設計する際にまず考慮するのが，「高さ」と「間口」の寸法である．高さは，「使用する人の身長÷2＋5cm」が一般的な目安となるが，作業効率や腰痛緩和を考えるとそれよりも少し高い方が使いやすい．特に高齢者の場合は，キッチン

1. 計画関連　④エレメント系

に寄りかかって作業することが多くなる．細かい作業は，肘に近い位置の方が作業しやすいし，目に近い位置の方がよりよく見えるのである．間口は，調理材料を準備するスペースを特に考慮する．準備スペースは，食材を置き，まな板，ボウル等さまざまなものを使い，作業ができるだけの余裕をも

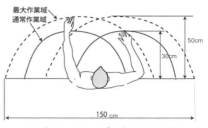

図2 ワークトップの奥行きと幅寸法

った寸法を考えることが重要である．準備スペースが足りない場合は「アイレベル収納」をシンク前の目の高さの位置に設置し，調味料やペーパーホルダーなど細かいものをまとめて収納したり，必要なときだけ引き降ろして使える仮置きスペースを作ったりする．

　フロアキャビネット（床に置く収納できる箱）は，「引き出しタイプ収納」が主流となり，使う側にものをしまう指定位置を用意し，デッドスペースの少ない空間設計を実現した．引き出しには「ポケット収納」が設置されており，お玉，菜箸，包丁等が取り出しやすく，しまいやすく，埃が付きにくいという工夫も出現した．「アイレベル収納」も「ポケット収納」も労働効率を上げながら，使用していないときには見えなくなるという特徴をもつ．つまり，ダイニングやリビングで過ごしているときには，調理作業を想像させてしまうようなものはすべて見えなく収納してしまい，キッチンは美しい大型家具となる一因を担っている．

　シンクは，キッチンの間口や使い方に合わせてサイズを選ぶ．コンパクトシンク，ミドルシンク，ワイドシンクがあり，素材はステンレスと人造大理石がある．ワークトップもステンレスと人造大理石がある．どちらも耐水性，耐久性，耐摩耗性に対して研究がなされ，傷つきにくく，清掃性も増し，使いやすくなっている．環境問題への対応として，小まめにゴミを捨てるように，シンクのごみカゴは浅型になっており，排水口も手入れがしやすくなっている．水栓金具は，レバーひとつで温度と量を調節できるシングルレバー水栓が多く使われている．センサーに手をかざすだけで吐水と止水の操作ができるタッチレス水栓も登場．鍋をもって，肘を近づけるだけで操作ができるなど便利で，さらにこまめな節水もできる．

　レンジフードは，手入れが一番面倒だったフィルターがないフィルターレスレンジフードが登場．普段の手入れが，今まででは考えられなかったほど，簡単になっている．高齢者には，加熱機器を使用する際にレンジフードを可動させずに調理するという状況が出てきており，安全・安心のために加熱機器を使用すると

自動的にレンジフードが可動する「無線連動タイプ」を勧める．
　ガスコンロは，トッププレートの素材が耐熱ガラスやフッ素加工，ホーロー，形状がフラットと清掃性が向上した．ひと拭きで掃除が終了するという画期的な進化をした．五徳やグリルカバーは食器洗い洗浄機で洗える．安全面では「Siセンサー」がすべてのバーナーに付き，一定以上の温度上昇や吹きこぼれで自動消火する．「調理タイマー」等，便利機能も多種出現．
　グリルは，無水両面焼きになり，焼く時間や焼き加減を自動的にコントロールしてくれる機能も付いた．IHヒーターは清掃性のよさに加え，最高3kWという強火も登場．鍋底の温度を瞬時に検知するセンサー付きは，食材を投入すると素早く温度を復活させ，適温キープができる．使える鍋の種類も増えた．心臓にペースメーカーを使用している場合等利用を避ける配慮が必要な場合がある．高齢者は加熱機器に近づいて作業する方が多いので，服への引火等を考慮する．
　収納ユニットは，大型収納が主流となっている．扉を開ければオープン棚として，どこに何があるか一目瞭然にわかり，扉を閉めれば埃がたまらず，掃除が楽という特徴がある．
　食器洗い洗浄機は，スチームで汚れを浮かし，洗剤を含んだミストが汚れを剥がして除菌し，パワフルで汚れをきれいに落とす洗浄方法に進化した．鍋も洗え，操作も楽になり，省エネ効果も高くなった．今では，システムキッチン新規購入者の6割以上の方が設置している．高齢者は，特に予期せぬ怪我で手洗いができなくなったり，視力の衰えにより汚れを見逃したりしてしまうことが多くなる等で，搭載する価値は高い．扉は，素材の加工方法の進化で，清掃性が向上している．色は流行色を含め，各自が好みの色を選択できるようになっている．
　このように，各パーツの機能進化は，作業の労働効率を著しく向上させている．使用する人間が楽なように，人体工学設計もされている．あとは，大型家具として美しいか，さらに棚の中の鍋や食器が重なっていてもきれいか，色は自分なりに統一できているか等，センスを大いに磨いて発揮すると，キッチン設備はインテリアとしても大きな意味をもっともつようになるのではないだろうか．一人一人が，いつしか年輪を重ねていくように，よそゆきではない，日常の普段着の美しさというものをキッチン設備に生み出したいものである．　　〔樋口　恵美子〕

1. 計画関連 ④**エレメント系** きっちんせつび 97

図3 | 引出し収納のあるキッチンセット

図4 | ガスコンロ（ガラストップ3口）

図5 | IHヒーター（3口）

図6 | 底面がフラットで清掃性の良いレンジフード

図7 | 扉が一体化され大型の食器収納

浴室設備

　住宅における浴室は，身体を清潔に保つための役割をもち，新生児から高齢者までさまざまな属性の人が使用することを想定したプランニングが必要となる．近年では入浴によるリラックス効果，健康や美容の観点から半身浴やミスト浴，音楽やテレビ鑑賞，アロマバスなどの使用が想定される．

浴室の種類
在来工法の浴室とユニットバス　一般的に在来工法は浴室の各部分を左官・大工・タイル職人等が現場に応じて仕上げ，主に防水をした下地の上にタイル張りなどを行う．各工程に左官・大工・タイル職人等の専門技術を要する．また，養生期間を必要とするため，工期が長くなる．

　一方，ユニットバスは住宅設備メーカーの工場であらかじめ作られた部材（床・壁・天井・浴槽等）を手順に沿って組み立てて配置する．設置が容易で工期が短い．

　在来工法のメリットは浴室のスペースが自由で，浴槽や床など量産ではできない材質（檜などの天然材料やタイルなど）の採用が可能な点である．

　一方，ユニットバスのメリットは防水性が高く，各部材に断熱材が施されており，保温性が高い．カタログやショールームでイメージや実物を確認しながら仕様を決定できることや，最新浴室設備の採用がしやすい．

ユニットバス
　一般的に，住宅の1坪（182 × 182 cm）に設置ができる 1.6 m 四方の浴室が主流である．主に浴槽と洗い場などから構成され，出入り口，窓，シャワーやカウ

図1 ｜ 在来工法の浴室
（KENTOHOUSE APPLIANCES）

図2 ユニットバス（(株)ノーリツ）

ンターなどが配置される．

　一度に入浴する人数などに応じて大きな浴槽，または洗い場の検討が必要になる．ユニットバスは独立空間であり，多機能空間である．保温性の高い浴室空間や浴室乾燥機の導入により，洗濯乾燥室の機能をもたせることも可能である．

　浴室の窓は採光や換気に有効であるが，寒い季節にはユニットバス全体の保温性が下がるため大きさを考慮する．

　また，介助を伴う入浴を想定する場合，ユニットバスは1坪程度あることが望ましい．脱衣室の広さや浴室の出入り口，浴室ドアの形状を考慮するとよい（折り戸や開き戸より引き戸は開口が大きい）．脱衣のしやすさ，介助を考慮し，脱衣スペースの確保も有効である．

　入浴時のヒートショックを防ぐため，洗面脱衣所を暖めるなど，居室，洗面所，浴室の温度差を解消することが重要である．

浴室の人間工学

　住宅の品質確保の促進等に関する法律には高齢者に関することにおいて，手すりの設置などについての記載がある．手すりの種類（立ち座り用，姿勢保持用など），更衣室との段差，浴槽のまたぎ高さなどがある．

　浴室内の考慮は浴室での行為①〜③を考えるとよい．

　①洗い場で身体を洗う（図3）…カウンターの高さ（a），水栓高さ（b）と，風呂椅子（c）の関係．洗い場での立ち座りの補助手すり（d）．シャワーの位置（使用の姿勢．座位や立位）．洗顔や洗髪の際に，目を閉じているため，混合水栓の操作性（e）（カランとシャワーの切り替え，水量調整，温度調整など）やその取り付け位置が重要になる．また，操作画面の表示の見やすさ，わかりやすさも重要である．シャワーフックの高さや位置（高さは調整ができるものもある），シャワーヘッドの大きさ，形状，重量など，使用者に合わせて選択する必要がある．

1. 計画関連　④**エレメント系**

図3 ｜ 身体を洗う
((株)ノーリツ)

図4 ｜ 浴槽への
　　　出入り

図5 ｜ 浴槽での姿勢維持

②浴槽への出入り（図4）…出入り補助の縦手すり（f）．カウンター（g），浴槽内へのアクセス，カウンターと手すりの位置関係やまたぎ高さ（h）．浴槽の縁がベンチになるもの（i）（一時休息や立ち座りの補助）．

③浴槽での姿勢維持（図5）…浴槽横の手すり（j）．幅や長さの大きすぎる浴槽は浮力により臀部が浮き上がりやすくなり，身体が不安定になるため，浴槽の大きさや形状を検討する際に考慮したい．浴槽の深さの一部分が浅くなっているベンチ浴槽（k）は，足で身体を保持しやすい．

また，浴室は濡れると滑りやすい場合があるため，洗い場の床の表面形状，水はけや浴槽の突起…底面，移動用の手すりが使いやすいかチェックできるとよい．十分な明るさが得られるかも確認する．

動向

ユニットバスは保温性に優れ，家族などで入浴時間に間隔がある場合の追い焚きなどが少なくて済むため，省エネにつながる．ユニットの壁，床，天井，浴槽，風呂蓋にも蓋に断熱材が使用され，JIS規格ではJIS A 5532 浴槽（6.2）性能において「湯温降下は，4時間で2.5℃以内とする．」という性能評価に準ずることなどで，保温性能が高くなっている．これにより浴室内の温度が下がるのを防ぐため，省エネにつながる．

また，ユニットバスの動向として「手入れが楽」はキーワードであり，乾きやすい床（図7）や水はけがよいカウンター（図8），清掃しやすい形状や材質など，手入れ性の向上や清潔性を保つ工夫がされている．

図6 ｜ 断熱性の高いユニットバス
((株)ノーリツ)

図7 乾きやすい床 ((株)ノーリツ)

図8 水はけがよいカウンター ((株)ノーリツ)

図9 浴槽の自動洗浄 ((株)ノーリツ)

清潔に保つ手入れのポイントは使用後すぐに湿気を排除することにより，カビなどの発生を防止することができる．浴室乾燥機の使用により浴室が乾燥しやすく衛生的である．

近年，乾きやすい床に加え，断熱クッション層による畳のようなやわらかい材質の床は，冬場でもひんやりせず，直接座れる心地よさなど，高齢者や子どもへの配慮としても開発が進んでいる．

洗い場の排水口にはゴミがまとまって捨てやすいヘアキャッチャーを設けたり，浴室ドアや浴槽の排水口の材質や形状など，普段の手入れがしやすい仕様に日々進化している．

また，近年では浴槽をボタンひとつで洗浄できる自動洗浄付き浴槽（図9）などの開発も進み，家事の軽減や高齢者への負担軽減にも効果が期待できる．〔花岡 鈴実〕

📖 参考文献
[1] http://www.bantan.net/page-bathroom/052.html

洗面化粧台

　住宅における洗面所は，手洗い，歯磨き，洗顔などの身だしなみや浴室への脱衣，洗濯スペース，収納をかねた空間である．近年では家事動線を考慮し，キッチンと洗面所，浴室が隣接したプランも多くなっている．

洗面所スペース

　洗面所の環境は浴室からの湿気，衣類洗濯乾燥機の使用による温湿度変化など，周囲からの影響を受けやすいため，収納スペースを検討する場合，これらを考慮するとよい．

　高齢者を考慮する場合，入浴時のヒートショックを防ぐため，洗面脱衣所を暖めるなど，居室，洗面所，浴室の温度差を解消することが重要である．

　ヒートショックとは冬場の入浴時，暖かい居室から寒い脱衣所や浴室への移動により血管が縮み，血圧が上がったり，また湯につかると血管が広がり血圧が下がることによる血圧の変動により，心臓に負担をかけることをいう．

　浴室介護を想定し，洗面脱衣所の広さや動線を考慮したプランが求められる．

洗面台の構成と種類

　洗面化粧台は，主に，鏡，洗面ボウル，収納から構成される．

鏡　一面鏡，三面鏡に鏡の裏に収納スペースが付属しているものもあり，収納量に応じて選択する．

水栓　シャワー付き水栓や壁給水タイプの水栓がある．壁給水タイプは水栓の根元に水が溜まらず，洗面ボウルが壁面まで立ち上がった形状によ

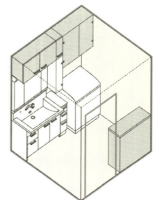

図1 | 洗面所スペース
((株)ノーリツ)

図2 | 洗面化粧台 ((株)ノーリツ)

り，水はねが防げることから，手入れが容易である．また，操作部が高くなる場合があるので使用者により考慮する．

タッチレス水栓は手洗いや洗顔中の湯水の出しっぱなしを防ぎ，節水効果が期待できる．開閉操作だけでなく，水量調節があらかじめ設定できるため，小さい子どもにも使いやすくなっている．また操作部に触れず衛生的である．

洗面ボウル　材質は主に樹脂製，陶器製，ホーロー製で，樹脂製はカラーバリエーションがあり，形状はボウルの横に水平面があり，カウンターとして仮置きスペースとして使用できる．排水口には髪の毛などのゴミが簡単に捨てられるヘアキャッチャーの付属が主流になっている．

樹脂製のものは汚れの原因となる水アカをはじき，撥水性の高い材料の開発が進み，さらに手入れの向上が見込まれている．

陶器製は樹脂製に比べ傷がつきにくいが，硬いものを落とすとボウルが割れることがあるので注意する．

ホーロー製は傷や衝撃に強く，手入れが容易という特徴をもっている．

高さは 680，720 mm で，これ以上の高さは，洗顔の際（図5）に両手ですくった湯水が肘に伝わるため注意する．

キャビネット　さまざまな収納部材があるため，空きスペースを有効に使用できるように選択する．収納量や使い勝手（収納高さや間口，奥行きなど）を検討するのも重要となる（図6）．

図3｜鏡収納（（株）ノーリツ）

図4｜壁給水水栓（（株）ノーリツ）

図5｜洗顔姿勢（（株）ノーリツ）

照明　近年ではLED照明の普及から照明器具が小型化された．取付範囲が広がり，従来の上から照らす方向のものから，女性や子どもにも明るさが届く低めの照明や手元を照らす照明など明かりのバリエーションが広がってきている．LEDは輝度が高く，直線性の高い光源であるため，光源が直接眼に入らない配慮が必要になる．

　カウンタータイプ（図7．カウンターの上にボウルを設置）は高級感があり，カウンターに物を置いたり，化粧をしたり，入浴後に髪を乾かす，スキンケアを行うなど，多用途に使用できる．また，洗面ボウルとカウンターが別部材なので，大きな間口も作りやすく，広さに応じて椅子を置いて座って使うなど，多用途である．

選択の際に考慮すべき点
水栓　操作部高さや操作性（小さな子どもがいる場合，踏み台などの必要性）．
カウンター　洗顔時，カウンターが低いとかがみ姿勢が大きくなり，腰痛をもつ人や高齢者は負担が大きくなる．
ボウル　ボウルの大きさは手洗い洗濯でバケツを使用する場合，深い方がよい．
照明・鏡　身だしなみを整え，化粧をする際に十分な明るさが得られるか，鏡の大きさが十分か確認する．

図6 ｜ キャビネット（(株)ノーリツ）

図7 ｜ カウンタータイプ（(株)ノーリツ）

1. 計画関連 ④**エレメント系**　　　　　　　　せんめんけしょうだい

図8 ｜ 水まわりのインテリア（(株)ノーリツ）

収納　着替えを想定する場合など衣類の収納家族の人数によって容量，スペース，その配置など検討する．

　洗面所スペースは多用途なため，家事動線や生活動線，家族の生活リズムなど使用者を考慮した配置などのプランニングが必要となる．また，リビングや浴室空間との調和などインテリアの統一は課題である．　　　　　〔花岡 鈴実〕

便器

洋式便器の普及

日本の住宅における水洗式洋式便器の初採用は、1958年（昭和33年）の大阪関目第一団地にさかのぼる。それ以前は、日本住宅公団による和風大小両用便器（汽車式便器）といわれる水洗便器の使用であったが、公団の標準設計としての洋式便器の水洗化は1960年に始まった。その後、1975年代になり、洋式便器の出荷台数が和式便器を上回るほど広まった。

便器の種類

便器は、排泄物の処理方法から水洗便器、非水洗便器、循環式便器などに分けられ、便器の用途別では大便器、小便器、大小両用便器に分けられる。排泄物や排泄姿勢から、洋式便器（腰かけ便器）、和式便器、和風大小両用便器（汽車式便器）、小便器がある。これらのうち、洋式便器、小便器の取付け方法により、床置式、壁掛式があり、壁の構造や床の清掃性に両者の違いがみられる。壁掛式は、取付け壁の下地材に便器の固定に必要な強度を備える必要がある反面、床の清掃性に富んだ方式といえる。

使用者の属性に配慮した車いす用、障碍者用、幼児用（便器高さ25 cm）、女性用立小便器（サニスタンド）（図1）、肛門や性器周囲を洗浄する器具、ビデなどがある。障碍者用として「札幌式トイレ」（図2）がある。これは札幌市の建築家・米木英雄により考案されたもので、右利き・左利きや排泄行為に制限のある人などの使用を可能とする。トイレ内での移動や介助のしやすさなどを考慮し

図1 ┃ サニスタンド

図2 ┃ 札幌式トイレ

てトイレの壁二面の隅部に便器を配置し，スペースにゆとりをもたせている．サニスタンドは，女性が立ち姿勢で小用をする便器で，1964年開催の東京オリンピックに向けて国立競技場内の地下に設置された．日本で初めて設置された便器であるが使用例はなかった．

　施設別では，住宅用，公共用（非住宅用）のほか，病院用，刑務所用，災害用，鉄道車両用，航空機用，船舶用，バス車両用などがある．

　その他，幼児用のおまるや介護向け室内用がある．

排泄の科学

　便器は単なる排泄物の受け皿として捉えるのではなく，人間工学の視点で捉えることが重要になる．それには，排泄の科学，排泄行為と姿勢，使用者の諸特性など使用者と便器の相互関係を明らかにすることが前提となる．

　男女の排便の違いはほとんどない．しかし，排尿については，尿道の構造とその長さは男女間で大きく異なる．男性の尿道は16～20 cmで曲がっており，尿道口の1～2 cm手前にくぼみがあり，これにより尿道口の先端から1～2 cmの位置で尿が90度よじれて排出される．女性の尿道の長さは4～6 cmで短く，尿道口が広いために尿の排出は飛散型になる．

　日本人の排便は90～100 gで水分が77％程度，欧米人では100～200 gで長さは10～25 cm，太さは4～5 cmで，肉食か菜食により異なる．日本人の排便時間は5分28秒というデータがある．食生活が変わればこれらのデータに違いがみられる．

排尿と小便器

　これまでの排尿姿勢は，男性は立ち姿勢，女性はしゃがみ姿勢が当たり前であったが，洋式便器の普及により排尿姿勢は大きく変わり，現在では住宅から小便器の姿が消えつつある．この理由は，住宅面積の狭小化と，洋式便器が男性の腰かけ姿勢による小用を可能としたからである．男性が立ち姿勢で小用をすると排尿が便器周囲に飛散し，汚れと臭気が発生するため腰かけ姿勢による小用が強いられる住まい環境になりつつある．その中で，小便器に立つことを主張し，開放感に満ちた男子用トイレが札幌駅のJRタワー展望室に設けられた眺望トイレ（図3）で，大丸東京店13階の男子用トイレも同様のコンセプトで設置されている．

　若年男性が立ち姿勢で小用を行った時の排尿曲線を実験により明らかにした（図4）．排尿の初期段階と

図3 | 札幌駅JRタワー

排尿中，そして排尿終了前の排尿は，各々の勢いの違いが尿の落下範囲を前後に広く移動させるために排尿の軌跡は大きく振れる．このように汚れの原因は，尿の最初の落下位置と排尿終了前の落下しずく，そして終了後の尿器の振り動作などにある．高齢者では，排尿に勢いがなくなるため，小便器手前の位置に多くの尿が落下し，汚れを助長する．小便器に落下した尿の跳ね返りが多いため，この跳ね返りを軽減させる方法として，尿の適切な落下位置の目印として丸やハエなどの印を施す例がある（図5）．

排泄と和式便器

和式便器は，排尿と排便を目的として造られたもので，金隠しが設けられ，排泄姿勢はトルコ式便器と変わらない．しゃがみ姿勢のとれない人には，安定した姿勢での排泄は難しい．男性にとって便器の長さが短い場合には尿器の先端が金隠しに接触しないよう，後方に位置してしゃがむため，排便が便器の後方や便器の縁に落下して汚れが生じる（図6）．

排便中に洗浄水を流すと洗浄水の飛散により便器の周囲が濡れることがある．また排尿時の尿の飛散で濡れることもある（図7）．

和式便器は，公共トイレにおいて姿を消すわけではない．和式便器は肌と便器の接触なしで用が足せるため，清潔な印象を与える．また，排便時には腹腔内圧を自然に高めることができるため容易に排便ができる．その半面，しゃがみ姿勢により下肢に負担がかかる．

排泄と洋式便器

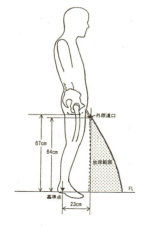

図4｜成人男性の放尿曲線

図5｜小便器の落下マーク

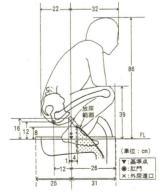

図6｜しゃがみ姿勢における尿器の位置と放尿範囲（成人男性）

1. 計画関連 ④エレメント系　　べんき

洋式便器は，排尿と排便を可能とする便器であり，この便器で重要なのは，便器上に設置された便座の条件である．洋式便器は腰かけ姿勢による排便であるため，腹部に力が入らず無理な「力み」をすることが多い．排便は，腹腔内圧を自然に高めて行えるのがよいが，それには便座の高さを調整することが最も重要になる．便座の高さは作業用椅子に近い40 cm程度であるが，この高さは腹腔内圧を高めにくい高さに相当する．これまでの研究によれば，成人の場合に30 cm程度の低い位置に便座を設けると腹腔内圧が自然に高まり，筋負担が低下して楽な排便ができる（表1，図8）．この便座の高さとは，人体の骨盤の両下端の突起部である坐骨結節（座位基準点）から床までの高さをいい，便器に腰かけた時の便器の上端部に位置する．坐骨結節の左右の距離は12～13 cm程度で，便座の穴の大きさは左右方向で16～22 cm程度で製品によりばらつきがある．穴の幅寸法を16～17 cm程度にすれば坐骨結節付近で身体を支えることができ，肛門が開き気味になる．

男性が腰かけ姿勢で排尿をすると，尿器の先端が便座に触れる恐れがあるため，

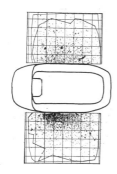

図7｜和式便器の洗浄水による水の飛散

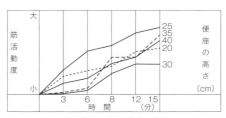

図8｜洋式便座の高さと筋負担

表1｜便器の高さと筋活動　姿勢別血圧（70歳代男子）

(mm/Hg)	洋式便器	和式便器
測定前	最高 162/ 最低 120	最高 165/ 最低 124
力む	最大値 186	最大値 211
立ち上がり	162→186→160　リバウンド現象	165→207→159　リバウンド現象
リバウンドの差	26	48

便座の長さを 38 cm 程度にしないと不都合は解消しない．温水洗浄便座付きの便器では，温水を噴射させるノズルなどの収納場所が影響して便座の奥行きは短くなっている．

その他，便座の断面形状は臀部の形状に近いと快適感が増す一方で，人体との接触面を多くすると肌の密着感は高まるが不快感は増す．便座の材質は，硬くて冷たいものよりは硬くて弾性のあるものが好まれる．

男性の立ち姿勢での排尿には洋式便器は適しているとはいえない．排便に適する便座の高さは 30 cm ほどであるが，現状の便座高さの 40 cm 程度の高さに比べて低いため尿の飛散は広範囲に及ぶ．この状況から男性の排尿には立ち姿勢よりも腰かけ姿勢の方が適しているといわざるを得ない．しかし，この場合には，便座の長さを長くすることが前提となる．

公共交通における便器

公共交通には鉄道車両，航空機（図 9），船舶，バスなどがあり，これらのトイレで使用される便器は，走行・移動中の使用が前提となるため，快適な使用環境を構築するためにさまざまな箇所で技術的な工夫がなされている．

排泄物の一時的貯留方式は，航空機では真空吸引式，鉄道車両の循環式や真空吸引式などが採用されている．トイレスペースには限界があるが，その条件下で便器本体，設備機器の配置，機能と快適性・安全性の確保など多くの工夫がみられる．特に航空機においては，狭いスペースの制約条件下での，便器とその周囲の機能設計には目を見張るものがある．

便器に関わる法規等

便器に関わる JIS（日本工業標準規格）ならびに法律は以下のとおりである．

（1）JIS A 5207「衛星器具—便器・洗面器類」では，大便器の便器の高さを 350 mm，370 mm，車いす用では高座面として 420 mm を設けている．便器の便座を含めた高さの規定はない．便器の奥行きは前縁～便座取付穴の中心 440 mm，470 mm で，成人男性が洋式便器に腰かけて小用をするには，この奥行き寸法では不都合を生じる．幼児用の便器高さは 245 mm である．小便器の幅・奥行きは外形寸法のみ，和式便器では平面外形寸法のみの寸法決めである．JIS における寸法の規定は使用者の視点で決められているとはいえない．

（2）JIS A 4422「温水洗浄便座」は，主に家庭用温水洗浄便座の規格であり，便座寸法の規定はない．

図 9 ｜ 航空機内の便器

(3)「高齢者,障害者等の移動等の円滑化の促進に関する法律」(通称バリアフリー法)施行規則では,公共便所の1個については小便器の受け口高さを 35 cm 以下としている.これにより子どもの使用は可能となる.

便器に関する名著・博物館

便器に関する名著にアレクサンダー・キラー著の『THE BATHROOM』があり,TOTO出版より翻訳出版された.また,トイレをテーマに広範囲にまとめられた日本トイレ協会編『トイレ学大事典』(柏書房)がある.

水まわりの文化と歴史の総合博物館として「TOTOミュージアム」(北九州市)がある.

今後の便器

私達は,食べることにはお金をかけるが,食べたものの排泄には無頓着である.トイレは綺麗で快適な方がよい.そのためには便器の設計条件が重要な意味をもつとともに使用者の使い方が重要になる.便器の進化とともにトイレ教育の片鱗を忘れてはならない.

〔上野 義雪〕

水栓金具

水栓金具の種類

　給水・給湯設備において使用者と直接関わるものの1つに水栓金具がある．水栓金具は，給水の開閉操作を行うものをいい，蛇口ともいう．吐水，止水，水量調整，水温調整などの機能を担う金具で，節水やデザイン性，ユニバーサルデザインに配慮された製品がある．

　水栓金具はキッチン用，浴室用，洗面所用などの用途がある．種類として，単水栓，混合水栓があり，単水栓は，給水・給湯，止水，そして水量調整を行うもので，浄水用もある．混合水栓は，給水・給湯，止水，水量調整，そして湯水の混合による温度調整の機能を担う．その他，これらの金具と用途は異なるが，シャワーがある．

　水栓金具の操作部は操作方法により，回転式，レバー式，タッチ式，タッチレス自動水栓がある．多くの場合は，手指による操作であるが，つま先で操作をするフット式もある．

　これらの水栓金具の種類と操作方法の組合せにより，給水用と給湯用の単水栓を並列配置させ，個々の吐水口から給水・給湯を行うツーバルブ式水栓，この湯水を混合して1つの吐水口から流出させるツーバルブ式混合水栓，レバー操作によるシングルレバー式混合水栓，温度設定により同じ温度の湯水を吐水できるサーモスタット式混合水栓がある．

　1980年代初頭にアメリカの大手水栓メーカーがこれまでのシングルレバー式混合水栓の操作方向を「下げ吐水，上げ止水」から「下げ止水，上げ吐水」に変更した．この影響を受けた国内の一企業が「下げ止め式」のシングルレバー式混合水栓に変更したため，市場では「上げ止め式」と「下げ止め式」が混在し，使用者は複数の操作方向に戸惑う生活を強いられた．後に当時の建設省により規格統一に向けて関係企業ならびに学識経験者による意見懇談会を開催されたが，統一には至らなかった．

　1997年「給水栓」のJIS改正において，2000年3月31日付で「上げ止め式」の廃止を決め，「下げ止め式」の一本化に至った．この背景には，1995年1月の阪神・淡路大震災において洗面所の落下物がシングルレバーに接触し，貴重な飲料水を流出してしまったことや「下げ止め式」の普及と市場における「上げ止め

式」との混乱があった．

　シングルレバーにおける上下の操作方向は，使用者に対して視覚による判断・操作特性を十分に考慮しなければならない．この捉え方をステレオポピュレーションタイプという．すなわち，湯水の流れる方向と操作レバーの操作方向を一致させた方が思い通りの操作を行うことができるが，湯水，電気，火などのエネルギー系における操作具の操作方向は，「吐水」よりも「止水」が重要な意味をもつ．つまり，「出す」ことよりも「止める」ことを最優先させて操作方向やデザインを決めることが必要になる．瞬時に湯水を止めなければならない場合，多くの人は無意識にレバーを下げる．これらの場合には，ステレオタイプの応用よりもむしろ「安全性」を優先させて操作方向を設定することになる．

　シングルレバーは，止水時のレバー角度によって使用者はレバーを上げるか下げるか，その判断を瞬時に行う．したがってこの止水時の角度設定がレバーの操作性に大きく影響する．レバー角度を水平とした場合には，多くの人は上げるか下げるかその操作に迷いを生じる．しかし，止水角度を下方向に20度に設定すると8割以上の人はレバーを上げる動作をする．逆にレバー角度を20度以上にすると9割以上の人がレバーを下げる動作をすることが，実験で確かめられている[1]．

　シャワーヘッドは，吐水口がじょうろ状である噴出口から湯水が勢いをもって注ぎ出される水栓金具で，19世紀のイギリスで発明されたが，その背景には伝染病の流行があるといわれている．日本では1970年代初頭にホテルで採用されたのを機に普及した．これまでは，シャワーホースの取付け部である栓金具のバルブで給水・止水を操作していたが，無駄な動作が多いため，シャワーヘッドの握り手に手元で給水・止水操作のできるクリックつまみを設け，操作性と無駄水の軽減を可能とした（図9）．また，最近では，シャワーヘッドの噴出孔の大きさを極細にすることにより，きめ細かい水流が得られ，優しい噴出流が肌を心地よく刺激し，節水効果も得られる．デザイン性を高めた製品も普及している．

　シャワーは素肌のみならず，毛髪をも洗う役割を担うため，スプレーシャワー，マッサージシャワーのほか，旋回水流など高機能化している．また，握り手内部に水道水の塩素を軽減するカートリッジ付きのものもある．

　シャワーヘッドは，壁固定型とホース型の2種類があり，ホース型では，壁に固定したシャワーフックに掛けて使用する場合と，手に持って使用する場合があ

---

[1] 千葉工業大学 上野義雪「シングルレバー式混合水栓の操作性に関する基礎実験」日本建築学会大会学術講演梗概集，1990年10月．

図1 ｜ 2バルブ式水栓（洗面用）

図2 ｜ シングルレバー式混合水栓（止水時　洗面用）

図3 ｜ シングルレバー式混合水栓（吐水時　洗面用）

図4 ｜ サーモ式混合水栓（浴室用）

図5 ｜ デザイン性対応のサーモ式混合水栓（浴室用）

る（図1～5）．

水栓金具の設置位置

　水栓金具の取付け位置により，壁付水栓と台付水栓がある．前者は壁面などの垂直面に固定するもので，水栓金具の根元に水が溜まらない．後者はワークトップなど台の水平面に固定するもので，水栓金具の根元に水が溜まり，汚れの付着が敬遠される（図6, 7）．

　水栓金具の取付け高さならびに奥行きの距離は，洗い作業のしやすさに大きく影響する．

　水栓金具の選択には，キッチンでは水栓金具の吐水口とキッチンシンク，浴室では吐水口とカウンター，洗面所では吐水口と洗面ボールとの距離を洗い物や洗い桶などの大きさ，そして洗い方を考慮して決めることが重要になる．

　中華鍋のように大型の洗い物が洗えるキッチン用水栓金具にグースネックといわれる水栓金具がある．これは，蛇口スパウト（水栓パイプ）がガチョウの首のように大きな弧を描いた形状のもので，吐水口の下方には広い空間を確保できる（図8）．

　水栓金具の取付け位置で重要なことは，シンクでは吐水口の位置とシンクの手前の縁との距離を適切にすることである．縁に近い位置にあると洗いの作業中に水はねが多くなり，遠いと手を奥に伸ばさなければならないため，洗い作業に支

障をきたす．洗面ボールでは，吐水口の直下に手を洗う空間が確保されていないと指先が縁に接触して十分な水を手にした洗い動作ができない．

シンクの場合，作業者側のシンク前縁から吐水口までの距離を上肢の作業域を考慮して30 cm程度としている．

水栓金具の進化

水栓金具は，これまでの単なる水栓金具から多機能化し年々進化している．また，水栓金具のデザイン性

図6 ｜ シングルレバー式混合水栓（キッチン用 壁付）

図7 ｜ シングルレバー式混合水栓（キッチン用 グースネック 台付）

図8 ｜ タッチレス自動水栓（キッチン用 グースネック 台付）

図9 ｜ シャワーヘッド

が大きな意味をもつ時代を迎えつつあり，水栓金具は空間演出に1つの役割をもつことが認識されるようになった．

水栓金具をエコロジーの立場からみると，節水効果を可能とする節水コマをスタートに泡沫吐水や気泡を含まない整流吐水などにより，湯水の勢いを抑えた優しい自然な水流や，洗い作業の水はね抑制など，多くの工夫がなされている．

水栓金具の手入れと使い方

水栓金具の多くは金属製で表面メッキがなされているため，使用後には，乾いた柔らかい布地で水滴を軽くふき取ることが必要である．

定期的に練り歯磨きや洗剤などで掃除をするとよいが，これらに不向きな洗剤などがあるため，メーカーへの確認が必要である．

水道の給水圧が高いとウォーターハンマーといわれる衝撃音が発生することがある．これは，水栓の水流を急止させた時に水の慣性により管内に衝撃と高水圧が発生する現象で，この対策として，急激な水止めを行わないことや水撃防止器の設置などがある．水栓に節水コマを設置することも有効といわれている．

水道工事は，給水施設と保健衛生上の危険を防ぐために，地域の水道管理者である水道供給事業者の指定する「指定水道工事店」が行うことが義務づけられている．したがって，一般の利用者による工事は禁止されている．

なお水栓金具は，検定合格品以外のものの使用はできない． 〔上野 義雪〕

車いす・電動車いす

日本で車いすが使われるようになったのは大正10年頃といわれている（図1）．車いすを含めた「福祉機器」はユーザの特性やライフスタイルを踏まえた「ヒトへの適合性」が特に重要視される．

しかし，日本では車いすユーザに適合する環境づくりが十分なされてこなかった．欧米と比べ，日本の室内計画は「内と外」に境界を設け，ヒューマンスケールを中心とした最小空間を基本としたため，「モノの動き」を考慮して設計を行うことについての造詣が浅かったことが要因と考えられる．

図1 ｜ 初期の木製車いす

車いすの種類

車いすの種類はJIS（T 9201・T 9203）において手動と電動に大別され，手動はさらに自走式・介助式に分けられる．代表的な手動車いすはモジュラー型（標準型）とよばれ，部品を交換するだけでさまざまなユーザの体格や身体機能に適合させることができる．ほとんどの設計標準書はこのタイプの車いすを基にしている．

また，主に室内用として利用される車いすとして，後部にもキャスター輪を設置し，回転性を向上させた6輪型車いす（図2）やナイロン・アルミなどの防錆材を用いた浴室用車いす（シャワーキャリー）がある．

電動車いすは標準型とハンドル型に分けられる．標準型はジョイスティックとよばれるレバー状のコントローラーで操作するのが一般的だが，手掌部に障碍をもつユーザは足や首の動き，呼吸などで操作することがある．電動車いすは重量や操作性の問題から，住宅内での利用は少ないが，駅や商業施設内での利用者は増加傾向にある．

図2 ｜ 6輪型車いす

また，手動と電動の中間をなすアイテムとして，手動型車いすの駆動輪にモーターを取り付けた簡易型電動車いす（図3）や，介助時の操作制御や階段昇降を補助するアシスト機能を備えたタイプなども普及しつつある．

車いすとデザイン

　車いす利用の抵抗感のひとつとして，デザイン性の欠落が問題となっている．機能性や安全性が優先され，機構部や金属がむき出しの無機質さが車いすの利用を躊躇させる要因にもなっている．

　近年ではクッションや背もたれにカラフルな素材を使用したり，ホイール（タイヤの内側）にカバーを付けるなどの工夫も多く見られるようになった．また可能な限り木材を使用し，リビングなどの室内空間との調和に配慮した車いすもある（図4）．

図3｜簡易型電動車いす

図4｜リビングチェアをイメージした車いす

車いすからの目線

　基本的に車いすユーザは椅座位で過ごすため，立位あるいは床座の人間と「目線の差」が生じ，心的影響を受けることがある．特に日本家屋では和室・洋室にかかわらず床座で過ごす場面が多く，車いすユーザが疎外感を覚えることも少なくない．メーカーでは立位姿勢保持（スタンドアップ）機能を備えた車いすや座面昇降機能をもつ車いすの開発が現在も進められている（図5）．

図5｜スタンドアップ機能や座面昇降機能を備えた車いす

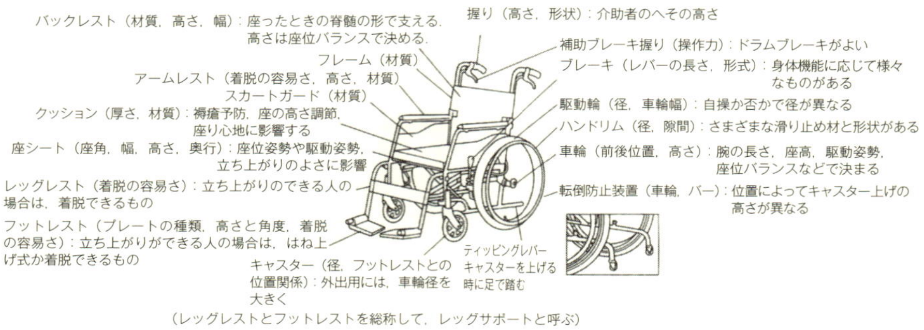

バックレスト（材質，高さ，幅）：座ったときの脊髄の形で支える。高さは座位バランスで決める
握り（高さ，形状）：介助者のへその高さ
アームレスト（着脱の容易さ，高さ，材質）
フレーム（材質）
スカートガード（材質）
補助ブレーキ握り（操作力）：ドラムブレーキがよい
ブレーキ（レバーの長さ，形式）：身体機能に応じて様々なものがある
クッション（厚さ，材質）：褥瘡予防，座面の高さ調節，座り心地に影響する
座シート（座角，幅，深さ，奥行）：座位姿勢や駆動姿勢，立ち上がりのよさに影響
駆動輪（径，車輪幅）：自操か否かで径が異なる
ハンドリム（径，隙間）：さまざまな滑り止め材と形状がある
車輪（前後位置，高さ）：腕の長さ，座高，駆動姿勢，座位バランスなどで決まる
レッグレスト（着脱の容易さ）：立ち上がりのできる人の場合，着脱できるもの
フットレスト（プレートの種類，高さと角度，着脱の容易さ）：立ち上がりができる人の場合は，はね上げ式か着脱できるもの
キャスター（径，フットレストとの位置関係）：外出用には，車輪径を大きく
転倒防止装置（車輪，バー）：位置によってキャスター上げの高さが異なる
ティッピングレバー キャスターを上げる時に足で踏む
（レッグレストとフットレストを総称して，レッグサポートと呼ぶ）

図6 | 車いす各部の名称と考慮すべき点

表1 | 車いす各部の寸法

		手動車いす （自走用車いす・介助用車いす）	電動車いす	関連する設計箇所
車いすの幅員 （全幅）	両輪ハンドリムあり	600〜650 mm	700 mm 程度	・通行幅員 ・戸の開口幅員
	片輪ハンドリムなし	565〜615 mm		
	両輪ハンドリムなし	530〜580 mm [*2]		
車いすの全長	標準式	950〜1,100 mm 1,000〜1,100 mm [*2]	950〜1,100 mm	・車いす回転・転回スペース ・エレベーターの大きさ ・ホール，トイレスペース
	リクライニング式車いす	1,200〜1,400 mm		
車いすのフットサポートの高さ		100〜150 mm	100〜140 mm	・戸枠，壁面の損傷高さ ・保護材（幅木，補強）の取付け高さ
後輪車軸の高さ		200〜350 mm	120〜200 mm	・戸枠，壁面の損傷高さ ・ハンドリム部分による損傷と後輪のゴムによる汚れ ・保護材（幅木，補強）の取付け高さ
アームサポート形状と高さ （操作ボックス高さ[*2]）	標準式	座面からの高さ 220〜250 mm	座面からの高さ 170〜270 mm	・テーブル，洗面台，キッチンカウンターの下端高さ
車いす座面高さ	標準式	400〜450 mm	450〜550 mm	・便器座面高さ ・玄関腰かけ台，ベッド，更衣台，洗体台，畳スペース床高さ
	低床式	350〜380 mm		
クッション厚	クッション厚	20〜100 mm		
フットサポート先端からアームサポート先端までの距離		300〜350 mm	250〜300 mm （フットサポート先端からコントロールボックスまでの距離）	・テーブル，洗面台，調理台の下部空間

*1：JIS規格では，手動車いすと電動車いすの寸法について，全幅700 mm 以下，全長1,200 mm 以下，全高1,090 mm 以下とすることを定めている。
*2：介助用車いすの場合．

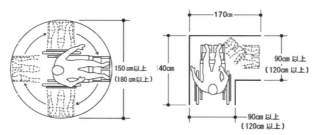

図7 | 車いすの回転・コーナー通過寸法（カッコ内は電動車いすの場合）

車いすの名称および寸法

在宅介護を踏まえてインテリア計画を進める必要性を考えると，車いすを機械としてではなく，インテリアの一部としてとらえディテールを把握しておくべきである（図6）．車いすの規格はJISで定められているが，実際に利用されている車いすは規格よりやや小型化されているものが多い（表1）．

車いすの動作とインテリア

車いすの動作空間には，デスクワークや調理作業などの静的空間と移動や移乗を伴う動的空間がある．特に動的空間では，開口部や通路の幅員や狭小空間での回転や切り返しを踏まえた寸法が重要となる．通路などでの幅員は手すりの設置も考慮し，内法から計画することを忘れてはならない．さらにトイレ・浴室などの空間は移乗時に転倒事故の危険性が高く，方向転換だけでなくアプローチから排泄・入浴行為に至る一連の動作を十分想定すべきである．

また室内外を問わず，車いすのバリアとして最も取り上げられるのが段差である．キャスター輪が通過可能な段差は2cmといわれているが，低速で走行することが多い室内では敷居などにもミニスロープを設けるなどの工夫も必要となる．

車いすとインテリアを考える上で最も重要な点は，ほとんどの設計標準書や資料集に記載されている座位姿勢や操作寸法は，ハンディキャップをもたない「健常者」が車いすに「着座」した場合が基になっていることである．例えば半身麻痺の車いすユーザは残存機能のある半身の手足で車いす操作を行い，通常の車いす操作と大きく異なる．また今後ユーザも介助者も高齢者という「老々介護」が不可避であり，介助者の身体能力も踏まえた動作寸法を把握する必要がある．設計資料はあくまで「最小値」を示す基準であり，デザイナーは数値に頼らずユーザの特性を十分理解した上で設計することが大切になる．　　〔西岡 基夫〕

手すりの種類

「手すり」の種類を大別すると，動作や歩行の補助を目的とした「補助手すり」と，高所からの人の落下を防止することを目的とした「墜落防止手すり」とに分けられる．

建築基準法上ではこの中でも2つの手すりの設置が義務づけられており，具体的には，「建築基準法施行令第25条」で昇降動作の補助や転落の防止を目的とした階段の手すりの設置と，「建築基準法施行令第126条」で屋上広場又は二階以上の階にあるバルコニーその他これに類するものの周囲に対し，安全上必要な高さ110 cm以上の手すり壁，さく又は金網の設置が求められている（図1）．

建築基準法以外にも，品確法やバリアフリー法等で「補助手すり」ならびに「墜落防止手すり」がそれぞれ規定されており，その概要については，以下に示すこととする．

補助手すり

「補助手すり」とは，人の動作や歩行の補助を目的に取り付けるもので，その設置する箇所・使用方法により，その形状や取り付け位置が異なる．この「補助手すり」についても，「動作補助手すり」と「歩行補助手すり」に大別することができる．

●建築基準法施行令第25条
階段には，手すりを設けなければならない．
→昇降動作の補助，転落の防止

●建築基準法施行令第126条
屋上広場又は二階以上の階にあるバルコニーその他これに類するものの周囲には，安全上必要な高さ110 cm以上の手すり壁，さく又は金網を設けなければならない．
→墜落防止

図1 建築基準法施行令上の手すり（国土交通省 国土技術政策総合研究所）

1. 計画関連 ④エレメント系　　てすりのしゅるい

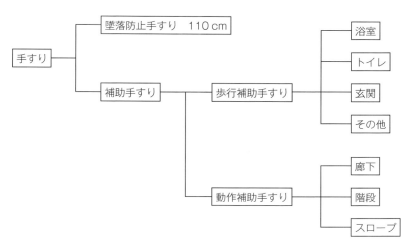

図2 | 手すりの分類 （国土交通省 国土技術政策総合研究所）

　「動作補助手すり」とは，浴室，便所，玄関，洗面所などの空間に設置され，それらの空間における動作の補助や姿勢保持，転倒の防止を目的に設置されるものである．主に形状は，I型やL型がある．
　一方，「歩行補助手すり」は，廊下や階段などの空間に設置され，これら空間における転倒や転落の防止，階段昇降における動作の補助などを目的に，空間内に連続して設置されるものである．例えば廊下の手すりの場合，床から手すり上端部までの距離で75〜85 cm程度の高さが不特定多数が使用するにはよい範囲とされている．その寸法の根拠としては，日本人の体格を想定し太ももの大転子の位置の高さを参考にして，その高さを決めているといわれている．

墜落防止手すり

　「墜落防止手すり」とは，人が屋上やバルコニーなどの高所から墜落する事故を防止する目的で取り付けるものであり，一般的に次の3つの条件が満たされなくてはならない．
　① 人間がその上を越えて落下しないように十分な高さを設けること．
　　　高さの条件は，寄りかかった人の身体が手すり上端を乗り越えないように，人の重心高さを上回る高さとなっている必要がある．ここで取り上げた柵（墜落防止手すり）の場合，建築基準法にもあるように，高さ110 cm以上を満たしている必要があり，この高さは日本成人男子の99.9パーセンタイル（1,000人に1人程度の背の高い人）の重心高さに若干の余裕をみた寸法

歩行補助手すり

廊下

階段

スロープ

動作補助手すり

浴室

トイレ

玄関

図3 │ さまざまな手すり（国土交通省 国土技術政策総合研究所）

と解釈されている．また，建築設計上安全に配慮していても，後に設置されることの多いエアコンの室外機や避難はしごの格納庫などは，結果的に足がかりになってしまうこともある．設置位置には十分注意をする必要がある．

② 人間が加える力に耐えるだけの十分な強度をもつこと．

　柵や手すりは人の出す力に十分耐える強度でなければならない．強度の基準の1つにベターリビングが定めた優良住宅部品（BL部品）の集合住宅用手すりの基準がある．専有部分の手すりについては，手すり上端部に加えられた幅1m当たり150 kgの力に耐えること，また，共用部分の手すりについては同じく300 kgの力に耐えること，とされている．

③ 人間が通り抜けられないように，手すり子の隙間が十分に狭いこと．

　手すり子の間隔が広いと，幼児がその間を通り抜けてしまうことが起こりえる．一般には110 mm以下が望ましい．また，間隔を狭めても，横桟形状や粗い金網形状の手すりだと梯子のようによじ登ってしまう恐れがあるため，形状についても配慮する必要がある．　　　　　　　　　　　　　〔布田 健〕

📖 参考文献
[1] 日本建築学会編:「建築設計資料集成［人間］」, 丸善, 2003.
[2] 人間生活工学研究センター:「日本人の人体計測データ」.
[3] 布田健ほか:「階段手すりの設置高さに関する研究」, 日本インテリア学会論文報告集, 2008.

階段・スロープ・はしご

　建築技術の発展により，生活空間を垂直方向に重ね合わせる術が発明され，それら空間の移動手段として階段・スロープ・はしごが考え出された．最近は，その移動過程にある人々に空間の緩やかな質的変化を実感させる手段として，また屋内空間における意匠的要素として用いられている場面もある．

階段

　階段を構成する寸法要素としては，蹴上，踏面，蹴込みがある．また，安全に昇降するために，階段の設置とともに手すり，手すり子，段鼻にはノンスリップが同時に設けられる（図1）．平面で見た場合には，直進階段，屈折階段，回り階段，螺旋階段などさまざまな種類がある（図2）．

　階段の断面形状は，それを利用する人間の動作と密接な関係にある．例えば，踏面と蹴上の寸法は階段の勾配を定める要素であるとともに，人間が円滑に段差で昇降動作を行うために，T（踏面寸法）$+ R$（蹴上寸法）$\times 2 = 63$ cm という関係式も提案されている[3]．これとは別に，設置時においては安全性の確保を目的として各部の寸法，勾配，設置数・場所・設置方法などが建築基準法などで定められている．

　その他，踏面・蹴上の寸法や設置方法によってはつまずきや昇降リズムが乱れ，転倒を引き起こすことがあるので注意が必要である．また踏面・段鼻の仕上げ材の種類や色が適切でなければ，段差を視認しにくくなる場合や，逆に段があると

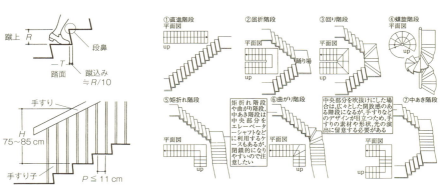

図1 ｜ 階段の構成要素 [1] から作成　　　図2 ｜ 平面形状による階段の主な種類 [2]

誤認することで空足を踏みバランスを崩す場合もある.

スロープ（傾斜路）

人間だけではなく，車いすや台車などが比較的小さな段差を乗り越えるために設置される．断面形状は設置場所で異なるが，近年はバリアフリーの観点から手動車いす使用者が自力で利用できる傾斜角度や斜路の長さが基準となる（図5）．また端部には脱落を防ぐための立ち上がりや，手すりなども同時に設けられる．

実際の設置時は，斜路部分が長くなると危険性が増加するために，一定の間隔での踊り場の設置が必要となる．また段差が大きいと，斜路部分が占める面積が大きくなり，設置場所を確保することが困難となることもある．

はしご

比較的利用頻度は低いものの，大きな段差を垂直に近い方向で移動する際に用いられる．傾斜角度によっては踏面とともに手すりが設けられる（図6）．利用時は足下の確認がしづらく，踏み外しや転落などの危険性が大きいので，長いはしごの設置は避けるべきであろう．

図3 | 住宅の内部階段 [3]　　図4 | 共用階段 [4]

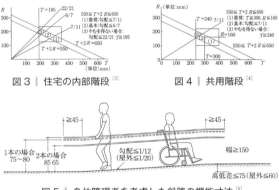

図5 | 身体障碍者を考慮した斜路の機能寸法 [5]

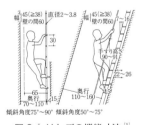

図6 | はしごの機能寸法 [5]

〔石橋 達勇〕

📖 参考文献
[1] 日本建築学会編：「コンパクト建築設計資料集成 バリアフリー」，丸善，2002，p.25.
[2] 「家造りのコトバ」，エクスナレッジムック，2000，p.215.
[3] 建設省住宅局住宅整備課監修：「長寿社会対応住宅設計マニュアル①戸建住宅」，風土社，1998，p.87.
[4] 建設省住宅局住宅整備課監修：「長寿社会対応住宅設計マニュアル②集合住宅」，風土社，1998，p.80.
[5] 日本建築学会編：「コンパクト建築設計資料集成 インテリア」，丸善，2011，p.48.

ホームエレベータ・階段昇降機

　建物内で階が異なる，または大きな段差が発生している箇所において，階段の昇降動作が不自由な高齢者や車いす使用者はその移動が制約される．特に，狭小な戸建住宅内においてこの問題は大きい．しかし近年，購入や設置に要する価格が低下したこともあり，ホームエレベータ・階段昇降機の導入事例が増加している．

ホームエレベータ
　階段の昇降動作が困難な高齢者や，車いす使用者（と介助者）が主な利用者となる．それ以外にも，洗濯物などの荷物や赤ちゃんなどを抱えたままで安全に利用することもできる．
　一般の公共施設に設置されているものと異なる点は，利用者が同一世帯の住宅内に居住している人に限られること，昇降行程 10 m 以下，昇降速度 30 m/分以下，積載量 200 kg（3 人）以下，かご内の床面積 1.1 m^2 以下に各々仕様が制限されていること，および一部装置が簡略化されていることなどである．
　製造メーカーからさまざまな種類や仕様のものが販売されているが，概ね定員は 2～3 人，駆動方式は油圧式またはロープ式，かご内寸法は間口 650 × 奥行き 650 mm（定員 2 人）～950 × 1,180 mm（定員 3 人），高さは 2,000 mm である．

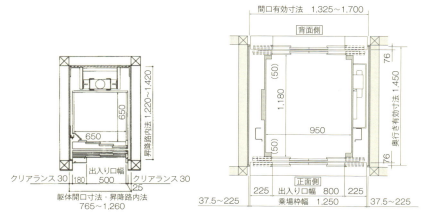

図1 ホームエレベータの例
（左はパナソニック(株)製・定員2人，右は三菱日立ホームエレベーター(株)製・定員3人・二方向出入り口．ともに木造住宅に設置時）

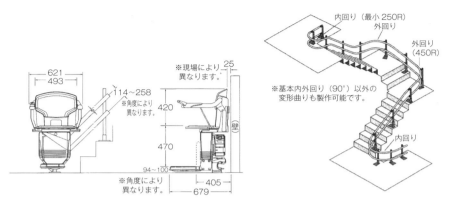

図2 ｜ いす式（固定型）階段昇降機の例 （中央エレベーター工業(株)製）

また出入り口が二方向のものを選択すれば，設置場所の選択の幅も広がる（図1）．しかし，住宅改修などの後付け設置の場合は，設置スペースの確保や住宅建物の構造への影響の有無も含めた十分な検討が必要となる．

その他の留意すべき点として，定期点検に伴うランニングコストを見込むことや，緊急呼び出しや故障時も想定した保守管理契約を行うことも必要となる．

階段昇降機

一般に設置されるものはいす式（固定型）である．主な使用者は，階段の昇降動作が困難な高齢者や車いす使用者（ただし，車いすと階段昇降機のいすとの間の移乗ができること，座位が安定していることが条件）である．

階段の端部に設置したレールに沿っていす部分が上下に移動する仕組みで，直進階段だけでなく回り階段でも設置が可能の種類もある（図2）．基本的に使用者本人が操作するが，オプションの付加により介助者による操作が可能なものもある．

後付け設置の場合，レールを設置する分だけ階段幅員が小さくなるため，同居家族への影響を検討する．車いすから移乗を行う場合は，乗降場所において必要な動作を行えるだけの広さが確保されていることを確認する．また，子どものいたずらへの対応も必要である．

〔石橋 達勇〕

📖 参考文献
[1] 「Panasonic ホームエレベーター小型エレベーター設計資料集」，Panasonic Living，2013．
[2] 「Panasonic ホームエレベーター小型エレベーター」，http://sumai.panasonic.jp/elevator/，2014.9.29．
[3] 「三菱日立ホームエレベーター 設計・施工資料集」，三菱日立ホームエレベーター，2014．
[4] 「ステップリフト カタログ NO.C-34A」，中央エレベーター工業．

1 計画関連

⑤内装材料系

仕上げと納まり ……………………… 130
床仕上げ材 …………………………… 132
壁仕上げ材 …………………………… 134
天井仕上げ材 ………………………… 138
建具 …………………………………… 140
左官仕上げ …………………………… 142
塗装 …………………………………… 144
テキスタイル ………………………… 146

仕上げと納まり

仕上げ

仕上げとは，インテリア・内装では床・壁・天井の最終的な仕上げのことである．フローリング，壁紙（クロス），塗装，杉柾目板など仕上げ材で仕上げることである．また，家具では製作工程の最終のフィニッシュ（オイルフィニッシュ，ソープフィニッシュ，ウレタンフィニッシュなど）を仕上げという．

建築工事は，基礎工事から始まって，躯体工事（木造や鉄骨造，鉄筋コンクリート造などの構造体の工事），床・壁・天井の下地軸組工事，建具枠工事，設備のための配管・配線工事，断熱材工事，ビルトインファニチャー工事，仕上げのための下地工事として合板やボード張り工事，壁紙（クロス）貼りや塗装仕上げのためのパテ工事などの後，「内装仕上げ工事」となる．この後，照明器具・空調機器が取り付けられ，最後にカーテン・ブラインド類，家具，インテリアアクセサリーが納まって，インテリア空間が完成する．

リフォームの場合は，どの部分を解体するか，どの下地を残すか残さないか，新設壁や天井との納まりをどうするかなど，仕上げ材との関係を含め検討しデザインする必要がある．

納まり

納まりとは，部位と部位（床と壁など），部材と部材（建具と建具枠など），仕上げ材と仕上げ材（カーペットとセラミックタイルなど）が接する，取り付く部分で美しく，合理的で，不具合のない合わせ方，処理の仕方・詳細のことである．インテリアを長く使うために確実で堅牢な納まりが求められる．

床と壁の納まりに「幅木」という部材がある．図1，2はその幅木と合板系フローリングの納まりの例である．図1は，壁仕上げ材，床仕上げ材を施工した後から幅木を取り付ける「付け幅木」といわれる納まりである．これに対して図2は，床・壁の下地工事が終わった後で，仕上げ材の工事の前に幅木を取り付ける「埋め込み幅木」の納まりである．付け幅木は，簡便で迅速な納まりであり，埋め込み幅木は堅牢な納まりとなる．図の壁のボードは，

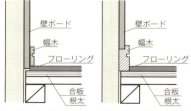

図1 付け幅木　　図2 埋め込み幅木

それ自身仕上げとなる化粧ボードあるいは，クロス仕上げ，塗装仕上げの下地合板やプラスターボードを表している．以下の納まり図の壁ボードも同様である．

次に，壁と天井の納まり部分に使う「廻縁（まわりぶち）」という部材がある．図3，4は，その廻縁の納まり例である．図3は，和風の部屋での納まりで，壁下地の胴縁に先に角材の廻縁を取り付けておいて，壁のボードを下から突き付けて張る．天井仕上げは，例えば杉板を乗せるように施工する．壁のボードには，その上に左官仕上げまたはクロス貼り仕上げなどとする．図4は，洋風の部屋での繰り型の廻縁である．天井ボード，壁ボードを施工した後に，廻縁を取り付ける．洋室での廻縁の仕上げは塗装が一般的である．

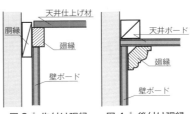

図3　先付け廻縁　　図4　後付け廻縁

壁と天井の納まりに，樹脂やアルミの「見切り縁」を使用する方法がある．図5がそれである．天井下地の野縁に見切り縁

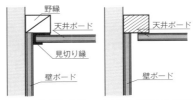

図5　見切り縁　　図6　目透かし張り

を取り付け，天井ボードを差し込むように施工する．仕上げ材が，クロス，塗装，左官のいずれにおいても，仕上げ材の見切りとして働く．図6は，天井ボードを壁ボードから8～10 mm 間隔を取って張る「目透かし張り（天井底目張り）」である．天井がクロス仕上げの場合，クロスを底目の奥まで貼り込んでカットする．塗装や左官仕上げの場合も底目が壁仕上げ材との見切りになる．

カーテンは，インテリアの演出，表情造りに重要なインテリアエレメントである．そのカーテンのレールを納めるために「カーテンボックス」がある．図7の左図は木製の天井埋め込みの納まり例である．レースやケースメントとドレープカーテンの二重吊りが一般的で，レールは60 mm 間隔で2列とする．深さは100～150 mm，幅は180 mm が目安である．右図はアルミ製の既製品である．天井直付けで，窓枠にかけた納まりである．

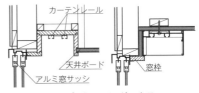

図7　カーテンボックス

〔小宮 容一〕

📖 参考文献
[1] 小宮容一：「図解 インテリア構成材――選び方・使い方 改訂2版」，オーム社，2002．
[2] インテリア工事標準仕様書委員会：「インテリア工事標準仕様書」，経済調査会，2007．

床仕上げ材

床仕上げ材は，その上を歩いたり，座ったり，家具類を置くなど，インテリアの中で最も人やモノと直接触れ合う部位であることから，触感や傷などに対する配慮も重要であり，素材や機能性も含め，さまざまな種類の仕上げ材がある．

住宅インテリアにおける主な床仕上げ材

図1｜フローリング

フローリング（図1）　住宅内装の床仕上げ材として最も代表的なものは木質のフローリングであろう．木目のもつ自然感と温かみで空間の雰囲気をつくり出すとともに，さまざまな材種や色合いがあり，幅広いコーディネートへの対応を可能にしている．フローリングは大きく「単層（無垢）フローリング」と「複合フローリング」に分けられる．「単層フローリング」は，1枚の無垢板材を加工してできており，反りや割れなどはでやすいが，木材の質感をより強く感じる仕上げにすることができる．「複合フローリング」は，薄い木材を貼り合わせた「合板」や細かく繊維状にほぐした木材に接着剤などを混ぜて固めた「MDF（中質繊維板）」などの基材の上に，薄い木材（突板）を貼り合わせて作られており，無垢材に比べ強度があり，品質も安定しており，価格面も含め使いやすい材料といえる．また，木目印刷技術・表面加工技術を駆使したシートを使った「シートフローリング」によりデザインの幅が大きく広がっている．

カーペット類　カーペットは柔らかい触感に加え，保湿性や吸音性にも優れており，豊富なデザインやカラーがあり，装飾性，コーディネート性も高い床材といえる．織り込んだ繊維の毛足をカットしたタイプやループ状のものがあり，材料はウールや綿，麻などの天然繊維とアクリルやナイロンなどの合成繊維とがある．

畳　和室床の代表である畳は，適度な弾力性による踏み心地，座り心地のよさとともに断熱性，保温性に優れ，湿度の高い日本の気候には適した床材といえる．洋風生活の定着化による和室自体の減少に伴い畳床も減少したが，和テイストの見直しの動きなどをうけ，モダンイメージの表現や洋室での置敷タイプ，洋室との段差を解消するために薄物タイプなど，用途の拡大が図られている．

樹脂系床材　普及タイプの「クッションフロア」は，ロールシート状の樹脂の発泡床材で，特に耐水性に優れ，長尺なので継ぎ目からの浸水も少なく，汚れも落

としやすいため，キッチンや洗面，トイレなどの水まわりに使われることが多い．発泡層のクッション性による衝撃吸収効果や，印刷手法を活かした豊富なデザインの種類があるのも特徴である．また，30cm角程度の大きさの「塩ビ床タイル」は，表面が硬く耐久性に優れており，石やタイルなどの代替品として使われることもある．

石・タイル系 石・タイルともに耐久性，防水性，耐熱性に優れており，玄関やキッチン，浴室などに多く使われている．比較的日差しに強く色あせしにくいので，外部デッキにつなげるなど空間演出に広がりをもたせることもできる．カラーやデザインも豊富で，高価ではあるが個性的で高級感のある空間演出が可能となる．

その他 「コルク」や「天然ゴム」「リノリューム」などの天然素材を床に使うケースもある．特にコルクはソフトな質感や遮音性の高さなどから，転倒時の安全性なども踏まえて子ども部屋などの床仕上げ材としての人気が高い．

床仕上げ材の機能性（表1）

　壁や天井に比べ直接肌に触れることが多い部位であるということから，デザインだけでなく，素材感などの「触感の心地よさ」も重要な要素となる．また「床暖房対応」や「遮音性能」，「滑り防止」や「衝撃吸収」，健康に配慮した「ノンホルムアルデヒド・抗菌防カビ」なども求められる機能となっている．さらには，住宅の長寿命化に伴う「耐久性」や「リフォームへの対応」「掃除のしやすさ」や「耐傷・耐摩耗性向上」「補修材への対応」も必要な要素といえる．水まわりでの「耐水性能」は必須で，樹脂系の基材と印刷シートを組み合わせた耐水性の高い製品も出てきている．　　　　　　　　　　〔池ノ谷 真司〕

表1 | 床仕上げ材の機能性

配慮項目	必要機能	判断項目
快適性	視覚的心地よさ	デザイン（感性）
	触感の心地よさ	表面加工（感性）
	床暖房対応	適正材料（表示）
	遮音性能	適正材料（基準値）
安全性	滑り防止	表面加工（表示）
	衝撃吸収	基材加工（表示）
健康配慮	ノンホルムアルデヒド	適正材料（表示）
	抗菌・防カビ	適正材料（表示）
住宅長寿命化	耐久性	適正材料（表示）
	リフォームへの対応	製品設計（表示）
	耐水性	適正材料（表示）
メンテナンス性	防汚性	表面加工（表示）
	耐傷・耐摩耗性	表面加工（表示）
	補修材対応	補修材設定（有無）

（日本建築学会編：建築物の遮音性能基準と設計指針）

📖 参考文献
[1] リビングデザインセンターOZONE：「住まいづくりの基礎知識」．
[2] 住宅CMサービス：「住宅の評判ナビ」．

壁仕上げ材

　壁仕上げ材は，インテリアを構成する床・壁・天井の中で最も視線を受ける位置にあり面積が広く，部屋のイメージを左右する重要な役割をもっている．壁の前には家具や調度品，絵画，ポスター等が置かれるケースも多く，それらを引き立たせる背景としての意味をもつこともある．天井や床などとの調和とともに，壁としての効果・役割を考え，仕上げ材を選ぶことが大切である．

住宅インテリアにおける主な壁仕上げ材

壁紙（クロス）（図1）　壁紙は一般的に広く使われており，クロスともよばれている．石膏ボードなどの壁下地材の上に，裏面に糊を塗った化粧シートを貼る仕上げで，施工性がよくデザインも豊富である．

・「ビニル壁紙」は最も普及している壁紙であり，塩ビのシートに紙を裏打ちして凹凸加工やパターン印刷を施したもので，色・柄，価格，機能も豊富に揃っている．塩ビの代わりに燃焼しても有毒ガスがほとんど出ないオレフィン樹脂を使った「オレフィン壁紙」などもある．

・「紙壁紙」は貼り合わせた洋紙に直接凹凸加工や印刷をしたもので，湿度による伸縮や汚れがつきやすいなど多少のデメリットもあるが，欧米では広く使わ

図1　壁紙

れており，デザイン性の高い輸入品も多い．また，和紙を使った「和紙壁紙」などもあり，より柔らかな雰囲気を作り出すことができる．
- 「布壁紙」はレーヨンなどの化学繊維や綿，麻などの天然繊維を布状に織り，紙を裏打ちした壁紙で，織物としての自然感，高級感がある．

塗り壁　左官とよばれる職人が壁材をコテで塗る仕上げで，手塗感が心地よく継ぎ目もなく，調湿・断熱・防火・防音などの機能があり，高温多湿の日本の気候にも適した仕上げといえる．施工が難しく職人の技量により仕上がりも変わるので，壁紙の普及により大きく減少したが，職人技の味わいや環境・健康への関心などにより，自然素材による「塗り壁」のよさが見直されている．
- 「土壁」は土の色や混ぜるものによりさまざまな表情を出すことができる．細かい砂状の仕上げにした「聚楽」は和室に使われる代表的な土壁である．植物プランクトンの堆積土層から採れる「珪藻土」は，調湿機能があり，防カビ，結露防止，保温，断熱性に優れた仕上げ材として注目されている．
- 「漆喰」は消石灰に砂と糊を混ぜて塗った仕上げで，白色で平らに仕上げるのが一般的だが，色材を混ぜたり塗り方を変えて表現することもできる．
- その他，樹脂やセメントなどの材料を吹き付けることによって左官の工程を合理化した「吹付け壁」，下地材に目的によってさまざまな塗料をはけ塗りし，壁面にデザインや機能性を付加する「塗装壁」などもある．

タイル　タイルは耐久性や耐火性，耐水性に優れており，キッチンや，浴室・洗面・トイレなどの水まわりに多く使われる仕上げ材である．

木質系壁パネル　木質のインテリアは，木の優しさや温もり感により広く支持されている仕上げである．反りやひび割れ，施工性などを考慮して合板パネルとして使われるケースが多い．「合板の表面に薄板を貼ったもの」や「木片チップを積層したOSB（配向性ストランドボード）などの表面を樹脂で固めたもの」「フィルムに高精細な木目を印刷技術で表現したシートを合板などに貼り合わせたもの」などがある．木目は比較的個性が出やすいので，一般住宅のインテリアではサイズや貼り方の工夫を含め，アクセント壁や腰壁として使われることが多い．

その他　住宅インテリアのその他の壁仕上げ材としては，コルクや革，石やレンガ，コンクリートなどがあり，好みに応じて使うことができる．

壁仕上げ材の機能性（表1）

デザイン性はもちろんのこと，快適性に関わる「遮音・吸音・調湿（吸放湿）・断熱・消臭・防汚」，健康・安全に関わる「VOC（揮発性有機化合物）対策・防カビ・抗菌・防火・防煙」，住宅の維持管理に関わる「耐水・耐久・簡易メンテナンス」，などさまざまな機能があり，部屋の用途や目的によって選択すること

表1 | 壁仕上げ材の機能性

特徴・機能	種類	壁紙			木質系壁パネル	タイル	塗り壁		
		ビニル壁紙	紙壁紙	布壁紙			聚楽	珪藻土	漆喰
デザイン	選択性（バリエーション）	◎	○	△	△	○	△	△	△
快適性	遮音・吸音	△	△	○	○	○	◎	○	◎
	調湿（吸放湿）	△	△	○	◎	△	○	◎	◎
	断熱	○	△	○	◎	△	△	○	○
	消臭	△	◎	◎	△	◎	◎	○	△
	防汚	○	△	△	△	◎	○	○	△
健康安全	VOC対策	△	◎	◎	△	◎	◎	○	○
	防カビ・抗菌	○	△	△	△	◎	○	△	◎
	防火・防煙	○	△	△	△	◎	○	△	◎
維持管理	耐水性	○	△	△	○	◎	△	△	△
	耐久性	○	△	△	○	◎	△	△	△
	メンテナンス性	◎	△	△	○	◎	△	△	△
施工性		◎	○	○	○	△	○	△	△
一般価格		◎	○〜△	○〜△	△	△	△	△	△

注：評価はデータに基づく客観評価ではなく、一般的な視点での主観評価として判断

ができる．
壁仕上げ材に求められるもの
　インテリア壁の仕上げで重要になるのは，快適性や健康安全のための機能性はもとより，壁面自体の使われ方の変化への対応である．1つは光を活かす壁である．さまざまに変化する自然光を壁面にいかに活かすかはもとより，LEDや有機ELなどの照明技術により「壁面を活かした照明，照明を活かすための壁面」が必須になる．もう1つは映像や情報を映し出すための壁である．壁面自体をスクリーン化することや，壁全体の色を変えたり環境映像を流すことなどに加え，壁自体にモニター機能をもたせ，情報端末として活用するなどのケースもあり，常に時代の変化に合わせた壁の仕上げが求められることになる．　〔池ノ谷 真司〕

参考文献
[1] 住宅CMサービス：「住宅の評判ナビ」．
[2] All About／岩間光佐子：「内装材の基礎知識」．

天井仕上げ材

　天井は，壁や床に比べ手足・体で触れることはなく，視覚的要素の強い部位である．しかし，仕上げ材としては遮音性，吸音性，断熱性など性能が求められる．また，建築基準法で建築物の内容，部屋の内容などにより防火材料として不燃材料，準不燃材料，難燃材料などの使用が規定されているので，注意が必要である．

木材　板張り天井は，野縁下地に木材の無垢板（縁甲板：厚 0.8 mm × 24 mm × 2,000mm など）を目透かしで打ち上げる．和室天井では比重が約 0.35～0.4 と軽い杉材が多用される．合板に天然木の突き板を貼ったピーリング材や，ビニルシートや紙に木目を印刷したものを貼った製品があり，これをさね継ぎで目透かし張りとする（図1）．打ち上げでない形式の天井に，図2のさお縁天井，図3の格天井がある．いずれもインテリア側から天井板を保持する形式である．格天井は，和洋ともに使われる様式で，檜や欅・楢などの材が使用される．

図1｜天然化粧合板目透かし張り天井

ロックウール吸音板　玄武岩や高炉スラグなどから作るロックウール（鉱物繊維）を加工，板状に成形した天井仕上げ材である．吸音性が優れるところからロックウール吸音板が一般名称である（図4）．断熱性能もありまた，防火材料として不燃，準不燃の材料がある．吸音，断熱，防火性能に優れ，比較的安価なところから，オフィスや商業施設の天井材として大量に使われている．住宅用の製品もある．

図2｜さお縁天井

図3｜格天井

インシュレーションボード　木材チップをパイル状（繊維状）にし，紙を漉くように成形したものである．からみ合った木材繊維の間

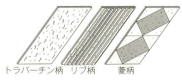

図4｜ロックウール吸音板

の空気層ができ，高い吸音性と断熱性が発揮される．防火材料ではないので不燃・準不燃材料使用など，内装制限のあるインテリアでは使用できない．図5は一例である．ボードが軽く施工は容易だが，材質はもろく，強度に欠けるので捨て張り工法とする．製品は四辺本実加工が施されているので施工は容易で，確実である．

壁紙クロス　詳細は「壁仕上げ材」の項目を参照．天井仕上げの材料としては，メーカーが天井仕上げ用として用意している製品を使用するのがよい．壁仕上げ用のものを使うことも，特殊なものを除いて可能である．施工は，水平足場を用意し，見上げで行うので，壁工事より手間と技術が必要である．左官仕上げ，塗装仕上げについては，それぞれの項目を参照．

浴室天井仕上げ材　浴室は，温度・湿度が高く，天井仕上げ材の最大の敵は，結露である．基材がポリ塩化ビニル（PVC）やアルミの型材パネルで，その裏面に，断熱・結露防止のために硬質発泡ウレタンとアルミ蒸着フィルムを貼り付けた浴室天井専用材料がある（図6）．

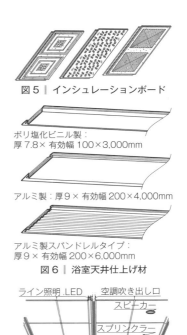

図5 インシュレーションボード

ポリ塩化ビニル製：
厚7.8×有効幅100×3,000mm

アルミ製：厚9×有効幅200×4,000mm

アルミ製スパンドレルタイプ：
厚9×有効幅200×6,000mm

図6 浴室天井仕上げ材

図7 システム天井

アルミ表面はカビ対策で抗菌UV塗装が施されている．さらに大判の製品で，グラスウール板の表面にペイント仕上げを施し，ガラス不織布を貼ったパネルがある．寸法は厚25×892×1,792 mmなど．

システム天井　オフィスや公共建築の天井に照明や空調，防災，音響設備を組み込み一体化，モデュール化したシステム天井が採用されている（図7）．グリッドのモデュール寸法は600 mm，900 mmが一般的である．仕上げのパネル材には，ロックウール吸音板，グラスウールボード，スチール成形板などがある．2011年の東日本大震災後，地震による天井の落下対策が強化され，耐震天井，地震対策天井，落下低減天井などの補強天井仕様ができている．　　〔小宮 容一〕

□ 参考文献
[1] 小宮容一：「図解 インテリア構成材──選び方・使い方 改訂2版」，オーム社，2002．
[2] インテリア工事標準仕様委員会：「インテリア工事標準仕様書 解説編」，経済調査会，2007．
[3] 建築法令研究会：「井上建築関係法令集〈平成26年度版〉」，井上書院，2013．

建 具

　建具は，建築物の外壁，インテリアの間仕切り壁に開けた開口部に設ける開閉機能をもつ道具である．ここではインテリアに使われる建具について解説する．
　開閉機構から，建具を分類すると「戸」と「扉」となる[1]．戸はスライドするもので，引き戸と折り戸がある．扉は軸回転するもので，建具金物としてヒンジ，丁番，ノブなどが必要である．
　日本史上で引き戸，引き違い戸が現れるのは10世紀（平安時代）と思われている．『源氏物語』「空蝉」で，光源氏は空蝉の所に忍んで行く時，障子を開けて中に入って行くとある．10世紀末に書かれた『落窪物語』には遣戸や障子という言葉が多くでてくる．引き戸として建物の外周に使用した板遣り戸とインテリアでの襖障子の存在が分かれる．和紙を貼った明かり障子は，平安時代末期に考案され，鎌倉時代に急速に普及する．引き戸が日本で独特に進化して今日に至ったとすると，扉は中国と欧米からの輸入といえる．
　高齢社会となって，身障者，車いす対応のバリアフリーデザインから，引き戸が見直されてきた．さらに2006年12月20日施行の「高齢者，障害者等の移動等の円滑化の促進に関する法律（バリアフリー法）」が後押しした．病院，高齢者施設，公共施設，オフィス，戸建て住宅，集合住宅，商業施設などのあらゆる分野で，引き戸が採用されている．
　建具をその材料から大別すると，木製建具，金属製建具，ガラス製建具，襖・障子などとなる．

木製建具　木製建具にはさまざまなデザインや組合せが考えられるが，大別すると框ドアとフラッシュドアの2種類である（図1）．框組ドアは建具の四辺を框で組んで，その中に鏡板を入れたもので，図の左は，四周框で中に鏡板が1枚，右は縦横の格子桟組である．桟のデザインにはさまざまなものがある．フラッシュドアは，例えば木製の桟組した芯材の表裏に化粧合板を張ったものである．芯材には木製桟組の他，ペーパーハニカム，アルミニウムハニカム，MDF（中密度繊維板），発泡樹脂などがある．目的は軽量化と，変形の阻止である．図1のフラッシュドアは，柾目の銘木合板張りである．右はスリット形のガラス窓付き

---

[1] 本項での「ドア」は「戸」と「扉」を含んでいる．

のものである．木製建具に使用する樹種は，針葉樹では杉，檜，松，ひば，スプルースなど，広葉樹では楢，樺，桜，ぶな，アガチスなどである．

金属製建具 金属製建具は主として，鋼製建具とアルミニウム合金製建具である．建築基準法の防火戸の認定を受けたものが多く，建築物の外壁の窓，出

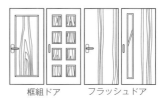

図1 | 木製建具

入り口に使用される．鋼製建具は鋼材とステンレス鋼が主材である．一般にアルミサッシとよばれているものがアルミニウム合金製建具である．インテリアでは，オフィスなどのシステム間仕切り壁，パーティションのドア，窓などで使用される．

ガラス製建具 ガラス製建具の代表は，オフィスビルやショップの出入り口の透明の強化ガラスドアである．しかし最小限の建築金物が必要である．扉ではフロアヒンジとガラス側にそのピンの受け金物が必要である．吊り式引き戸では上部はレールとローラー，下部はフロアガイド，ガラス側はガラスをローラーに取り付けるガラスホルダーなどが必要である．ガラスの厚みは，8 mm，10 mmを使用する．ガラスへの模様はサンドブラストで可能であるが，強化ガラス加工を施す前にしておく．カッティングシート貼りによる模様・装飾方法もある．

襖・障子 襖に四周骨と中骨を格子組とした芯材に，下張りを重ねた上に仕上げの襖紙を貼り，四周の枠を取り付けたものである．骨は針葉樹材の無節あるいはこれらの積層材を使用する．襖紙は鳥の子紙，新鳥の子紙，美濃紙，壁紙などを使用する．芯材に繊維板やペーパーコア，発泡樹脂を使用するものもある．枠（縁）は檜柾目を漆塗りが伝統的なものである．現代的な処理として檜や杉の生地仕上げもある．

障子は縦框，上下桟，組子を組んだものに，障子紙を貼る．障子紙は楮(こうぞ)の手すき和紙が本式である．他にレーヨン障子紙，パルプ障子紙，プラスチックを障子紙の両面に貼ったものがある．框，桟，組子は針葉樹の無節を使用する．組子の組み方などでさまざまなデザインがある．〔小宮 容一〕

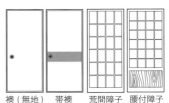

図2 | 襖・障子

参考文献
[1] 大阪建業協会：「建築 もののはじめ考」，新建築社，1973．
[2] 川本重雄：「日本の住まいとインテリア──歴史的な視点から」，第25回日本インテリア学会大会（京都），2013．
[3] 小宮容一：「図解 インテリア構成材──選び方・使い方 改訂2版」，オーム社，2002．
[4] インテリア工事標準仕様書委員会：「インテリア工事標準仕様書」，経済調査会，2007．

左官仕上げ

　左官は，元来，土壁塗りの職人のことを指している．左官仕上げは，下地に下塗り，中塗りを重ね最後に上塗り，仕上げ塗りを施して仕上げることである．今日では，合成樹脂混入材料で石膏プラスターボードなど下地に下塗りなしで仕上げができる材料もある．また，同材料を吹付け塗装材料としたものもある．

　塗り付ける道具は木ごて，金ごて，ローラーなどで，これらを使用して，人の手で仕上げるところから，手の温もりを感じられる仕上げとなる．平滑な仕上げの他，こてやローラーで表情豊かなパターンを付けることもできる．

小舞壁　日本の伝統的木造建築の土壁の工法に，「小舞壁＝木舞壁」がある．柱・間柱の間に，竹や細木をわら縄や蔓で縦横に編んで下地を作り，この下地に，土にわらなどを混ぜた壁土で荒壁を作り，次に中塗り，ふるい土塗り，最後に漆喰や色土，色砂を塗って仕上げる．

漆喰　漆喰は消石灰に砂，つなぎ材のすさ（麻やわらなどの繊維），膠着剤としてのり（海藻）を混ぜた材料である．色は白色．漆喰の歴史は古く，7世紀末〜8世紀初めに建造された高松塚古墳石室内の壁画の下地が漆喰状のものであるとされる．

聚楽（じゅらく）　聚楽壁は，聚楽土に砂とみじんずさ（細かいわら），糊料を混ぜた左官仕上げ材料で，黄褐色系である．京聚楽といわれる緑味の黄色のものや，赤色（ベンガラ色）の京錆土もある．大津上塗り壁は，京都の伏見で採れる稲荷土を使う．黄色系の黄土である．歴史的にはそれぞれの地方で採れる色土を使って仕上げたものである．

砂壁　砂壁は，色土で仕上げた土壁に対して，色砂で仕上げた壁をいう．色砂を糊液で練って使用する．色砂は，天然砂または砕石，あるいはそれらを着色または焼成した砂材料である．これに，金属粉，色ガラス粉，貝殻粉などを混ぜた材料もある．

珪藻土　近年，吸湿性や保温性・耐火性などに優れた珪藻土がよく使用

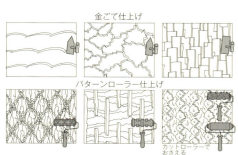

図1　合成樹脂エマルション砂壁のパターン

される．珪藻土は堆積岩の一種で，藻類の珪藻の殻の化石で形成されている．壁土としては，石灰やアクリル系接着剤を混ぜて使用する．色は淡黄色，灰緑色，白色などがある．

石膏プラスター・ドロマイトプラスター　消石灰を使った漆喰に対して，石膏が主材でこれに砂，すさを混ぜた石膏プラスターがある．モルタルや石膏ラスボードを下地として，下塗り，中塗り，上塗りとする．色は白色．類似材で，ドロマイトという鉱物を焼成して作るドロマイトプラスターという仕上げ材もある．

モルタル　モルタルは下地だけではなく，仕上げにも用い，モルタル仕上げとなる．セメントモルタルと砂を調合し，水を入れて練り込んだものを使用する．コンクリート，コンクリートブロック，ALC，メタルラス，ラスボードなどを下地としてその上に直接塗ることができる．色は灰色．

リシン　もとは，ドイツ製の左官材料の名称．日本では，白セメントとドロマイトプラスターを混ぜたものに寒水石や大理石などの砕石と顔料を入れて作る．モルタルを粗面に中塗りした上に，これを塗付け，半乾きの時にワイヤーブラシなどで掻き落として仕上げる．リシン掻き落とし仕上げとなる．今日では，合成樹脂系のリシン材もあり，吹付け材使用のものもある．

合成樹脂エマルション砂壁　合成樹脂系の材料として，合成樹脂エマルション砂壁がある．これには，左官材料と吹付け塗装材料がある．左官材料の仕上げ方法は，こて仕上げとローラー仕上げが可能である．成分は骨材（砂など），炭酸カルシウム，顔料である．水と合成樹脂エマルションを練り合せた上で，成分材料を混入し再度練り合せ，こて塗あるいはローラー塗りとする．

繊維壁　エマルション，CMC（カルボキシメチルセルロース），綿状繊維，木粉，顔料などからなる繊維壁がある．施工に熟練を必要とせず，比較的安価な左官仕上げ材料である．

〔小宮 容一〕

📖 参考文献
[1] 大阪建業協会：「建築 もののはじめ考」，新建築社，1973．
[2] 山田幸一：「物語／ものの建築史　日本壁のはなし」，鹿島出版会，1985．
[3] 小宮容一：「図解 インテリア構成材——選び方・使い方　改訂2版」，オーム社，2002．
[4] インテリア工事標準仕様書委員会：「インテリア工事標準仕様書」，経済調査会，2007．
[5] 小原二郎編集代表：「インテリア大事典」，壁装材料協会，1988．

塗装

　塗装は，塗料を塗布して破膜を作ることである．塗装仕上げは，コンクリートブロック，レンガや木材に直接塗った場合，素地の凹凸がでてくる．シーラーなどで下地処理したモルタル金ごて下地やボード下地への塗装では，仕上がり表面が平滑になる．一部の吹付け塗装では，厚塗りで凹凸で付けるものがある．

　ボード下地は，張り目地にファイバーテープを貼り，パテしごきをして平滑面を作ってから塗装する．また，出隅は出隅テープ，入隅はシーリング材などで下地処理する．

　塗装の工法には，はけ塗り，ローラー塗り，吹付け塗装がある．吹付け塗装は，インテリア工事では，塗料の飛散が問題で，養生や換気に注意が必要である．はけ塗り，ローラー塗りにおいても溶剤の揮発による臭いがあり，換気や通気の必要がある．

　近年，建築材料から発生するホルムアルデヒドなどの揮発性有機化合物（VOC）が，人体へ及ぼす影響が問題視されるようになり，塗料についてもホルムアルデヒド放散の少ないものを使用するようにする．メーカーの性能表示「F☆☆☆☆（フォースター）」などをチェックする必要がある．

合成樹脂エマルションペイント（EP）　酢酸合成樹脂，スチレンアクリル樹脂などの合成樹脂と水，顔料を混ぜ乳液状（エマルション）とした塗料が合成樹脂エマルションペイントである．希釈剤が清水の水溶塗料で作業性に優れ，乾燥も早いことから，DIY用の塗料として広く市販されている．合成樹脂エマルションペイントの塗膜は本来つや消しだが，つやあり合成樹脂エマルションペイントもある．

多彩模様塗料（EP-M）　合成樹脂エマルションペイントをベースに，液状またはゲル状の2色以上の着色粒子が懸濁分散した塗料である．1回の塗装で模様が形成できる．ローラー塗装用，吹付け塗装用がある．仕上がり模様に，御影石や大理石風石目調やリシン吹付け調のものがある．

合成樹脂調合ペイント（SOP）　従来の油性調合ペイント（OP）の改良型で，OPの配合で用いるボイル油に代わり長油性アルキド酸樹脂ワニスを配合したものに顔料を混入した塗料が合成樹脂調合ペイントである．乾燥を早め，光沢性を増した塗料である．希釈剤は塗料用シンナーを使用する．

オイルステイン（OS） 木材の着色用の油性塗料がオイルステインである．前述の塗料のように塗膜は作らず，木質内に含浸して着色する．染み込みの差が木目を美しく引き立てる．塗膜がないので，表面保護のためにはクリアラッカーやワニスなどの上塗り塗料の塗布が必要である．希釈剤は塗料用シンナーであるが，使用するオイルステインメーカーの勧めるペイントうすめ液を使うのがよい．元来油性であるが，水性オイルステインも開発されている．

クリアラッカー（CL） 透明の塗料で，主に木部に塗装し，生地を生かし木目が強調される．揮発性の高い溶剤に透明樹脂を溶かした塗料である．塗膜は硬く，耐久性がある．希釈剤はラッカーシンナーを使用する．

　VOCの問題から，水性ラッカーが開発され，普及する方向にある．

ワニス 透明の塗料で，木材などの表面を保護するために使用する．塗膜は硬く，耐候性や防水性に優れている．単にニスともよばれる．天然のワニスは，天然の樹液や樹脂を溶剤に溶かしたものであるが，合成樹脂系でアクリルシリコン樹脂ワニス（AC）やウレタン樹脂ワニス（UC）もある．

ラッカーエナメル（LE） 透明塗膜のワニスに顔料を加えた塗料がラッカーエナメルである．プラモデルやマニキュアに使用される塗料だが，内装木部用に木部ラッカーエナメル塗り仕様のものがある．発色のよい色面が得られる．

　エナメルとは，もとは陶磁器の釉薬のことだが，透明感のある光沢の塗膜を作る塗料を一般的にエナメル塗料といっている．

　合成樹脂系のエナメルに，フタル酸樹脂エナメルやアクリル樹脂エナメル，塩化ビニル樹脂エナメルなどがある．

木材保護塗料（WP） 木材保護塗料は，木材を腐れや劣化から守るため開発された塗料である．石油系溶剤にアルキド樹脂，顔料，木材防腐剤，防虫剤などを混入した塗料である．油性のものと水性のものがある．VOCの問題から，油性のものを外装に，水性のものを内装にと分けて使用するのがよい．タイプとして木目を出す浸透性タイプと，木目を隠す半造膜タイプがある．　　〔小宮 容一〕

□ 参考文献
[1] 小宮容一：「図解 インテリア構成材――選び方・使い方 改訂2版」，オーム社，2002．
[2] インテリア工事標準仕様書委員会：「インテリア工事標準仕様書」，経済調査会，2007．
[3] 「インテリア製図通則・同解説」，日本インテリア学会，2014．

テキスタイル

内装材料の代表的なテキスタイルには，床材ではカーペット，壁装材では壁面に織物を張り付ける緞子張，織物クロスなどがある．

カーペット

敷き方のパターンには空間全体に敷き詰める方法と中央部，家具まわりに部分的に敷く方法がある．形状は，幅が2.7 m，3.6 mなどのサイズでロール状に巻いて出荷されるロール物（図1）と，50 cm角程度にカーペットをカットしたタイルカーペット（図2）がある．ロール物は継ぎ目が少なく部屋全体に敷き詰めて，大きな柄を表現することが可能なため意匠性が高い．タイルカーペットには継ぎ目があるが，部分的に取り替えられるため，メンテナンスがしやすく，ビル，ホテルの廊下やオフィスによく使われている．

図1　ロールカーペット

カーペットに使われる繊維には，代表的なものにウール，アクリル，ナイロンなどがある．保温性に優れたウール，染色性のよいアクリル，擦り切れに強いナイロンなど繊維それぞれに特徴があるので，空間の用途に合わせて繊維を選ぶことも重要である．

カーペットの表面に使われるパイル糸の形状にも種類があり，同じ繊維を使っていてもテクスチャーの違いでインテリアイメージが変わってくる．パイル長を5～10 mmにカットしたカットタイプ，ループ状にパイルを打ち込んだループタイプ，カットパイルとループパイルを組み合わせたカット＆ループなど，パイルのテクスチャーやパイル長によって柄パターンを出すこともできる．カーペットはパイルの素材，色，長さ，テクスチャーをそれぞれ選定することで，より装飾的な床を作ることができる床材である．また，他の床材と比べると歩行感がよく柔らかいので転んでもけがが少ない．吸音性にも優れているので歩行音や椅子を動かす音などの音対策が求められる空間の床に適している．

緞子張

　壁面に幾層もの下張を施したものや，クッション材を張り付けたものの上から装飾用織物の緞子を張り付ける壁面装飾の方法である．紙で裏打ちすることなく布のまま直接壁に張る方法は，織物の風合いを活かした美しい室内装飾を作り出し，古くから宮殿建築などに用いられてきた．平面的な塗装やクロス張りの壁面と比べると織物の高級感と厚みのある仕上がりに柔らかさが感じられ，室内をより豪華に見せることができる．下地にクッション材を入れてさらに厚みをもたせたものを布団張ともよぶが，ホテルのベッドのヘッドボードに施したり，店舗などで演出的に用いられたり，豪華な空間づくりに近年でもよく使われている（図3）．

図2 ｜ タイルカーペット

　壁紙の中にも織物に紙を裏打ちした織物クロスがある．高級感のある空間に仕上げることができるが，ジョイント部の柄合わせ，織物のほつれの処理など，ビニルクロスと比較すると補修が困難で施工上の問題点が多い．

　内装材料としてのテキスタイルは，床，壁ともに温かみのある風合い，高級感ある仕上がりなど優れた意匠性をもつが，汚れやすい，メンテナンスがしにくい，施工性が悪いなどのデメリットも併せもつ．これらに配慮してテキスタイルに適した使い方をすれば，インテリアとして上質な空間を作ることができる材料である．

図3 ｜ 緞子張

〔中嶋 祥子〕

1 計画関連

⑥計画系

人の寸法 …………………………… 150
姿勢 ………………………………… 152
人間工学（エルゴノミクス） ……… 154
動作・作業と空間 ………………… 156
空間の寸法（規模） ……………… 158
ユニバーサル・デザインとバリアフリー
　……………………………………… 160
ハンディキャップ者配慮のインテリア計画
　……………………………………… 162
色彩計画（カラーコーディネート） … 164
カラーユニバーサルデザイン ……… 168
照明計画 …………………………… 170
群衆の行動 ………………………… 172
日常安全 …………………………… 174
サイン計画 ………………………… 178
動線計画・視線計画 ……………… 180
ファシリティマネジメント ………… 182
スケルトン・インフィル …………… 184
住空間の構成 ……………………… 186
住空間の配置 ……………………… 190

人の寸法

　人体の各部寸法は，建築やインテリアの諸寸法を決定するための基本的尺度である．例えば，建物の開口部の高さや通路幅の寸法は，歩行者の身長や最大体幅との関係が深い．また，椅子の高さやベッドの大きさは，その使用者の人体寸法に適合させる必要がある．

　古来，人体の各部寸法が比例関係にあることは，すでに古代ローマ時代の建築家・ヴィトルヴィウス（Marcus Vitruvius Polli，紀元前80-15頃）の『建築書』などに記述されている．それをもとに描いたといわれるレオナルド・ダ・ヴィンチ（Leonardo Da Vinci，1452-1519）の「ヴィトルヴィウス的人体図」（図1）は，裸体の男性が正面向きに描かれ，その人体のプロポーションに黄金比の比例関係あることを表現している．図には，臍を中心に足元までの半径で正円を描くと上方に伸ばした手先が内接すること，身長を一辺とした正方形の中で両手を水平に伸ばした手先の長さが同じ一辺となることなどが描かれている．また，立位身長と臍の高さには，黄金比の比例関係があることを指摘している．

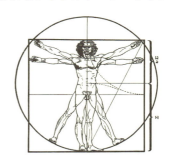

図1 ヴィトルヴィウス的人体図
（ダ・ヴィンチ）

　古代エジプトでは，肘頭から中指先端までの長さを表すキュービット（Cubit）という単位が使われていたが，その長さは身長の約1/4である．このキュービットの2倍の長さを1ヤードといい，両手を水平に伸ばした手先の長さ（尋または指極という）の1/2である．ただし，これらの比例関係には，実際の人体計測値から判断すると，個人差があることに留意しなければならない．例えば，両手を水平に伸ばした手先の長さは，子どもの場合，身長よりやや短く，成長とともに身長に近似することが知られているが，スポーツ歴などによって身長より若干長くなる傾向がみられる（図2）．

　人体の各部寸法に比例関係があることは，その後も美術解剖学者や研究者らによって提唱されてきたが，ドイツのノイフェルト（Ernst Neufert，1900-86）が編纂した『建築設計大事典（BAUENTWURFSLEHRE）』（1936）の中に，黄金比による人体各部の比例関係を表した人体図（図3）がある．また，フランスを

代表する建築家のル・コルビュジエ（Le Corbusier, 1887-1965）は，人体の各部寸法をフィボナッチの数列と黄金比で構成した片手を上げた人体図（図4）をもとにした独自のモデュロール（Modulor）理論を提唱して，実際の建築やインテリアなどの設計に応用したことが知られている．その後，多様なインテリアの設計場面に人体計測値を適用することを意図した人体計測資料集成として，アメリカのジュリアス・パネロ（Julius Panero）らによって編纂された『HUMAN DIMENSION & INTERIOR SPACE』（1974）などが挙げられる．

さて，文部科学省は，全国の児童・生徒を対象に，毎年度学校保健統計調査を実施してその結果を公表している．それによると，平成25年度の結果では，17歳男子の平均身長が170.7 cm，同じく女子が158.0 cmであった．なお，この平均身長の計測値は，平成6年度以降ほぼ横ばい状態であるが，戦後間もない昭和23年度の17歳の平均身長と比較すると，男子が約10 cm，女子が約12 cm大きくなっており，地域差はあるものの児童・生徒の体格がかなり向上していることがわかる．この学校保健統計調査の結果は，日本人の体格の変容を理解する上で，貴重な計測データであるが，モノづくりに適用するには測定項目が少ない．そこで，日本人の詳しい人体各部寸法の計測データは，人間生活工学研究センター（HQL）が，三次元計測などを活用した人体測定を行って，その計測値を一般公開している．

〔若井 正一〕

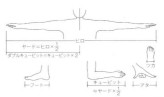

図2 ｜ 人体の手足にもとづく比例関係[1]

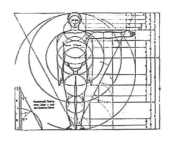

図3 ｜ ノイフェルトの人体比例図

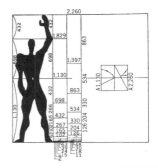

図4 ｜ ル・コルビュジエの人体比例図[2]

参考文献
[1] 岡田光正：「建築人間工学 空間デザインの原点」，理工学社，1993，p.64.
[2] 高橋研究室編：「かたちのデータファイル」，彰国社，1984，p.76.

姿　勢

　人間は，日常生活場面において，さまざまな姿勢をとることでその目的行為を完遂することができる．それらの生活姿勢の様態は，行為場面に対応して停留と移動が繰り返されて時間経過とともに変容する．さらに，人々の容姿は，「姿勢百態」といわれるように，状況場面に応じて実に多種多様に変化する．

　この人間の姿勢を類型化することは，建築やインテリアの設計場面を策定する上で有用な基礎資料となる．そこで，筆者らは，日本建築学会における『建築設計資料集成　単位空間1』（丸善，1980）の編纂において，人間のさまざまな生活場面の中から共通，または類似した姿勢をもとに類型化を行って24の基本姿勢（図1）を選定した．その基本姿勢は，人間の体位を，立位，椅座位（いす座位），平座位（ゆか座位），臥位の4つに大分類して，その中で出現頻度が高く，設計計画に有用であると想定された静止時の姿勢を24ポーズとして選定したものである．その基本姿勢における人体各部寸法を計測するために，その計測部位（図2）と基準点となる位置を設定した．この24ポーズの基本姿勢に関する人体各部寸法の計測値は，その後に全面改訂された『建築設計資料集成　人間』（丸善，2003）に掲載している．なお，ここに示した人体計測値は，静止時の基本姿勢をもとに計測したものであるが，人間が生体である限り，長時間同じ姿勢を保持す

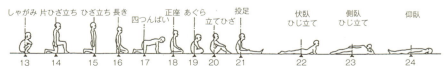

注：ここに示した24のポーズの基本姿勢は，1976-1977年度・科学研究費による研究課題「建築設計計画のための人体諸数値の計測研究」（代表：小原二郎）による成果の一部である．

図1 ｜ 24ポーズの基本姿勢 [1]

ることはできない．例えば，人間にとって楽な姿勢として，横に寝そべった臥位の姿勢が挙げられるが，就寝時に何度も寝返りをすることで同じ身体部位が長時間圧迫されることを避けるように姿勢を変化させる．もし，何らかの理由で同じ姿勢のまま変化できない状態が長時間続くと，その姿勢を保持することは明らかに苦痛になってくる．さらに，人体各部は，意識または無意識に常時微動している．この揺れの寸法は，インテリアの設計寸法から見た場合，やや微小な寸法であるが，姿勢条件の違いや時間の経過とともに増大するゆらぎ量に留意する必要がある（図3）．

さて，人間の姿勢条件を考える場合，身体的な方向性があることに配慮したい．それは，身体を座標として，前後，左右，上下の3方向に分けることができる．図4に示した身体の方向性は，生活姿勢を類型化する上で，重要な要素である．私達は，日常生活における対人または対物の関係の中で，互いに向かい合って挨拶をする，左右に並んで座る，棚の上に手を伸ばして物を取る等々，その何気ない生活動作の中に身体の方向性が存在している．なお，それらの生活動作には，利き勝手の違いや，癖などの行動特性があることにも留意すべきである． 〔若井 正一〕

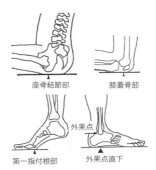

図2 | 基本姿勢の基準となる部位 [1]

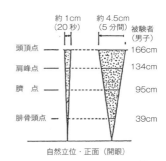

図3 | 身体のゆれ幅（事例）[1]

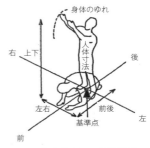

図4 | 身体周囲の方位性 [1]

📂 参考文献
[1] 人間環境デザイン研究室所蔵資料：日本大学工学部建築学科，1995

人間工学（エルゴノミクス）

　人間工学とは，人とモノとの関係を「人の特性」に注目して考察・分析し，人が使用するすべてのモノ（空間を含む）を安全にかつ使いやすくしていくための学問といえる．ただし，対象は人が使う（あるいは関わる）モノすべてといってよく，日常生活から労働までのすべての場面で配慮されている必要がある．

　例えば，私たちがよく使う筆記具（鉛筆）の書きやすさについて，人間工学はどのような側面で応用されるかを考えてみよう．書きやすさに影響する要因は複数考えられるが，例えば鉛筆の太さや芯の硬さは書きやすさに影響を及ぼすと考えられる．それでは，どの程度の太さが適正なのか（持ちやすくかつ書きやすいのか），どの程度の硬さが適正なのか（滑らかに書けるのか）．これらを知るためには，使う人の手の大きさはどれくらいか，筆圧はどれくらいかといったこと（人の特性）を調べる必要がある．これらを調査・実験等をもとに明らかにし，書きやすさにおける人とモノの適正な関係（基準や範囲）を求めていく．これが人間工学の基本的な考え方である．調査・実験をもとに，さまざまな計測機器を利用しながら，人の特性とモノや空間との関係を明らかにしていくのである．

人間工学の歴史

　人間工学は海外において生まれた研究分野であり，エルゴノミクス（ergonomics），ヒューマンファクター（human factors），ヒューマンエンジニアリング（human engineering）等とよばれている．人間工学という言葉は，大正時代にヒューマンエンジニアリングを紹介した学者がこの語を直訳したものである．学問としては新しい分野といえる．

　人間工学の研究が進んだのは第二次大戦中といわれる．アメリカにおいて練習中に航空機事故が多発したことがきっかけになり，当時の心理学者や技術者等が原因を調べたところ，高度計の表示方法に人間の能力が考慮されていなかったことが明らかになり，人間と機械とのインターフェースに問題があることがわかった（インターフェースとは，例えば表示方法，表示手順，操作方法，操作手順等，人が機械を動かすための情報のやり取りの仕組みを指している）．そこから，人間と機械とを別々に考えるのではなく，人間の能力をもとに表示方法や機械の開発をすることの重要性が認識され，人間工学の研究が広がっていった．さらにいえば，それまで人をそれぞれ個別の側面から研究してきたさまざまな学問分野の

成果を総合して，1つの問題を解決していく，まさに学際的な研究分野といえる．
　なお，エルゴノミクス（ergonomics）とは，ギリシャ語の ergon（仕事や労働）と nomos（自然の法則）から作られている言葉であり，「作業時の法則を考える」という意味である．
　このように，研究の成り立ちから主に人が使う機械を中心に研究対象が広がっていったが，人が使用するモノすべてが対象であるので，人が暮らすインテリア空間も対象になる．近年では，コンピュータや携帯・スマートフォンの浸透とともに，その使いやすさ向上のために人間工学が一役買っている．

インテリアエレメントと人間工学

　インテリアにおいては，人間工学はインテリアエレメント（床・壁・天井，照明，家具等インテリアを構成する要素）に主に応用されている．近年，高齢化が進み，住宅や公共施設内に手すりの設置が推奨・義務づけられるようになってきたが，手すりはつかみやすい高さに設置されていなければ効果がない．しかし，利用する人の身長はさまざまであり，設置高さの設定は難しい．このような時に，人間工学は高齢者の身長範囲や使用時の姿勢を調べ，公共施設の手すりの高さの目安（75〜85 cm）を提案している．ただし，住宅のように

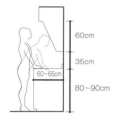

図1 ｜ キッチン作業台の寸法

使用している人を特定できる場合はその人が使いやすい高さに設置する．なお，手すりの太さも使いやすさに影響するポイントとなり，手の大きさやつかみ方等をもとに設定されている（3〜4 cm）．ちなみに，手すりが2段になっている場合，下の段（60〜65 cm）は身長の低い人，子どもの使用を想定している．

インテリア空間と人間工学

　空間の大きさを設定する場合にも人間工学が活用されている．例えば，ドアを開閉し，出入りするためには，ドアの前後に一定の空間が必要である．また，机に向かって椅子に座る場合には，椅子を引くための空間が必要である．この空間を動作空間とよぶが，人間工学では実験をもとにさまざまな動作の適正寸法（空間）を設定・推奨している．　　　　〔白石 光昭〕

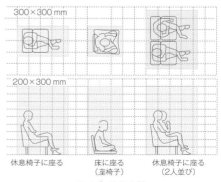

図2 ｜ 動作空間

動作・作業と空間

　日常生活における多様なインテリア空間を設計計画する上で，人体の諸寸法は有用な基礎データである．ただし，実際のインテリア空間に人体寸法をそのまま当てはめることには無理がある．その理由は，一般に提供されている多くの人体計測値が，被験者が静止した姿勢を対象に静的（スタティック：Static）な測定を行っているためである．人間は，目的行為を完遂するために姿勢を連続的に変化させて身体部位を移行または移動するので，具体的な設計寸法に応用するには，そのための動作寸法や動作域を見込むことが必要となる．例えば，生活空間の中で比較的人体寸法に近い場面として洋式便器を配置するトイレ空間を考えた場合，使用者の立位寸法と椅子座位の人体寸法を当てはめただけでは，空間寸法に展開することができない．そこには，立位姿勢から便座に着座するまでの移行動作の動作域と，移行時に頭部が前方へ突出する動作寸法を見込む必要がある（図1）．

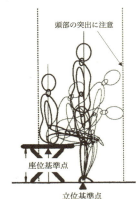

図1　立つ-座る移行動作 [1]

　これらの動作寸法を測定するためには，当該動作を連続的に撮影できるビデオ装置などによる動的（ダイナミック：Dynamic）な計測を行うことが有効である．現在，これらの計測機器の中には，人体動作を三次元でリアルタイムに計測して画像解析できる装置もある．ただし，そこで得られた三次元の動的人体計測値を設計寸法へ応用するには，その行為者の身体周囲に必要な非接触の空きの領域，いわゆる「アキ寸法」を見込まなければならない．従来，建築やインテリア空間を策定する場合，設計者の経験や勘に頼ることが多かったが，多様な生活場面における身体周囲に必要な「アキ寸法」を体系的にデータ化することができれば，人体寸法をもとに実用的な設計寸法を策定するために必要なデータ・システムが整うことになる．図2は，人体寸法からインテリア空間を策定する一連の流れについて，人体計測の諸条件や計測手法などを表したものである．なお，三次元による計測システムの進化は著しく，コンピュータ・グラフィックスによるリアルなインテリア空間の中を人体モデルが自在に動き回って，その空間のイメージ

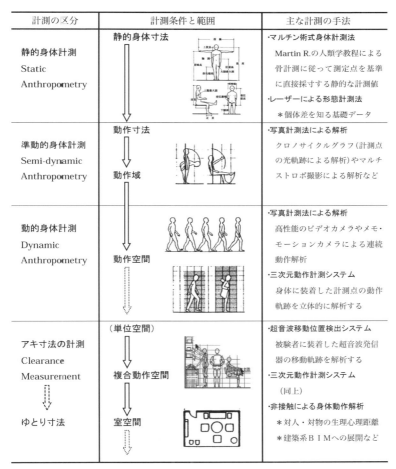

図2 | インテリア空間の策定に向けた身体計測の流れと考え方[1]

を仮想現実的に体感することも可能である．今後，その人体モデルに，体格の違いや動作のための機能寸法，さらに身体周囲に必要なアキ寸法などの計測データを入力できれば，新たな空間評価システムが構築されることになろう．

〔若井 正一〕

□ 参考文献
[1] 人間環境デザイン研究室所蔵資料：日本大学工学部，1995．

空間の寸法（規模）

　現代の住まいのインテリア空間は，居住者のニーズに合わせてますます多様化，個性化の様相を呈している．その中で，和室の寸法体系は，日本の伝統的な木造建築の構法である「木割り」寸法に基づいている．この「木割り」とは，奈良時代から大工棟梁によって伝承されてきたもので，木造建築の柱の太さや柱間の距離などの各部寸法が，「尺」や「寸」などの長さの単位をもとに構築される．また，和室の大きさが表す方法として，6畳，8畳などと畳の枚数で表現することができるが，その寸法感覚は，日本独特のものである．この畳の歴史的な変遷をみると，初期の畳は，現代の畳（約3×6尺）よりもサイズがやや大きく，いずれも同じ寸法でモジュール化されていた．その後，江戸時代になると，柱間を基準に壁厚を減じた内法寸法に合わせて畳を敷くことが主流となり，畳のサイズが部屋によって異なるものとなった．特に，現代の鉄筋コンクリート構造の住宅の和室では，畳のサイズがかなり小さくなっているものも少なくない．

　現在，日本における建築やインテリアの設計寸法は，原則としてメートル法で表現することが規定されているが，伝統的な尺貫法に対する日本人の寸法感覚は，今後も和の「室礼」とともに伝承されるものであろう．なお，現代の和室のルーツとして，京都の慈照寺銀閣の敷地にある国宝「東求堂」（1486年建立）が挙げられる．その室内で4畳半の広さの「同仁斎」には，庭に面した障子戸やぬれ縁，付け書院，違い棚などの貴重な遺構が残されている（図1）．

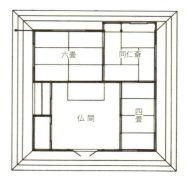

図1　国宝慈照寺「東求堂」の平面図

　国外における建築やインテリアの寸法体系には，日本の尺貫法と同様に伝統的なヤード・ポンド法がある．このヤード・ポンド法は，1824年に大英帝国時代のイギリスで度量衡法として制定されたものである．その長さの単位であるヤード（yard；約91 cm），フート（foot；約30 cm），インチ（inch；約2.5 cm）などの単位は，人体寸法から派生したものといわれる．

　ここで，実際のインテリア空間の中で目的行為に対応した設備ものの高さ寸法

表1 | 身長を基準とした設備ものの高さ寸法の略算比（抜粋）

1	手を伸ばして届く高さ	1.33	10	人体の重心高	0.55	19	事務用いすの高さ*	0.23
2	物を出し入れできる棚の高さ（上限）	1.17	10	立位の作業点高	0.55	20	軽作業用いすの高さ*	0.21
			10	座　高	0.55	21	軽休息用いすの高さ*	0.19
3	傾斜した床と天井との距離（最小値・床傾斜5〜15°）	1.15	11	調理台の高さ	0.53	22	差　尺	0.18
			12	寄りかかりの高さ	0.50	23	休息用いすの高さ*	0.165
			13	転子点の高さ	0.48	24	ひじかけの高さ	0.155
4	視線を遮る隔壁の高さ（下限）	1.00	14	洗面台の高さ	0.45	25	作業用いすの座面と背もたれ点間距離	0.145
			15	事務用机の高さ（履物は含まない）	0.41			
5	眼　高	身長-12cm				*	座位基準点の高さ（履物は含まない）	
6	引出しの高さ（上限）	0.91	16	使いやすい棚の高さ（下限）	0.40			
7	使いやすい棚の高さ（上限）	0.85	17	手にさげるものの長さ（最大値）	0.37			
8	急な階段の天井高（最小値・傾斜50°前後）	0.75	18	机の下のスペース（高さの最小値）	0.34			
9	引張りやすい高さ（最大力）	0.60	18	小便器の高さ	0.34			

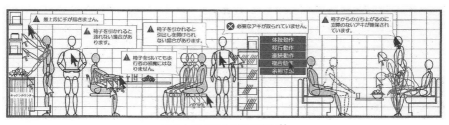

図2 | 複合動作空間の事例[1]

を行為者の身長から算定できる略算比を表1に示す．この表中の数値に各自の身長を乗じると対応する高さ寸法が算定される．なお，履物を使用する場合は，その高さ寸法を加味する必要がある．

さて，具体的なインテリア空間寸法を策定するには，想定する目的場面に配置された家具などの中で，行為者がその行為を完遂するまでのシナリオを作成する必要がある．そのシナリオに登場する人物は，時間の流れに従って多様な動作の軌跡を描きながら一連の行動を完結させる．その行動軌跡から必要な単位となる動作場面を切り取ったものが「単位空間」となり，それらを重ね合わせたものが，目的の室空間を構成する「複合動作空間」（図2）となる． 〔若井 正一〕

□ 参考文献
[1] 人間環境デザイン研究室所蔵資料：日本大学工学部建設学科, 2003.

ユニバーサル・デザインとバリアフリー

　最近のレストランは全席禁煙のところも多い．かつては喫煙が当たり前だったから，たばこの煙が嫌な人は禁煙のレストランを探す必要があった．そうなると，行けるレストランは限られていて，「行きたいところ」よりも「行けるところ」で選んでしまうことも多かった．喫煙が主流の場合には「禁煙」のマークが意味をもち，禁煙が主流の場合には「喫煙」のマークが意味をもつのである．

　障害のある人の社会参加を語るときに，町の中に使えるトイレがあるかどうかは重要な問題である．特に車いす使用者にとっては，その有無が外出の可否に直結するほどの重要事項である．法律や条例の整備によって車いすで使えるトイレは着実に増えてきているが，それがどこにあるのかがわからなければ使えない．車いすで使えるトイレのありかが描いてある地図を入手できれば，車いすマークのついたところにそのトイレがあることがわかる．この手順において，通常の男女トイレを示すサインは役に立たない．なぜならば，それは車いすトイレが必要な人にとっては，「使えない」という意味だからである．

　世の中にたくさんトイレがあっても，車いす対応のトイレはきわめて限られているため，どこにそれがあるかについては，通常のトイレとは異なるサインで知らせる必要がある．こう考えると，車いすマークは世の中の多数派をなすトイレが使えない，という状況において車いす使用者にとって有効であるということがわかる．ちょうど，喫煙が主流の時代の「禁煙」のマークと同じことである．

　もしも，どこのトイレにも車いすで使える設備が整えられたら，たぶんもう車いすマークによる表示は必要なくなるだろう．そして，一部に残っている使えないトイレに対して，ここは車いすでは使えないという表示を行うことになるかもしれない．ただしそれを実現するためには，現行のトイレの機能が改良され，より幅広いニーズに応えられるようにする必要がある．

　障害のある人の社会参加を考える場合に，私達は，バリアフリーを進めて社会に車いすマークを増やしていこうという取り組みをやってきた．しかしそれは逆にいえば，車いすマークのついていない施設は使えないということであり，ちょうど砂漠の中にオアシスを点在させようというような考え方に見える．そしてそれは，砂漠全体の緑化を考えることとは異なる考え方だといえるだろう．

　車いす対応トイレについては，近年は多機能化が進み，子ども連れやオストメ

イト[2)]にも必要なものとなっている．しかし，どこでも，どんな人が来ても使えるというトイレを実現することは，それほど容易なことではない．そもそもどのようなニーズがあるのかを知るところから始めなければならないのだが，そのニーズはユーザーの中にあり，しかもこれまで表に出てきていないものである．したがってユニバーサル・デザインの実現のためには，ユーザーが設計プロセスの初期から関わる必要がある．そして専門家には，さまざまなユーザーの声の中から隠されたニーズを引き出し，それを現実のものづくりに反映させるという発想が求められる．また，完成したらそれで終わりではなく，そこで取り入れたやり方が果たして正しかったのか，見落としていたニーズがなかったかどうかなどを検証するための事後評価の取り組みが重要である．そして，事後評価で得られた知見はそのプロジェクトの改良のみならず，次に行う他のプロジェクトにも活用されるべきである．このような段階的かつ継続的な発展を「スパイラルアップ」とよぶが，担当者の個人的な熱意だけではこれは可能とはならない．すなわち，ユニバーサル・デザインとは，常に多様な利用者のニーズを尊重した改善を継続するという方向性を示すものであり，社会全体のシステムとして取り組むべきものなのである．

〔川内 美彦〕

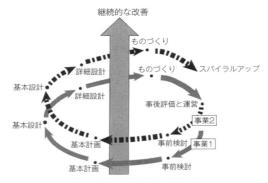

図1 ｜ スパイラルアップの図
（川内美彦：「ユニバーサル・デザインの仕組みをつくる」，学芸出版，2007）

---

1) 一般的にはユニバーサルデザインと書くが，筆者はそれが固有名詞的に扱われることで，特定の仕様や様式だと誤解されることを防ぐために，ユニバーサル・デザインと表記している．そこにあるべきはより多くの人を対象とした「ユニバーサルなデザイン」なのである．
2) オストメイトとは腸や膀胱の機能が損なわれたために，腹部などに人工的に穴をあけて，そこから排泄を行う人．排せつ物を受けるためにパウチとよばれる袋を腹部に装着している．人工肛門保有者，人工膀胱保有者．

ハンディキャップ者配慮のインテリア計画

「ハンディキャップ」とは，生活環境の不備や人々の理解と援助などが十分でないために，障碍者がこうむる不便，不自由などの不利益を意味する．

建築やインテリアの分野おいては，高齢者，妊婦，幼児，乳母車を押す人，荷物を抱えた人など，通常の行為・動作をこなせない人をも含む．

仮にこれらの人々の備える諸機能の程度が同じであっても，社会の条件の違いによって，ハンディの程度は異なる．建築やインテリアにおいて，これらの対象者に対するハンディを除去することが不可欠となる．

一般化しつつある類語として，ユニバーサルデザインがある．この考え方は，アメリカのロン・メイスの提唱によるもので，多くの人が使用可能となる「もの・環境」づくりを意味し，ユニバーサルデザインの7原則に特徴がある．

日本住宅設備システム協会（現在解体）が主催するユニバーサルデザイン専門委員会（委員長：野村歓）によるユニバーサルデザイン6原則がある．最も特徴的なのは，デザイン性を項目としていることであり，日本の風土に見合った内容としてまとめられ，わかりやすい項目立てとなっている．

このように，生活者を想定した社会環境やもの・空間づくりには，多くの解釈の仕方がある．上に述べた以外に，対象をやや一般の人々寄りにした感性工学，生活工学，人間中心設計，対象を生活弱者に重きを置いたバリアフリー，ノーマライゼーション，アクセシブルデザイン，共用品など数多くがある．

建築やインテリアに関わるハンディキャップ者配慮の法律に「建築基準法」「住宅の品質確保の促進等に関する法律」（品確法）と「バリアフリー法」がある．

「品確法」では，住宅の性能をあらかじめ比較しやすいように住宅の性能を9項目の評価項目に分けて表示し，評価項目のうち，「高齢者等への配慮」では，安全な移動と車いす使用者への対策として，建築基準法相当を等級1とし，等級5を「特に配慮した措置」としている．

インテリアにおけるハンディキャップ者への配慮には，まずは安全性を確保すること，そして，滑らず，転倒せず，ぶつけず，動きやすく，力を必要とせず，見やすく，聞きやすく，わかりやすく，そして扱いやすいインテリアエレメントの適材適所を実践することである．これらをまとめると，快適性の確保がハンディキャップ者配慮のインテリア計画そのものといえる．〔上野 義雪〕

表 1 | 日本住宅設備システム協会のユニバーサルデザイン 6 原則

世代を超えた使いやすさ，優しさ
日本住宅設備システム協会／ユニバーサルデザイン専門委員会／1999.3.14

中項目 (基本設計項目)		小項目（詳細説明・具体例など） （設計項目の具体的内容）
1. 誰にでも使いやすい寸法・形状	動作	利き手を限定しない寸法・形状 利き足を限定しない寸法・形状 片手でも使いやすい寸法・形状
	アダプタブル	適切な部材を付加することにより，誰にでも使いやすくできる寸法・形状
	空間	誰にでも使いやすい効率的な動線計画
		※ここでいう，『誰にでも…』の対象は，使用することが想定される者で通常の加齢に伴い起こり得る身体機能の変化を持つ者を対象としている。 たとえば子供・妊婦・怪我人・高齢者・虚弱高齢者など。 ※身障者など個人の身体機能に合致した特別な設計を要する場合には，全ての商品が，各々対応することは困難のため，商品体系（シリーズ）で対応するか，部品の付加・変更などにより対応する。
2. 誰にでも分る表示	基本性能	誤解のない表示（勘違いを与えない）
	視覚	大きさによる視認・識別しやすい表示 色使いによる視認・識別しやすい表示 機能の理解を高めるために絵文字を利用 （明所では視認により・暗所などでは手探りで触覚により）識別できる形状
	視機能以外	視機能以外の代替感覚として触覚により認識できる表示 視機能以外の代替感覚として聴覚により認識できる表示 暗所でも識別できる工夫
	マニュアル・説明書	マニュアル内容が分りやすい（説明文章・文字サイズなど）
3. 誰にでも楽な操作	操作方法	巧緻性を要さない単純動作の操作 トルクを要さない操作 利き手を限定しない操作 幅のある操作方法（操作性を限定しない）
	操作姿勢など	楽な姿勢でできる操作（手近な操作） 能率のよい操作
	認識	自覚しやすい操作
4. 誰にでも安全な設計	失敗のない操作	覚えやすい操作性 間違えにくい操作性 操作手順が誤りにくい設計
	万一の安全	誤操作時の安全性 誤操作でも壊れない設計 万一の場合への対応が敏速にとれる設計
	天災への備え	火災時・地震時に安全な設計
	安全・健康	異常が発生したら直ぐに分かる設計 危険な姿勢・無理な姿勢をとらせない設計 健康に配慮した設計（生理的・心理的に障害のない設計） 環境共生に配慮した設計（地球環境を損なわない設計）
5. 誰にでも容易な維持管理	部品交換	長寿命の部品設計 部品交換が容易な設計
	清掃など	清掃が容易な設計 維持管理上の注意表示の明示
	その他	故障個所が分りやすい設計 ニーズに合わせて適切な部材の交換・付加が容易な機器採用 交換部品・メンテナンス用具が入手しやすい設計 リサイクル性を考慮した設計（廃棄処分時など）
6. 誰にでも受け入れられるデザイン		美しいデザイン

製品・デザインとして持つべき基本性能は満たしていることを前提に，さらにユニバーサルデザインとして備えるべき性能を表中に示してある（基本性能は記載されていない）。

色彩計画（カラーコーディネート）

色の表示方法

　表面色を大きく分類すると，無彩色と有彩色に分けることができる．無彩色とは「白・黒」のように「明るさ（明度）」のみをもつ色をいう．一方，有彩色は明暗の性質に加え，赤・黄といった「色あい（色相）」に関する性質や，「色あいの強さ（彩度）」に関する性質ももつ．この色相・明度・彩度を色の三属性という．

マンセル表色系　1905年にアメリカの画家マンセルが，色を三属性に基づいて，感覚的に等歩度になるように配置し尺度化したカラーシステムである．日本では「三属性による色の表示方法」としてJIS Z 8721に採用されている．

①色相（Hue：H）　色相の基本は，等間隔に見える赤（R）・黄（Y）・緑（G）・青（B）・紫（P）の5色であり，さらにその中間に，黄赤（YR）・黄緑（GY）・青緑（BG）・青紫（PB）・赤紫（RP）の5色を配し，合計10色の基本色相が定められる．基本10色相は，それぞれが10分割され，例えば，Rは1R，2R…10Rとなる．最初に選ばれた基本10色相は各色相の代表色であり，5の番号がつく（図1）．

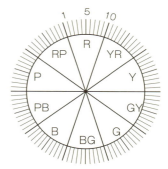

図1｜マンセル表色系の色相環

②明度（Value：V）　反射率0％の理想的な黒を0，反射率100％の理想的な白を10とし，その中間を等歩度に分割して10進法の尺度で表す．

③彩度（Chroma：C）　無彩色の彩度を0とし，色みの特徴が強くなるに従い数値が大きくなる．等歩度に段階をとった結果，色相により最も高い彩度値が異なる．

④表記法　有彩色の場合，H V/Cで表す．例えば，「5G 3/5」と表し，「5ジー3の5」と読む．無彩色の場合は，無彩色（Neutral）を示すNを明度値の前につける．

PCCS（Practical Color Co-ordinate System：日本色研配色体系）　日本色彩研究所が1964年に発表した表色系．色相（Hue）とトーン（Tone）の2つの

系列で整理し，系統的に構成したHue Tone Systemが特徴である．

①色相（Hue）　我々の色覚を成立させる主要因である赤・黄・緑・青の4色相を基本とする．この4色相の心理補色と色料の3原色（シアン・マゼンタ・イエロー）を加え，さらに使用頻度の高い赤から黄にかけて細かく内挿し，それらの各色相の間隔がなるべく等しく見えるように構成した24色相からなる（図2）．

②トーン（Tone）　トーンとは明度と彩度を組み合わせた色の調子をいう．高明度・低彩度の色はどの色相であっても「薄い」印象を与え，低明度・高彩度の色は「濃い」印象を与える．このように，系統的に分類したものがトーンである．

等色相面におけるトーン位置を示すと図3のようになる．表1にはトーン名称とトーン記号を示した．

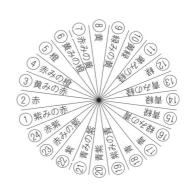

図2 ｜ PCCS色相環

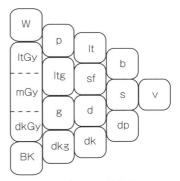

図3 ｜ トーン位置図

色彩調和

色彩調和の原理　色彩調和の研究の始まりは古代ギリシャであるといわれており，これまでさまざまな説が唱えられている．アメリカの色彩学者ジャッド（D. B. Judd, 1900-1972）は，これら色彩調和に関する文献をまとめて4つの原理にまとめている．

①秩序性の原理　一定の秩序に基づいて作られたカラーシステムから規則的に選んだ配色は調和する．

②親近性（馴染み）の原理　自然の中でよく見かける配色や，社会の中で多用されている馴染みのある配色は調和して感じられる．

表1 ｜ トーン名称と略記号

トーン（和名）	トーン（英名）	記号
さえた・鮮やかな	vivid	v
明るい	bright	b
強い	strong	s
濃い・深い	deep	dp
浅い	light	lt
柔らかい・穏やかな	soft	sf
鈍い・くすんだ	dull	d
暗い	dark	dk
薄い	pale	p
明るい灰みの	light grayish	ltg
灰みの	grayish	g
暗い灰みの	dark grayish	dkg

③共通性（類似性）の原理　配色を構成する色の中に，ある種の共通性（類似性）がある配色は調和する．
④明瞭性の原理　明快な関係である配色は調和する．ただし，明瞭であればすべて調和するわけではない．

配色形式　シェブルールは色彩調和の形式を，全色域を対象にまとめた．PCCSではこの調和の形式分類を援用し，配色形式を示している．現在では3種類6通りの調和形式がよく用いられている（表2）．

色相による配色形式　色相による配色形式は色相環の角度や色相差で表すことが多い．PCCSの色相は24のステップで構成されている．色相差とは，PCCS色相環上のステップ数を表したものである．おおまかに4種類に分類したものと，細かく6種類に分類した2通りの配色形式がある（表3）．

トーンによる配色形式　トーンの位置関係によって分類され，同一トーン配色，類似トーン配色，対照トーン配色の3通りの配色形式がある（表4）．

表2　色彩調和の形式

調和の形式	色相の調和形式	トーンの調和形式
同一の調和	同一色相の調和	同一トーンの調和
類似の調和	類似色相の調和	類似トーンの調和
対照の調和	対照色相の調和	対照トーンの調和

表3　色相差と配色形式

PCCS色相差	配色形式（小分類）	配色形式（大分類）
0	同一色相	同一色相配色
1	隣接色相	類似色相配色
2〜3	類似色相	
4〜7	中差色相	中差色相配色
8〜10	対照色相	対照色相配色
11〜12	補色色相	

表4　トーンの配色形式

トーンの配色形式	トーンの位置関係
同一トーン配色	同じトーンに入る色を組み合わせた配色
類似トーン配色	隣接した2つのトーンに含まれる色を組み合わせた配色
対照トーン配色	トーン位置図の中で対極的な位置関係にある色を組み合わせた配色

　同一トーン配色とは同じトーンの中から選定した配色であり，鮮やかさ感が共通で明度がナチュラル・シークエンス・オブ・ヒュー（色相の自然連鎖）の法則に従っているため，共通性の中に適度な変化も生じる．配色イメージはトーンによって決定する．

　類似トーン配色とは隣同士の位置関係にあるトーンを使った配色であり，この配色も選定したトーンによってイメージが決定する．同一トーンよりもコントラストをつけたい場合に用いることもある．

　対照トーン配色とはトーン位置図の中で対照的な位置関係にある色の組合せである．ベースとなるトーンに対してアクセントを付けるときに用いる場合が多い．対照トーン配色には，明度の対照性（高明度トーンと低明度トーンの組合せ），彩度の対照性（高彩度トーンと低彩度トーンの組合せ），明度と彩度両方の対照

性に分類される．

カラーコーディネートのポイント
　調和のとれた印象にまとめるための配色技法が数多くある．ここではその一例を示す．
ドミナント　配色した色すべてに共通の要素をもたせることにより，統一的な印象が感じられるように調整する技法である．「明度ドミナント」「彩度ドミナント」「色相ドミナント」の他，トーンに共通性をもたせた「トーンドミナント」がある．「彩度ドミナント」の場合，高彩度同士ではなく，中彩度や低彩度を用いると，統一感が得られる．
グラデーション技法　最もポピュラーな表現技法であり，色彩やテクスチャー等の視覚的要素を徐々に変化させて，全体をまとめていく技法である．不調和な印象をもたれやすい2色の配色も，その間をグラデーションでつなげていくと，全体としてまとまった印象になる．
レピテーション　統一感のない印象を与える配色でも，繰り返し用いると統一感が生まれてくる．このような配色技法をレピテーションという．
セパレーション　隣り合わせた色どうしの関係が曖昧に感じる場合や，逆に色相対比が強すぎてまとまりが感じられない場合に，その色間に別の色を入れることで全体をまとめあげる技法である．加える色をセパレーションカラーといい，通常は無彩色が使われる．

〔大内　啓子〕

カラーユニバーサルデザイン

概論

　色の大きな役割の1つとして，対象となるモノを目立たせたり，状況をわかりやすくさせたり，読みやすくさせる働きがある．しかし，色を使うことによって，かえってわかりにくくなってしまうこともある．例えば，背景色と文字色に同じような明るさの色を用いると，正常な色覚を有している人にとっても読みにくくなる．また，色覚に障碍がある方や高齢者にとっては，色の違いを識別することが困難になる色の組み合わせもある．

　カラーユニバーサルデザイン（CUD：Color Universal Design）とは，色彩の機能的な効果を活用したデザインにおいて，色覚特性の個人差にかかわらず，高齢者や色覚異常者等が不利益を被らないように調整し，できるだけ多くの人にとって見やすいように配慮するデザインをいう．

　色覚の多様性に配慮した色を使用しても，それが置かれる場の照明条件等の配慮も必要になることを忘れてはいけない．

　カラーユニバーサルデザインを行うにあたり，まずは視覚特性の多様性を知ることが必要になる．以下には高齢者と色覚異常者の視覚特性について述べる．

高齢者の場合　加齢に伴い，水晶体が徐々に白濁し，さらには黄化が始まる（加齢性白内障）．水晶体の白濁等により，目に入る光が眼内で散乱し，光が眩しく感じたり，短波長の光が水晶体により吸収されることで，短波長光に対する感度低下が生じる．また，すべての波長に対する水晶体の透過率が減少することも相まって，低明度で低彩度領域における色の識別がつきにくくなる．そのため，明度コントラストの少ない，白と黄や黒と暗い青との組み合わせは見やすいとはいえない．明度コントラストを十分に確保することが必要である．

色覚異常者の場合　多くの人には違う色に見える色の組み合わせが，同じ色や似た色として見える人もいる．このような色覚特性を色覚異常とよんでいる（以前は，「色弱」や「色盲」とよばれていた色覚特性は，2007年に日本眼科学会が「色覚異常」という用語に統一しているので，ここでもこれを用いる）．

　日本人の場合，男性の約5%，女性の約0.2%が色覚異常者であるといわれている．また，人種によっても違いがあり，黒人男性では4%程度，白人男性では8%程度が色覚異常であるといわれている．そのため，公共施設や乗り物，サイ

ン表示物などには特にわかりやすい色彩デザインを施すべきである．

色覚異常のタイプとそれぞれへの対策

　我々が色を知覚するためには，網膜にある錐体細胞の働きがまずは必要となる．それら錐体細胞と関係する機構により，色を知覚することができる．錐体細胞にはL錐体（長波長に感度のよい細胞）とM錐体（中波長に感度のよい細胞）とS錐体（短波長に感度のよい細胞）の3種類がある．この3種類の錐体細胞をもつ色覚を3色型色覚という．しかし，この3種類の錐体細胞のうち，いずれかの細胞がない，あるいはその働きが弱い人もいる（表1）．

表1｜色覚特性の種類

色覚特性	タイプ	錐体細胞		
		L錐体	M錐体	S錐体
正常色覚		正常	正常	正常
1型色覚 （P型）	3色型	▲	正常	正常
	2色型	欠損	正常	正常
2型色覚 （D型）	3色型	正常	▲	正常
	2色型	正常	欠損	正常
3型色覚 （T型）	3色型	正常	正常	▲
	2色型	正常	正常	欠損
全色盲		いずれか1つの錐体細胞のみ		

▲働きが弱い

　その場合，ある特定の色相同士が，明度が等しい場合に区別ができない，あるいは区別しにくくなる．このような色覚特性のことを色覚異常という．色覚異常には先天性の遺伝による錐体細胞の欠損等によるものと，怪我や病気等による後天性のものがある．

　色覚異常の中で現れる割合が高いのは1型色覚（P型：Protan）の1型3色型，1型2色型では1型3色型，2型色覚（D型：Deutan）の2型3色覚，2型2色覚では2型3色覚である．

　1型3色覚は緑と赤の色光を混色して黄を作るときに，通常の比率よりも赤の分量を多く使う．赤に対する反応が弱いと考えられる．

　2型3色覚は緑と赤の色光を混色して黄を作るときに，通常の比率より緑の分量を多く使う．緑に対する反応が弱いと考えられる．

　1型色覚（P型）と2型色覚（D型）について，混同してしまう色同士をxy色度図上に示した．色度図上に斜めに引かれている線を混同色線といい，この線上にある色同士は，明るさが同じ場合に区別ができないことを示している．なお，図1左側のP型の混同色線が長波長側で消えているのは，赤が暗く見えて赤同士の区別がつきにくいからである．そのため，黒と赤との区別もつきにくくなる．

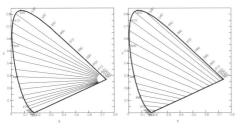

図1｜混同色線（左図：P型，右図：D型）

〔大内 啓子〕

照明計画

　照明は建築やインテリアの一部であるが，電気設備の一部でもある．したがって配線工事を伴うことから，建築設計の早い段階で照明計画を立てる必要がある．照明計画は，まず空間の種類と施主の要望に応じて，どのような照明にするかをイメージする．このイメージを具現化させるため，照明方式および光源・照明器具の選定，配灯，点滅回路分け，設定照度などを検討する．

明るさ分布別と器具の配光別の照明方式

　照明方式には全般照明から局部照明までの明るさの分布別がある．全般照明は一般的な事務室に見られるように，同じ器具を等間隔に配灯するなどして，作業面（床上0.8m）や床面をより均一に明るくしたい場合に適している．局部照明は絵画や食卓など，ある部分を周辺から明るく引き立たせたいときに選ばれる．その他に，あるエリアを周辺より高照度にしたいときの局部的全般照明がある．

　照明方式には照明器具の配光別分類もある．これは照明器具の中心から上方と下方に出る光束（光の量）の割合によって決められ，5つの照明がある（図1）．

　直接型照明は作業面や床面方向に多くの光が直接出るため，明るさを必要とする生産活動の場に適した照明である．一般に天井埋め込みの蛍光灯器具やダウンライト器具による照明が多く，器具はまぶしい（グレア）光をカットしながら省エネルギー照明を実現させるためには，反射鏡やルーバーなどがすすめられる．しかし，直接型照明は天井面が暗く陰気な雰囲気になりやすい．それを避けるため，内装は明るい仕上げに

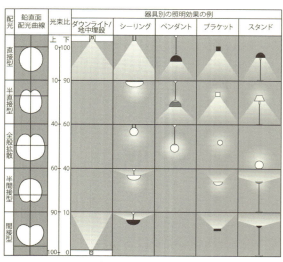

図1｜照明方式（配光別分類）

したり，天井面を照らす間接型照明との併用が望まれる．

間接型照明は一般に照明器具から放射される光の多くが天井面，および天井面に近い壁面を照らし，その反射光が空間を照明する．建築の躯体内に光源を隠して空間を明るくする手法に建築化照明がある．その中で天井面を明るくするコーブ照明（照明器具の項参照）は間接型照明といえるが，使用器具自体は全般拡散もしくは半直接型配光が多い．このような照明は照明効率が悪いため，作業面の明るさを得る目的には適さない．しかし通常視線で光源が直接見えなければグレアは少なく，目に優しい効果が期待できる．もし温かい光であればリラックスした雰囲気も得られる．

全般拡散型照明は照明器具から放射される光が天井，壁，床方向を照らす．透過性の素材を使用したグローブやボウル（深い鉢）型器具によって得られやすい．空間全般が明るい感じになるが，照明器具自体も輝いて見えるので，器具の輝度や配灯位置に注意し，長時間在室する空間では不快グレアが生じないよう配慮する．

光の制御に優れた LED 照明

建築空間は空間機能や施主の光の好みに適した照明演出が求められる．特に多機能空間はさまざまな場面（生活シーンなど）に対応した照明効果が，同じ空間で展開されなければならない．そのためいくつかの照明器具があらかじめ回路分けされ，点滅および調光・調色といった光の制御が必要になる．もしこれを従来光源で細かな制御を行おうとすれば大変である．しかし最近の LED 照明は受信機である無線機能が内蔵されている専用器具と無線制御器・タブレットなどのコントローラーがあれば，厄介な内装工事や配線工事をほとんど必要としないで，多くの照明器具の1台1台を制御可能とする．近い将来，このシステムが一般化されると思われるが，その場合，照明計画のプロセスで，施主の求める照明効果を実現させるための光の制御は，大変重要な仕事となるに違いない．

〔中島 龍興〕

□ 参考文献
[1] 中島龍興，福多佳子：「LED 照明の基本と仕組み」，秀和システム，2012．
[2] 照明学会編：「照明のハンドブック」，オーム社，2003．

群衆の行動

オリンピック,コンサート,花火大会,展示場,劇場などの人を集めるイベントを思い浮かべると,押し合いへし合いの混雑や長い行列などのシーンが目に浮かぶ.また,会場への途中で駅などでも,多くの混雑が起こり,時として入場規制や大行列などが見られる.これに加えて,最近では非常に高層の建物や深い地下なども増え,さらに移動が大変である.これらの施設では,短時間に大量の人が移動するため,快適性と安全性を確保するために施設および経路の規模計画と群衆誘導などの運用計画が必要となる.

群衆の混雑をとらえる

群衆の中の一人一人は別々のことを考え行動しているが,群衆をひとまとまりとしてとらえると,流れる複数のスポンジの玉のような現象としてとらえられる.1つの方向の流れを一方向流といい,流れが2つ交わると交差流,3つ以上の流れが他方向から交わると交錯流となる(図1).流れの数と交わりが多くなるにつれて,混雑が増加する.また,群衆の中の人の数が増えると混雑が生じる.人の混雑をとらえる指標として,群衆密度 ρ [人/m^2](床面積1 m^2 当たりの人数)と歩行速度 V [m/秒](一定距離の移動時間)がある.一般的に一方向流において群衆密度が上がる,すなわち人が増えると,全体の歩行速度が落ち滞留することが知られており,その関係式が示されている(図2).群衆の流れの低下および滞留は,建物出口や通路の狭くなっているところなど,ボトルネック状になっているところで起

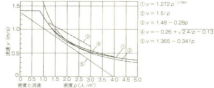

図1 群衆流動の種類と状況   図2 一方向流の群衆密度と歩行速度

こりやすい．このような部分を通過する際の流れの容量を流動係数 N［人/m/秒］といい，1 m の幅の開口部を1秒間当たり通過する人数で求められる．理論的な群衆の状態では，$N=\rho V$ の関係が成り立つ．開口部での流動係数の最大値はほぼ一定であり，この式を用いると簡単に開口部の通過時間を求めることができる．このため，火災時の建物からの避難計算では，基本式 T（扉の通過時間）$=Q$（通過人数）$/N$（流動係数）$/B$（扉幅）で避難時間を算定する．なお，この際の流動係数 $N=1.5$［人/m/秒］を用いることとしている．

群衆をコントロールする

「人は個人であるときと群衆の中にあるときとでは，全く別人として振る舞う」といわれ，過密な群衆では事故や暴動が起こる場合もあるため，適切な誘導や制御を行う必要がある．過去には，群衆のコントロールを誤りさまざまな群衆事故が発生している（図3，4）．この原因の主なものは，多人数の殺到，逆方向の流れの衝突による押し合い，長時間の密集状態などによる倒れ込み，群衆による圧迫である．このような群衆事故を防ぐための群衆流動の処理方法として，動線を分離・必要な通路幅を確保するなど流動を円滑にする，集中を避けるための滞留・待避スペースを確保する，待ち時間等の状況を伝える，並び方・進み方のルールを明確に伝えるなどの方法がある．

群衆は一度混乱状態に陥ると，不安や不快が増大し危険な状態になることでコントロールが困難になるため，事前の施設計画および誘導等の運用計画が求められる．

〔佐野 友紀〕

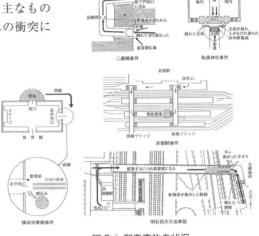

図3 ┃ 群衆事故の状況

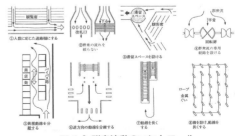

図4 ┃ 群衆流動のコントロール

日常安全

インテリアの安全性の3領域と日常災害
　インテリアが具備すべき安全性には，大きく分けて次の3つの領域がある．
構造安全性　建物本体およびその中に構成されるインテリアに作用するさまざまな力によって損傷を受けることのないようにしておくという意味の安全性である．このうち，インテリアで担うべき問題としては，日常時には，人の出す力によるインテリア構成部材の損傷の問題などがあり，地震時には，家具などの転倒やすべり移動の問題，家具収納物の落下の問題，天井や照明器具の脱落の問題などがある．
防火安全性　建物で火災を起こさない，また万一起きてしまったときに被害を最小限に留めるという意味の安全性である．インテリアで担うべき問題には，まず，内装制限の問題があり，また，間仕切の改変を伴う場合などは，防火上の区画の問題，避難安全の問題なども生じてくる．
日常安全性　建物の中で，上述した地震時や火災時などの非常時に問題となる安全性以外に，日常時に問題となる安全性がある．この安全性を日常安全性といい，ここには各種の事故の問題と防犯の問題とが含まれる．なお，このうちの前者，すなわち，建物に関係して生じる各種の事故を総称して「建築日常災害」または単に「日常災害」という．この問題は，建物本体とも無関係ではないが，大半はインテリアの問題である．
　「インテリアの日常安全」を考える場合，防犯の問題も無視はできないが，主役はやはりこの日常災害である．そこで以下，この日常災害について詳述する．

日常災害の種類と分類
　日常災害に含まれる具体的な事故の種類，およびそれぞれの事故の類似性に着目して，種類全体を3グループに分類し図1に示す．
　同図の「落下型」の事故とは，建物内外にある高低のレベル差を人が落下する事故，あるいは逆に物体が落下してきて人に当たる事故のグループである．この中で，人が高所から空中落下する「墜落」と，階段から転がり落ちる「転落」とは，事故の様相も防止対策も異なるので，種類を明確に区分して考える必要がある．また，「転倒」がこのグループに入っているのは，特にダメージを受けやすい頭部が床上に「落下」して被害を生じる事故だからである．次の「接触型」の

事故とは、人が建物の部分に「接触」した場合に、その材料や形状に不備があると人体が損傷を受けるというグループである。ガラスは、通常は人体を傷つけるようなものではないが、人がぶつかるなどして割れると「鋭利物」となるので、このグループに入る。また、「危険物型」の事故とは、建築設備として建物内で使われる電気、ガス、水、あるいはそれらから作り出される火、熱湯などが、人体に対して危険物として作用するというグループである。水が危険物であるとは考えにくいが、浴槽などに溜められた水は、「溺水」を引き起こす危険物に十分なりうるのである。

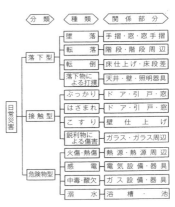

図1 | 日常災害の種類

なお、近年、これらのグループでくくりにくい新たなタイプの事故として、エレベーターやエスカレーターなどの動く建築部分での事故も問題となっている。

日常災害の被害の概要

日常災害による被害は、震災や火災などとは異なり、物的被害はほとんどなく、もっぱら人的被害である。この人的被害の概要を、前述した日常災害の種類と分類の観点（図2）、および被害者の年齢の観点（図3）から述べる。これらのグラフは、1976年から1979年にかけてのデータの合成だが、横軸の目盛りが被害程度により異なることに注意されたい。

図2を見ると、まず、「墜落」「転落」「転倒」などの「落下型」の事故は、死亡から軽傷まで、被害程度を通してまんべんなく被害をもたらしている。また、「ぶつかり等」のいわゆる「接触型」の事故は、被害のほとんどが軽傷であるのに対し、「やけど」「感電」「中毒」「溺水」を擁する「危険物型」の事故は、逆に死亡の比率が高い。なお、このうちの「溺水」については、別のデータによれば、高齢化の進展に伴って、近年、死亡率がますます増加してきている。次に図3を

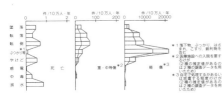

図2 | 日常災害の種類別、被害程度別発生頻度推定値

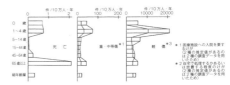

図3 | 被害者の年齢層別、被害程度別発生頻度推定値

見ると、まず、被害を圧倒的に多く被っているのは、乳幼児と高齢者である。ただし、被害程度との関係で両者には若干の違いがあり、軽度な事故では、乳幼児の発生頻度がきわめて高いのに対し、高齢者は特に高いわけではない。一方、死亡や重傷に結びつくような重度な事故では、高齢者の頻度が最も高く、乳幼児がそれに次ぐ。

両図から共通に読み取れるもう1つ重要な知見がある。それは、日常災害による被害が、「死亡」「重・中等傷」「軽傷」という被害程度によってほぼ1：100：10,000という割合となっており、きわめて裾広がりの様相を呈しているということである。

日常災害の原因と防止対策

日常災害の原因について調査した例を図4に示す。これを見ると、設計を含む建物側の原因はそれほど多くはなく、その中で生活する人間側の原因のほうが圧倒的に多いことがわかる。しかし、建築やインテリアの側で負うべき責任ももちろん厳然として存在する。以下、特に重度の被害をもたらす日常災害について、防止対策のポイントをまとめる。

墜落事故 吹き抜け空間などに設ける手すりに必要十分な墜落防止の機能をもたせるためには、①強度、②高さ、③隙間の幅の3つの条件を考慮する必要がある。このうち①については、公共的な空間では手すり上端部に加えられた横幅1m当たり300kgの力に耐え

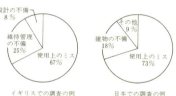

図4 住宅における事故の原因調査例

ること、とする基準などもあるが、通常は強度不足が問題となる例は少ない。②については、図5に示すように110cm以上が必要である。ただし、幼児のよじ登りの可能性が考えられる場所では、図6のような配慮も必要である。また、③については、やはり幼児のすり抜けが心配となる場所では、図7のようにしておく必要がある。

転落事故 階段からの転落事故の可能性を減らすには、①階段のタイプ、②勾配、③蹴上げ・踏み面寸法、④段表面の仕上げ、⑤手すりの設置などに配慮する必要がある。このうち①としては、直階段に比べ、回り階段のほうが昇降時に問題を起こすことが多いので、要注意。②については、公共的空間では30〜35°あたりが適当、住空間内でも45°以下としたい。③については、古来、$2R + T = 60〜65$ cm（R：蹴上げ寸法、T：踏み面寸法）の式を満たす階段は、比較的問題が少ないとされている。また、④は、もちろん滑りにくいものが好ましく、⑤については、図8に示す寸法が適当とされている。

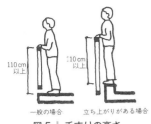
図5 手すりの高さ

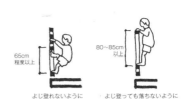
図6 幼児のよじ登りに対する配慮

転倒事故 この事故の発生をできるだけ抑えるには，①滑りにくい床とすること，②つまずきにくい床とすること，などが必要であり，また，いざ転倒したときの被害の程度をできるだけ小さく留めるためには，③硬すぎない床とすること，なども必要となる．このうち①について

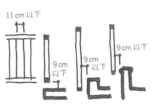
図7 手すりの隙間の幅

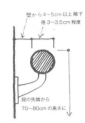
図8 階段手すりの取り付け寸法

は，特に水で濡れる可能性のある床で注意が必要．また②については，完全フラットが好ましいことはいうまでもないが，どうしても段差を設けなければならない場合は，その部分の仕上げや色を変える，あるいは照明を当てるなどして，通行する人の視認を促す配慮がほしい．③については，特に居住空間でコンクリート床の場合が問題である．薄い仕上げだけでは硬さを十分カバーできないことが多く，ある程度クッション性のある下地を設けて，その上を仕上げるタイプの床にすることが必要である．

溺水事故 この事故は浴室で生じることが多いが，そのかなりの部分は，入浴を引き金とした循環器系などの持病の発症によるものといわれている．しかし，インテリアの側でも事故防止に寄与すべきであり，そのための有効な対策としては，まず，転倒事故を起こさないよう，①浴室内の適切な位置に手すりを設置すること，②浴室および浴槽の床を滑りにくいものにすること，などがあり，また，入浴時の急激な温度差が体に負担をかけることのないよう，③脱衣室や浴室に適切な暖房設備を設けること，などがある．　　　　　　　　　　〔直井 英雄〕

サイン計画

　サインとは、記号、符号、表れ、兆候、痕跡、身ぶり、合図、信号など、情報を伝える有形無形のしるしのことである。最も代表的な例に、文字や図形、色彩などがあり、音やにおいも、時としてそれになる。ただし、しるしとして成立するには、情報の受け手がいて、かつ、それとわかることが条件である。すなわち、サインは主観的な知覚の対象物であることに特徴がある。

　計画分野では、人々が集まる施設に設置する視覚表示物をサインとよぶ。その表示の仕方を工夫することがサイン計画で、多くの場合、案内を目的に創意工夫する。施設が大規模になると、移動目的の場所や物の方向を示す指示サイン、それはこれと表す同定サイン、位置関係などを伝える図解サインの3種を用いて、サインをシステムとして組み立てる必要が生じる。

サイン計画の手順

　サインの計画要素には、情報内容、表現様式、空間上の位置の3つがある。情報内容とは伝えようとするメッセージのこと、表現様式とは平面や立体上に表すかたちのこと、空間上の位置とは情報を掲出する場所のことである。

　情報内容、表現様式、空間上の位置を検討するプロセスを、その順に、コードプランニング、ディテールデザイン、配置計画とよぶ。それぞれの検討内容と計画の手順を図1に示す。

　サイン計画に先立ち、計画対象となる施設を調査し、動線や利用者の情報ニーズ、空間自体がもつ設置条件などを分析するステップが必要である。通常のサイン計画では、コードプランニング、配置計画、ディテールデザインの順に検討を進める。各ステップを繰り返しスパイラルアップ状に練り上げて、完成にいたる。

コードプランニングと配置計画

　コードプランニングの対象には、言語、グラフィカルシンボル（図記号）、色彩などがある。言語を選択するとき、誰にとってもわかりやす

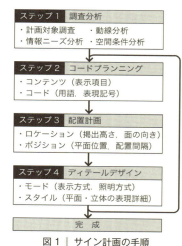

図1 ｜ サイン計画の手順

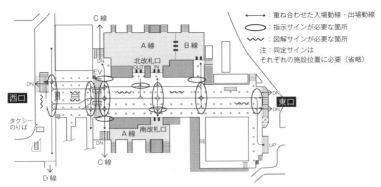

図2 ｜ 配置計画のための動線分析図（例．鉄道ターミナル駅）

いように，日常語，短い言葉，意味が通じる用語を優先的に考え，ユニバーサルなコードである英語やナンバリングを活用する配慮が必要である．

このようなコードプランニングは，配置計画と同時進行的に進める．例えば鉄道ターミナル駅の場合，図2に示すように，各出入り口と改札口の間に，入場動線と出場動線が発生する．それらが曲折したり昇降したりする箇所が情報ニーズの発生する位置で，そこにどのように表示するかがコードプランニングの課題，どのように掲出するかが配置計画の課題になる．

ディテールデザイン

ディテールデザインには，平面的なかたちをつくるグラフィックデザインと，立体的なかたちをつくるプロダクトデザインが含まれる．

グラフィックデザインの最も重要な課題は，伝えたいメッセージを受け手に届けることである．そのため，見やすさとわかりやすさの認知科学を踏まえて検討を進める．また描かれたものが魅力的でないと人々に評価されないので，そうした印象を生み出す表現上のトレーニングも欠かせない．

プロダクトデザインの基本要素は，固定式／可変式などの表示方式や内照式／外照式などの照明方式のモード（方法のかたち）である．また空間条件に従って，吊り下げ型／突き出し型／壁付け型／自立型など，いずれかの設置形式を選択することになるが，これもプロダクトデザインの要素である． 〔赤瀬 達三〕

📖 参考文献
[1] 赤瀬達三：「サインシステム計画学——公共空間と記号の体系」，鹿島出版会，2013．

動線計画・視線計画

動線計画

　動線とは人，物，エネルギーなどの軌跡を表すもので，動線計画では労働科学的に短い方がよいとされる．客，店員，モノなどの異種の動線はできるだけ交錯しないように分離し，火災時の避難のための動線確保が基本原則である．またインテリア計画では，動線計画が単独で機能するわけではなく，人がどのように見るかという視線計画とセットで考えられるべきものである．まずアプローチ空間からの施設の見え方，エントランス付近のしつらえ，そして施設内のそれぞれで，来場者に対して期待感や高揚感を抱かせつつ，動線がわかりやすいことが求められる．

視線計画

　店舗の場合，構えや店頭は視覚的な要素が重要で，客が寄りつきやすく何を売るのかがひと目でわかるようにデザインする．客動線の計画では，いかに客を店に引き付け，店内に誘導し，購買意欲を起こさせ，商品を選択させ，購買させるかであるが，その考え方の1つにアイドマの法則がある．

　具体的には，店内へ自然に導き入れることが大切で，ショーウインドウは来店者への動機づけをする演出空間となる．店内に入り商品・展示品に注目させるためには，場所，位置（高さ），商品の陳列方法やそれを際立たせる照明効果などを考えたい．特に，商品に対する目線はゴールデンスペース（ゾーン）といわれる床から75～135cmの高さにいくので，ここに主力商品を陳列することになる．

商品陳列

　以下に施設用途別に商品陳列の基本について述べる．

・書店では，分野ごとにゾーニングを図り，入り口は軽読書ゾーンで，動線は一筆書きで回れるようにする．
・ショッピングセンターでは，動線がわかりやすいこと，核店舗を奥に設け，入り口から核店舗への動線に沿って専門店を配置する．
・ファッション店ではショッピングを楽しませ，来客者の視線をいかに商品に引き付け，販売を促進するかが課題となる．購買意欲を掻き立てるため展示は，側面販売，オープン陳列，ハンガー陳列などがあり，立体的なレイアウトを心掛ける．この結果，客動線は行ったり来たりするのが特徴的である．

- スーパーでは，回転率の高い生鮮食品，セールス品などの商品は主動線沿いに配置する．
- 美術館では，作品を適切な距離で鑑賞できること，順路は原則一筆書きで，規模によって，小規模向けの単純でわかりやすい接室順路型，中規模向けの動線が固定されないホール接室型，大規模向けの廊下接室型となる．鑑賞に疲れたら休憩ができるスペースを展示室回りに適切に外部に視線が抜けるように設けるが，美術館の鑑賞限界距離は 400 m といわれている．展示品と観客との距離は作品の大きさによって異なり，スケールの小さなもので 1.8 m 以上，大きなものでは 6 m 以上離れて見ることを想定する．作品の大きさからいえば，作品の対角線長さの 1.5 倍が離れてみる視距離の目安である．展示物の基本的な見せ方として，水平に見る場合の他に，上から見下ろす「ふ角」や上に見上げる「仰角」の視線角度をもたせたり，一面ではなく多面的に見せる方法もある．なお，展示空間における採光は，自然採光と人工採光との組み合わせを考えたい．
- 百貨店などの売り場は，回遊性のある売り場構成を考える．方法として，客の流れを上層部から下層部へもってくるシャワー効果を利用したり，1 階にブランドショップを配置し，女性客を上層部へ誘導する噴水効果を用いることがある．上層部にある飲食・サービス系は長いアクセス動線距離でも集客が見込めるからである．

　一般的な照明計画では全体照明と局部照明を効果的に使い分ける．物販店では，ダウンライトやシーリングライトのベース照明と間接照明などで明るさを確保して，スポットライトやペンダントで必要とされる所に照射し，商品が引き立つようにする．

〔建部 謙治〕

📖 参考文献
[1] 松本直司編：「建築計画学」，理工図書，2013．
[2] 奥脇文彦：「店の空間デザイン」，鹿島出版会，1979，p.73．

ファシリティマネジメント

ファシリティマネジメント（Facility Management：FM）の概要

　1970年代後半から戦後経済は高度成長時代から低成長時代に入った．その当時，コンピュータ技術が進歩し，徐々にオフィスに浸透していくにつれ，オフィスの重要性が認識され，経営者の意識は工場の生産性からオフィスの生産性向上へと変わっていった．なぜならコンピュータ技術の進歩は目覚ましく，直接的に生産性の向上に貢献するとともに，短期間にワーカー（働く人）の働き方を変えたため，オフィスを変革していく必要性が生じたからである．また，他の企業（組織）との差別化には，モノを作る前の企画等の創造性が重要になってきたこともあげられる．

　このような経営側の要望に対し，それまでは「施設管理」という考え方があり，施設の維持管理・運営に関しての知見は蓄積されていた．しかし，従来の施設管理の考え方は現状維持を目的としていたため「部分最適」にはなっても，組織として総合的に最適か否かを判断しにくく，経営側には不満があった．

　これに対し，FMでは組織がもつ全ファシリティを有効に活用し，最小コスト（または適正コスト）で達成すること（バランスのよさ）を目指しており，総合的に最適化を図ることが目的となる．つまり，経営方針との連動を重要視し，戦略的な進め方を内包しているため，施設管理とは基本概念が異なっている．

　ところでFMはファシリティを対象としているが，ワーカー，企業，社会がそれぞれのレベルで満足することを目的としており，組織の利益のみを追求するものではない．ワーカーに対しては，満足しながら働くことができ，かつ創造性を発揮できる快適な環境作りをする．企業に対しては，施設面から経営目標の達成を支援し，資産の有効利用を図る．社会に対しては，環境保全を含め健全な社会資産形成に貢献することが基本的な目的として設定されている．

　このような目的を達成するために，提供する質（品質），コスト（財務），提供する量（供給）の点から具体的かつ定量的にバランスよく方向づけを行うことがFMの目標となる．

　なお，コストの重要な考え方の1つにライフサイクルコスト（生涯費用）がある．施設の使用開始（新築または賃貸の開始）から使用終了（建物の解体または返却）に至るまでに必要となる全費用のことをいう．施設の使用あるいは必要性

に関して，その時点で必要だからとの理由ではなく，長期的な視点から総合的に検討していく考え方である．

ちなみに，日本ファシリティマネジメント協会（JFMA）ではFMを，「企業・団体等が保有又は使用する全施設資産及びそれらの利用環境を経営戦略的視点から総合的かつ統括的に企画，管理，活用する経営活動」と定義している．

FMの歴史

1970年代に世界に先んじて，アメリカでオフィスオートメーション（OA）が導入され，急速にオフィスでの業務や空間が変貌し始めた．このため，多くの組織がファシリティの正確な把握，かつ有効活用を求めるようになっていった．

その求めに応じた形で，1979年にアメリカのオフィス家具メーカーであるハーマンミラー社がFM専門の研究所を設立した．これがFMの始まりとされ，翌年にはアメリカにInternational Facility Management Association（IFMA）が設立されている．日本では，1987年にJFMAが設立されている．このように，FMは非常に新しい分野であるが，長引く経済低迷期の中で，多くの組織がその必要性を感じ，取り入れるようになってきている．元々はオフィスを対象に始まった概念であるが，現在ではすべての施設が対象となっている．

FMとインテリア

FMの視点からのオフィス作りではワーカーの環境を快適にすることが基本となる．具体的には温湿度や明るさ等に配慮することである．ただし，単純に快適性を求めるだけでなく，プライバシーとコミュニケーションの両立を目指し，効率のみを求めるのでなく，人の心理的な面まで配慮することがポイントとなる．さらには，近年社会的に認知されてきたユニバーサルデザインに配慮し，オフィスの質を総合的に向上させることもFMの立場からのオフィス作りといえる．

このことを別な言葉でいえば，オフィスがどこにあろうとも，誰が使おうとも同じように快適な環境を提供することとなり，これは組織最適化の1つといえる．

FMにおいては，このような考えのもとにオフィス作りを行い，オフィスの生産性向上に寄与し，総合的に組織の最適化を図ることが重要な目標の1つとなる．

〔白石 光昭〕

スケルトン・インフィル

　スケルトン・インフィルとは，建物をスケルトン（主要骨格や構造躯体部分，Skeleton）とインフィル（内装や設備などインテリア部分，Infill）とに明確に分離して，スケルトンは長期的に利用できるように耐久性・耐用性を重視して計画し，一方，インフィルは居住者個人の多様な要求や時系列的変化にも対応できるように可変性・互換性を重視して計画された建物の方式をいう．以下，スケルトン・インフィルを SI と記すこともある．

　このようにすれば，将来，たとえ用途が変わっても，また居住者の生活が変化してもインフィルをその要求に合わせて更新することで，建物全体を建て替えることなく，長期間にわたり活用可能となる．いわば，SI は今日，注目されるサスティナブルな建築システムの 1 つといえよう．

　実は，インフィルの考え方は，オランダの N・J・ハブラーケンらによって 1961 年に提唱されたオープンビルディング（OB）の思想から生み出された概念である．これは画一的な住宅供給の在り方の批判から，建物を「サポート」と「インフィル」の 2 つの領域に分けて，インフィルは居住者や使用者の多様な住要求や内部機能の要求に対応するように「多様性」をもつべきである，とした考え方である．また，オープンビルディングの基本は「個別の要求によって生み出される多様な内装部材や部品」は工業化・標準化されたものであることが前提となっていることも含まれている．

　しかし，もともと「石やれんがの建築」である西欧の建物は，時代の要請や社会の需要に合わせてその都度，その時代の要求に応じて，石やれんがの建物の躯体はそのまま生かして長持ちさせ，内部のインテリアを造り変えてきたという長い伝統があったことにも起因していよう．この伝統を現代の新しい建物にも適用しようとしたところにそのねらいがあり，建築の長寿命化や多様な生活要求への対応に貢献しようとする考え方でもあった．

　さて，わが国でもスケルトン・インフィルは，集合住宅の分野で早くからこの考え方が提唱されてきた．例えば，京都大学工学部建築学科の巽和夫の研究室が打ち出した「2 段階供給方式」や日本住宅公団の「スケルトン賃貸」などがその先駆けであった．現在，世界的に見ても住宅建築におけるスケルトン・インフィルの方式は，ほとんどの国で採用されており，主流となっている．ところが，わ

が国では未だに，インフィルの現状を見ても真の設計の自由度の向上，あるいは長期間における可変性の確保などの点で，十分に開発，普及されていないのが現状といってよい．

　一方，オフィスビルディング分野にあっても米国・西欧ではスケルトン・インフィルは「シェル＆コア（Shell & Core）」とよばれ，ビルに入居したテナント自らがインフィル，つまり内装・設備を施し，使用することが当たり前の処理となっている．

　しかし，わが国のオフィスでは，どのオフィスビルも均一に，標準・画一的な内装が行われており，そこに入居したテナントは，サプライヤーとよばれる家具メーカー等の協力を得て，自社で用意した家具や什器あるいは必要な間仕切りだけの設置によって，使用していることが一般的な状態となっている．これではいつまでたっても個性的で入居企業独自のオフィス空間の創造などは望むべくもない状況にある．むろん一部の外資系企業のテナントが独自のインフィルを用意し入居・使用することもある．

　この場合には，テナント側は，標準的な内装を一旦撤去した上でスケルトン状態にし，その上で独自のインフィルを施して入居することになる．その上，オフィスビルから退去する際には自ら準備した独自のインフィルを取り壊し，再び，もとの標準仕様に造り直してから退去するという，きわめて煩雑で，無駄の多い手続きが必要であった．これを見直そうと，オフィスビルでもスケルトン状態でテナントに提供し，内装は入居者が独自に注文して建設できるSI方式が長いこと検討されてきた．だが未だ，オフィスにおいてもわが国では，このSI方式はほとんど実現されておらず，空間の多様性，建物の可変性・長寿化への目的は果たされないままになっている．

　ところが多くの店舗を含む商業施設では，個々の店舗の衰退，入れ替わりが激しいため，その都度，個々の店舗のリフォームを繰り返し，また数年ごとに施設全体で大規模なリニューアルを行うことで商業施設全体の活性化，可変性を図ってきたという経緯がある．結果として商業施設ではスケルトンを残したままインフィルを造り変えていくSI方式が実施されてきたのである．

　住宅にせよオフィスにせよ，スケルトン・インフィル方式の定着がインテリア領域の仕事を増加させ，建築から分離し，インテリア設計計画，あるいは施工などのインテリア業務の活性化や自立化をうながし，インテリアプランナーやインテリアデザイナーなどのインテリアの職能をより一層，開拓・確立・普及させることのカギとなるのは疑いのないことである．
〔加藤　力〕

住空間の構成

　住空間の構成は，建築計画の見方としては，部屋の構成すなわち「間取り」としてとらえることができるが，インテリア計画の見方としては，もう少し細かく「生活行為と単位空間との対応関係」としてとらえるべきであろう．ここでいう生活行為とは，調理・食事・だんらん・接客・就寝・洗濯・入浴・排泄など，日常生活を営む上で必要となる1つ1つの行為のことである．また，単位空間とは，それぞれの生活行為が営まれる空間の単位である．

　単位空間は，床・壁・天井で区画された部屋がこれに相当することもあるが，隣接する単位空間との境界は，必ずしも壁によってのみ区画されるわけではない．例えば，1つの部屋の中においても，室空間の一部分の平面形状や床・天井の高さを変える，低い収納家具やロールスクリーンで視線をゆるく仕切る，椅子やテーブルなどの居場所を提供する家具を距離をおいて別々に配置する，照明の色温度や照度を部分的に変える，床・壁・天井の素材や色彩を変えることなどによって，隣接する単位空間との境界をつくりだすことができる．これらの計画手法の多くは，床・壁・天井の躯体が出来上がった後のインテリア計画において検討されるべきであり，またこの部分がインテリア独自の問題として重要な意味をもつ．しかし，ここでは「間取り」という視点から，住居平面の歴史的変遷について述べる．

一室型から多室型へ

　日本の住空間の構成は歴史的にみると，一室型から多室型へと展開してきたといえよう．縄文時代から平安時代の頃までの長期間にわたって，庶民の住居の基本であった竪穴式住居は，一室型の典型である（図1）．竪穴式住居では，住居内にかまどの跡があり，火を使う場所は定まっていたが，食事・だんらん・就寝などの行為は未分化のまま1つの空間の中で行われていたと考えられている．これは，調理と排泄・入浴・洗面の場所は定まっているが，それ以外の生活行為は1つの空間の中で展開する現代のワンルームマンションとよく似た空間構成である．

　竪穴式住居も，時代が下るに従って規模の大型化や正方形から長方形への平面形状の変化がみられ，床の高低差や簡単な仕切りが用いられるなど，多室型へと変化する前駆的な特徴を備えてくる．こうして一室型の住居はやがて土間と寝間

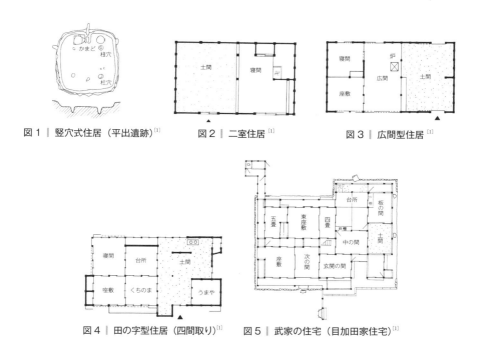

図1 | 竪穴式住居（平出遺跡）[1]
図2 | 二室住居 [1]
図3 | 広間型住居 [1]
図4 | 田の字型住居（四間取り）[1]
図5 | 武家の住宅（目加田家住宅）[1]

に分化した二室住居へと発展する（図2）．土間は履き物をはいて作業をする空間であり，寝間は床の上で素足で休息的行為が行われる空間であった．この二室住居は，さらに広間型や田の字型の間取りへと発展していく（図3, 4）．こうした一室型から多室型への変化の要因には，生活行為の多様化，生活行為を一定の場所に特定することによる機能性の向上，個人生活におけるプライバシーの重視などが関係していると考えられる．

接客優先から家族優先へ

　現代の日本の住居の原型の1つである江戸期の武家住宅は，家長による接客が重視され，格式と儀式性を重んじる空間構成であった（図5）．そのため，来客のための立派な玄関や門，書院や座敷飾りで装飾された座敷が重視され，南側の採光・通風が良好な場所には，家族の場ではなく接客の場が配置されていた．

　明治中期から大正期にかけては住宅改良の動きが盛んであった．これらを契機として，都市部の中流サラリーマン向けに家族本位の間取りとして提案されたのが中廊下型住宅や居間中心型住宅であり，これらは文化住宅と称された（図6, 7）．中廊下型住宅では，東西方向に中廊下を設け，南側に茶の間や居間などの家

図6 | 中廊下型住宅[2]

図7 | 居間中心型住宅[2]

族生活の場，北側に台所・洗面などの水まわり空間が配置された．中廊下型住宅も居間中心型住宅も家族本位の間取りではあるが，玄関脇に書斎・応接の部屋を設けている点などは，家長による接客を重視した武家住宅の考え方が依然として残っているとみることもできる．現代の住居においても，居間に隣接して来客用の畳部屋が設けられることが多いことを鑑みると，日本人の住生活の中には，接客に対する文化が深く根づいていることがうかがわれる．

食寝分離・就寝分離へ

　第二次世界大戦後，住宅の大量供給の必要性と都市部への人口集中への対応として，1955年に日本住宅公団（現在の都市再生機構）が設立された．これにより，西山夘三の提唱した食寝分離の考え方を発展させることで吉武泰水研究室（吉武泰水，鈴木成文ほか）が提案した51C型公営住宅プランが，広く世の中に普及することになった（図8）．このプランは，それまでは茶の間で行っていた食事と就寝を分離し（食寝分離），食事と台所作業をダイニングキッチン（DK）として1つの空間にまとめ，寝室を2つ別々に設ける（就寝分離）というものであった．なお，DKに居間（リビング）の機能を含めた部屋はLDKとよばれ，寝室などの個室数をnとして，間取りをnLDKと表現することは現在も慣例となっている（「住空間の配置」の項目を参照）．

中間領域の役割

　以上に述べてきたことは，主に居室とその配置の原理についてである．しか

図8 | 51C型公営住宅プラン（51CN型）[3]

し，住空間を構成する要素として忘れてはならないのは，縁側やベランダ，玄関などの外部空間と内部空間を繋ぐ中間領域であろう．例えば，明るく温かい縁側は，農村住居においては，作業の場，子守の場，近所の人との交流の場として，今日でも豊かな生活行為の場として機能している．インテリアの計画は，室内のみで完結することなく，常に外部空間との視覚的繋がりや，他者との人的交流などを包括してなされてこそ魅力的なものになるのである． 〔渡邉 秀俊〕

参考文献
[1] 小原二郎，加藤力，安藤正雄編：「インテリアの計画と設計 第二版」，彰国社，1986，p.134.
[2] 水村容子，井上由起子，渡邉美樹編：「私たちの住まいと生活」，彰国社，2013，p.11.
[3] [2]に同じ，p.134.

住空間の配置

　住宅の各空間は，機能的，視覚的にうまく接続することで1つの住宅として完成していく．ここでは住空間の配置についていくつかの視点を解説する．

どの階にLDKを作るか
　2階建て以上の戸建て住宅の場合，まずリビングをどの階に作るかを考える．2階建ての場合は，玄関や庭とのつながりが得やすい1階にLDKと水まわり，2階に個室を配置する計画が多い．密集地で1階の日照が得られない場合は，2階リビングとすることもある．3階建ての場合は1階の環境条件が悪いことが多く，中間階である2階にリビングをとることが多い．

図1 ｜ 2階リビングによる日照の改善

水まわりをどの階にするか
　1970年代まで，戸建て住宅の浴室は防水の関係から1階に作られることが多かった．しかしユニットバスの普及と追い焚き，段差なし対応など機能の充実により，現在では浴室は2階以上でも自由に作ることができる．このため，1階リビングの場合でも，浴室，洗面所といった水まわりを個室のある2階に作るケースが出てきた．寝室や衣類の収納に近く，また物干しも2階で行われることが多

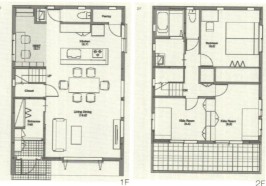

図2 ｜ 1階リビングで水まわりを2階としたプラン例

図3 ｜ ワンフロア住戸　二世帯住宅の2階を子世帯用の住戸とした例．

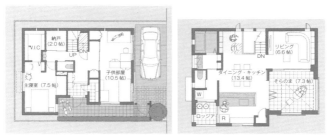

図4 水まわりを2階とした2階リビングのプラン例

いので洗濯物の移動が少ないメリットがある．洗濯機が自動化され，頻繁に行く必要がなくなったことの影響も大きい．逆に子育て期の生活では浴室に目が届きにくくなるという欠点もある．2階リビングの場合は採光条件が悪い1階に水まわりをとるのが基本となるが，洗濯機置き場や洗面台の2階設置は使い勝手を考え検討すべきである．

リビングとダイニングが一体の例

2F リビングをダイニングと別のコーナーとして配置した例

図5 LDK配置のバリエーション

ワンフロアの住戸

マンションや平屋，二世帯住宅の住戸は通常，階をまたがずワンフロアに収まる．この場合平面が大きくなるのでどの室を南面させるか間口によって優先順位を決める．通常リビングを優先して南面させ，他の個室の採光や通風を考慮して住空間の配置を決めていく．戸建て住宅であれば北側でも二面に窓が得られるコーナーに居室を設け，日照の得られない北側中央付近に水まわりや収納を配置する．

LDKの配置

リビングは南側の窓に面した明るい場所にとり，ダイニングとキッチンは配膳や片づけを考えて近づける．またキッチンから全体が見渡せるような配置の要望が高い．リビングをダイニングと一体となった空間（LD）とするか，独立したコーナーとするかで設計方針が分かれる．また，各個室へ行く際にLDを通るように，階段をLDに設けたり，個室の入口がLDに面する計画では，動線がテレビの前を横切らないように配置する等の配慮が要求される． 〔松本 吉彦〕

1 計画関連

⑦人間の感覚・心理系

色彩と心理 ……………………… 194
かたちと心理 …………………… 196
素材と心理 ……………………… 200
対人距離・パーソナルスペース …… 202
ソシオフーガル・ソシオペタル
（人の集合と心理）……………… 206
空間心理（環境心理）…………… 208
五感とインテリア ………………… 210

色彩と心理

色の視覚効果（色と感情，膨張色，後退色など）
　色は絶対的な感覚ではなく，相対的な感覚である．そのため，色はどのような条件のもとに置かれるかにより，その見え方は変化する．例えば，同じ大きさに描かれた色であっても，色によっては大きく見えたり，小さく見えたりする．また，自分から同じ距離にあるにもかかわらず，色によっては近くに感じたり，遠くに感じたりする．また，同じ色であっても異なる背景の上に置いた場合には，違う色のように見えることもある．これらのように，色の知覚的効果には，「膨張・収縮」や「進出・後退」等の「見かけの判断」に及ぼす影響もあれば，同じ色が違う色に見えたりする同化・対比現象等の視覚効果がある．

見かけの判断と色
①暖色と寒色　赤・橙・黄は炎や太陽を連想させ，暖かく感じるので暖色といい，青や青紫系は水や空を連想させ，冷たく感じるので寒色という．また，緑や紫は暖かさも冷たさも感じない中間の性質なので中性色という．
②色の軽重感　色は見かけの重さ感に影響を及ぼす．明るい色ほど軽く，暗い色ほど重く感じる．色の三属性のうち，重さ感に最も影響を及ぼすのは明度である．
③進出色と後退色　同じ距離から，さまざまな色を見てみると，近くに感じる色と，遠くに感じる色がある．一般的には暖色系が進出色で，寒色系が後退色である．また，低明度に比べて高明度の色の方が進出して見える．
④膨張色と収縮色　明るい色は実際よりも大きく膨らんで見え，暗い色は小さく引き締まって見える．一般的には明度が最も影響し，明るい色ほど膨張して見える．

対比効果・同化現象　ある色が他の色と強調し合い，2色の色の差が強調されるように知覚される現象を対比という．対比は継時対比と同時対比に大きく分類される．継時対比とは，ある色をしばらく見た後に別の色を見ると，その色が変化して見えるような対比効果をいう．また，同時対比とは，隣り合っている2色以上の色を同時に見たときに，その色同士が影響を及ぼし合い，色の見え方が変化する対比効果のことをいう．同時対比効果には，いくつかの種類がある．
①明度対比　隣り合う色によって，同じ色の明度が高く見えたり，低く見えたりする効果をいう．例えば，白と黒を背景にして，同じ明るさの灰色を置いたとき，

白背景上の灰色は実際の灰色よりも暗く見え，黒背景上の灰色は実際の灰色よりも明るく見える．図と背景色の明度差が大きいほど対比効果は強くなる．

②色相対比　隣り合う色によって，同じ色の色相が変化して見える効果をいう．例えば，図色が青緑，背景色が青の場合，図色は少し緑みを帯びるが，背景色を緑にすると青みを帯びて見える．

③彩度対比　隣り合う色によって，同じ色の彩度が高く見えたり，低く見えたりする効果をいう．背景色が図の色よりも彩度が低い場合，図色の彩度が実際よりも高く見え，背景色を図色と同系色相で高彩度色にすると，彩度が実際よりも低く見える．

④辺縁対比　色と色が接する境界線部分で色が変化して見える現象を辺縁対比という．例えば，無彩色で明度が異なる色を並べた場合，境界部分では明るい灰色側が少し明るく，暗い灰色側が少し暗く見える．

⑤同化現象　対比効果とは逆に，ある色が隣り合った色に近づいて見える現象を同化という．背景色に対して，図となる線などが細く，かつ本数が多いほど背景色の方に同化現象が見られる．

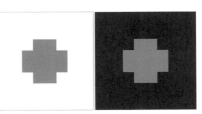

図1 ｜ 明度対比（口絵⑦ページ）

図2 ｜ 色相対比（口絵⑧ページ）

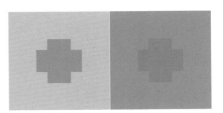

図3 ｜ 彩度対比（口絵⑦ページ）

図4 ｜ 辺縁対比（口絵⑧ページ）

色の感情効果　色は人の感情に影響を及ぼす働きがある．色彩感情には，大きく3つある．

①エピソード的色彩感情　個人的な体験に由来する色彩感情．

②文化的色彩感情　社会・文化によって影響を受ける．日本では多くの人が緑色に対して「自然」を連想するが，国によっては「平和」を連想する．

③普遍的色彩感情　赤から「血」や「熱い」という感情は，国や民族によらず誰もが受け取る感情である．

〔大内 啓子〕

かたちと心理

造形美の原理
変化と統一（ヴァリエーション・ユニティ） 変化と統一は，造形における美の出発点で，また，美を支配する原理でもある．統一とは，各部位や要素を整合させ，1つのまとまったデザインに調和させることであり，変化とは，無秩序や混乱ではなく，統一の中の変化をいい，デザインに斬新さをもたらす．統一がなければ不調和で乱雑な印象になり，変化がなければ単調で退屈な印象となる．多様の統一は，ギリシャのアリストテレス以来，美の形式原理の基本とされている．
調和（ハーモニー） 色，形，テクスチャー，空間などについて，部分と部分，部分と全体との間に統一と変化（共通性と差異性）があり，それらが溶け合って快い美しさが成り立つことを調和という．調和の基本には，類似と対比がある．
①類似（アナロジー）　外的にも形式的にも同質の要素の組み合わせたものをいう．温和で安定感がある．多用されると単調になり，新鮮さを失う（図1 (a)）．
②対比（コントラスト）　大きく異なる2つの要素の組み合わせによって成り立つもので，差異性により互いに引き立て合って美的効果を生み出す．力強く個性的であるが，多用されると乱雑または不統一になる（図1 (b)）．
③均衡（バランス）　色や形の組み合わせが視覚的に釣り合いが取れていることで対称と非対称がある．平衡ともいう．
④対称（シンメトリー）　かたちや位置などが点や軸を境として均等に対応する状態をいい，相称・均斉ともいう．特に直線を軸とした左右対称は，静的な安定感や威厳があるため，宗教建築や記念建造物などのインテリアに多く用いられた．特に対称性は西欧ではルネサンス時代には重要なものとされた（図2，3）．
⑤非対称（アシンメトリー）　シンメトリーで構成されたインテリアは確かに美しいが，その反面堅苦しさや単調さがあることは否めない．また，わずかな変化によってバランスが崩れると欠点が目立ってくる．そこで逆にシンメトリーを避けて非対称とし，変化を取り入れて構成のバランスを保つ手法がこれである．ロココ時代のインテリアや家具は，非対称の美しさが1つの特色であった（図2，3）．

1. 計画関連　⑦人間の感覚・心理系

(a) 籐椅子（剣持勇）（類似）

(b) ブラジリアの国会議事堂（対比）
（コスタとニーマイヤー）

図1 ｜ 類似と対比

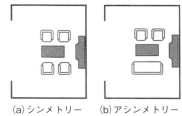

(a) シンメトリーな配置　　(b) アシンメトリーな配置　　(c) 点対称の配置

図2 ｜ 平面的なバランス（小原二郎編集代表：「インテリア大事典」，彰国社，1988）

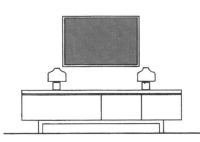

(a) シンメトリー

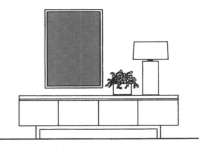

(b) アシンメトリー

図3 ｜ 対称と非対称　ウォールコンポジション
（小原二郎編集代表：「インテリア大事典」，彰国社，1988）

比例（プロポーション）　空間やもののかたちを決定するうえで，最も大切なものがプロポーションである．プロポーションは部分と部分，あるいは全体と部分との数量的比例関係をいい，古来，視覚的緊張感を生み出すものとして重要視されたものであった．例えば，空間やものは二次元・三次元でそれぞれの方向に寸法をもつ．そうした寸法を縦横比などのように比例として表したものがプロポーションである．プロポーションは単に寸法のみならず，面積・体積・量などの比例にも適用される．プロポーションには次のようなものがある．

①黄金比　ある1つの部分を a と b の2つに分割したとき，$a:b = b:(a+b)$ となるような関係に割ることを黄金分割といい，その比を黄金比という．数値としては1:1.618…となり，この比によって作られた長方形を黄金比長方形という．黄金比は美しいプロポーションを形作るものとして古くから建築設計の中に応用されてきた（図4）．

②ルート長方形　長方形の1辺を1として，長辺を $\sqrt{2}$, $\sqrt{3}$, $\sqrt{5}$ などの無理数の比で作られた長方形をルート長方形という．特に $1:\sqrt{2}$ の比例をもつ矩形は二つ折りにしてもプロポーションが変化しないため，A判，B判サイズのJIS規格の用紙の大きさとして用いられている（図5）．

錯視

物理的な事象とは異なる知覚を受ける現象を錯覚というが，そのうち視覚にかかわる錯覚を錯視という．インテリア空間における錯視の問題は，内装材料のパターンや色彩に関連することになる．例えば，縦線を強調した部屋と横線を強調した部屋とでは，同じ大きさであっても，前者は高く感じ，後者は広く感じるというように印象が違う．また，小さな文様のちりばめられた部屋と大きな文様のある部屋とでは，小さな文様のほうが広く感じる（図6，7）．

図と地

人が形を知覚する場合に基本となる概念の1つは，ゲシュタルト心理学でいう図と地である．背景に対して浮かび上がるものを図といい，背景に沈み込むものを地という．これは，ルビンの反転図形によってよく知られるところである．

白の部分を図，黒の部分を地とすると，壺に見えるが，逆に黒の部分を図，白の部分を地とすると2人の顔に見えてくる（図8）．

〔金子　裕行〕

1. 計画関連 ⑦人間の感覚・心理系

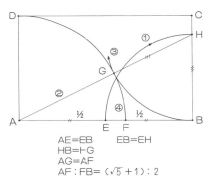

AE=EB　　EB=EH
HB=HG
AG=AF
AF:FB=($\sqrt{5}$+1):2

図4｜黄金比長方形の作図法
（小原二郎編集代表：「インテリア大事典」,
彰国社, 1988）

図5｜ルート長方形
（小原二郎編集代表：インテリア大事典,
彰国社, 1988）

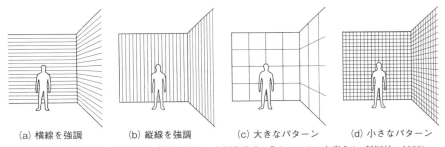

(a) 横線を強調　　(b) 縦線を強調　　(c) 大きなパターン　　(d) 小さなパターン

図6｜インテリア空間における錯視（小原二郎編集代表：「インテリア大事典」, 彰国社, 1988）

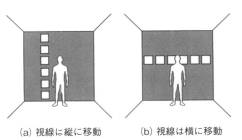

(a) 視線に縦に移動　　(b) 視線は横に移動
　　高く見える　　　　　　広く見える

図7｜エレメントによる空間の錯視
（小原二郎編集代表：「インテリア大事典」, 彰国社, 1988）

図8｜反転図形「ルビンの壺」

素材と心理

テクスチャーの意味と意義

視覚とテクスチャー　触覚による素材感が，体験から記憶されて視覚的な知覚に結びついたテクスチャーの例には，火の温かさと水の冷たさ，布の軟らかさと石の硬さなどがあり，これらは材料の温冷感，硬軟感といわれる．また材料の粗滑感，乾湿感などもテクスチャーの大切な要素である．

伝統的テクスチャー　日本の住空間の床は，昔から畳や木でできていたし，現在でもその伝統は残っている．これらの生物材料は，人間の肌とは親しみがあり，熱伝導率が小さいため，冬は足裏が温かく，夏は適度な冷たさで心地よい．

　西欧の石やタイルの床は，私たち日本人には見ただけで寒々とした印象を与える．実際に素足で暮らす住宅に使用すれば，熱伝導率が大きい石やタイルは，足裏から体温が床に伝わって逃げていくため冷たさを感じる．室内で靴を履く生活ならともかく，石材は玄関やテラスなどを除けば，わが国ではほとんど使用されてこなかった．

　トラバーチンや大理石，あるいは国産の玄昌石，大谷石などは，石材の中では比較的暖かいテクスチャーをもっている．玄昌石を浴室の床に，大理石を浴槽に利用したりすることがあるのは，このような理由による．

　また，材料表面の乾湿感とは湿っているか乾いているかの違いであるが，木や羊毛などの生物材料は，いつまでもその機能が残って，乾湿調節作用を行っている．夏に湿度の高いわが国では，室内の空気が湿っていれば吸収し，乾いてくる

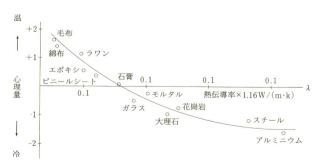

図1　材料の熱伝導率と温冷感の関係

と湿気を放出して，乾湿を調節する作用をもっているので，生物材料は人間の肌の感触と馴染むものであった．

インテリアの部位とテクスチャー　インテリアは都市や建築と比べて，人間に最も身近な空間であるから，衣服と同じように，風合いや馴染みなどの感触が大切である．

椅子やベッドなどの人体系家具や床仕上げは，常に人間の身体とどこかで接しているので，材料の温冷感，粗滑感，硬軟感，乾湿感などは十分に検討しなければならない．コンクリートやプラスチックシートを直貼りした床は，熱伝導率が大きく，足裏から体温が床に伝わって逃げていくため，素足の暮らしには馴染まない．

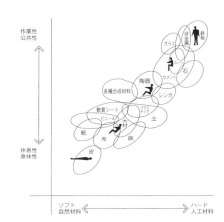

図2　インテリア空間における材料の使い方

壁上部や天井など直接人体と触れることが少ない部位では，触覚的材質感よりも，視覚的テクスチャーが重視される．メラミン化粧板と本物の木の肌とは，触れれば違うことがすぐにわかるが，見た目にはその差はわかりにくいので，天井などには広く使用されている．

空間部位の種別とテクスチャー

硬軟感　インテリア材料では，硬さ，軟らかさは特に大切な条件である．人間は身体に近い，あるいは接触する部位では，軟らかい材料を要求する．逆に身体から離れた部位，例えば床より天井，低い天井より高い天井，住宅よりオフィスの場合にはより硬い材料であっても構わない．軟らかい材料は温かみを感じさせるので，一般的に休息やくつろぎのための空間に使われる．

パブリックスペースのテクスチャー　パブリックスペースや身体から離れた部位には，硬い材料も使用される．空間の用途の違いにより，インテリア材料はそれぞれにふさわしい硬軟感が要求される．パブリックスペースやオフィスなどでは床仕上げや家具には，作業性，活動性，耐汚染性，耐久性を確保するために，スチールや石材などの硬くて熱伝導率の大きい材料も使用される．　〔金子 裕行〕

対人距離・パーソナルスペース

　人は建築・インテリア空間の中で生活しているが，人の体は壁や天井に接しているわけではなく，ある程度の広がりのある空間の中にいる．また他人との間にもある程度の間隔をあける．人のまわりに間があることは無意味なことではない．人は他人が近づいてくるとそれを敏感に感じ，近づきすぎると自分のなわばりに侵入されたような気になる．建築物が体にぴったりくっつくように狭いとたまらないと感じる．

　人間個体のまわりには，目には見えない一種の「なわばり」がある大きさをもって広がるように形成され，他人の行動や意識に影響を及ぼす何らかの力をもっている．それは，生物としての人間が本来的にもっているものもあれば，社会的・心理的なものや，文化的な規範などによるものもある．狭い部屋や混み合いでこのなわばりが侵されると不快を感じる．

　エドワード・ホール（Hall, E.T.）は「人は測定可能な次元（寸法）の広がりをもつ一連の目に見えないあわ（bubble）に包まれている」（1966）といっている．人体のまわりには目に見えない人体寸法があるというわけである．その見えない「あわ」はパーソナルスペース（personal space；個人空間，個体空間）とよばれるものである．

コミュニケーションと距離

　距離には人間にとって大きな意味がある．

図1　公園の噴水のまわりに腰かける人々
2人連れどうしの間隔は自然と規則的になっている．

1. 計画関連 ⑦人間の感覚・心理系　たいじんきょり・ぱーそなるすぺーす

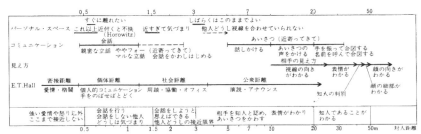

人間どうしの距離のとり方は図のようにおおむね分類できる（体の中心間の距離）．接触から0.5mまでは通常は近づかない．0.5〜1.5mの間では会話が行われるが，会話をしない他人どうしは近づかない．会話をしようと思えばできる限界は3m程度である．相手の表情がわかり，挨拶を交わすのは20m以内で，相手が誰だかわかるのに50m以内である．

図2 ｜ 対人距離の分節

　我々が普段何気なく行っている，場所の占め方，相手に対する位置のとり方などは決して無意味に行っているのではない．友達，家族，仲間，他人それぞれ，そのときのその人達の関係にふさわしい距離をとっている（図1）．

　エドワード・ホール（1966）は，人々の行動に接した経験と観察から，人間どうしの距離のとり方などの空間の使い方は，それ自体がコミュニケーションとしての機能をもつと考え，距離をコミュニケーションと対応させて分類し，4つの距離帯を提案し，さらにそれが文化によって異なるとした．またこのような人間の空間行動を研究する領域をプロクセミクス（proxemics）と名づけた．

　これに，いろいろな実験や観察の結果を加え，人間どうしの間の距離は人間行動の見地から，大ざっぱに図2のように分類できる．

パーソナルスペース

　コミュニケーションしたいとき，また列をつめたいときなど他人に近づかなければならないとき，他人に対して近づきたくても越えられない目に見えない一線があることに気づく．それがパーソナルスペースである．

　ロバート・ソマー（Sommer, R.）（1969）は，人は個体のまわりをとりまく他人を入れさせたくない見えない領域をもっているとし，それをパーソナルスペースとよんだ．そのパーソナルスペースは個人についてまわり持ち運びでき，必ずしも球形ではなく，前方に比べ横の方は未知の人が近づいても寛容になれるとしている．

　ホロヴィッツ（Horowitz, M. J.）他（1964）は，人が他人または物体に8方向から近づく実験により，人間は自分のまわりに他人の侵入を防ごうとするボデ

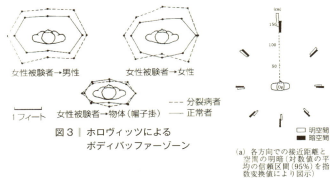

図3 ホロヴィッツによる
　　　ボディバッファーゾーン

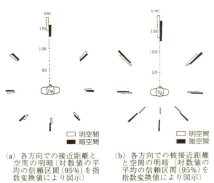

図4 田中政子によるパーソナルスペース

ィバッファーゾーン（body-buffer zone）をもつとした（図3）.

　田中政子（1973）は8方向から「近すぎて気詰りな感じがする」という主観的な接近距離を，被験者が中心の人に近づく場合と，被験者自身が中心に立ち相手が近づいてくる場合に分けて測定し，正面が遠く背後が近い，卵型のパーソナルスペースを得た（図4）.

　パーソナルスペースを明瞭な境界をもった領域ととらえるのではなく，「他者の存在から受ける影響力の強さの分布」として人間個体のまわりに広がる領域ととらえることもできる．高橋・西出ら（1981）は位置により他人から「離れたい」とす

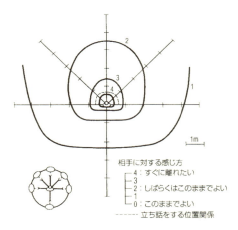

図5 高橋・西出らによる個体域

る力により形成される空間の潜在力の分布を個体域とよび，実験の結果，「離れたい」とする度合が人を取り囲む等高線により表現された（図5）.

　パーソナルスペースは，このようなそれぞれの実験の状況設定において具体的な寸法をもったものとして示される．しかしまたそれは，性別，親しさ，場面の状況などの違いで大きさが異なり，固定的なものではなく調節機能をもっているものでもある.

　建築・インテリア空間には人が集まる．建築空間の中で人間どうしはパーソナ

ルスペースを確保しようとし，そのときの状況に応じて一線を越えては他人には近づかないようにする．しかし限られた空間の中で，空間が狭すぎたり，人が多すぎたりすることにより，各自が確保したいと思うパーソナルスペースが確保できなくなる．それはプライバシーの侵害にもなる． 〔西出 和彦〕

参考文献
[1] Hall, E.T.："The hidden dimension", Doubleday, 1966. 日高敏隆ほか訳：「かくれた次元」，みすず書房，1970.
[2] Horowitz, M. J. et al.："Personal space and body-buffer zone", the Archives of General Psychiatry, 1964.
[3] Sommer, R.："Personal space, The behavioral basis of design", Prentice-Hall Inc., Englewood Cliffs, 1969. 穐山貞登訳：「人間の空間―デザインの行動的研究」，鹿島出版会，1972.
[4] 田中政子：Personal space の異方的構造について，教育心理学研究 21, 4, 223-232, 1973.
[5] 高橋鷹志，高橋公子，初見学，西出和彦，川嶋玄：空間における人間集合の研究―その4 Personal Space と壁がそれに与える影響，昭和56年度日本建築学会大会学術講演梗概集，1981年9月.

ソシオフーガル・ソシオペタル（人の集合と心理）

　建築・インテリア空間に人は集まる．人々は，空間形状や他者との関係などから，それぞれの都合のよい場所を占め，空間の中に分布する．その分布の中で人と人との関係からある種の「人間の集合の型」を形成する．
　人間の集合の型で，対人距離だけではなく，お互いの体の向け方も重要である．
　人間どうしの間の距離が十分にとれない混雑した電車の中などでは，よほど親しい人どうしでない限り，決してお互いに向き合いにはならないように体の向きを調整している．他人どうしが，望ましい距離がとれない場合は，体の向きで距離がとれないことを補っている．
　駅のホームや広場などで立ち話をする知人どうしは，だいたい決まった距離（60〜70 cm程度）をとるが，お互いに向き合う，斜めに向き合う，肩を並べる，のいずれかの位置関係をしている（図1）．
　また他人どうしお互いに避けようとする場合は，そっぽを向くような体の向け方をする（図2）．
　このような体の向きのタイプに対応して，座席配置などの空間のタイプが分類できる．オズモンド（Osmond, H.）（1957）は，精神病院のデイスペースなどのあり方についての研究の中で，空間デザインのタイプは，ソシオフーガル（sociofugal）——人間どうしの交流をさまたげるようなデザイン——と，ソシオペタル（sociopetal）——人間どうしの交流を活発にするデザイン——の性質をもつ2種に分けられるとした．ソシオフーガル・ソシオペタルは人間の行動と関連づけられた空間タイプ分類といえる．特に人間関係に敏感な人がいる精神病院の設計においてはそれらの使い分けが重要であるが，どこでも人々の集まり方に対応した空間デザインが求められる．
　囲み型，向い合い型，内向きの円形などの，ソシオペタルな家具配置はそこに人々が集まりそこで賑やかな語らいが想定できる（図3）．逆に外向き円形などの，ソシオフーガルな家具配置は他人どうしがかかわりあいなく，待ち合わせなどをする状況が想定できる（図4）．
　テーブル席の占め方のタイプにもソシオフーガル・ソシオペタルの別がある（図5）．しかし，スケールも関係し，最もソシオペタルな占め方が向き合いか隣どうしかはテーブルの大きさにもよる．

図1 | 立ち話をする（ソシオペタルな）人間どうしの型

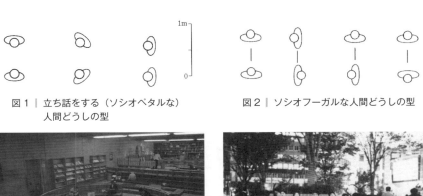

図2 | ソシオフーガルな人間どうしの型

図3 | ソシオペタルな家具配置

図4 | ソシオフーガルな家具配置

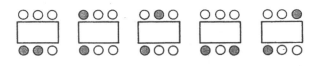

最もソシオペタル ←　　　　　　　　　→ 最もソシオフーガル

図5 | 6人席のソシオペタル・ソシオフーガル

　インテリアのデザインにおいて，このような人間と空間の相互の特性を理解する必要がある．しかし，建築・インテリア空間における人間の相は多様であり，何もかも一義的には決められない．あるときは人間どうし集まってコミュニケーションが必要であり，あるときは個を確立する必要がある．空間を一面だけでなく，多様な面から読みとり，その空間でいろいろな可能性があることが空間の豊かさにつながる．　　　　　　　　　　　　　　　　　　　〔西出 和彦〕

参考文献
[1] Osmond, H.："Function as the basis of psychiatric ward design", Mental Hospitals, 1957, pp.23-30.

空間心理（環境心理）

環境心理
　環境心理とは環境を認知する「人間の心の働き」であり，人間は環境からの情報を知覚，認知し，また，状況を考慮した上で，評価や判断し，行動する．さらに，環境に順応し，不都合があれば，環境を改善するなど環境に働きかけるとされている．例えば，誰かが暮らしている部屋を見るだけで，その住人の性格を部屋の内装や持ち物から推測することが可能であり，嗜好が合うか否かの判断を同時に行うことができる．また，自分がそこに住むとなると，内装をどうするかインテリア環境に働きかけることになる．ただし，環境と人間の関係は個人ごとに異なり，同じ個人であっても，その関係は状況や時間とともに変化する．また，人間と環境は独立した存在ではなく，不可分の関係として相互交流がなされ，それぞれが全体の要素として機能するものとされている．

空間の知覚
　人間が空間内に存在する物体や事象に対して適切な反応をするためには，それらの対象が身体からどれくらいの距離があるのか，自己の身体を中心とした知覚を行う必要がある．インテリア空間は，床，壁や天井により区切られた空間として存在しているので，身体近傍での動作と行動可能な範囲では視覚や触覚を中心とした感覚で知覚され，それ以上に離れた距離にある対象は視覚による情報把握範囲として知覚される．
　例えば，窓がなく天井が低い部屋に入ったときに閉塞感を感じたり，逆に天井が高く大きな窓があると開放感を感じたりする．このような空間の感覚は，見渡すことができる視感距離や行動範囲と関係が深いことが知られている．
　1つの空間を部分的な壁で2つに区切る場合に，その空間を分断させる感じと連続させる感じの程度を分断感と連続感と定義することができる．図1に示すように，同じ面積の壁を天井からの垂れ壁としたときは，視覚的には空間は分断感がややあるが，床面が連続しているため，行動面では空間は連続感がある．同様に，袖壁として配置した場合は，視覚的に分断され分断感がやや強いが，床面の一部が連続して，行動面では部分的に連続感がある．同様に，腰壁を配置した場合では，行動面では空間は分割感が強いが，視覚的には連続感があるとしている．[1] 分断感でみると，腰壁が最も大きく，次に袖壁，垂れ壁の順となる．このこ

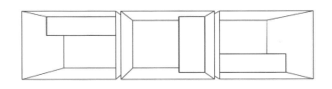

図1 | 空間の分断感と連続感（立位）

とは，行動面の範囲による規制により分断感が生じていることがわかる．

空間の開放感と圧迫感

　開放感は人間が眼で見たときの大きさの感じと定義され，オフィス空間では開放感に影響するのは窓の大きさ，部屋の容積，室内照度の3要素であるとされている[2]．

　住宅の居室空間の開放感については，オフィス空間と比べ居室の床面積は小さいためさまざまな要素が開放感に影響を及ぼしている．これまでの研究によると室内の開放感に寄与する要素とし

図2 | 開放的な窓

て，天井高さと窓外眺望，窓の形状（横長窓）と窓の面積，室内照明，窓の位置，視点位置が挙げられている．窓外眺望は遮蔽物までの距離が遠いほど開放感が大きくなる．窓の形状では横長窓の方が縦長窓より開放感が高くなることがわかっている．

　圧迫感は何かが大きく迫っていて威圧される感じと定義することができる．圧迫感がある空間は天井が低い場合と床面積が狭い場合であり，床面積が 3,300 × 3,300 mm よりも狭いと圧迫感を感じ，天井高さが 2,250 mm 以下の場合に床面積に関係なく圧迫感を感じるとされている[3]．　　　〔森永 智年〕

□ 参考文献
[1] 彭瑞玫，橋本雅好，西出和彦：間仕切が体験者の居場所に与える影響に関する基礎実験—室空間における間仕切に関する研究　その1—，日本建築学会計画系論文集　第535号，131-137，2000. 9．
[2] 乾正雄，宮田紀元，渡辺圭子：開放感に関する研究・1-3，日本建築学会論文報告集　第192-194号，1972. 2-4．
[3] 橋本都子，込山敦司，初見学，高橋鷹志：室空間の容積と印象評価に関する実験的研究—容積を指標とした空間計画のための基礎研究（その2）—，日本建築学会計画系論文集　第508号，99-104，1998. 6．

五感とインテリア

　人間を情報処理モデルとして見ると，最初に外界から受ける光・音・においなどの刺激は，目・耳・鼻などの感覚器官を通してそれぞれの単純な感覚情報として脳へ伝達される．この段階では「何かある」というような明瞭な対象の構造がわからない状態にある．この感覚刺激の情報入力の過程が感覚である．脳に入ってきた感覚情報は過去

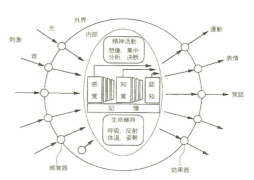

図1 ｜ 人間の情報処理モデル

の記憶と照合され，取捨選択や統合処理されることで，まとまりのある外界の像が形成される．この段階で，対象物の明瞭な構造（形，色，大きさなど）がわかる状態になる．この過程を知覚という．知覚された情報をもとに，脳は対象物が「何であるか」を解釈・判断する．この段階では学習や経験によって記憶されている概念と照合して，新たな概念か否か識別と学習を行う．同時に，知覚された体感情報により快・不快の感情が刺激される状態である．この段階と知覚を含め外界の意味を読み取る一連の過程を認知という．人間は，その結果をもとに効果器を通して何らかの働きかけを外界に対して行っている．

　インテリア環境と感覚の関係を感覚別にみると表1のような関係がある．感覚の中でよく知られているのは，視覚・聴覚・触覚・味覚・嗅覚の五感であり，これらの感覚ごとに対応する感覚器官が眼・耳・皮膚・舌・鼻である．人がインテ

表1 ｜ 感覚別にみたインテリア環境との関係

感覚	感覚刺激	インテリア環境の感覚情報
視覚	可視光線	色，形，広さ，明るさ，グレア
聴覚	音波	騒音，静けさ，響き
触覚	温度・機械的刺激	触感，温感，冷感，気流
嗅覚	嗅覚刺激物	悪臭（生ごみ・トイレ・タバコ・体臭・ペット），香り
組合せ	複合刺激	色彩と温度，緑と騒音，明るさ・温度・騒音など

リア環境を感じ取る過程では，最も情報量が多い視覚を中心に，聴覚・触覚・臭覚の感覚が複合して働いていることになる．あるいは，特定の感覚のみを意識的に使ってその環境を感じ取る場合もある．

私達は，床・壁・天井で構成された室内空間とその装飾，家具，設備，照明などの視覚的情報によりインテリア環境を知覚している．それ以外の感覚情報として，その場面で発生する音，外から入る音による聴覚的情報と室内の温度分布，気流や素材を皮膚感覚で感じる触覚的情報および室内で発生するにおいによる嗅覚情報を通して環境全体を知覚している．通常は，1つの感覚だけで環境を捉えることが不十分な場合は，感覚はお互い補い合いながら，その環境を総合的に知覚している．そして，その結果を過去の記憶とその人がもつ評価基準に照合することにより，快適・不快とその程度を判断している．

例えば，耳に届くある騒音が外部の公共工事からの騒音である場合と隣家からの騒音である場合では，そのうるささの心理的受忍レベルが異なってくる．それは，聴覚情報だけで騒音のうるささが決まるのではではなく，騒音の発生場所とその内容の視覚情報により，その人の主観的な評価基準を通して，不快とその程度がうるささとして決定されるためである．うるささと物理的な音の大きさは等しいものではない．小さな音でも気になる音が存在し，大きな音でも気にならない音がある．うるささは人間の主観的な評価であり，音の質に関係していることがわかる．住宅環境では，上階からの足音や隣家のピアノなどの近隣からの騒音は物理的な音の大きさはそれほど大きいものではないが，音自体が対人関係とモラル的な意味をもつため，規制がしにくく，近隣騒音問題になりやすい．

経験からの記憶により形成されたイメージに付加された既成概念に聴覚情報が影響を受ける場合がある．例えば，植樹の緑による道路騒音の心理的減音効果である．道路騒音が植樹の緑の割合により，心理的うるささが低減されることが報告されている．これは樹木の緑のイメージに付加される「静かさ」が交通騒音のうるささを緩和することによるものである．

また，室内緑化によるストレス緩和効果についても同様の報告がされている．室内空間に観葉植物がある場合とない場合では，観葉植物がある方がストレスの緩和に効果があるというもので，多すぎると効果は減少するとされている．これは，視覚情報による植物の存在が心理的に空間に潤いを与え，生理的には心拍数や脈拍の低下を促すことによるものである．

〔森永 智年〕

□ 参考文献
[1] 日本建築学会編：「人間環境学」，朝倉書店，1998．

1 計画関連

⑧室内環境系

断熱・調湿 ……………………………… 214
換気・通風 ……………………………… 216
遮音・吸音・残響 ……………………… 218
日照・採光 ……………………………… 220

断熱・調湿

断熱

夏にエアコンを切ると暑くなるのは，外壁や窓から外の熱が室内へ伝わってくるからである．冬はその逆で，室内の熱がどんどん外へ逃げていってしまうので暖房を切ると寒くなる．したがってその熱の移動を断ってしまえば熱は伝わらない．それが断熱である．住宅では一般に外壁の断熱が重要になる．そこで外壁を例に，断熱の仕組みがどうなっているか確認しよう．図1は一般的な鉄筋コンクリート造の壁である．コンクリートにモルタル仕上げの壁で

図1 ┃ 壁体内[1]

あり，室内側にはハードボードが張ってある．またハードボードとコンクリートとの間には空気層がある．この「コンクリート」「モルタル」「ハードボード」「空気層」が，断熱すなわち熱を断つ役割をそれぞれ担っている．コンクリートなどの各種材料が熱を断つ力は，熱伝導比抵抗という指標で表される．コンクリートが 0.64（mK/W），モルタルは 0.70，ハードボードは 3.3 である．木材系のボードの方がコンクリートやモルタルより熱を断つ力が大きい．これらの材料に実際の厚さを加味したものを熱伝導抵抗とよんでいる．それぞれ 0.064（m²K/W），0.018，0.020 となる．厚さを考慮すると材料の中ではコンクリートが最も大きな断熱の役割を担っていることがわかる．しかしもっと大きな役割を担っているのが空気層である．一見，断熱には全く役立たないと思いがちだが，空気（気体）は一般に固体の物質より熱を伝えにくいという性質がある（ただし空気が動いていない＝対流していない場合）．空気層の熱抵抗は，厚さ 6 cm の場合 0.18（m²K/W）に達する．実に厚さ 10 cm のコンクリートの 3 倍である．つまり厚さ 30 cm のコンクリートに相当する断熱能力を空気層はもつ．この他にも壁の室内側と室外側の表面で熱を断つ力が働いている．気体から固体，固体から気体へ熱が移動する場合にも抵抗があるのである．これを熱伝達抵抗とよんでいる．これらすべての熱抵抗が，熱を伝えにくくするハードルの役割を担っているのである．

調湿

夏の夜，グラスにビールを注ぐと表面に水滴がつく（図2）．この水滴がどこ

から来たのか考えたことはないだろうか．グラスをよく観察すると注いだときにはまだ水滴はついていない．しかし，しばらく経つと水滴がどこからともなく現れる．この様子が発汗に似ているので，もしかしてグラスの中から水分が滲み出てきたのでは，と思った人もいるのではないか．水滴の犯人は，ビールのまわりにある空気中の水蒸気である．いわゆる湿った空気には水蒸気がたくさん存在するが，無限に存在できるわけではない．これは空気の温度に依存している．高い気温にはたくさんの水蒸気が存在できるが，低い温度には少しの水蒸気しか存在できないという自然法則がある．したがってたくさんの水蒸気を含んだ空気の温度が徐々に低くなれば，水蒸気の存在場所がなくなる．そして水滴となって私達の目の前に現れるのである．これ以上水蒸気が空気中に気体として存在できないという限界まで空気の温度を下げたとき，そ

図2 ｜ 水滴のついたグラス

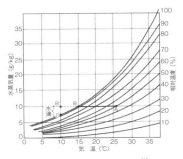

図3 ｜ 結露発生の仕組み [1]

の温度を露点温度とよんでいる（図3）．グラスの表面についている水滴は，注いだビールの冷たさによってグラスが冷やされ，そのグラスに冷やされた空気が露点温度に達して水蒸気が水滴に変化したものである．この現象を結露とよんでいる．冬に結露が生じやすい窓ガラスや壁は，その表面温度が低いために生じる．暖房された室内の空気が冷やされて水蒸気が水滴になってつくからである．よってそれらの表面温度を冷たくしないことが肝要である．例えばペアガラスにする，風通しをよくして常に壁の表面温度と室内の温度の差を小さくする，などである（風通しをよくするのは部屋の中の水蒸気を偏らせないという効果もある）．また壁材に木材や吸湿性の高いクロスを用いるなどして，いわゆる呼吸をさせることも肝要である．昔から土壁などの自然素材は，水蒸気の出し入れをすることで結露防止に役立っていた．これを調湿という．コンクリート系の建物が増えた現在，エアコンに頼らない調湿方法を知っておくことも大切となろう．〔高橋 正樹〕

参考文献
[1] 山田由紀子：「建築環境工学」，培風館，1997．

換気・通風

換気

　地方の農村へ行くと屋根の上にもう1つ小さな屋根が乗っている古民家を見ることがある．あれを越屋根とよぶのだが環境工学的には主として換気の役割を担っている（図1）．専門的には越屋根を設けることで，高い位置に中性帯をもっていき，それより下が負圧，上が正圧となるため空気の循環が起こる．原理はきわめて単純で，暖められた空気は上昇する力をもつという自然エネルギーを利用しているのである．これを自然換気の1つである温度差換気とよんでいる．現代では自然換気の他に機械換気とよばれる方式もあり，第1種から第4種まである（表1）．それぞれの部屋の用途によって換気方式が異なる．いうまでもなく換気の目的は，空気の清浄を保つためである．そのために必要な換気量というものが決まっている．定員の定まっているオフィスや教室では，在室者1人当たりの必要換気量が定められている．一方，デパートやレストランなど特定の場所にどのくらいの人がいるか推定可能な建築物においては，床面積当たりの必要換気量が決められている．また必要換気量を計算で求める方法もあり，室内で発生する汚染物質の濃度とその許容濃度，自然外気に存在するその汚染物質の濃度の3つから求められる．

図1　古民家の越屋根

表1　換気方式の分類[1]

名称	給気	排気	換気量	室内圧	備考
第1種	機械	機械	任意一定	任意	空気調和設備を含む場合が多い
第2種	機械	自然	任意一定	正圧	排気開口の制約あり，清浄室に適する
第3種	自然	機械	任意一定	負圧	給気開口の制約あり，汚染室に適する
第4種	自然	自然補助	有限不定	負圧	ルーフベンチレーターでは，$N \fallingdotseq 10$ 回/h 以下 モニタールーフでは，$N = 20 \sim 30$ 回/h 可能
—	自然	自然	有限不定	不定	すき間による換気のみでは，$N = 1 \sim 2$ 回/h 程度

1. 計画関連　⑧室内環境系

通風

　換気は室内の空気を清浄に保つことが目的だが，通風は室内にいる人に涼をもたらすことが目的である．日本ではかつて夏季の寝苦しい夜に窓を開け放ち室内に蚊帳を吊るすことで，夏を少しでも涼しく過ごそうと工夫をしていた．では通風を考える上で大切なことは何であろうか．まず風がどこから吹いてくるかを知ることである．図2は風配図とよばれるものである．風の方向は場所と季節と時刻によってかなり異なった特徴がある．東京では夏の日中に南からの風が吹くが，大阪では西風が吹く．同じ夏でも東京では明け方北風が吹くが，大阪では北東からの風となる．これは涼を求めたい時にどの方角に通風用の開口部を設けるかの参考になる．一方，窓などの開口部から入った風は，室内をどのような経路で進むのだろうか．風が入る窓と出る窓の2か所がないと十分な通風は得られないことはわかるが，図3によれば窓があったとしても風が吹く方向に開口部がなければ，通風はほとんど望めない．さらに風が吹く方向に開口部があったとしても，窓の位置や窓についた袖壁の有無によって微妙に通風の経路が異なるのである．

〔髙橋 正樹〕

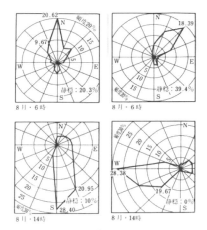

図2 ｜ 風配図

0.6 m/s 以上の風すべてを記す（日本建築学会編，「建築設計資料集成1―環境」，丸善，1978，p.143 より作成）

□ 参考文献
[1] 山田由紀子：「建築環境工学」，培風館，1997．

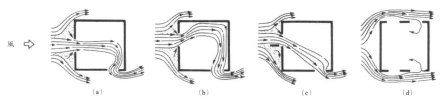

図3 ｜ 通風経路

平面的検討（Reed, R. H.："Design for Natural Ventilation in Hot Humid Weather", Tex. Eng. Experi. Stat. Reprint 80, 1953 による）

遮音・吸音・残響

遮音

　音を遮ることを遮音という．音を吸収することを吸音という．似ているが現象はまったく異なる．遮音は重たい材料ほどその能力が高い．すなわち木材よりはコンクリートの方が，音を遮る力が強い．一方吸音はふわふわしている材料ほどその能力が高い．木材のフローリングより布のカーペットの方が音を吸収するのである．遮音性能を表す指標として使われるのが透過損失である．ある材料でできた壁に 85 dB

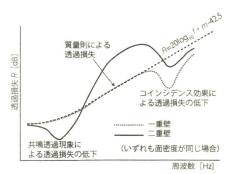

図1 ┃ 透過損失の一般的傾向
（槙究，古賀誉章：「基礎からわかる建築環境工学」，彰国社，2014）

で入射した音が，壁の反対側では 45 dB の透過音となった場合，透過損失は 85 − 45 = 40 dB となる．つまり透過損失の値が大きいほど，その材料の遮音性能が高いということになる．透過損失の高い壁でできた家は，外からの音に対して遮る力が大きいため室内は静穏となる．それでは透過損失の大きい壁体とはどのようなものだろうか．一般に質量則とよばれる法則がある．これは壁の面密度が大きいほど，透過損失が大きいという法則である．つまり重い壁ほど音を遮る力が大きいということだ．一般に，同じ厚さなら木造よりもコンクリートでできた住宅の方が遮音性能が高いのは，そのためである（もちろん窓の大きさ，気密性等も関係するが）．しかしこの質量則がいつも成立するとは限らない．質量則はいわゆる中音域では成り立つが，高音域や低音域では透過損失が低下することが知られている（図1）．これをコインシデンス効果（高音域），共鳴透過現象（低音域）という．共振や共鳴といった音ならではの影響が生じるためである．

吸音

　音はエネルギーである．吸音とは音のエネルギーが壁などに吸収され熱に変換されることである．吸音の性能をはかる指標に吸音率がある．材料や壁体への入射音のエネルギーに対する吸音された音のエネルギーの比で表される．つまりある材料等に音がぶつかり，どのくらいの割合で音が吸収されたかを表している．

例えばガラスでは，0.04（500 Hz の場合）であり，コンクリートでは 0.02，パイルカーペットでは 0.20 である．ガラスとコンクリートがそれぞれ 4%，2% しか吸音されないのに対し，毛足の長いカーペットでは 20% も吸音される．このように室内の静寂を保つには，外からの音を遮る遮音の他に，室内で発生した音を吸音することも考える必要がある．赤ちゃんの夜泣きに悩まされていたある家が，寝る場所をフローリングの洋室から畳の和室に変えることで，ストレスが減少した例もある．現在では多くの吸音材がありグラスウール，ロックウールなど多孔質の材料でできた多孔質型吸音材がよく知られている．

残響

　遮音や吸音といった言葉は主として騒音を防止する際に使われる用語だが，残響は音の響きに関する用語のため音響設計の際に用いられる．オペラハウスやシンフォニーホールなどホールとよばれる空間は，この残響時間を適切にコントロールすることで上質のエンターテインメントを提供している．では残響とはそもそも何だろうか．残響とは室内で発せられた音が床・壁・天井などで何回も反射し，この反射音と直接音が一体となり，音源の音が鳴り止んだあともしばらくの間，音が聞こえる現象である．トンネルでワッと声を出すと，ワーンと音が響いて聞こえるあれである．室内で発せられた音は床・壁・天井で吸音され次第に小さくなるが，音源が鳴り止んでから音響エネルギー密度が初めの 100 万分の 1 になるまでの時間を残響時間とよんでいる．一般的に室の容積が大きいほど，残響時間は長い方がよいといわれているが，この残響時間は室の目的によって適切な長さがある．例えば教会では残響時間が短いと違和感があるし，逆に講堂の残響時間が長いと話が聞き取りにくい．また周波数によっても最適残響時間が異なることがわかっており，一般的に低い周波数（200 Hz 以下）ほど，残響時間が長い方がよいとされている．

〔高橋 正樹〕

📖 参考文献
[1] 山田由紀子：「建築環境工学」，培風館，1997.

日照・採光

日照

　日照と似た言葉に日射があるが，意味はまったく異なる．日照は日当たりのことをさし，日射は熱エネルギーのことをさす．それぞれ日照時間，日射量というように使われる．日照すなわち日当たりを考える上で頭に入れておかなければならないのが太陽の位置である．同時刻の太陽位置は1年を通して変化するが，これは地軸の傾きによる．昔，地球に火星ほどの大きさの惑星が衝突し，今の地球と月に分かれたのだが，その際に生じたのが地軸の傾きといわれている．地球は太陽の周りを約23.5°の傾きを保ち公転しており，この地軸の傾きが地球上に四季をもたらしている．私達からみて太陽の位置を頭に入れておくことは，日照の面だけでなく日射制御の点からも重要なことである．具体的に太陽の位置を知るためのツールとして太陽位置図（図1）がある．これを見れば何月何日に太陽がどこにあるのか確認できる．太陽の位置が季節によって異なるということは，窓のある方位によって，1年を通して室内へ入る日照が異なるということである．日当たりがよい部屋といえば南面をイメージするが，1年間日当たりを望みたい場合には，図2のように真南より東南や西南に少し傾けた窓のある部屋の方が，光が差し込むことがわかる．

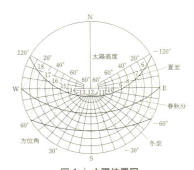

図1　太陽位置図
（〈建築のテキスト〉編集委員会：「改訂版　初めての建築環境」，学芸出版，2014）

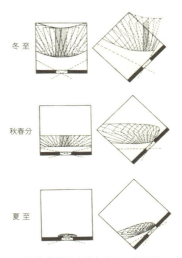

図2　窓の方位と室内への日照
北緯35°（日本建築学会編：「建築設計資料集成2」，丸善，1960，p.32）

採光

　採光は窓から自然光を採り入れることである．その目的は採光によって室内に明るさをもたらすことである．この採光の良否を示す指標として昼光率がある．昼光率とは図3に示すように，全天空照度に対する室内のある点における照度の比率を表したものである．全天空照度とは，空に何も障害物がない場合の空全体から受ける明るさ（照度 lx）のことである．つまり地平線だけが周りに見えると想定した場合の空からの明るさのことである．昼光率は簡単にいえば，室内で電気を消した状態で，どれだけ明るいかを示している．住宅の居間では基準昼光率として0.7％が設定されている．この昼光率に大きな影響を

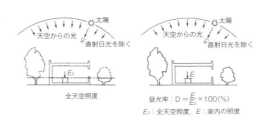

図3 ｜ 全天空照度と昼光率[1]

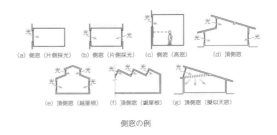

側窓の例

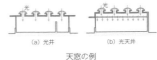

天窓の例

図4 ｜ さまざまな窓[2]

与えるのが窓の位置と大きさである（図4）．窓が大きく高い位置にあれば昼光率は高くなり，部屋がより明るくなる．屋根や天井面に開けられた窓を天窓というが，同じ大きさの側窓（壁にある窓）と比較した場合，天窓は側窓の3倍の面積に相当する採光能力をもつとみなされている．ただし夏季は遮光および遮熱をしないと室内が暑くて大変になる．さらに雨仕舞が側窓よりも難しい．美術館や工場など広い空間で，室内の明るさを均一に保ちたい場合に用いられるのが側窓と天窓の長所をとった頂側窓である．窓が高い位置にあるため，室内の照度分布が良好でかつ美術館のように壁面展示も可能な形式である．　　　　〔高橋 正樹〕

　参考文献
[1]「建築環境工学用教材　環境編」，日本建築学会，2013．
[2] 平手小太郎：「建築光環境・視環境」，数理工学社，2011．

1 計画関連

⑨環境・省エネ系

エコロジー ················· 224
シックハウス ··············· 226
省エネルギー ··············· 228
CO_2 削減 ················· 230

エコロジー

　狭義の意味は，生物学の一分野，生物と環境の関係を研究対象とする生態学を指す．地球環境問題が浮上してからは，地球全体を1つの生態系（エコシステム）とみなし，生態学的視点から問題解決を図ろうとする思想や，活動を総じて指す場合がある．この場合，単に"エコ"と表されたり，対象を限定する場合は"エコ○○"と表現されることが多い．ただし，このような使われ方をする"エコ"の概念は曖昧となり，エコロジーの省略語としてだけでなく，Environmentally Conscious（環境配慮）を省略してEco（エコ）で表すこともある．また，「社会生態学」「人間生態学」「建築生態学」もエコの領域に含まれる．「建築生態学」についてはドイツで提唱されるBaubiologieの和訳でBau（建築）Bio（生物）Logos（科学）の合成語で，人間と自然との調和を理念とした建築を志向する学問で，エコ建築よりも人間を尊重した建築を志向している．いずれにしてもエコの基本理念は，人を含めた生命が生存し続けるための地球環境の保全にある．それを損なう環境汚染，自然破壊，温暖効果ガスの排出，有限な資源の浪費などは地球環境に対する負荷であり，それを抑制し持続可能な循環型社会を構築するという，大きな課題を抱えた我々にとって，"エコロジー"，そして"エコ"は重要なキーワードになる．特に"エコ"を冠した用語はさまざまに使われて惑わされる面もあるが，以下は建築・インテリア領域で重要と考えられるエコに関する用語である．

エコマテリアル

　エコマテリアルは環境調和型材料や環境配慮型材料のことであり，この概念は，循環型社会の産業が目指す方向に沿ったものということができる．

　しかし，エコマテリアルの明確な規定がないため，実態はさまざまで，天然材志向型，健康志向型，リサイクル型などさまざまな方向でこの呼称が使われているのが現況でもある．建設から解体・廃棄まで環境に大きな負荷を与えやすい建築材料を，エコマテリアル，すなわち"エコ建材"に変換していくことは建築界にとっても避けて通れない課題であろう．"エコ建材"の基本的な要件は，まず人の健康や環境を害さないこと，そして再生可能材の利用や非再生可能材はリサイクル・リユースのできるシステムを工夫することなどが重要と考えられる．そして今後，エコマテリアル・エコ建材の発展には適切な評価法の開発が望まれる．

エコデザイン

　エコデザインは環境保全に関してソフト，ハード両面で重要である．前述の「リサイクル・リユースのできるシステムを工夫する」こともエコデザインである．モノを作る時点でその使われ方やリサイクル，リユースの仕方までを体系化しデザインすることはエコライフサイクルデザインと考えられる．

　そもそも，環境保全や環境との調和の実現にはデザイン（計画・設計）が不可欠で，エコ生活もエコ社会もエコデザインによって達成されるといえる．地球環境問題の解決には計画やデザインがきわめて重要と考えられる．

エコマーク

　エコマークは生産から廃棄にわたるライフサイクル全体を通して環境への負荷が少なく，環境保全に役立つと認められた商品につけられる環境ラベルで公益財団法人日本環境協会がこの認定業務を行っている．

　認定品目は幅広いが，品目別に基準があり，それを満たしていると認められた製品がこのマークを使用できる．建築・インテリア領域では「タイル・ブロック」「木質ボード」「建築製品（内装工事関係用資材）」「家具」「家庭用繊維製品（床敷物，カーテン）」などにエコマーク認定製品が多い．

3R

　3Rは，わが国で2000年に「循環型社会形成推進基本法」が成立し，その中で廃棄物の「発生抑制（Reduce）」，使用済み製品の「再利用（Reuse）」「再生利用（Recycle）」と廃棄物の「適正処分」の優先順位が明文化された．その重要項目の英語頭文字「R」を象徴化した表現である．ただし，「3R」は再生可能資源についてはそれほど重要ではない．

〔栗山 正也〕

📖 参考文献
[1] 山本良一監修 「エコマテリアル・ガイド」，日建技連，2004．
[2] 小瀧弘明他：「エコデザイン革命」，丸善，2003．
[3] 「インテリアプランナー・更新講習テキスト」，建築技術教育普及センター，2008．

シックハウス

人が室内空気より取り入れる物質の割合は全体の約6割である（図1）．この室内空気が汚染されることにより発症するさまざまな健康障害を総称してシックハウス（シックハウス症候群）とよんでいる．その症状は，目がチカチカする・鼻水・のど

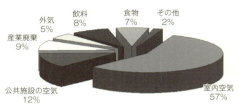

図1 人体の物質摂取量（重量比）
（村上周三：「臨床環境」，2000，9：pp.49-62）

の乾燥・吐き気・頭痛・湿疹など，人によりさまざまであり症状の個人差も大きい．発症のメカニズムは未解明な部分も多いが，建材・家具・日用品から発散されるホルムアルデヒドやVOC（トルエン，キシレンなど）などの化学物質による空気汚染，ダニやカビなどによるアレルギー，住宅の高気密化による換気不足などが要因と考えられている．

シックハウスの歴史

1970年代のアメリカでは，石油危機の影響で多くの事務所ビルで空調の効率化を目的に室内の換気量を大幅に減らすようになり，ビルで働く人が次々と体調不良を訴える現象が発生した．

1980年代になると日本でも同様な症状の患者が増加し，日本農林規格（JAS）により合板から放出されるホルムアルデヒドの規格が制定された．1997年には厚生省がホルムアルデヒドの室内濃度指針値を発表し，さらに2003年には建築基準法が改正されシックハウス対策が本格始動した．

シックハウス対策に関する取組み

室内空気質のガイドライン 厚生労働省は「現状において入手可能な科学的知見に基づき，人がその化学物質の示された濃度以下の曝露を一生涯受けたとしても，健康への有害な影響を受けないであろうとの判断により設定された値」として，現在13種類（表1）の揮発性有機化合物に対して室内濃度指針値を公表している．

住宅のシックハウス対策

建材への対策 建築材料の規格である，JAS・JISでは，ホルムアルデヒドの放射速度に応じた統一表記（F☆〜F☆☆☆☆）とし，☆の数が多いほど放出量が少ないものとした．

表1 | 化学物質の室内濃度の指針値[2]

	化学物質	指針値*	主な用途
厚生労働省が濃度指針値を定めた13物質	①ホルムアルデヒド	0.08 ppm	合板，パーティクルボード，壁紙用接着剤等に用いられるユリア系，メラミン系，フェノール系等の合成樹脂，接着剤・一部ののり等の防腐剤
	②アセトアルデヒド	0.03 ppm	ホルムアルデヒド同様一部の接着剤，防腐剤等
	③トルエン	0.07 ppm	内装剤等の施工用接着剤，塗料等
	④キシレン	0.20 ppm	内装剤等の施工用接着剤，塗料等
	⑤エチルベンゼン	0.88 ppm	内装剤等の施工用接着剤，塗料等
	⑥スチレン	0.05 ppm	ポリスチレン樹脂等を使用した断熱材等
	⑦パラジクロロベンゼン	0.04 ppm	衣類の防虫剤，トイレの芳香剤等
	⑧テトラデカン	0.04 ppm	灯油，塗料等の溶剤
	⑨クロルピリホス	0.07 ppb (小児の場合 0.007 ppb)	しろあり駆除剤
	⑩フェノブカルブ	3.8 ppb	しろあり駆除剤
	⑪ダイアジノン	0.02 ppb	殺虫剤
	⑫フタル酸ジ-n-ブチル	0.02 ppm	塗料，接着剤等の可塑剤
	⑬フタル酸ジ-2-エチルヘキシル	7.6 ppb	壁紙，床材等の可塑剤

* : 25℃の場合　ppm : 100万分の1の濃度，ppb : 10億分の1の濃度

建築基準法での対策　住宅のシックハウス対策は主に①ホルムアルデヒド対策（図2），②クロルピリホスの使用禁止の2項目である．

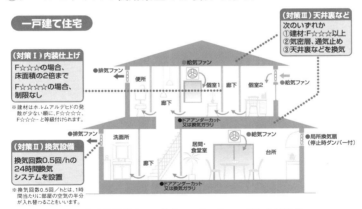

図2 | 建築基準法での住宅へのホルムアルデヒド対策[2]

〔仲谷 剛史〕

📖 参考文献
[1] シックハウス大事典　http://www.sick-house-daijiten.jpn.org/index.html
[2] 国土交通省住宅局：「快適で健康的な住宅で暮らすために　改正建築基準法に基づくシックハウス対策」.

省エネルギー

私達の暮らしは，電気，ガス，ガソリン等の身近なエネルギー利用だけでなく，食料品・衣料品などのあらゆる製品が生産や流通過程でエネルギーを利用している．つまり，現在の暮らしや社会は，さまざまな形でエネルギーを消費することによって成り立っている．しかし，日本国内にはエネルギー資源がほとんど存在せず，大部分を海外に依存している．私達にとってエネルギーの消費を少なくすることはきわめて重要な課題といえる．

省エネルギーの歴史

わが国の省エネルギーの歴史は，1947年の「熱管理規則」，1951年の「熱管理法」と石炭の有効利用に重点が置かれた政策から始まった．その後，1970年代に発生した第一次・第二次石油危機による混乱を教訓に，1979年にエネルギーの効率的な利用を目指した「エネルギーの使用の合理化に関する法律（省エネ法）」が制定された．さらに省エネ法は，1993年から2013年までに計6回の改正が行われており，時代の変遷とともに目的を多様化しながら総力を挙げて省エネルギー強化の方向へと向かっている．

住宅による省エネルギー

家庭のエネルギー消費量のうち約3割を暖冷房が占めている．暖冷房エネルギーを削減するには，住宅の「気密」「断熱」が重要である．「気密」とは，住宅の内外で空気の出入りがないように隙間なく密閉することである．外気に面する床・壁・天井面に防湿気密フィルム等を設けることで気密住宅とすることができる．「断熱」とは，住宅の内外で熱が伝導や対流によって伝わるのを防ぐことで

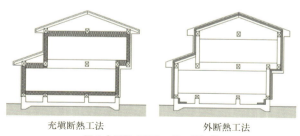

充填断熱工法　　　　外断熱工法

図1 ┃ 建物の断熱工法の種類[1]

ある.建物の断熱工法としては,躯体の室内側や柱の間に断熱材を設ける充填断熱工法,躯体の柱の外側に断熱材を設ける外断熱工法がある.また,熱の移動が多い窓の断熱には断熱サッシ,複層ガラス,二重サッシ等の利用が有効である.

設備による省エネルギー

2011年の東日本大震災以降に注目を集めるようになったのが,「LED照明」「太陽光発電」「家庭用蓄電池」「HEMS」といった省エネ設備である.

「LED照明」は一般照明の約1/4の消費電力で高効率・長寿命,紫外放射・赤外放射をほとんど含まないため被照射物への負荷が少ないといった特徴を有する.一方,光に直進性があり一般照明と比較し光の拡がりが少ないという課題がある.

「太陽光発電」は太陽の光エネルギーを直接電気に変換する装置であり,発電時にCO_2を排出することのない,クリーンな発電システムである.しかし,天候により発電量が左右されるため不安定な電力源となっている.

「家庭用蓄電池」は,繰り返しの充放電が可能な電池である.現在はリチウムイオン電池が主流であり,前述の太陽光発電との併用した使い方が省エネに有効である.つまり,太陽光発電の発電電力を蓄電池に充電することで出来る限り自給自足の生活を目指す使い方である.

「HEMS」はヘムスと読み,Home Energy Management System(ホーム エネルギー マネジメント システム)の略語である.家電や照明の電気使用量,ガスや水道の使用量を「見える化」「自動制御」するシステムである.今後家庭で使うエネルギーを一括管理し,省エネ設備の頭脳となるシステムとして期待されている.

家庭用蓄電池　　　　　　　HEMS
(提供:東芝ライテック(株))　(提供:積水化学工業(株))

図2 ｜ 省エネ設備

〔仲谷 剛史〕

📖 参考文献
[1] 平成25年度国土交通省補助事業:「住宅省エネルギー技術 施工技術者講習テキスト」.

CO_2 削減

現在，地球規模で気温や海水温が上昇し，過去1400年で最も暖かい地球温暖化の状態となっている．この地球温暖化の影響により，氷河の縮小・異常気温・大雨・干ばつの増加など，さまざまな気候変化が引き起こされている．この地球温暖化の原因は，人間活動による温室効果ガスの増加にあると考えられている．

温室効果ガスとは

地球は太陽から届いた熱によって暖められ，夜になると蓄えられた熱が宇宙に放出されて気温が下がる．この際，地球の気温が下がり過ぎないように熱を程よく吸収して地表に留めているのが温室効果ガスである．温室効果ガスには二酸化炭素（CO_2）・メタン・一酸化二窒素・フロンガス等があり，この温室効果ガスの効果で地球の平均気温は約14℃に保たれている．逆に大気中に温室効果ガスが全くなければ地球の平均気温は氷点下19℃にまで下がり，生物が地球上で暮らしていくことはできないといわれている．そのため，温室効果ガスは地球にとって，とても大切な気体なのである．しかし，近年この温室効果ガスが必要以上に増加し，より多くの熱を吸収，地球に放出するようになり気温の上昇をもたらしている．

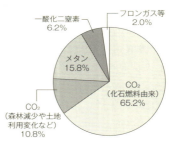

図1 | 温室ガスに占めるガス種類別の割合 [1]
（気象庁 地球温暖化に関する知識）

地球温暖化の取組みの歴史

国連は，大気中の温室効果ガスの濃度を気候に危険な人為的影響を及ぼさない水準で安定化させることを目的に，1992年に「気候変動に関する国際連合枠組条約（UNFCCC）」を採択．同条約のもとで1997年に京都で開かれた第3回条約締約国会議（COP3）で，先進国に温室効果ガスの排出削減を義務づける合意（京都議定書）がされた．この京都議定書での日本の削減目標は，2008～2012年の5年間の平均排出量を，基準年（CO_2については1990年）に比べて6%減らすこととした．京都議定書の後継となる新たな国際合意を目指し，2011年11月に開催された第17回締約国会議（COP17）において，すべての国を対象とした2020年以降の新しい枠組みをつくることが決定された．

建築物が地球環境に与える影響

地球環境への影響を評価するためには，建設してから解体するまでの建築物の一生で評価することが重要である．その評価は，温室効果ガスで代表的なCO_2がどれくらい排出されるかという総量に換算して行うことが一般的である．このようなCO_2排出量を建築物の一生（ライフサイクル）で足し合わせたものを，建築物のLCCO$_2$（ライフサイクルCO$_2$）とよんでいる．さらに，CO_2排出に限らず，製品やサービスの一生（ライフサイクル）にわたる環境影響全体への影響を足し合わせたものをLCA（ライフ・サイクル・アセスメント）とよんでいる．なお，LCAは国際標準化機構（ISO）で枠組みが規格化されており，ISO14040がLCAの一般原則の規格となっている．建築物のライフサイクルは，建設，運用，更新，解体・処分などに分けられ，そのさまざまな段階で地球温暖化に影響を与え，これらをトータルに評価しなければならない．

なお，建築物のLCCO$_2$を評価する作業は，膨大な時間と手間がかかることから，各種評価ツールが開発されおり，建築学会のLCAツールやCASBEE→戸建等を利用して算出することができる．

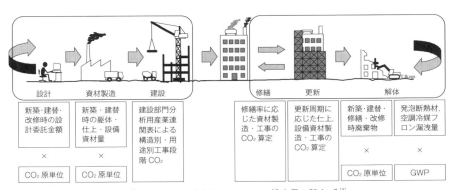

図2 建物のLCA指針におけるCO_2排出量の積上げ[2]

〔仲谷 剛史〕

📖 参考文献
[1] 気象庁HP：知識・解説→地球環境・気候の解説→地球温暖化.
[2] 「建物のLCA指針」日本建築学会.
[3] 日本建築学会HP：建築物のLCAツール　http://news-sv.aij.or.jp/tkankyo/s0/site/arc08.htm.
[4] 建築環境・省エネルギー機構HP：CASBEE→戸建マニュアル.

1 計画関連

⑩歴史系

日本のインテリア …………………… 234
数寄屋造 …………………………… 236
町家 ………………………………… 238
和室の伝統 ………………………… 240
西洋のインテリア …………………… 242
アール・ヌーヴォーとアール・デコ様式
　……………………………………… 244
バウハウス ………………………… 246
家具の歴史 ………………………… 248

日本のインテリア

　日本のインテリアの歴史的変遷をたどるとき，人々の日常生活にかかわる室内空間をみようと思えば，特に住宅建築の変遷過程を主体に考察していくとわかりやすい．神社仏閣の室内空間にもインテリアとして着眼すべきものも多々あるが，ここでは割愛する．住宅建築の様式を歴史的に振り返ると，大きくは「貴族住宅」と「庶民住宅」に分けられるが，歴史的な住宅様式の様相は，当然のことながら貴族住宅の内容が記録や遺構に残りやすく，庶民住宅のそれは不明な部分が多い．住宅様式の系譜を概観してみたものが図1である．

　原始住居は，時系列からいうと竪穴住居から平地住居へと発展していった．足元は土間で，寝たり座ったりするところだけ木材や竹・よしず・藁などを敷き並べていたが，次第に低い床を張るようになる．これが，今日みる民家へと発展するのだが，インテリアとしては，例えば囲炉裏などが生じていく．

　一方，高床住宅は，当初は大切な米を貯蔵する倉庫として生じたものであるが，貴族層が出てきてからは，いわゆる宮殿などの形態として発展していく．ただし，床が張られるからといって，すべてが高床家屋をルーツにしているわけではなく，低い床組，すなわち庶民住宅的な発想のものもある．古代の寺院や役所の足元は土間で，唐風の椅子座だったが，住宅は床座であった．家具としては，腰掛・供物台が発掘されており，正倉院には奈良時代に大陸から伝わった多くの家

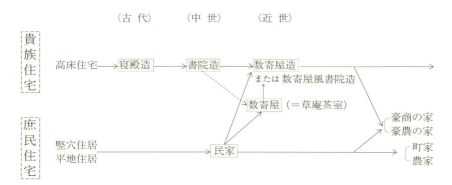

図1　住宅様式の系譜

具・工芸品が納められている．収納家具としては厨子や唐櫃など，座具としては胡床等がある．

　平安時代の10世紀中頃，寝殿造が確立するが，これ以降，和風の調度（＝和風のインテリア）が格段に発達していく．寝殿造の室内の特徴は，まず足元は全体が拭板敷であり，座る所・寝る所に，円座・置畳・褥が敷かれ，特別な寝所には帳台が置かれた．固定した収納空間（押入・物入・固定棚など）はほとんどなく，身近な生活の品々は，移動式の二階棚・二階厨子・厨子棚とよばれる，いわばサイドボードのような家具に収納していた．間仕切りもほとんどなく，これを補うために，屏風・几帳・衝立があり，また，垂れ壁などに固定した間仕切装置として御簾・壁代・軟障が発達した．寝殿造において，和風インテリアデザインの基本が確立したわけで，こうした家具や調度で室内を整えることを「舗設」（後に「室礼」とも書く）という．

　公家文化の平安時代の後，武家文化中心に変わる中世の鎌倉時代・室町時代となるが，この鎌倉・室町期に発生・発達し，次の近世初めの桃山時代に完成した貴族住宅の様式を「書院造」という．この様式の発達過程において，まず固定された間仕切りが増え各室が小さくなり，開閉時に空間を妨げない遣戸（今日でいう引戸のこと）が発達する．具体的には，襖・明障子（今日みる採光を目的として紙を張った障子のこと）・舞良戸の類がある．また，間仕切りの上部には欄間が，室内上面には天井が生じ，時代を追うにつれ豪華絢爛なデザインとして発達していった．

　一方，武家社会になると接客空間が重視されるようになり，室町時代中期頃から接客空間に元々座具であった畳が敷き詰められるようになり「座敷」が生まれ，この座敷を飾るための座敷飾として，床の間・違い棚・付書院・帳台構が生じていき，桃山時代になって，この座敷飾の四要素がすべて整う．これをもって書院造が完成する．

　しかしこの書院造の室内は，住空間としてみると，ある意味で堅苦しい空間であったため，戦国時代頃から武家社会に生じた数寄屋（＝草庵茶室）などの影響を受けて，くつろぎを求める数寄屋造へと次第に変化していった（「数寄屋造」の項目参照）．

〔河田　克博〕

数寄屋造

　鎌倉時代以降に隆盛していった禅宗寺院では喫茶の習慣があり，この習慣が武家や公家の間で行われるようになったが，この喫茶の作法が，室町時代に村田珠光（1422，23-1502）という武人によって「茶道」として確立された．当初の茶道は，先述の貴族住宅である書院造の室内で行われていたが，珠光の孫弟子の千利休（1522-

図1 ｜ 数寄屋の一例

91）は，茶を介しての交流は身分の差なく行うべきと考え，都市の中にあっても俗世を離れた山里の風情を宿す「市中の山居」を理想に，山中にある粗末な材料でつくったような草庵茶室を考案した．これがいわゆる「数寄屋」であり，山中のどこでも採取できそうな曲がった木や細い木や竹，さらに庶民住宅で用いられ貴族住宅では用いられなかった苆入りの土壁などを使った．素朴な材料で構成されている．戦国時代，心が殺伐としていた武家の人々は，この「数寄屋」空間の中での一服が心を癒すことを感じていたことであろう．

　一方で，これまでの書院造の室空間は，住宅として使用する空間としては，形式的で堅苦しいものと感じられるようになっていた．そうした折，貴族たちは，書院造の中に「数寄屋」にあるようなくつろぎが感じられる要素を取り入れることを徐々に施すようになった．最初のうちは，書院造の中に数寄屋の要素を一部に取り入れた空間で，これを「数寄屋風書院造」というが，さらに進むと数寄屋の要素が室全体にまで及び，もはや書院造の語を用いるのが不適切な空間へと展開していった．これを「数寄屋造」とよぶ．「数寄屋造」の建築的特質を，「寝殿造」や「書院造」と比較しながら列挙すると次のようである．

・室内の床部分には，廊下などの板敷を除いて，畳が敷き詰められる．すなわち座敷である．
・壁部分には，好んで土壁が使用される．土壁には色や肌目など多様な風合いがある．貼付壁も部分的に用いられるが書院造の貼付壁に描かれるような派手な

絵は控えるのが一般的である．
- 柱には，ごく小さな面を取った角柱も部分的に用いられるが，多くは面皮柱[1]や皮付柱[2]である．面皮柱にはしばしば塗装が施され，例えば墨を塗ると鉋で削ったところには墨が染み込み黒くなるが，面部分の樹皮だけを除いた部分は墨がのらず白っぽいままである．柱の材質はむろん木材で，均質な断面にはなっていないから面皮柱の削った部分は波打っており，それぞれの柱の表情が異なり趣がある．

図2 | 数寄屋造の細部一例

- 長押は，全く使用しないものも多いが，使用したとしても書院造に用いるような直角部分を残した形状は敬遠され，面取長押・面皮長押・皮付長押・竹などが用いられる．釘隠しを付ける場合，そのデ

図3 | 数寄屋造の一例

ザインは多様で個性的であり，書院造の六葉のように形式がかっていない．襖の引手のデザインも各室ごとに個性がある．例えば桂離宮新御殿には，「月の字」をデザインした引手が見られる（図2には，面皮柱と皮付長押が見られる）．
- 欄間や棚・付書院も形式がかっておらず，それぞれ個性的である．
- 天井のデザインも，木材・竹材・網代など多様な材料を用い，着彩・形状など変化に富むものが多い．
- 建物の屋根形状は，ほとんど起屋根[3]であり，和らぐ印象を外観に見せている．

なお数寄屋造は，個性的な材料や意匠を取り入れたむしろ贅沢なもので，財力を背景にした近代和風住宅へと継承されていく．　　　　　　　　　　〔河田 克博〕

---

1) 面皮柱：小径木を柱に加工したために，面の部分に樹皮下の丸みが残っている柱．面皮長押も同様．
2) 皮付柱：樹皮を残したり，樹皮だけを剥ぎ，天然木の丸みをそのまま見せる柱．皮付長押も同様．
3) 起屋根：反屋根のように，屋根の流れのラインが下方に撓んでいるのではなく，逆に屋根のラインが上方に膨らんでいる（これを「起」という）屋根．棟部分が鈍角になり柔らかい印象となる．

町　家

　町家の原型は一般に平安時代に京都で誕生したといわれる．京都に限らず密集した市街地にたたずむのが一般で，その多くは街路に面し，間口の敷地割が細分化されてきた様態に適応している．街路からみた外観の多くは平入(ひらいり)であるが，地方によっては，妻入(つまいり)が混じる，もしくは妻入がほとんどの場合もある．また階数を観察すると，平屋建のものもあるが，江戸時代の町家の多くは，2階部分の低い「つし2階」である．この2階部分は，小屋組が直接見え，天井は張られず，物置や使用人の室として用いられた．ただし，江戸時代の町家でも2階部分のタチ[1]が高いものもあるが，これは2階部分を商売用の室として用いる場合に限られる．例えば，京都の祇園新橋地区は伝建地区（＝重要伝統的建造物群保存地区の略称）として選定されている町並みであるが，茶屋町として建てられた建造物群であり2階のタチが高い．一般の店舗付住宅または住宅としての町家の2階部分のタチが高くなるのは，西洋建築の影響を受け始めた近代以降，多くは明治中期以降とされている．

　また町家の外観で着目すべき点の1つは格子のデザインで，太さや長さのバリ

図1 ｜ 町家の外観

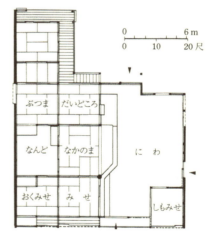

図2 ｜ 関西の町家（今西家住宅）

---

1) タチ：高さ方向の長さのこと．

1. 計画関連　⑩歴史系

図3 | 町家の内部（左にミセ，右側にダイドコロ）　　図4 | 町家の内部（ダイドコロ）

エーションをさまざまに組み合わせた多様なものがみられる．また，この格子のデザインでどのようなものを扱う店舗かがおおよそ判断でき，例えば，米・餅・酒・油など重いものを扱う町家の格子は木太く，これを「米屋格子」と称している．つまり外観からも内部のインテリアがある程度想像できるのである．

　内部に目を移すと，関西系の町家では，入り口の大戸をくぐると，屋内に通り庭またはハシリとよばれる土間が配され，表から裏へ通り抜けができる．この通り庭は単なる通路ではなく，足元が土間であるので火や水が落ちても安全であり，クド（かまど，ヘッツイともいう），流し，場合によっては井戸が設けられ，炊事の場ともなっている．通り庭では，火を使い煙が出るので天井を張らない吹き抜けになるのが一般で，小屋組の形状や構法がよく観察できる．

　通り庭の横には1列または2列の居室が配され，店舗を構える場合，通り庭の際は表側からミセ・ナカノマ・ダイドコロ・ザシキ（オク）と配されるのを基本とするが，奥行の浅い場合には，ナカノマとダイドコロを一室で兼用することも多々ある．ダイドコロは，食事をする個々人の椀・皿・箸などを置く御台盤を収納する所という意味であり，いわゆる食事室のことで，今日いう炊事をする台所とは異なる．ナカノマとダイドコロを兼用する室は，さしずめ居間兼食事室，つまり茶の間に対応する室である．2階に上がる場合，こうした室の際に階段が設けられることが多く，階段下部を収納とした箱階段にする場合もある．箱階段は一種の家具であるが，他にも箪笥や火鉢などの家具がみられることもある．

　通り庭の奥を出ると前栽のある裏庭・中庭が配されることも多く，一番奥のザシキから庭を鑑賞できるように工夫されている．京都では，北向きのザシキから庭を鑑賞するのが最も正式とされるが，これは南を表として育つ庭木の正面を鑑賞できるからである．なお，便所や風呂は通り庭の延長上の裏庭の一角に張り出した外部に設けるのが基本である．

〔河田　克博〕

和室の伝統

貴族住宅で寝殿造・書院造・数寄屋造と展開してきた日本の住様式は，江戸時代後半期になると室内構成の骨格をなす寸法体系が，いわゆる「座敷向略木割」として定着する．ただしこの木割[1]は，農民・町人・武家等の階級を越えて使用できる木割で，直接には明治時代を通じて今日の和風住宅の座敷デザインに適用でき，嘉永3年（1850）に刊行された『雑工三篇大工棚雛形』に記されている．

その用法は，3畳・4畳・6畳・8畳・10畳敷の各座敷について，まず畳1畳当たりの乗率を定め，畳の枚数にその乗率を掛けることによって，各々の広さの座敷の柱大きさを算出するシステムとなっている．各部材については，「床柱竹之子面之高サ」から「附書院障子」まで26項目にわたってその木割が記されている（図1および表1）．つまり一般の木割書のように外観についての木割は記されておらず，室内意匠のみを説明する木割で，外観のいかんにかかわらず，座敷として整えたい室にだけ用いることのできる簡便な木割である．　〔河田 克博〕

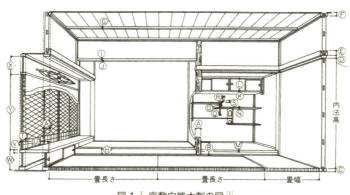

図1 ｜ 座敷向略木割の図 [1]

📖 参考文献
[1] 建築技術教育普及センター編：「インテリアプランナー講習テキスト」, 鹿島出版会, 1990.

---

1) 木割：ある基準長さに比率を乗じて基準部材の大きさを定め，さらに基準部材の大きさを元に他の部材の大きさ等を比率で定めていく設計手法．実寸法で規定する手法とは異なる．

1. 計画関連　⑩歴史系　　　　　わしつのでんとう

表1 ｜ 座敷向略木割表

記号	部材名	座敷規模 寸法算出基準	3 畳敷		4 畳敷		6 畳敷		8畳敷	10 畳敷			
			比率 0.75 =0.25	比率 0.80 =2.40	比率 -0.65 =2.60	比率 0.70 =2.80	比率 0.55 =3.30	比率 0.60 =3.60	比率 0.50 =4.00	比率 0.35 =3.50	比率 0.40 =4.00	比率 0.45 =4.50	比率 0.50 =5.00
Ⓐ	柱 大 き さ	畳 数 × 比率											
Ⓑ	竹の子面高さ	柱大きさ× 3.00	6.75	7.20	7.80	8.40	9.90	10.80	12.00	10.50	12.00	13.50	15.00
		柱大きさ× 3.50	7.88	8.40	9.10	9.80	11.55	12.68	14.00	12.25	14.00	15.75	17.50
Ⓒ	敷 居 の 成	絶対寸法注1)	2.00~ 2.20	2.00~ 2.20	2.00~ 2.20	2.00~ 2.20	2.00~ 2.20	2.00~ 2.20	2.00~ 2.20	2.00~ 2.20	2.00~ 2.20	2.00~ 2.20	2.00~ 2.20
Ⓓ	鴨 居 の 成	柱大きさ× 0.40	0.90	0.96	1.04	1.12	1.32	1.44	1.60	1.40	1.60	1.80	2.00
Ⓔ	長 押 の 成	柱大きさ× 0.90	2.03	2.16	2.34	2.52	2.97	3.24	3.60	3.15	3.60	4.05	4.50
Ⓕ	回 縁 の 成	柱大きさ× 0.45	1.01	1.08	1.17	1.26	1.49	1.62	1.80	1.58	1.80	2.03	2.25
		柱大きさ× 0.50	1.13	1.20	1.30	1.40	1.65	1.80	2.00	1.75	2.00	2.25	2.50
Ⓖ	竿 縁 の 成	柱大きさ× 0.30	0.68	0.72	0.78	0.84	0.99	1.08	1.20	1.05	1.20	1.35	1.50
		柱大きさ× 0.35	0.79	0.84	0.91	0.98	1.16	1.26	1.40	1.23	1.40	1.58	1.75
Ⓗ	床 框 の 成	柱大きさ× 1.00	2.25	2.40	2.60	2.80	3.30	3.60	4.00	3.50	4.00	4.50	5.00
		柱大きさ× 1.20	2.70	2.88	3.12	3.36	3.96	4.32	4.80	4.20	4.80	4.40	6.00
Ⓘ	落 掛 の 成	柱大きさ× 0.40	0.90	0.96	1.04	1.12	1.32	1.44	1.60	1.40	1.60	1.80	2.00
		柱大きさ× 0.45	1.01	1.08	1.17	1.26	1.49	1.62	1.80	1.58	1.80	2.03	2.25
Ⓙ	落 掛 下 端	柱大きさ× 0.60	1.35	1.44	1.56	1.68	2.22	2.16	2.40	2.10	2.40	2.70	3.00
		柱大きさ× 0.70	1.58	1.68	1.82	1.96	2.31	2.52	2.80	2.45	2.80	3.15	3.50
Ⓚ	袋 棚 板 厚	柱大きさ× 0.25	0.56	0.60	0.65	0.70	0.83	0.90	1.00	0.88	1.00	1.13	1.25
		柱大きさ× 0.30	0.68	0.72	0.78	0.74	0.99	1.08	1.20	1.05	1.20	1.35	1.50
Ⓛ	袋 棚 内 法	絶対寸法注2)	9.30~ 9.50	9.30~ 9.50	9.30~ 9.50	9.30~ 9.50	9.30~ 9.50	9.30~ 9.50	9.30~ 9.50	9.30~ 9.50	9.30~ 9.50	9.30~ 9.50	9.30~ 9.50
Ⓜ	引 付 板 厚	柱大きさ× 0.30	0.68	0.72	0.78	0.84	0.99	1.08	1.20	1.05	1.20	1.35	1.50
		柱大きさ× 0.35	0.79	0.84	0.91	0.98	1.16	1.26	1.40	1.13	1.40	1.58	1.75
Ⓝ	違 棚 板 厚	柱大きさ× 0.20	0.45	0.48	0.52	0.56	0.66	0.72	0.80	0.70	0.80	0.90	1.00
		柱大きさ× 0.25	0.56	0.60	0.65	0.70	0.83	0.90	1.00	0.88	1.00	1.13	1.25
Ⓞ	違棚束太さ	違棚板厚× 1.20	0.54	0.58	0.62	0.67	0.79	0.86	0.96	0.84	0.96	1.08	1.20
			0.68	0.72	0.78	0.84	0.99	1.08	1.20	1.05	1.20	1.35	1.50
		違棚板厚× 1.50	0.68	0.72	0.78	0.84	0.99	1.08	1.20	1.05	1.20	1.35	1.50
			0.84	0.90	0.98	1.05	1.24	1.35	1.50	1.31	1.50	1.69	1.88
Ⓟ	几 帳 面	—	—	—	—	—	—	—	—	—	—	—	—
Ⓠ	違棚鼻の出	違棚板厚× 2.00	0.90	0.96	1.04	1.12	1.32	1.42	1.60	1.40	1.60	1.80	2.00
			1.20	1.25	1.30	1.40	1.65	1.80	2.00	1.75	2.00	2.25	2.50
Ⓡ	違棚筆返しの出	違棚板厚× 1.00	0.45	0.48	0.52	0.56	0.66	0.72	0.80	0.70	0.80	0.90	1.00
			0.56	0.60	0.65	0.70	0.83	0.90	1.00	0.88	1.00	1.13	1.25
Ⓢ	違棚筆返し高さ	違棚板厚× 1.00	0.45~ 0.56	0.48~ 0.60	0.52~ 0.65	0.56~ 0.70	0.66~ 0.83	0.72~ 0.90	0.80~ 1.00	0.70~ 0.88	0.80~ 1.00	0.90~ 1.13	1.00~ 1.25
		違棚板厚× 1.50	0.68~ 0.84	0.72~ 0.90	0.78~ 0.98	0.84~ 1.05	0.99~ 1.25	1.08~ 1.35	1.20~ 1.50	1.05~ 1.32	1.20~ 1.50	1.35~ 1.70	1.50~ 1.88
Ⓣ	書院柱大きさ	柱大きさ× 0.80	1.80	1.92	2.08	2.24	2.64	2.88	3.20	2.80	3.20	3.60	4.00
Ⓤ	書院地板の幅	絶 対 寸 法	13.00~ 13.50	13.00~ 13.50	13.00~ 13.50	13.00~ 13.50	13.00~ 13.50	13.00~ 13.50	13.00~ 13.50	13.00~ 13.50	13.00~ 13.50	13.00~ 13.50	13.00~ 13.50
Ⓥ	書院地板厚	柱大きさ× 0.35	0.79	0.84	0.91	0.94	1.16	1.26	1.40	1.23	1.40	1.58	1.75
		柱大きさ× 0.40	0.90	0.96	1.04	1.12	1.32	1.44	1.60	1.40	1.60	1.80	2.00
Ⓦ	書院地板高さ	内法高×1/5注3)	11.60	11.60	11.60	11.60	11.60	11.60	11.60	11.60	11.60	11.60	11.60
Ⓧ	書院欄間内法	内法高×1/5	11.60	11.60	11.60	11.60	11.60	11.60	11.60	11.60	11.60	11.60	11.60
Ⓨ	書院障子内法	内法高×3/5	34.80	34.80	34.80	34.80	34.80	34.80	34.80	34.80	34.80	34.80	34.80

注1) 敷居の成は畳厚のため，絶対寸法であり，部屋の広さに無関係．
注2) 内法高は，58.0・570を一般とし，絶対寸法であるので，袋棚内法も変化しない．
注3) この場合，内法高を58.0と仮定して算出．
注4) 切目縁上端より敷居下端までの寸法．

西洋のインテリア

　西洋では構造的に閉鎖的な空間のなかで、さまざまなインテリアの様式が形成された。西洋の建物は、石やれんがなどで支える壁構造が主体であったため、壁面が大きく開口部は小さい。客人を配慮して、扉は主室に向かって開き、その視線の先に暖炉が配置されるのが伝統である。また、構造体である壁の圧迫感を和らげるため、タピストリーを掛けたり、パネル張り、クロス張り、漆喰塗りなどで演出した。

　中世までは広間を多用途に使っていたが、生活が安定して部屋が用途別に分化するにつれ目的に応じた装備がなされ、家具の種類も増加していった。近世からインテリアの整備が進み、絶対王制の進むバロックの時代からは、国や地方独特のインテリアスタイルが形成されていった。ここでは、今も見られる西洋のインテリアスタイルを理解する上で必要な歴史的変遷を述べる。

古代

　古典様式の基礎となるオーダーが、ギリシャ・ローマ時代に築かれた。オーダーとは、柱の下部から軒までの造形のプロポーションを指し、柱頭の装飾に特徴がある。ギリシャ神殿の3つのオーダーを基礎にして、ローマ時代に5つのオーダーが出来上がり、外観だけでなくインテリアにも用いられた。西洋の室内装飾に見られる壁面の付け柱や繰り形などは、古代のオーダーにその起源があると考えてよい。

中世

　キリスト教の普及とともに、11世紀ロマネスク期から教会建築が発達した。ゴシック期には、構造の発達によって高い天井と大きな開口部を作ることが可能になり、教会堂は垂直性を強調した大空間となった。特徴的なのは交差ヴォールト構造によってもたらされた開口部の先頭アーチ形の形態で、窓はさらに線状トレサリーで細分化される。ゴシック

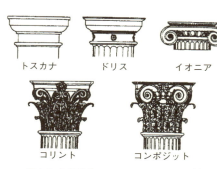

図1　古代様式5つのオーダーの柱頭[1]

様式の装飾で特徴的なのはリネンフォールド（折布装飾）だが，イギリスでは遅れて16世紀に流行し，壁面パネルを飾った．

近世

ルネサンスの広まりとともに古典様式が導入され，各国固有のスタイルが形成された．

フランスではヴェルサイユ宮殿の造営（1686年）によって，権威的なルイ14世様式（バロック）が形成した．次の，ルイ15世様式（ロココ）はサロン文化を反映して部屋は小振りになり，鏡を多用し，曲線的デザインで家具は猫脚になる．しかし，ポンペイ遺跡の発掘で古典様式が見直され，ネオクラシズムのルイ16世様式が形成される．さらに，ナポレオン1世の時代になると古代エジプトやローマ時代のモチーフを用いた，シンボリックな形態と彩度の高い布を使ったアンピール様式が流行する．

イギリスでに家具や壁面パネルに特徴が見られ，時代とともに明るい色調に変わっていく．チューダー様式はオーク材の暗い色でゴシック様式の影響も残るが，17世紀にはオランダやフランスの影響を受けたウォールナット材のインテリアに変わり，18世紀に入るとマホガニー材を使った独自のスタイルが形成される．しかし，ヴィクトリア時代になると復古趣味から折衷スタイルが好まれるようになり，近代化の中でインテリアのデザインは混乱を来す．そうした中，新しいデザインも模索される．ウィリアム・モリスのアーツ＆クラフツ運動（美術工芸運動）がその先駆的活動で，後世に与えた影響は大きい．

アメリカでに，植民地時代をコロニアル様式，独立後はフェデラル様式という．初期は移民の本国の影響が強いが，次第にイギリスの影響の強いネオクラシズムへと変化した．

〔片山 勢津子〕

参考文献
[1] 小原二郎編：「インテリアの計画と設計 第2版」, 彰国社, 2000, p.21.
[2] [1]に同じ, p.22.
[3] [1]に同じ, p.23.

図2 ルイ15世様式（ロココ）[2]

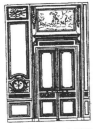

図3 ルイ16世様式（ネオクラシズム）[3]

図4 アンピール様式[3]

アール・ヌーヴォーとアール・デコ様式

19世紀末から20世紀前期にかけて，近代化が進む激動の時代の中で新しいデザインの試みがヨーロッパ各地で行われた．その中で，アール・ヌーヴォーとアール・デコは国際的に広まったデザインの傾向であった．

アール・ヌーヴォー

イギリスのアーツ＆クラフツ運動（美術工芸運動）の影響を受けて，過去の歴史様式にとらわれないアール・ヌーヴォー（新芸術）とよばれるデザイン様式が19世紀末のヨーロッパで花開いた．この名はパリの美術商の店名に由来する．ベルギー人アンリ・ヴァン・デ・ヴェルデ（1863-1957）が展覧会場を設計した同店の展覧会（1895年）は，その斬新さゆえにセンセーションを巻き起こした．装飾の原点はこれまでにない有機的な曲線で，そのデザインはベルギーのブリュッセルからフランスのパリ，ナンシー，そしてヨーロッパ全土に広まった．なお，ドイツやオーストリアでは，ユーゲントシュティル（若い様式）とよばれた．

代表的なデザイナーとしては，ベルギーのアンリ・ヴァン・デ・ヴェルデのほか，ヴィクトール・オルタ（1861-1947），ナンシー派のガラス工芸家エミール・ガレ（1846-1904），家具デザイナーのルイ・マジョレル（1859-1926），パリ派の建築家エクトル・ギマール（1867-1942）らが知られる．フランスのナンシー派がロココ風なのに対して，パリ派は自然の有機的形態をモチーフにしており，各地で様相が異なる．スペインの建築家アントニオ・ガウディー（1852-1926）のデザインにも同様の有機的造形が見られる．一方，イギリスではグラスゴーの建築家チャールズ・レニー・マッキントッシュ（1868-1928）らが直線的デザインに曲線を加味した独自のインテリアや家具を設計した．マッキントッシュらグラスゴー派のデザインは，その特徴からイングリッシュ・アール・ヌーヴォーともよばれる．

図1 ｜ アール・ヌーヴォーのインテリア／タッセル邸（ヴィクトール・オルタ，1893年）

アール・デコ

20世紀に入り工業化が進むと，柔らか

な曲線で表面を覆うアール・ヌーヴォーのデザインは次第に姿を消し,硬質で幾何学的,そして明るく光沢のあるデザインへと変化した.1910年代後半から30年代に見られるこのスタイルをアール・デコという.名称の由来は,パリで開催された博覧会(1925年)の略称である.

アール・デコにはキュビズムなど前衛絵画のほか,古代エジプト遺跡や東洋美術などの影響が見られ,幾何学的で色彩が豊かである.また,世界の都市で同時代に流行し,新たな美術産業として社会に認知されたスタイルであった.しかし,現実には贅沢品が多く,社会的需要を考えた前衛運動とは一線を画し,第二次世界大戦とともにその流行は終焉を迎えた.

アール・デコのデザインは,ヨーロッパだけでなくアメリカのスカイスクレーパー(摩天楼)や上海の近代建築など都市建築に多く見られる.インテリアでは,ニューヨークのクライスラービルのラジオシティー・ミュージックホールが有名である.また,全盛期を迎えた外国航路の豪華客船もアール・デコのインテリアで華やかに彩られた.日本のアール・デコとしては,朝香宮邸(1933年,現 東京都立庭園美術館)があり,フランス人ルネ・ラリック(1860-1945)のガラス作品やアンリ・ラパン(1873-1939)設計のインテリアや家具が今に残る.

アール・デコの特徴としては,照明の多用とガラスや金属の効果によって部屋が明るく光り輝いていること,珍しい材料を使用していること,幾何学的ながら緻密な装飾で手工業的技術が必要であることなどで,高価なものであることから大衆ではなく一部のエリートのためのデザインといえる.

他にアール・デコ期に活躍したデザイナーとしては,ジャック・リュールマン(1879-1933)やピエール・シャロウ(1883-1950),アイリーン・グレイ(1878-1976)らがいる.シャロウはガラスブロックを使ったパリの邸宅「ガラスの家」(1930年)で,グレイは漆を作品に取り入れたことで知られる.デザイナー達は時代とともに作風を変えており,アール・デコはモダニズムへの過渡的様式といえよう.

〔片山 勢津子〕

参考文献
[1] 千足伸行監修:「アールヌーボーとアールデコ」,小学館,2014.

図2 アール・デコのインテリア/朝香宮邸

バウハウス

　第一次世界大戦が終わった翌年の1919年，ドイツのワイマールに新しい国立の造形学校バウハウスが開校した．初代校長の建築家ヴァルター・グロピウス（1883-1969）は，戦後の荒廃の中で新しい時代を説き，芸術と工業との統合を目標に掲げ，理念と実習の両面から教育を行った．デザインによる産業育成を目指したドイツ工作連盟の主要メンバーであった彼は，芸術と技術の矛盾を克服し，建築によって統合しようとした．そのため，既存のワイマール公立美術工芸学校と美術アカデミーを統合して，バウハウスは出発した．戦前の美術工芸学校では，アンリ・ヴァン・デ・ヴェルデ（1863-1957）による新しい様式を目指した教育が行われていたので，その思想を継承した総合芸術学校といえる．初期は親方と徒弟関係による手工芸的側面が強かったが，ドイツの産業復興とともに消費社会との接点が模索され，合理主義的傾向を強めていった．

ワイマールからデッサウへ
　教師陣には，パウル・クレー（1879-1940），モホリ・ナギ（1895-1946），ワシリー・カンディンスキー（1866-1944），ヨハネス・イッテン（1888-1967）ら芸術家が招かれた．ロシア構成主義やオランダのデ・スティルの影響を受けながら，機能主義的教育が行われた．学生達は新しいデザイン理論を学んだ後，工房で徒弟として修行した．単純な日用品から建築まで，時代に即した住まいの発展に寄与することを目的に，量産化可能な工芸品や建築モデルのデザイン，そして材料やその合理的使用法の研究が行われた．また，雑誌や叢書を刊行して，その思想を世界に広めた．しかし，地元の保守派の反発から移転を余儀なくされた．

デッサウからベルリンへ
　1925年，バウハウスはデッサウの地で，市立バウハウスとして再出発した．新校舎はグロピウス設計の建物で，鉄とガラスを多用した合理主義的建築である．インテリアは卒業生マルセル・ブロイヤー（1902-81）が指導する指物部のデザインで，マイスター宿舎は新しい住宅の方向性を示している．大きなガラスの開口部と，装飾のない壁面，実用性と機能性を重視した室内には，ブロイヤーのスチールパイプを使った椅子などが必要最小限に配置された．組織の合理化も進んで，工房作品の販売も始まった．1928年には建築課程が設置され，校長は建築家ハンネス・マイヤー（1889-1954）に替わった．彼は，唯物論者の立場から徹

底した理論と機能主義によって大衆のためのデザインを目指した．工房の改革も行われ，繊維工房は残ったが，金属，指物，壁装の工房はインテリアデザイン工房に統合された．バウハウス製品で最も成功したのは壁紙で，目立たない地模様のみのため柄合わせも必要がなく小さな部屋でもマッチした．こうした濃淡のある単色仕上げのデザインは，バウハウスが初めてである．大衆性が意識され，標準形を目指し，アルミの照明器具や折りたたみ式の家具が開発された．しかし，大恐慌後のナチの台頭によって，社会主義者であったマイヤーは 1930 年に辞任，新しい校長に建築家ミース・ファン・デル・ローエ（1886 – 1967）が就いた．その後，徒弟制度は廃止され工房教育と建築の結びつきが深まったが，1932 年ナチスの圧力によってベルリンに移転し私立学校となった．さらにその翌年，バウハウスの歴史はわずか 14 年で終焉を迎えることになった．バウハウス自体は短命だったがその教育システムやデザイン思想は，講師や卒業生達によって世界へ伝播した．特にグロピウスやブロイヤー，ミースらが移住したアメリカでは機能主義デザインが発展定着し世界の基準となっていった．

バウハウスの家具

　家具工房は開校当初から存在し，グロピウスが指導した．当初はオランダのリートフェルトの家具の影響で，規格を重視した木製角材の椅子が作られたが，次第に機能性が重視される．素材や機能性の研究が行われ，素材も角材からスチールパイプ，合板へと変化していった．バウハウスの家具として最も知られている作品は，金属パイプを使用したブロイヤーのワシリーチェア（1925 年）で自転車のハンドルに着想を得たといわれている．また，後ろ脚のないキャンティレバー構造の椅子の開発が，建築家マルト・スタム（1899 – 1986）とブロイヤーによって行われた．背と座が籐張りのチェスカチェア（1928 年）が有名である．　〔片山 勢津子〕

図 1 ｜ バウハウス・デッサウ校

図 2 ｜ ワシリーチェア[2]　図 3 ｜ チェスカチェア[3]

参考文献
[1] Bauhaus Archiv, Magdalena Droste：*Bauhaus*, Taschen, 2006.
[2] インテリア産業協会編：「インテリアコーディネーターハンドブック」，2013, p.60, 図表 3-89.
[3] [2] に同じ，p.60, 図表 3-90.

家具の歴史

　家具の歴史は長く広大で，文化，環境，人間の生活様式および住居形態の変化に応じて変遷してきた．ここでは西欧の近世，近代そして現代までの家具の歴史をたどることとする．

近世

　15世紀後期，イタリアのトスカナ地方の首都フィレンツェの富豪メディチ家は石造りのパラッツォとよぶ中庭式の邸館を建て，豪華な室内装飾とそれにふさわしい家具を備えた．古代ローマの様式をもとにした豪壮なルネッサンス様式の家具が実現された．貴族たちが接見や会合に使うダンテスカ（図1）やサボナローラとよぶ椅子は，脚部がX形に湾曲した折畳み式で，ビロードのクッションを乗せて使う．カッソネとよぶ婚礼用の櫃などは豪華な彫刻で飾り，イタリア・ルネッサンス家具を代表する（図2）．ルネッサンス様式はローマからヴェネチアそしてフランスに渡り，フランソワ1世からルイ13世の間に，洗練されたフランス・ルネッサンス様式の家具が流行した．宮廷のサロンで貴婦人が団欒する際に使うカクトワール（おしゃべりの椅子）などはフランス・ルネッサンスの特色を示す作品である（図3）．

図1 ┃ ダンテスカ/ウォルナット，ビロード，ルネッサンス様式，フィレンツェ（16世紀）

図2 ┃ カッソネ（紋章付き婚礼用櫃）/イタリア・ルネッサンス様式（16世紀後期）

イギリスにはフランスを通して，エリザベス女王の時代にルネッサンス様式が導入された．上流の貴婦人が使う肘掛のない背もたれ付きのファージンゲールチェア，精巧にロクロ加工されたボビンチェア，ホール用のカップボード（飾棚），4柱式天蓋付き寝台などはイギリス・ルネッサンス（チューダー様式）を代表する作品である．

　17世紀になると，イタリアのローマからダイナミックで生命力にあふれたバロック様式が，インテリアや家具にもとり入れられた．ヴェネチアの彫刻家アンドレア・ブルストロンの黒人少年の彫刻を脚部にとり入れたアームチェアは12脚が保存されている．

　フランスでは，ルイ14世がヴェルサイユ宮殿を造営し，そこに華麗なフランス・バロック様式の玉座，大テーブル，天蓋付き寝台，そして宮廷家具師アンドレ・シャルル・ブールによる黒檀に象眼細工と金の飾り金具をつけた宝石箱，キャビネット（図4），衣裳戸棚など壮麗な家具を備えた．

　イギリスでは，チャールズ2世時代からジャコビアン様式（イギリスのバロック様式）とよぶウォルナットに花柄の寄木細工で飾ったチェスト・オブ・ドロワーズや事務用キャビネットなど軽快な家具が流行した．

ロココ

　18世紀のフランスは，ルイ15世の時代になり，ルイ14世時代の格式張った宮廷から逃れて，貴族たちはパリ市内に瀟洒なパビヨンとよぶ邸宅を構え，そこで自由なサロン生活が営まれた．その雰囲気にふさわしい流麗な曲線を本体にした軽快なロココ様式のアームチェア（図5）やテーブル，ソファなどの脚はすべてガブリオール（猫脚）とよぶ優美なスタイルで，女性の美しい体を連想させるものであった．

　このロココ様式はイギリスではアン女王の時代

図3　カクトワール（おしゃべりの椅子）/フランス・ルネッサンス様式（1575年頃）

図4　ブール象嵌で飾ったキャビネット/アンドレ・シャルル・ブール，フランス・バロック様式（17世紀後期）

から流行，当時ロンドン市内で大きな家具工場を経営していたトーマス・チッペンデールは，フランスのルイ15世様式をロンドンの市民の日常生活に適合するようなチッペンデール様式の家具を製作し，大変な流行を博した（リボンバックチェアやラダーバックチェアなど）．

18世紀後期には，イタリアのポンペイなどの古代遺構の発掘やドイツの美術史家ヴィンケルマンの古代ギリシアの学術的研究などにより，ヨーロッパに古典主義が鼓吹され，家具意匠の面でもクラシック様式が主流になってきた．フランスではルイ16世やマリー・アントワネットの時代に家具は曲線から直線と古典のプロポーションが重視された．イギリスでは建築家ロバート・アダムによる古代ローマ研究をもとにしたクラシック様式の家具スタイルが流行，ロンドンの著名な家具デザイナーのジョージ・ヘップルホワイトやトーマス・シェラトンなどによりクラシック様式の家具が推進された（図6）．

ウィンザーチェアとコロニアル家具

18世紀になると都市の富裕な市民や地方の地主階級も室内で家具を備えるようになった．イギリスのウィンザー地方のハイウイカムの木工職人がブナ材を加工して素朴なロクロ加工の椅子を作り，ウィンザーチェアと命名され，ロンドンをはじめ18世紀中期にはイギリス全土に流行し，庶民の生活になくてはならない家具になった．18世紀後期にはヨーロッパ各地からアメリカの植民地にまで

図5 フォトウーユ（アームチェア）／ロココ様式，オテル・カルナバーレ，パリ

図6 シェービングテーブル（ひげそり用）／マホガニー，シェラトン様式，ロンドン（1790年頃）

流行した．家具が西欧で庶民生活の間にも流行したのである．
　アメリカでは，東部海岸を中心にイギリスの家具が移入され，コロニアル・スタイルとよばれた．独立戦争後には，アメリカ独自の家具がフィラデルフィア，ニューヨーク，ボストンなどで製作され，これらをフェデラル・スタイルとよぶ．

アンピール（帝政）様式
　1789年のフランス革命でルイ王朝は崩壊し，ナポレオンの出現により帝政が確立．古代ローマを憧憬したナポレオンは，古代ローマの大理石家具をもとにしたマホガニーに金の飾り金具を施したシンプルなアンピール様式の家具を彼の宮廷に配置した．彼が遠征したイタリア，ドイツ，オーストリア，スペインにはアンピール様式が流行した．ただし，ドイツ・オーストリアでは批判を込めて，ビーダーマイヤー様式とよんで庶民生活に適合した家具を生産し，このスタイルは19世紀から20世紀にかけて支持されていた（図7）．
　イギリスではジョージ4世の摂政期にあたり，リージェンス様式とよび，古代ギリシアの家具をもとにしたクラシック様式が流行した．

近代
　1851年ロンドンで万国博覧会が開催され，イギリスは工業生産力を発揮して，機械生産よる低価格の量産家具を生産したが，品質が悪く趣味の悪い作品であった．これに対して，工芸家ウィリアム・モリスは熟練した職人の手による美しい家具を生産した．これはアーツ＆クラフツ運動（美術工芸運動）として世界の注目を集めることになり，マクマード，ヴォイセー，アッシュビーなどの有力デザイナーが参加した．
　フランスとベルギーではモリスの影響を受けて，過去の様式と決別し，植物の曲線形態を家具の構成にとり入れた「アール・ヌーヴォー（新芸術）様式」が1895年頃から1910年にかけて流行した．パリではエクトル・ギマールを中心に，ナンシーではエミール・ガレを中心にアール・ヌーヴォー様式の家具が流行（図8）．1900年のパリ万国博覧会はアール・ヌーヴォーの最盛期であった．同じ頃，グラスゴーはC・L・マッキントッシュ，バルセロナではアントニオ・ガウディ，イタリアのトリノではカルロ・ブガッティがそれぞれ独特のアール・ヌーヴォー様式を展開した（図9）．

図7｜ビーダーマイヤー様式の椅子/ドイツ（1815～20年）

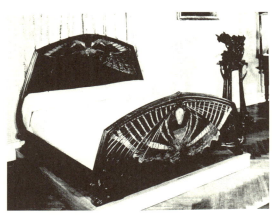

図8 「黎明と黄昏」と題するダブルベッド／エミール・ガレ，ナンシー（1904年）

図9 かたつむりの部屋の椅子／カルロ・ブガッティ，イタリア・トリノ（1902年）

図10 ジグザグチェア／ヘリット・トーマス・リートフェルト（1918年）

図11 ワシリーチェア／マルセル・ブロイヤー（1925年）

オーストリアでは，アール・ヌーヴォーの曲線様式を否定，単純な構造と直線構成によるデザインを展開，ウィーンを中心にゼツェッション（分離派）グループは方形や円形をモチーフにした家具を制作した．アドルフ・ロースの「装飾は罪悪である．美を装飾に依存する代りに，形式において捉えよ」と．第一次大戦後，オランダでは，建築家ヘリット・トーマス・リートフェルトによる「赤と青

の椅子」や「ジグザグチェア」(図10)などの革新的デザインが展開された．この考え方は，ドイツの建築家ワルター・グロピウスによって引きつがれ，バウハウスとよぶデザインスクールが設立された．ここではシンプルな造形と機能主義に基づく家具が制作された（マルセル・ブロイヤーのワシリーチェア（図11），ミース・ファン・デル・ローエのバルセロナチェアなど）．同じ頃，フランスではル・コルビュジエが肘掛椅子や寝椅子など独自な作品を発表している．

　1933年，ドイツに出現したナチス政権によってバウハウスは閉鎖．第二次大戦が起こり，そこで活躍していたグロピウス，マルセル・ブロイヤー，モホリ・ナギらはアメリカに移住．グロピウスはハーバード大学，モホリ・ナギらはシカゴにニューバウハウスを設立し，大資本を背景にした工業生産のための機能主義デザインの発展に貢献した．

　アメリカでは，ルイス・サリヴァン，フランク・ロイド・ライトなどは「形式は機能に従う」という思想をもとに，アメリカのモダンデザインの指導的な役割を果たした．

現代

　現代家具の出発点はアメリカである．ニューヨークの近代美術館はモダンデザインの発展をはかるために，1940年には〈室内設備における有機的デザイン〉に関するデザインの世界コンペを開催した．ここで若い建築家チャールズ・イームズとエーロ・サーリネンは，〈座家具と居間家具〉というテーマの作品でグランプリを獲得し，一躍有名になった（図12）．彼らのデザインは椅子と収納ケースである．椅子はシートに成形合板によるシェルフォームをとり入れ，脚にアルミニウムを用いたものである．シートは薄いラバーを布地で覆ったもので，座りの機能に優れている．

　1948年には〈低価格家具〉の国際コンペを主催，イームズは可塑性グラスファイバーの椅子でグランプリを獲得した．サーリネンもシェル構造を発展させたウームチェア（子宮椅子）を完成させた．

　このような機能主義のデザインに対して，マサチューセッツ工科大学建築科出身の日系建築家ジョ

図12　椅子とサイドボード／イームズとサーリネン共作，ニューヨーク近代美術館のコンペで金賞（1940年）

図13 サイドボード「カサブランカ」/メンフィス，エットーレ・ソットサス，ミラノ（1981年）

図14 モンローチェア/磯﨑新，メンフィス，ミラノ（1972年）

ージ・ナカシマは，シェーカー家具やウィンザーチェアのもつ素朴で単純な形態をとり入れて，量産家具にみられない個性的な様式を生み出している．このようなヒューマニスティックなデザインは，戦後のデンマーク家具にも強く反映された．クラフト的な表現を強く示した北欧の家具には，工業化のために極端に合理化された家具にはみられない生命感といったものが強く感じられる．

　北欧のデンマーク，スウェーデン，フィンランドでは第一次大戦以来，木材の美しさと手工芸的な表現を調和させたヒューマニズムモダンといってよい独特な北欧スタイルの家具をつくりあげてきた．

　フランスやイタリアでは，クラシック様式を現代化したクラシックモダンとよぶ新しい家具が流行し市民に愛好されている．特にイタリアでは，1981年にミラノでエットーレ・ソットサスを中心に結成された「メンフィスグループ」は，今までにない家具デザインと人間の生活スタイルの創造を目指し，日本からも磯﨑新，倉俣史朗，喜多俊之らも参加している．21世紀は世界各国がポストモダンのデザインを目指して活動している（図13，14）．

〔鍵和田 務〕

2 実務基礎関連

①設計系

設計プロセス ……………………… 256
図面・図法の種類 ………………… 260
透視図・アクソメ図 ……………… 264
インテリア模型 …………………… 268
プレゼンテーション技法 ………… 270
CADとCG ………………………… 272

設計プロセス

インテリアの設計プロセスは，設計者・デザイナーがクライアント（依頼者）から対象となるインテリアのデザイン依頼を受けて，クライアントの要望・イメージに従ってインテリアデザインを仕上げる手順のことである．その手順とは，まずクライアントの思い・考えを聞いてその内容を整理し，どのような条件でデザインをするかという方向・方法を立案する「企画」に始まり，これをクライアントがわかりやすい，見やすい絵にして，コンセプト（意図・考え）とともに提示する「基本計画」へと進む．この基本計画に至ると設計者・デザイナーのデザインがクライアントに理解されるので，より具体的なデザイン要素となるゾーニング，エレメント・ファニチュアレイアウト，色，材料などの「基本設計」へとステップアップする．ただし，クライアントの予算もあるので，ここでは予算を考慮しながら基本設計を組み立てていくことになる．予算とデザインが成立するといよいよ工事に入るわけであるが，この工事に入る前に各工事者が迷うことなく，工事ができるようにわかりやすい図面が必要となる．これが「実施設計」であり，ここまでがこの実施設計へと進める過程である（図1）．

企画

企画は，クライアントからの意図・要求といった条件および対象となるインテリアの制約条件を調べて，インテリアのデザインに必要な要素を整理することである．住空間（住宅）の場合，クライアントがどのような生活を望んでいて，将来の生活にどのような変化があるのか，生活習慣，趣味，好みはどうであるかを知っておくことである．また，クライアントがどのような空間を欲しがっているかも知っておくことで，クライアントの住みたい具体的な空間像を把握すること

図1 | 設計プロセス

ができる.

　一方,住空間が個人を対象としていたのに対して商空間(店舗)の場合は,不特定多数の人の動向を対象としなければならないので,店舗の対象商品に対する消費者側の欲求を調査する必要がある.その調査は,店舗の建つ立地条件,どのような商業圏・ライフスタイルかなどといったものであり,これにより人口と購買力から適正な規模と競合施設の把握をしておく.

　このように企画では,対象のインテリアの条件を調査し,調査した資料をもとにデザインへの分析をして,基本計画,基本設計,実施設計へとつなげる.

基本計画

　デザインを実行するための条件が定まると,それをもとにして設計者・デザイナーのデザインコンセプトを立案する.具体的には住空間の場合,依頼者の生活習慣,家族構成などの生活に関わることと,食べたり・寝たり・排泄したり・くつろいだりする空間の大きさや家具・色・材質・素材の好みを把握し,敷地周辺の環境を設定する.商空間の場合,商品の客層,商品の構成,VMD計画,CI計画,デザインの特徴,周辺の環境状況を設定して,コンセプト,デザインスケッチ,スケッチパースを作成してクライアントに提示する.特に,ここで作成する

図2 ｜ 参考のエスキース

スケッチはエスキース（図2）ともよばれ，このエスキースの仕上がり，描写力によっては，デザインを確定する重要な手がかりとなる．エスキースは，デザインの完成イメージを発想して，フリーハンドで描く手法である．発想したイメージを相手に言葉で伝えようとしても，習慣・性格・育った環境によって捉え方が違うことも考えられ，思うように伝わらないことがある．そうした時に伝えやすいのが視覚伝達のできる絵，すなわちエスキースである．エスキースの利点は発想したイメージを短時間に，素早く，簡単に表現できて，複数のデザイン案を提案することにある．発想のきっかけとなるのは，普段何気なく見た風景・空間で印象的なものがあったとか，色と素材の使い方が記憶に残る構成だったとか，といったことが手がかりとなる．また，エスキースの描写力を上げるためには，描かれる空間の大きさや，家具・什器のかたちと寸法，空間演出に欠かせない照明・植物・小物類の知識を養っておく必要がある．

基本設計

　デザインコンセプトが決まってくると，エスキースに従って図面を作成する．これが基本設計である．図面作成においては，人・空間・行為・道具・心理の観点から相互にフィードバックしながら作業を進める必要がある．住空間では，以下の4つの内容に分けて作業が行われる．

ゾーニング　ゾーニングとは区分，区画を意味し，住宅でいうプライベート（寝室），パブリック（食堂・居間），水回り（台所・浴室・トイレ）といった生活機能別に区分することで，各生活機能の独立性に配慮して計画する．併せて各生活機能相互の動線が交差しないようにも配慮する．

インテリアプランニング　生活機能別に区分したかたち・広さが寸法上満足に機能する空間が確保できているかどうかを調整する作業で，併せて空間の開口部の確保と位置，大きさ，数量についても検討する．

ファニチュアレイアウト　各空間の機能に必要な家具の数量・種類・大きさを把握して，動線への支障を考慮しながら家具を配置する．

ファーニッシング　視覚的・心理的な面に考慮して，各空間に合った床・壁・天井の色彩や材料，テクスチュアを選び，仕上げる．

　商空間では，1) 商品のかたち・寸法・数量に伴う面積や利用客の動線計画，2) 商品の保管・サービスエリアにおける作業動線の計画，3) 店舗全体の特徴を検討し，人を引きつける効果の計画，4) 店舗に配置される什器の計画，5) 心理的な要素を考慮した商品の陳列計画に分けて捉えることができる．

　このようにしてまとめられた内容をクライアントに了解させるためにプレゼンテーションがある．プレゼンテーションに用いる図案には以下のものがある．

①平面図・展開図・断面図　平面図は，各空間の大きさや用途・つながり・位置を寸法という尺度によって平面的に理解させることができる．展開図は，各空間の各面のつながりを立体的に表示する．断面図は，各階や各空間をつなぐ壁の納まりを表示する．縮尺は，各空間の位置関係の把握ができればよいので，主に1/100で作成される．

②透視図・アクソメ図　透視図は，人間の目で見える視野で描かれるので，空間を平面図で見るよりわかりやすく，理解されやすいといえる．アクソメ図は，上部より空間を眺めるように描く方法で，内部空間全体を見渡すことができる（「透視図・アクソメ図」の項目の図5）．

③模型　透視図・アクソメ図は絵として一方向しか眺めることができないが，模型はいろいろな方向・角度から眺めることができる．また，空間に置かれる家具や設備が立体的に確認できるという利点をもっている．

その他にも，使用材料の実物や内装材のサンプル，図面に記載した構造・設備，考え方や特色を図，文章にして表示する設計趣旨，部品の組み合わせや作業の手順，材料の調合・品質・性能について記した仕様書などがある．

いずれもデザイン案に従って作成する．また，プレゼンテーションの内容はクライアントが提示した予算内に納める必要があるため，予算に合わせて2案，ないしは3案を提示することも必要である．

実施設計

基本設計まではクライアント側の了解と承認を受けるための作業であったが，実施設計ではつくり手側のための設計となる．承認を受けたデザインを確実に実現するためにつくり手側の職人・施工者にわかりやすく，正確に読み取れる図面を作成することが主な目的である．具体的には平面・展開・断面・家具の詳細図面の作成で，構造体に取り付ける家具，設備，照明の寸法がわかるような図面である．そのため図面の縮尺は1/50～1/20で作成される．中には開口部，造作部品などの納まりがわかりにくかったり，数値が小さい場合には1/1，1/5，1/10の縮尺で作成することがある．なお，設計内容に従って施工する際には，使用面から安全性・利便性・耐久性を考慮して寸法・形状・材料・納まり・テクスチュア・色彩を決める．生産面から見積に従った材料選び・在庫の有無・加工方法・コスト・メンテナンスの検討をすることが重要である．　　〔棒田　邦夫〕

図面・図法の種類

　インテリアを描く場合，建築の製図法を基礎としているが，通常建築では表現しない，家具やウィンドートリートメント（窓装飾），カーペット，家電製品，照明器具，観葉植物，額絵などのインテリアエレメントも表現することが特徴である．

図法の種類
　図を使って空間を表現する場合，その図法の種類を大別すると次のようになる．
平面図法　平面上に平面を表現する．
立体図法　投影図法：平面の上に立体を表現する図法，遠近を加えた投影図法（透視図法）がある．

図面の種類
　図面は，第三者に設計内容を伝えるために作成する．見せる対象，使用目的に応じて，図面の伝えるべき内容や表現方法が異なる．図面は正確さを優先されるべきであるが，必要に応じて着彩，質感表現や陰付けをして，わかりやすくする工夫も必要である．以下にインテリアで使われている図面の主なものを挙げる．
仕上表　部屋別に各部位（床，幅木，壁，天井など）の仕上げをまとめた表である．
平面図　建築物を床面から1m程度の高さで水平に切り，その断面と下部を表現する．図面の中で最も基本となる図面である．
天井伏図　天井面から下に1m程度下がった高さで水平に切り，その断面と上部を表現する．天井の仕上げや天井に配置された照明器具も記入する．
展開図　部屋の内部より外部に向かって見た場合の壁面の状態を各面ごとに作成する．平面図に次いでインテリア計画上重要な図面である．
詳細図　他の図面では表現しきれない細部を表現した図面である．

インテリア製図法
　製図に当たってはCADを使うことが一般的になった．したがって，縮尺は1/50を標準とするが，同じ縮尺の手描き図面よりも表現密度が高い．
　線の太さを用途に応じて使い分ける．断面を表現する太線，エレメントの輪郭を表す中線，基準線（通り芯）・寸法線・細部を表現する細線の3種類とする．目視で明確に太さの差を区別できる必要があるが，実際にはプリンターなど個々の出力環境に依存するので，指定することは困難である．

インテリアでは，既存躯体の実測をもとに図面を作成されることが多いので，寸法の記載は内法寸法を基本にし，開口部の位置と有効寸法を表記する．一度記述した寸法は，重複して記入しない（表1～5）．

表1 | 線の種類および用途 [1]

線の種類		用途による名称	線の用途
実線	太線	外形線	対象物の見える部分の形状を表す 断面図に現れる物体の見える外形線を表す
	中線	外形線	家具等の外形線を表す
	細線	稜線 寸法線 寸法補助線 引出線 ハッチング 矢印線 対角線	家具等の稜線を表す 寸法を記入するのに用いる 寸法を記入するために図形から引き出すのに用いる 記述・記号などを示すために引き出すのに用いる 断面図の切り口を示す 階段，斜路および傾斜領域を表す矢印線 開口，穴およびくぼみを表すために用いる
破線	細線	隠れ線	隠れた部分の外形線
一点鎖線	中線	外形線	カーテン，ブラインド，カーペット等
	細線	切断線 中心線 基準線 扉の開く向きを示す線	断面図を描く場合，その切断位置を対応する図に示す 図形の中心を表す 位置決定のよりどころであることを明示する 扉の開く向きなどを参考に示す
二点鎖線	細線	想像線	加工前の形状や可動部分の位置を示す
ジグザグ線	細線	破断線	対象物の一部を破った境界，または一部を取り去った境界を示す

平面図のポイント　縮尺は1/50を標準に，規模や表現内容に合わせて1/100や1/200を使う．物や人がスムーズに移動できるかを確認できるように主要な建具の有効開口幅を記入する．このほか，ウィンドートリートメントや床仕上げ（カーペット，フローリング）の種類や寸法なども記入する．家具は，形状だけでなく，名称と寸法を併記する．動作寸法が確保できていることを示すため，椅子等は机から離して表現する．家具は造作家具と区別するため，壁面から離して配置する．カーペットは一点鎖線で領域を示し，施工法を文字記号で表示する．ウィンドートリートメントは設置する開口部室内側に一点鎖線で示し，その種別を文字記号の組み合わせで示す（図1～4）．

展開図のポイント　正面壁から概ね1m後退した位置で見た正面図で，左右端部は断面で表現する．背面の展開図は正面の展開図と左右が逆になる．インテリアエレメント，幅木・回縁，内装仕上げ材，寸法，室名等も含めて記入する（図4）．

表2 カーペット　文字記号[1]

名称			略号
カーペット　一般			CA
種別	ウィルトン		Wc
	タフテッド		Tc
	ニードルパンチ		Nc
施工法	敷込	グリッパー工法	-g
		接着工法	-a
	置敷		なし

表3 ウィンドートリートメント　文字記号[1]

名称			文字記号
水平開閉	カーテン　一般		CU
	種別	ドレープ	Dr
		シアー	Sh
	施工法（スタイル）	ストレート	なし
		センタークロス	cc
		クロスオーバー	cr
		ハイギャザー	hg
		スカラップ	sk
		セパレート	sp
	バーチカルブラインド		VB
	パネルスクリーン		PS
垂直開閉	ローマンシェード		RM
	施工法（スタイル）	プレーン	pl
		シャープ	sh
		バルーン	bl
		オーストリアン	as
		ムース	ms
		ピーコック	pc
		プレーリー	pr
	ロールスクリーン		RS
	プリーツスクリーン		PL
	ベネシャンブラインド		VN
固定	カフェ（カーテン）		Cf

注：カーテンボックス設置の場合は末尾に・Bで表示する．

表4 家電機器　文字記号[1]

名称		文字記号
エアコン　一般		RC または AC
設置方法	屋内機・床置	-F
	・壁付	-W
	・天井直付	-C
	・屋外機床置	-OF
テレビ		TV
スピーカー		SP
デスクトップパソコン		PC
冷凍冷蔵庫		RF
電子レンジ		MO
ガスオーブン		GO
食器洗い乾燥機		DWD
IHヒーター		IH
電気洗濯機		CW
電気洗濯乾燥機		CWD

表5 照明器具　表示記号[1]

名称		略号	表示記号
照明　一般			○
天井埋込灯（ダウンライト）		DL	(DL)
天井直付灯（シーリングライト）		CL	(CL)
天井吊下灯（ペンダントライト）		PL	(PL)
シャンデリア		CH	(CH)
壁付灯（ブラケットライト）		BL	(BL) ◐
スタンド	テーブル	TS	(TS)
	フロアスタンド	FS	(FS)
引掛シーリング			(○)

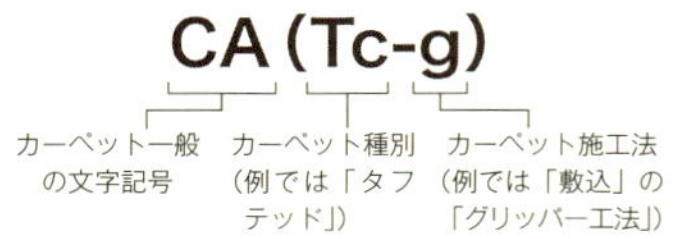

CA (Tc-g)

- カーペット一般の文字記号
- カーペット種別（例では「タフテッド」）
- カーペット施工法（例では「敷込」「グリッパー工法」）

図1 カーペットの表示例[1]

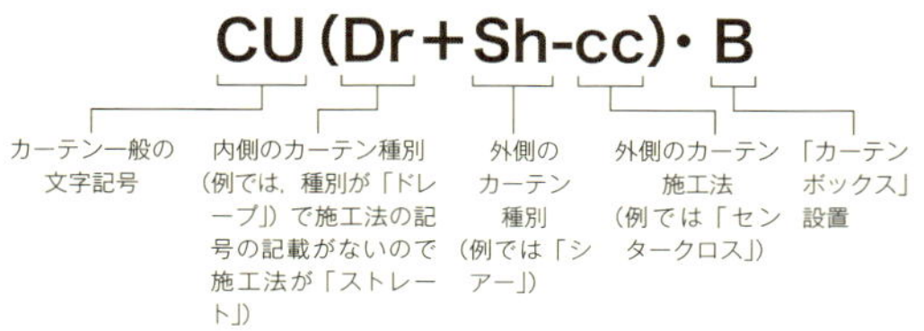

CU (Dr+Sh-cc)・B

- カーテン一般の文字記号
- 内側のカーテン種別（例では、種別が「ドレープ」で施工法の記号の記載がないので施工法が「ストレート」）
- 外側のカーテン種別（例では「シアー」）
- 外側のカーテン施工法（例では「センタークロス」）
- 「カーテンボックス」設置

図2 カーテンの表示例[1]

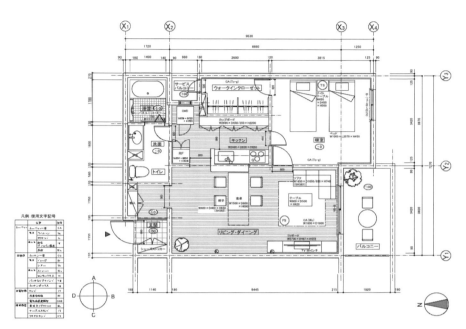

図3 | 住戸平面図 [1]

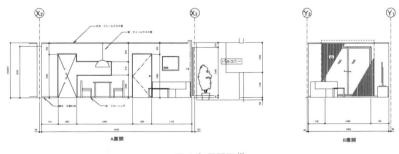

図4 | 展開図 [1]

〔河村 容治〕

📖 参考文献
[1] 日本インテリア学会：「インテリア製図通則・同解説」，2014.

透視図・アクソメ図

透視図（パース）

　透視図は，人間の目に見える視野で描かれるので，空間を平面図で見るよりわかりやすく，インテリアのデザインを理解してもらうには最適の方法といえる．透視図の描き方にはいろいろな方法があるが，どの方法にも共通するのが消点（VP），立点（SP）があるということである．消点は人間が立った状態の目の高さで，立点は人間の目の位置を上部から見た点である．消点と立点を使って結ぶことで奥行きのある描写ができ，空間としての遠近感を表現することができる．また，描写後の見せ方，効果の出し方，制作時間によって消点の位置，数も違ってくるので，デザイン意図によって選ぶことが重要である．透視図には，消点の数によって平行透視図法（1消点法），有角透視図法（2消点法），斜透視図法（3消点法）の3つの方法がある．

平行透視図法　インテリアの透視図として主に用いられる図法である．平面図を平行線上に置いて，平行線の下方任意の位置に立面図としての長方形を描き，長方形の床から1,100 mmの位置に消点となる目の高さの平行線を描いて，任意の消点を設置する．消点から下へ垂直線を引き，任意の位置に上部から見た人間の立っている立点を設置する．設置後は平面図で描かれた角と家具は立点と結び，立面図である長方形部分は消点と結んで描いていくという図法である（図1）．ただし，消点を中央に置くと単調な描写になることから左右どちらかに寄せて，見せたい部分を広めにとった描写にする．また，目の高さを幾分低くすることで空間の広がりと安定感のある描写となり，より見やすい，落ち着いた表現となる．

有角透視図法　有角透視図法で

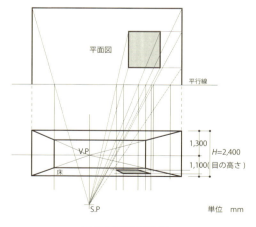

図1 ｜ 平行透視図法

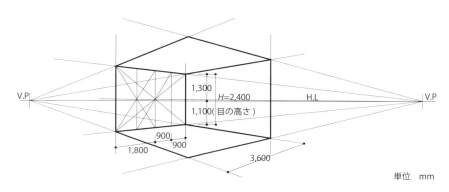

図2 | 有角透視図法（平面図を用いない方法）

は，平行透視図法のように平面図を用いて描く方法と平面図を用いないで直接描く方法がある．しかし，消点は両方法とも空間外の左右に消点を2点置いて，一垂直線を基準にして描いていくという図法である．平面図を用いた場合家具など正確に描くことができるが，平面図を用いない場合簡単に素早く描ける反面，比率を目安に描くことになる．描くための注意点として，正面の左右と奥行きの2方向に遠近をとらなければならないので，消点のとり方によっては空間が歪んでしまうことがある．そのため空間外の左右2つの消点はできるだけ離した位置に置いて，目の高さを低くして描くようにする．また，左右の遠近角度は同じにしないで，左右1：2または1：2以上の角度差をつけて描くことでダイナミックな描写ができる（図2）．

斜透視図法　斜透視図法は，空間に対して左右と下方向に3つの消点を置いて描く方法である．この3消点で描いた空間は上部面が広く描かれる特徴があり，航空機の窓から街中を見下ろしたような風景となる．そのためインテリア全体を見せたいという表現に用いた場合，インテリア内部の設備が目線高で見えないので，ビル，公園，駅などが集まっている都市計画や共同住宅が立ち並ぶ外観構成を見たい場合に用いられる図法である．

アクソメ図

アクソノメトリック（アクソメ図という）は，インテリアデザインを伝達するための表現手段の1つで，透視図法とは違い傾斜角度に従って描いていく図法である．簡単に立体的な空間が描けて，インテリアの空間構成や家具などの配置をわかりやすく見せることができる．

しかし，透視図と違って消点を用いないので，人の目線で空間を見せることが

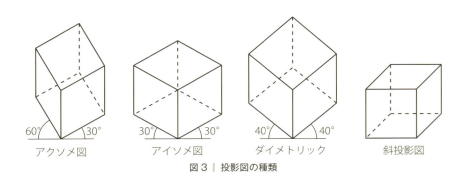

図3 | 投影図の種類

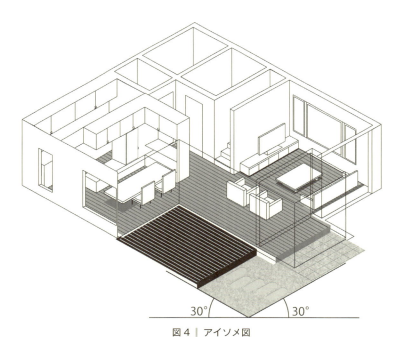

図4 | アイソメ図

できないため遠近感を表現することができない．この図法の特徴として，一部の面を取り去ったり，のぞき穴のように切り抜いたり，視線をさえぎる面を消して内部を透過できるようにしたりと，思い思いの表現に描写することができる．

　描写方法は，立体・空間を再度によって傾け，床1面，壁2面の3面が見えるようにして，上部から1つの投影面を投影する方法である．この方法を用いるこ

とで，目に見える実空間との差を少なくした表現ができ，モノや空間を鳥瞰的に見ることができる．また，インテリアの空間構成，大きさ・かたち，エレメントの配置などもわかりやすく示すことができて，効果的である．アクソメ図には，3面の見え方，傾斜角度，辺の比率によってアイソメトリック（アイソメ図という），ダイメトリック，トリメトリックの投影図法がある（図3）．

アイソメ図 アイソメ図は等角投影図といい，幅，奥行きの面を等角に傾けて投影する図法である．軸線それぞれに縮みがなく，同じ縮尺で描ける特徴がある．水平軸に対して30°の傾きで幅，奥行きの2軸線で寸法をはかりながら描くので，手早く，簡単に描ける（図4）．

ダイメトリック 水平軸に対して幅，奥行きの角度を等しい角度に傾斜させて，2軸の交点より垂直の垂直軸をとって描く図法である．2等角投影図という．平面図を等しい角度に傾かせて描くので，家具・設備等が描きやすいといえる．

トリメトリック 幅，奥行き，高さの3軸線の縮みをそれぞれに変えて描く図法である．見る方向，立体・空間の形状によって水平軸に対しての傾き角度を自由に設定できる．しかし，3軸の縮みが違うので手間のかかる図法でもある．

　一方，アクソメ図の立体を傾斜して表現する図法とは違う投影図法もある．幅・高さの面を平行に置いて，奥行きのみ傾斜角度をつけて表現する斜投影図である．空間内部を詳細に見せることはできないが，ボリューム感を表現することができる．しかし，1辺を水平にして奥行きを延ばすので，奥部分が横に広がって見えるので，多少調整する手間がいる．

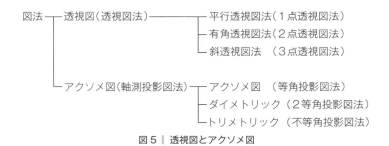

図5 ｜ 透視図とアクソメ図

〔棒田 邦夫〕

インテリア模型

インテリア模型と建築模型の最大の違いは，見る者の視点の位置である．
インテリアでは視点が模型の室内側にあるという前提でつくる必要があり，したがって大きな（小縮尺1：50〜1：20）模型となる．一方，建築（外観）ではそもそも視点が外にあるため，縮尺によらず模型からイメージしやすい．
設計者・デザイナーがつくる模型はスタディ用とプレゼンテーション（以下「プレゼン」）用とに分かれる．

スタディ用
インハウス（事務所でのデスクワーク）でエスキースから実施設計にわたり，空間把握，家具等インテリアエレメントのレイアウト検討のためにつくる模型はイメージを図面に落とし込む際の「助っ人」であり，思いのままつくり変えていけるものがよく，厚紙，段ボール，ポリスチレン板等，ケースバイケースで材料を選択することになる．

プレゼン用
クライアントまたは展示品として不特定多数の見る者を想定してつくるのであるが，計画初期のたたき台なのか，設計最終段階の確認のためのものなのか，プレゼンの局面によって以下の要素を決定する．
縮尺 1：50〜1：20
材料 スチレンボード，厚紙，ベニヤ，その他
表現方法 床・壁・天井面の構成を理解すること（空間把握）が主たる目的であれば，白模型（スチレンボード製）の抽象的表現（図1）がふさわしく，インテリアデザインの主目的であるテクスチュア（素材感）まで要求するのであれば，素材そのものあるいは擬似的な代用品を貼り込み，感覚に訴える仕上げとする（図2，3）．
見せ方 壁または天井の一部を省略して覗き込むという見せ方になる．映像として記録する場合はモデルスコープを利用するか，1：20〜1：10程度の大きな模型であれば臨場感を味わうことができるし，一般のカメラで実写が可能である．

プレゼン模型を超えて
住宅・ショップ等商業施設のインテリアデザインを依頼されるような場合，どうしてもクライアントの心を惹きつけたい．そのような場合，プレゼンの一手法

図1 某住宅模型 S.1：50

図2 某住宅和室インテリア模型（架構を含む） S.1：30

図3 某住宅和室インテリア模型（家具含む） S.1：50

図4 某住宅初期構想マケット S.1：200

図5 桑原弘明「メランコリア」（江戸川アートミュージアム所蔵）

としてコンセプトモデルをつくることがある．図4は筆者による建築のマケット（maquette＝スケールモデル）で，基本設計の段階でどうしても形態を決めておきたかった局面でつくったものである．

インテリアデザインにおいてもこのようにアートの力を借りることも必要な場合がある．一例として，桑原弘明氏のアートワーク「SCOPE」内の「メランコリア」を示す（図5）．

何のために模型をつくるのか

模型そのものに思い入れを抱きすぎると，つくり変えていくことへの抵抗感が芽生え，わかりやすく見せるためにつくっているはずが，相手の意見を挟む余地を奪ってしまうことになりかねない．プロの独りよがりにならぬよう気をつける必要がある．クライアントと設計者が模型を前にあれこれ議論し，デザインの実現に向け一歩前進するという，コミュニケーションツールの一手法であることを忘れてはいけない．　　　　　　　　　　　　　　　　　　　　〔小澤 武〕

プレゼンテーション技法

　一般のクライアントがプロの設計者に自分のイメージを伝えるのは並大抵のことではない．設計者のプレゼンテーション（以下「プレゼン」）はクライアントを自身の計画に引き込むイベントであるという前提で以下のように考えてみたい．

表現手法
二次元的表現　　平面図，展開図
三次元的表現　　パース，CG（コンピュータ・グラフィックス），模型，モックアップ（原寸大モデル）
その他の表現　　起こし絵，アクソノメトリック，アイソメトリック，ドゥローイング

どのような表現を選ぶか
　プレゼンがクライアントとの契約に結びつけるための，いわゆる「掴み」なのか，あるいは設計の過程で確認のためなのか，または展示のため不特定多数を対象とするものなのか，シチュエーションを考えて選択する．実務的な設計図をいきなり見せられても，イメージすることができなければクライアントは気後れしてしまうものであり，本質的な打合せとはならないはずである．
　筆者の場合，基本設計中のある局面でフリーハンド（スケッチ風）の着彩した平面図でプレゼンすることが多い（図1）．
　建築のみならずインテリアに対するクライアントの理解度もかなり上がってきてはいるが，描いてあることが一目瞭然で，相手が「わかった」と小さな喜びを感じることがとても大切である．インテリアエレメントの理解を深めるためには，平面図上に展開図を起こした絵をつくり（起こし絵），家具等のエレメントの模型を配置する手法もある．

浮世絵に見るインテリアの表現
　2014年，長く行方不明となり，半世紀以上の時を経て2012年に再発見された「深川の雪」が修復完了し，66年ぶりに一般公開され話題となった（岡田美術館蔵）．喜多川歌麿，晩年の傑作といわれる大作「雪月花」三部作のうちの一点で，舞台は深川の料亭，辰巳芸者をはじめ26人の女性と1名の男児を，雪の積もる中庭を囲むインテリアの中に配し，アクソノメトリックの手法で描いた肉筆画である．

図1 ┃ 某住宅着彩平面図（外構計画を含む）　図2 ┃ えびす講のにぎわい（『東都歳事記』，國學院大學所蔵）

　同時代に出版された「東都歳時記」にも類似の表現が見られ，日常の1コマを活写することにより，インテリアを生き生きと描いている（図2）．
　時事や流行などを市井の民衆にわかりやすく伝えようと描かれたのが浮世絵であるから，本質においてプレゼンと同義である．

何のためのプレゼンか

　デザインの構想・意図を効果的に伝えようと努力することは，インハウス（事務所内のデスクワーク）の実務では得られぬ別の面白みを見出すことができる．クライアントから，設計する立場からは理不尽とされる要求を突然伝えられ，その対応に戸惑うことがある．
　こういう局面こそチャンス到来である．
　共有できる場をどのような手法でつくっていくかという方針に切り換えると，コミュニケーションが快方に向かうことが多いものである．伝えようとするイメージをプレゼンに盛り込み，見る者が「わかった」と満足すればプレゼンは成功である
　時代とともにコミュニケーションのとり方も変化しているため，プレゼンもプロの独りよがりにならぬよう手法を開拓し，スキルアップを続けていかなければならない．

〔小澤 武〕

CAD と CG

CAD

　CAD（Computer Aided Design）とは，人の手で行われていた製図作業をコンピュータの助けを借りて正確に，きれいに，均一に描くことができて，かつ，見やすくなるという道具（ソフトウェア）である．CG（Computer Graphics）とは，コンピュータグラフィックスの略称でコンピュータによって描いた画像のことを指し，筆や鉛筆を使わずに絵を描く道具である．ともにコンピュータという機器を使うことで，描く技術がなければ達成できなかった製図作業，イメージデザイン・パースの描写，プレゼンテーションボードの作成を効率よく，迅速に，短時間で描くことができるという利点がある．また，コンピュータが一般に使われるようになって30年の時を経て，ハードウェアのコンピュータ処理能力が進歩したことで，CADとCGは高精度になり，今では実写と区別ができないような画像生成ができるようになってきている．ただし，この利点を得るためにはその道具の操作方法を熟知しておく必要がある．

　CADを使うことによって，製図にムラの出ない一様な仕上がりができて，見やすい図面と図面情報のやりとりを容易にしてくれる．その役割として建物の敷地，立地条件の傾斜や日影規制の基本計画の作成，建物のプラン図をもとにしたプレゼンテーションパースの作成，工事を進めるための平面図・立面図・断面図・詳細図・設備図など実施設計の作成ができる．

　CADの利点としては以下の点を挙げることができる．
・均一な図面が製図できるので，描く人間のくせによる読み間違いを防げる．
・製図した入力情報をもとに寸法が記入されるので，単純な寸法ミスをなくすことができ，面積計算の手間も省くことができる．
・類似図面が容易に作図できて，繰り返し複製ができる．
・デジタルデータとして長期間保存できるので，図面の劣化が防げる．
・大判印刷ができるプロッターを使って，細部まで正確に描いた図面が出力できる．

　CADには，設計業務の対象によってさまざまな使われ方がある．金型を中心とする機械系CAD，電子回路のプリント基板や集積回路の設計を行う電気系CAD，建築物の設計を行う建築系CAD，デザイン表現を重視したデザイン系

2. 実務基礎関連 ①設計系

表1 | 建築系CAD

- ・Jw_cad：フリーソフトで，2DCADである（Windows OSのみ）
- ・AutoCAD：代表的なCAD．低価格のLT版もある（Windows OSのみ）
- ・DraftSight：フリーソフトで，2DCADである（Windows OS，Mac OS）
- ・ARCHITREND Z：住宅会社で主に使われている

CADがある．

インテリア業務では，主に建築系CAD（表1）が使われているが，近年ではインテリアの業務範囲が室内装飾，舞台美術，空間演出といった分野であるため，建築ほどの幅広い専門的な知識を必要としないため，デザイン表現に特化したデザイン系CADでの使用が多くなっている．代表的なのがVectorworks®（エーアンドエー A&A）で，次のCGで紹介するドロー系のAdobe Illustratorと同じ線情報をもつソフトウェアであり，直線やベジェ曲線，円などの図形を組み合わせて描画ができる特徴がある．また，インテリアを扱う場合に必要な空間イメージを表現する透視図が容易に作成できるのとともに照明や採光を使ったシミュレーション，人間の視点で自由に動きまわって室内を眺めることのできるウォークスルー（図1）もできることから，デザインを主に手がけている業種にとってはIllustratorと同じ操作感で扱えて，使いやすいCADといえる．入出力フォーマ

図1 | Vectorworks®による3DCG（ウォークスルーもできる）【Windows OS，Mac OS】

ットは DXF，DWG，IFC，PDF，3DS，EPS（Illustrator）に対応し，建築系 CAD との互換性もある．

CG

　CG は，写真・イメージデザインやパース，プレゼンテーションボードの作成に用いられる．機能によっては図面を作成することもできる．さらに，CG は表現する対象によって，平面的な 2DCG と立体的な 3DCG がある．2DCG はノイズのない鮮やかなイラストや写真の修正や編集が容易にできる．3DCG はウォークスルーを使ったコンピュータシミュレーション，滑らかなアニメーション，実際に撮影セットを制作しなくても非現実的な空間を表現できるという特徴がある．

2DCG　2DCG には，扱う機能によってペイント系 CG とドロー系 CG の 2 種類がある．

　ペイント系 CG は，写真の画像処理やマーカー・ポスターカラー・水彩画といった描写を得意とする．面に色を塗り込んで描くので，データ容量が増えて，重くなるという特徴がある．代表的なソフトウェアは Adobe Photoshop で，写真の加工，イラスト・パースを描くのに用いる（図2）．ドロー系 CG は，鉛筆・

ペイント系CGで正円を描いた場合．ノイズがある正円になる．これはピクセルという面で構成されているからである．

図2 ｜ ペイント系 CG

ドロー系CGで正円を描いた場合．ノイズのない鮮やかな正円になる．これはベクトルという線で描かれているからである．

図3 ｜ ドロー系 CG

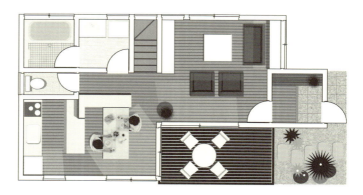

図4 ｜ Illustrator による平面イラスト図

図5 ｜ 3DCG（HOME Design によるウォークスルー）

筆を使って線を描く描写を得意（図3）とする．線に塗りという厚みが付いて描くので面の場合と違ってデータ容量が少なく，軽くなるという特徴がある．代表的なソフトウェアは Adobe Illustrator で，プレゼンテーション・イラスト・図面の描写として用いる（図4）．

3DCG　3DCG は幾何形態の形状を組み合わせて物体や空間の画像を作成して，カメラの向きと画角と位置，光源の強度と方向，色と質感などの情報を入力して，入力情報をもとに計算・生成させて現実に見える姿に表現する（図5）．

3DCG には，生成する表現によってポリゴン，サーフェス，ソリッドというモデルがある．ポリゴンは，形状を簡単に作成できて，編集・加工もしやすい利点がある．サーフェスは，ワイヤーフレームの線情報に加えて面情報をもっていて隠線消去，隠面消去ができ，レンダリングも可能なため広く用いられているモデルである．ソリッドは，中身の詰まった情報で，サーフェスと違って粘土細工のように削ったり，付け加えたり，穴を開けたりして自由な形状を生成できるので，シミュレーションの表現に用いられるモデルである．しかし，中身が詰まった分データ量が増え，画像生成に時間がかかるという欠点がある．

代表的なソフトウェアには LightWave，Maya，3ds Max，Shade 3D，Strata，PiXELS 3D，Cheetah3D，Blender，SketchUp がある．　　　　〔棒田　邦夫〕

2 実務基礎関連

②内装系

床構法 ………………………………… 278
壁構法 ………………………………… 282
天井構法 ……………………………… 286
造作 …………………………………… 292
幅木と廻縁 …………………………… 296
階段 …………………………………… 298
開口部（建具）の納まり …………… 302

床構法

床の構成

床の構成は，必ずしも明確に区別できるものばかりではないが，表面の仕上げ層・下地層・前二者の荷重を支えるための構造層の三層構成である．床仕上げは，直に仕上げる場合（図1）と，構造支持・コンクリートスラブ層から架構などを施して嵩上げをする場合（図2）に二分され前者は主に湿式構法，後者を乾式構法とすることが多い．構造層は鉄筋コンクリートによるものが多く，現場組立（型枠足場工法・型枠用デッキプレート無足場工法）と工場生産（プレキャストコンクリート）がある．表1に鉄筋コンクリート造の場合の床（スラブ）構法のさまざまなパターンを示す．

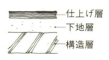

図1 | 直仕上げ

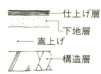

図2 | 嵩上げ仕上げ

表1 | コンクリート構造床

●土間スラブ 土と接する構造スラブで基礎・地中梁一体となって床の応力を受ける		●コンクリートスラブ 構造的応力を受ける床版．無梁板タイプもある	
●ジョイストスラブ 一方向だけの多くの小梁状のリブと床版が一体に構成された床スラブ		●PCコンクリート（WTスラブ） ジョイストスラブはジョイスト梁構造と異なり，応力的に全断面が有効に働くので小さい梁断面になる	
●ワッフルスラブ（格子梁） 格子状に組まれた梁で構成された床スラブ		●デッキプレート＋軽量コンクリートスラブ サポート不要のコンクリートスラブの型枠として中高層建築に多用される	
●ボイドスラブ（1） コンクリート床スラブに円筒または球状の穴をあけ中空にし，小梁をなくす構法		●ボイドスラブ（2） コンクリート床スラブに球状の穴をあけ中空にし，小梁をなくす構法．円筒に比べ遮音性能が高い	

床下地の構法

　床の性能は床仕上げ材料だけでなく，床下地の構法によるところが大きい．その構法には，非架構式床下地構法と架構式床下地構法がある．前者は「直床」ともいい，大半は構造体と仕上げとの間に空気層がない構法である．構造体であるコンクリートスラブ系の下地に，仕上げ材料をモルタルや接着剤で直に張り付ける．一方，後者は「組床」ともよばれ，支持躯体との間に空気層を有する，主に部材を組んで下地をつくる構法である．

　木造の場合は，1階の床組に直床（非架構式床構法）が使われることがあり，2階の床組には単床・複床・組床などの床構法（架構式床構法）が用いられる．さらに，防水・防音・断熱床暖房などの性能を付加した特殊な床構法もある．

非架構式床下地構法（直床）　床下地材が架構されることなく施工される構法で，多くはコンクリートスラブに①モルタルや接着剤で直に張り付ける場合と，②塗床材を直に塗布する場合がある（表2）．

表2 ｜ 非架構式床下地構法

●コンクリート直仕上げ コンクリートを打設した直後に，コンクリートが乾燥する過程で，床の表面を金鏝で平滑に仕上げていく左官仕上げ構法	●塗り床 工場の床などに多く見られるスラブの上に直接，床用塗料を塗って仕上げる構法．広い場所でも継ぎ目なく仕上げられるのが特徴
●直張り床（カーペットタイル） スラブ上（コンクリート床）に直接張り込む方法	●玉石洗い出し モルタルの上に玉石を敷き並べて洗い出し

架構式床下地構法（組床）　部材を架構して床をつくるため，弾力性・断熱性に優れる．床下に空間があるので床下配線や配管が容易である（表3）．

その他の構法　上記以外の構法として以下に掲げるさまざまな構法がある．遮音や弾力性能を有するもの，集合住宅など下階への遮音対策のため仕上げしろをかせぐための直張り床構法や，床上転がし配管のためのスペース確保のための浮き床，便所や厨房などの防水床，クッション性のあるスプリング床などがある．さらに近年特に情報機器の発達により，オフィス床に多用されるOAフロアなどがある（表4）．

表3 | 架構式床下地構法

木造		鉄筋コンクリート造	
●束立て床 一般的に布基礎の場合は，この束立て床になる．1階の床組で，束石→床束→大引き→根太→床材の順に組み上げる		●転ばし床 (転ばし根太) コンクリート土間のある1階部分や，RC造などの床部分もこの構法で木造床などを組む	
●根太床・単床 最も単純な床組で階下の柱間が1間から1間半程度の空間に架構し，根太（梁）に直接床板あるいは構造用合板を張る構法		●置き床 (フリーアクセスフロア) 置き床とよばれる床にはさまざまな種類がある．一般的に，基礎に固定せずに置くだけの床を指す．この他，フリーアクセスフロアとよばれるもので，床下の部分の空間を配線などに利用するために，着脱が容易なタイプもある	
●梁床・複床 2階床組として多く用いられる形式．階下の柱間が1間半から2間程度になると，この間に何か渡さないと，根太を支えることができないため，途中に梁をかける構法			
●組床 階下の柱間が2間以上，通常は3間になるとさらに丈夫にする必要があり，大梁に小梁を組んで床をつくる構法．床組の成が大きくなるため，階高・天井高に配慮する		●浮き床 床から発せられる衝撃音を抑える目的の床．コンクリートスラブの上に緩衝材（グラスウール等）を敷き詰めて施工する．施スラブ上に配管スペースを確保できるタイプやスラブ＋マット＋パネル＋床材で構成され，重量床衝撃音を抑えることのできる特殊なタイプもある	
●木質パネル床 "2×4"構造床下地であるプラットホーム工法は，下張り床を張った床枠組の上に壁枠組を建てる方式			

表4 | その他の構法

●直張り床 （木質系フローリング） 遮音性能をもたせるために，バッキング（裏面）が貼り付けてあるフローリング床．遮音等級が軽量床衝撃音（LLスプーンなどの落下音）や重量床衝撃音（LH子どもが走り回る音など）に対応し，数値が小さいほど高性能な商品としている ●直張り床 （カーペットタイル） コンクリートスラブ上に直接張り込む方法で，傷みがある個所を部分的に取り替えることが可能	L-40：ほとんど気にならない L-60：箸を落とす音が聞こえ，やや気になる L-80：うるさくて我慢できない	●スプリング床 体育館の床などは人体への衝撃を和らげるための適度な弾力性を得るために，スプリングや防振ゴム等で支持する床構法	
●防水床 防水層の上に軽量コンクリートを打ちモルタルやタイルで仕上げる．2～4m間隔に亀裂防止のための伸縮目地をとる		●OAフロア 事務室や学校，工場などコンピュータや多くの床の上のネットワーク配線を必要とする場所に設置．オフィス空間の自由な机配置に対応できる	

〔藤原 成曉〕

壁構法

外壁と内壁

壁には建物の外側を構成し風雨・寒暑・外敵などを防ぐための外壁と，建物内部の部屋を区画するために設ける内壁がある．また，構造的に捉えるなら，荷重を担う耐力壁（ベアリングウォール）とそうでない非耐力壁（帳壁・カーテンウォール）に区分され，材料で考えると木造・鉄筋コンクリート造・鉄骨造・コンクリートブロック造・石造・煉瓦造などに分類される．

木造は，①柱と梁で構成する「木造軸組構法」，②数種類の枠組材で構成する「木造枠組壁構法（ツーバイフォー）」，③構造をパネル化して構成する「木質パネル構法（プレファブ）」，④丸太組構法（ログハウス）がある．さらに，木造軸組構法は①伝統構法（木組みの技術を生かす），②在来構法（筋交いと補強金物で構造材を支える），③新軸組構法（構造接合金物で構造材を支える）がある．現代の木造建築の多くは金物を併用した伝統的構法によるもので，純粋な伝統構法で建築することができない．このことは，わが国の優れた木造技術の継承が成されず誠に残念なことである．

鉄筋コンクリート造は，柱梁で構成するラーメン構造と耐力壁と床版で構成する壁式構造がある．鉄骨造の主材料には，比較的小規模な簡易な建物に利用される軽量鉄骨と大スパン構造物や超高層ビルに利用される重量鉄骨が使われる．木造と同様に真壁と大壁があり，防火上の被覆処理が必要となる．

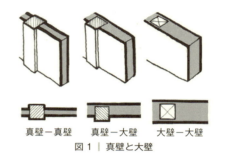

図1 ｜ 真壁と大壁

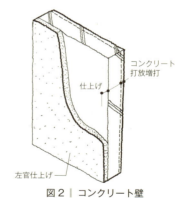

図2 ｜ コンクリート壁

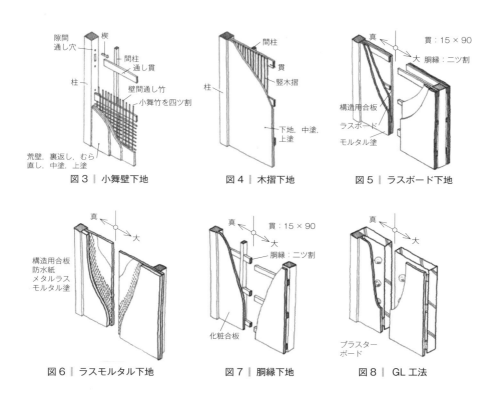

図3 | 小舞壁下地
図4 | 木摺下地
図5 | ラスボード下地
図6 | ラスモルタル下地
図7 | 胴縁下地
図8 | GL工法

　コンクリートブロック造・石造・煉瓦造はそれぞれ組積造としての力学的制約を受け，わが国では関東大震災以降耐震上低く評価されるようになった．コンクリートブロックを耐力壁として使用する場合，ブロックの種別など制約を受ける．
　以下，本項目では主として木造壁について記述する．

真壁と大壁

　壁の形式は真壁と大壁に大別される（図1）．真壁とは木造建築の和室を構成する伝統的構法の壁が始まりとされ，柱を化粧として室内外に見せて仕上げている壁のことであり，大壁とは柱を隠して仕上げ，洋風の室内に多く用いられる壁を指す．現代和風では一般的に外壁を大壁，内部を真壁という構成をとることが多い．
　構造・躯体によりそれぞれのタイプを成立させるための構法が異なる．例えば，構造壁をそのまま仕上げとする場合と，構造壁を下地としてさらに壁装材で仕上げる場合がある（図2）．仕上げに湿式構法と乾式構法があるのは床構法と同様

で，工期短縮と施工の容易さから乾式構法が有利であるが，左官仕上げに代表される湿式構法には調湿機能や土のもつ独特な風合いがある．

真壁構法
小舞壁下地（図3）　伝統的な左官による湿式構法で熟練を要する．四ツ割り程度の小割りした竹材（小舞竹）を縄で編んだ上に荒壁をつくり，漆喰・砂壁・聚楽壁などで仕上げる．柱との接続部に乾燥収縮による隙間が生まれやすく，これを防ぐために「ちりじゃくり」を設ける．
木摺下地（図4）　木造の外壁や内装の浴室壁の下地に用いられる．小幅板を，柱や間柱に隙間を空けて直に横張（または竪張）し，左官で仕上げる．
ラスボード下地（図5）　新建材料である耐水性のあるラスボードに漆喰やプラスターを塗り込む方法．構造壁には不適．
ラスモルタル下地（図6）　木造や鉄骨造で下地板に防水紙（アスファルトフェルト）を張り，金属製のワイヤラス・メタルラスまたはリブラスを取り付け，さらにモルタルを施した構法．
胴縁下地（図7）　柱や間柱に打ち付けた横胴縁に，プラスターボードや合板等で仕上げる乾式構法の代表的な構法．
GL工法（図8）　コンクリート壁を下地とし，団子状にした専用のボンドでプラスターボード等を張り込む方法．

大壁構法
ラスボード大壁（図5）　塗り壁の大壁仕上げになる．
ラスモルタル（図6）　木摺下地板に防水紙（アスファルトフェルト）を張り，その上に仕上げ材がよく接着するようにワイヤラスもしくはメタルラスをつけ，モルタルなどで仕上げる．
胴縁下地（図7）　木造の大壁として多用される．
プラスターボード（図8）　大壁一般的な大壁の仕上げ構法で，胴縁を等間隔（尺～尺五寸）に渡しプラスターボードを張り付けた最後に，クロスなどで仕上げる．

外壁としての真壁と大壁の比較（表1）
　真壁は軸組が露出し風雨に晒されるため，良質な材料を用いるべきであり，断面寸法には余裕が欲しい．さらに，庇を設けることにより壁面を保護する必要がある．一方，大壁は耐力性・気密性・断熱性・遮音性の点で有利である．外装材によっては庇のない立面も可能である．

表1 | 壁下地について

	真壁	大壁
防水	骨組と壁の間から水が入りやすい．水平材の上端には水切板を設ける	塗壁に亀裂が入ると漏水しやすい．乾式壁では目地や下地の防水が必要
防火	木部は露出しているが，壁が厚いのでかなり防火性がある．太い柱は燃えにくい	モルタル塗や防火サイディングは防火的だが，亀裂や目地から壁内に火が入ると弱い
耐震	筋かいが入れにくいので問題だが，片面を大壁にすれば耐震的になる	筋かいを入れるか，構造用合板等の面材を柱に直接釘打ちすれば耐震的である
断熱	土壁は熱容量が大きく，ある意味では断熱性があるが，片面を大壁にすればさらによい	壁内の空間は断熱効果があるが，対流を起こさないように断熱材を入れる
結露防止	土壁だけでは結露しやすい．片面を大壁とすれば効果がある	壁内に断熱材を入れ，外壁側に空間を設け，防湿層を施し，通気をはかればよい
遮音	厚い土壁は遮音に有効である	塗壁や厚い壁下地板は有効
耐久	木部が露出しているが，土台以外は比較的耐久性がある	外壁仕上げから漏水があると問題だが，一般には耐久的である
施工性	大壁より手間がかかる	構法にもよるが，乾式壁は特によい

〔藤原 成曉〕

天井構法

　天井は，内部空間の性質（スケール・形状・色・肌合いなど）を決定づける大切な要素である．特に，①遮断性（音・熱・湿気・塵埃），②耐久性（強度・耐火・耐水・耐湿），③その他（吸音・音または光の反射・防汚性・メンテナンス・防火性・施工性・経済性など）を勘案しながら材料，構法の選択をする必要がある．
　一般的に天井は図1に示すような構造体，天井裏，天井面の3層構成をつくる．ただし，天井裏を省略して2層構成にすることもある．

図1 ｜ 天井の層構成

　天井裏は設備の配線・配管に利用されることが多く，それらを隠すために天井を設ける場合は，その天井ふところ寸法が階高に影響する．階高は天井高・天井材の取付け寸法・ダクト寸法・梁成などを配慮して決定する．
材料と支持構法　落下防止対策として軽量と補強支持に留意することが望まれる．支持構法として，①直天井（非吊天井），②吊天井（組み天井）③その他の3種に大別される（図2）．
　直天井は，天井面が構造体と共通で上階の床裏または小屋組が露わになるものをいう．鉄筋コンクリートスラブ等の躯体に直接打ち込み，吹き付け・直張り・あるいは直接仕上げる．
　吊天井は天井面を吊木・吊金物で吊って，天井裏をもつ天井を指す．下地は主に木製または軽量鉄骨が使用される．なかでも，主に公共建築やオフィスビルに用いられるシステム天井は，照明器具，空調吹出口などを一体化した合理的な天井である．耐震，断熱，吸音など用途に応じた仕上げ材や部材の選定と，間仕切り変更に対応することが可能である．ラインタイプなどがある（図3）．
　その他のタイプとしてルーバー天井（図4），引張天井（図5）などがある．前

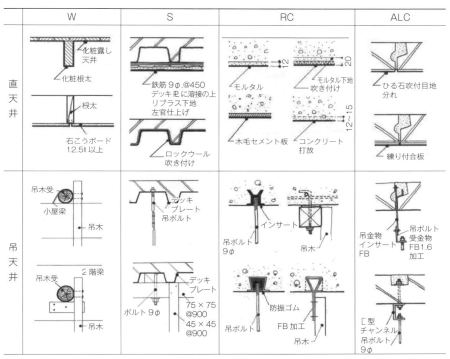

図2 ｜ 構造別直天井・吊天井の例

図3 ｜ システム天井（ラインタイプ）

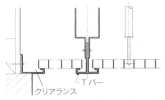

図4 ｜ ルーバー天井（落下防止ワイヤー付）

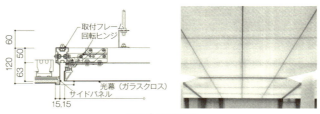

図5 | 引張天井

者は,天井裏を隠蔽せず,天井面にある設備配管,スプリンクラー,換気口,照明器具,スピーカー,点検口などをモデュールに合わせて配置し,メンテナンスも容易にした天井である.後者は,ガラスクロスなどの軽量な天井材を水平方向に引っ張って光天井面を形成し,天井の落下事故による人的災害のリスクを軽減できるメリットがある.

これらの構法の選択はもっぱら天井の形状や機能性によるが,吊天井は意匠性や上階からの防音や室内上部の床組,小屋組あるいは設備配管や空調ダクト等隠蔽の目的で多く用いられ,躯体に左右されずインテリア空間に応じたさまざまな形状をつくることができる.

天井の脱落対策　天井耐震化として新材料による軽量化と既存天井の落下防止補強がある.脱落すると人に重大な危害を与える天井を「特定天井」といい,補強技術基準の例を図6に示す.特に吊天井で6mの高さにある200m²超の質量2kg/m²超の場合,落下防止対策として吊りボルト等を増やしたり接合金物の強度を上げるなどが,義務づけられる.

天井下地　野縁および野縁受けを木製(図7)または鋼製(図8)で下地を組む場合がほとんどである.

天井仕上構法　天井素材は内壁に用いられる材料とほとんど同じであるが,天井面が最も火の影響を受けやすいことから下地材も含め不燃材であることが望ましい.

塗り天井:左官仕事で継目のない連続した曲面をつくることができる.剥離対策として,1回の塗り厚を薄くし,塗り回数を増やす.塗り厚15〜20mm程度とする.材料はモルタル・プラスター・漆喰などで,下地がコンクリートの場合は亀裂対策として目地を取る.メタルラスの場合は,軽量鉄骨(@900)と鉄筋9φ(@300)を格子状に組みメタルラス(またはリブラス)を張る.ラスボードの場合は,軽量鉄骨にラスボード下地が耐火性に優れる.

板張り:棹縁天井・格(縁)天井・平板張りなどがあり,主和風建築に多い.棹

天井脱落対策に係わる技術基準の概要
【告示第三1項】仕様ルート（2〜20 kg/m²）
① 天井材は相互に緊結し，単位面積重量は 20 kg/m² 以下
② 壁及び柱との隙間を 6 cm 以上設ける
③ 支持構造部は十分な強度を有し，主要構造部分と緊結
④ 吊り材は吊りボルトと同等以上の引張り強度を有し，吊り長さ 3m 以下，1 本/m² 以上をバランス良く配置
⑤ 構造耐力上主要な部分に取り付ける斜め部材はボルト等で緊結し，Ｖ字状に必要な組数をバランス良く配置
⑥ 天井面に段差を設けない

特定天井の5条件（全て当てはまること）
- 吊り天井
- 6m の高さにある
- 水平投影面積 > 200 m²
- 天井構成部分の重量 > 2 kg/m²
- 人が日常立ち入る場所にある

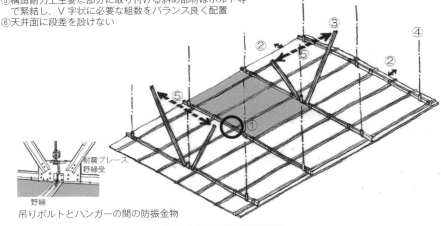

図6 ｜ 既存天井の脱落対策

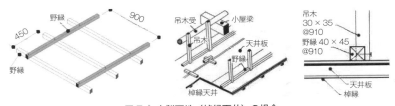

図7 ｜ 木製下地（棹縁天井）の場合

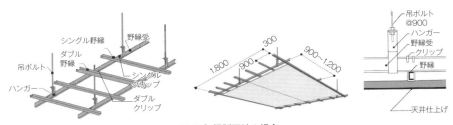

図8 ｜ 鋼製下地の場合

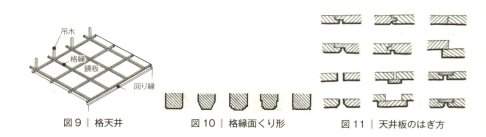

図9 格天井 図10 格縁面くり形 図11 天井板のはぎ方

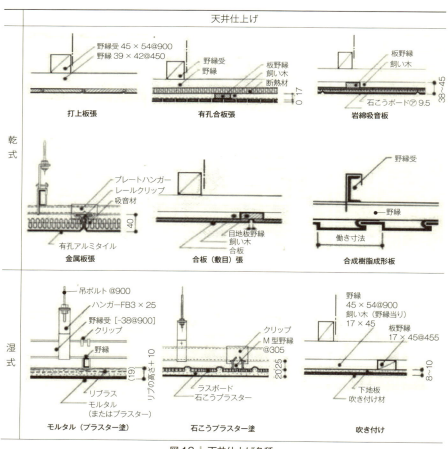

図12 天井仕上げ各種

縁天井は天井回り縁を壁に沿って取り付けた後，これに棹縁（@455）を掛け渡す．さらに天井板を羽重ねにし棹縁に釘打ちで取り付け，天井垂れを防ぐためその上から野縁（@910）を設ける．格天井（図9）は，格縁（棹縁より太い額縁）を正方形に組みその上に鏡板を張る．社寺などには小組・折り上げ・二重折り上げ・平格天井が用いられる．鏡板部分は柾目木目を活かしたり絵画を施すこともある．格縁は柱幅の3/10（3分取り）角を規準とし，下端はくり形を付ける（図10）．板張りのはぎ方を図11に示す．材料は，棹縁天井の場合の棹縁部は桧・杉・もみ・栂などの柾目材を多く用い，くだけた部屋では赤松・白樺などの小丸太材や竹を使うこともある．天井板部分は杉板柾・板目材6〜9mm，練り付け合板は板幅300〜450mmが多い．格天井の格縁の材種は杉・桧・楢などを用いる．

金属板：材料として特殊加工を施した鉄板やアルミを成型しパネル化したものが多いが，特にアルミ材の場合電食対策のため異種金属との接触や水がかりを避ける．

合成樹脂成形板：浴室など湿気の高い場所に使用され，材質は硬質塩化ビニル・アクリル樹脂・ABS樹脂などが使用されることが多い．そのため熱による温度変化のある室は避ける．

吹き付け材：岩綿吹き付けは，玄武岩，鉄炉スラグなどに石灰などを混合し，高温で溶解し生成される岩綿人造鉱物繊維に無機質の接着剤を混入して，スプレーガンで吹き付ける仕上げである．吸音材として用いられるが耐火性にも優れていることから，アスベストの代替材として広く使われる．

その他：内壁に使用する合板・ボード類はそのまま天井に利用可能であるが軽量化と壁と比較して強度が不要なため厚みの薄いものを使用する．天井専用の材料に岩綿吸音板や軟質繊維板などがある．また，手に触れることが少ない天井は紙・クロス類の使用が可能である．

〔藤原 成曉〕

造 作

造作とは主に和室における木工事の敷居・鴨居類，戸棚，床や天井など，あるいは洋室におけるモールディング，ドア枠，ケーシング（飾り縁），笠木などの仕上げ，取付けをいう．

和風造作

内法と内法材 内法とは本来，対面する2つの部材の内側から内側までの距離のことをいう．木造和風建築において，単に「内法」とよぶ場合は内法高さ（敷居の上面から鴨居の下面までの距離）を指す．ここから派生して，和室の開口部回りの内部造作材（敷居・鴨居・欄間・長押など）を内法材という．

①敷居　部屋を区画するために，あるいは，襖や障子などの建具を建て込むために開口部の下部に取り付ける，溝やレールがついた水平材．敷居が一般化するのは，室町時代後期に個々の部屋を仕切る書院造が確立し，引き戸が多用されるようになってからであり，武家社会の浸透とともに普及したとされる．礼儀作法において，敷居は踏んではいけないものとされている．用材は松が一般的であり，

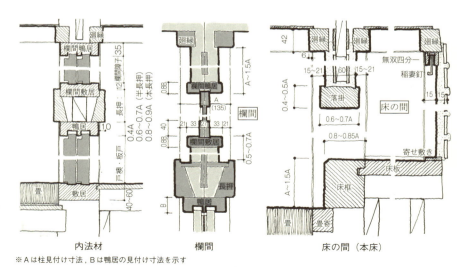

※Aは柱見付け寸法，Bは鴨居の見付け寸法を示す

図1 ｜ 長押

他には樫・栂・桜・檜などが多い．敷居には，中敷居・無目敷居・薄敷居・差敷居・一筋敷居などがある．開き戸などでは，下枠（沓摺り）という．

②鴨居　開口部の上枠として取り付けられる横木．引戸あるいは引違い戸を建て込むための溝が彫られる．下部に取り付ける敷居と対になっていて，差鴨居・薄鴨居・一筋鴨居・無目鴨居・付け鴨居などがある．差鴨居とは柄差しにして固める鴨居で，薄（中）鴨居とは欄間を差し込むための鴨居である．一筋鴨居とは一本溝の鴨居のことで，主に雨戸用にも設けられる．無目鴨居は溝のない鴨居であり，付け鴨居は割鴨居ともいい，開口部のない壁面に取り付ける鴨居をいう．柱との取付けの仕口には，竪目地・角目地・横目地・大入れなどがある．ドアの開き戸の場合は上枠という．

③欄間　小壁の一部に，格子，組子，透し彫，障子等をはめ込んだもので，通風や採光を目的とするが装飾性に富むものが多い（図2）．

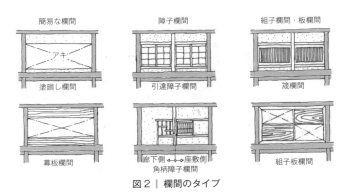

図2｜欄間のタイプ

④長押　古くは柱同士を水平方向に両面から挟んで固定した構造補強のための横材のこと．通常，長押とよんでいる住宅などの和室にあるものは特に内法長押という．他にも，その設置位置により，地長押・地覆長押・縁長押・切目長押・足元長押・腰長押・内法長押・上長押・蟻壁長押・天井長押・廻縁長押などの呼称がある．長押の成の大きさは柱寸法を基準として決められることが多く，その8～9割の成をもつものを本長押，6～7割のものを半長押という（図1）．前述のとおり古い木構造では，構造材の一部であったが，貫を使うようになってからは，構造的には意味がなくなった．現在では和室の格式を表す意匠的役割を担う．茶室においては省略される．

⑤鴨居の部材寸法　標準的木割として柱寸法から幅は柱の九分取り（9/10）とするが，柱の面に対して面内・面中・面ぞろのいずれで納めるかにより異なる．

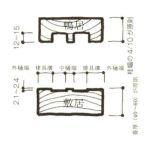

内法側を木表にして取り付ける.
建具溝の寸法:
1. 1,800Hの障子の場合／四七の溝,三七の溝といい四七の溝の場合,中樋端四分（12 mm）,溝幅七分（21 mm）となる.
2. 1.より小さい場合,三六の溝とする.

図3 ｜ 建具溝の寸法

成は四分取りが基本だが,室内空間の演出次第でさまざまな補強も可能であり,自由度がある（図3）.

⑥敷居の部材寸法　畳厚（40〜60）が原則だが,飼物を入れてその分薄い材にすることも多い.

床の間（図4）　床の間とは,日本の住宅の畳の部屋に見られる座敷飾りの1つである.正しくは「床」で「床の間」は俗称.南北朝時代の「押板」がその原型で,絵画や生花,その他観賞用の置物などを展示する空間として近世初期の書院

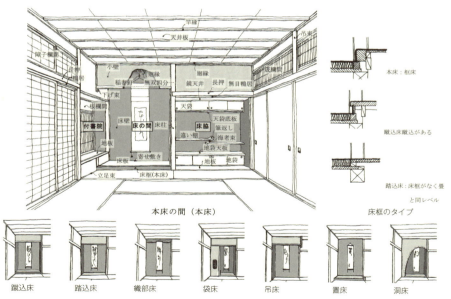

織部床：廻縁の下に幕板　　袋床：小柱を立て下地窓のある袖壁　　吊床：床を設けず落掛だけ　　置床：床を形取ったものを置く　　洞床：壁を塗廻した形式

図4 ｜ 床の間

造・数寄屋風書院をもって完成とされる．床の間の形式は，「真・行・草」の三体に分けられる．「真」とは，大書院等の大広間における上段や違棚をもつ格式のある床の間であり，「行」とは小書院や住宅の居室，料亭や旅館の小座敷，茶室の広間等に構えるものを指す．「草」は4畳半以下の茶室小間に設けられる形式のものである．

その他，従来の形式に捕われない自由な発想による近代数寄と称する床の間もある．床の存在が上座・下座を決定づけ，床の間を中心とした室内作法ができた．床の向きは南または東向きとする．近世中期以後は「床挿し」を忌み嫌ったため，床に接する畳は長手になるように敷き，竿縁天井の棹縁の方向も床に対して平行にすることが習いとなっている．

洋風造作

洋風造作は，ロマネスク様式やイギリスにおけるチューダー様式（15世紀末から17世紀初頭），ジョージアン様式，クイーン・アン様式，コロニアル様式等の様式によりさまざまな様相を呈す（図5）．

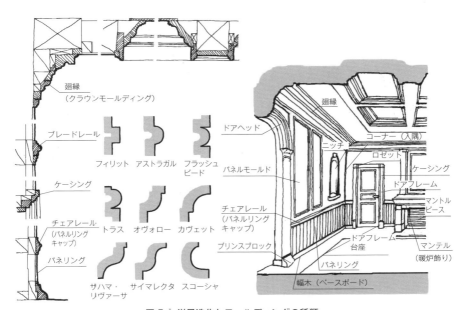

図5 ｜ 洋風造作とモールディングの種類

〔藤原　成曉〕

幅木と廻縁

インテリアを構成する床・壁・天井が各々接する部位，すなわち壁と床には通常，幅木が，同様に壁と天井には廻縁が収まり上必要である．ただし，和室の場合は幅木がなく，畳寄・雑巾摺が設けられる．異種材料のぶつかるところにディテールが存在し，「神は細部に宿る」といわれる．したがって，建築・インテリア空間の完成度や寿命はディテールに左右される．「納まりに始まり，納まりに終わる」その代表例が幅木と廻縁である．

幅木

幅木を設ける目的は意匠的配慮・壁下部の保護・施工誤差の吸収であり，形状は出幅木・目地分れ・入幅木・二重幅木の4種である．

通常，畳の床には幅木を用いず雑巾摺あるいは畳寄で壁と見切る．

幅木のタイプ

幅木の例

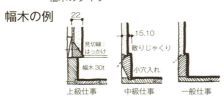

上級仕事　中級仕事　一般仕事

幅木にも仕事の程度を指す呼称があり，左から上級仕事・中級仕事・一般仕事の例．木製幅木を先に取り付けた後に壁を左官で仕上げる．散り際の納まり・小穴の処理・木材の処理・胴縁の有無などに手間の違いがある．

幅木以外の見切りの例（床と床の見切り）

段差のある見切り

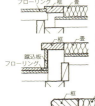

縁側に用いられる．畳を框や敷居で見切り，縁甲板を取り入れた例．

段差が150〜300 mm程度の場合に適している．蹴込部分を壁扱いにして納める．

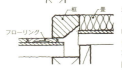

和室と洋室の見切り，あるいは床の間の床框や主空間との明確な境界をつくる場合に用いられる．上框は木材の他に石材・塗物などが選ばれ，意匠上の重要なポイントになる．

段差のない見切り

高齢者用住宅などに用いられる．畳を框や敷居で見切り，縁甲板を取り入れた例．

異種同士の床材を見切るのに真鍮を目地棒として使用した例．

柱が敷居などから出る部分を納め，床や壁を仕上げる際の定規の役割も担う．床が板敷きの場合「寄せ敷き（寄せ）」という．

床面より立ち上がりを設ける．床面の雑巾掛けなど掃除の際に直に壁に当たらぬよう床と壁を見切る．

廻縁

壁と天井との取り合いは廻縁を設ける．そのタイプは以下に示すとおりである．

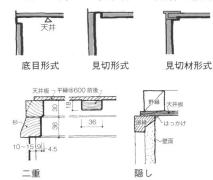

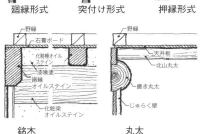

他に類するものとしてピクチャーレールやカーテンボックスがある．材料は，木材・アルミ・成形プラスチックなどが多く用いられる．和室の廻縁は天井意匠に大きく影響を受ける．

天井廻縁	和室 木製	普通
		二重
		隠し
		銘木
		竹
		丸太
	洋室 木製	見切り
	金属製	ピクチャーレール
	塩ビ製	カーテンボックス

天井廻縁の例

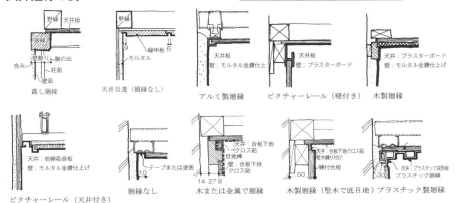

〔藤原 成曉〕

階 段

階段とスロープ

　階段は単に上下階を繋ぐためのものではなく，空間に動きと場を与える格好の装置として，あるいは権威の象徴として，演出されてきた．一方，建築の高層化やユニバーサルデザイン重視によるエレベーターやエスカレーターの発達により，避難階段のような単一機能的で閉鎖的な多層化した階段もある．その構成要素は構造体・踏板・蹴込板・手すり・手すり子であり，平面形式（動線）や支持（構造体・踏板）によって分類される．一方，スロープは水平方向の動きと空間の連続性を強調する．高齢化対応も含め今後より積極的に多用されるべきであろうし，これを取り入れた名建築も多い．

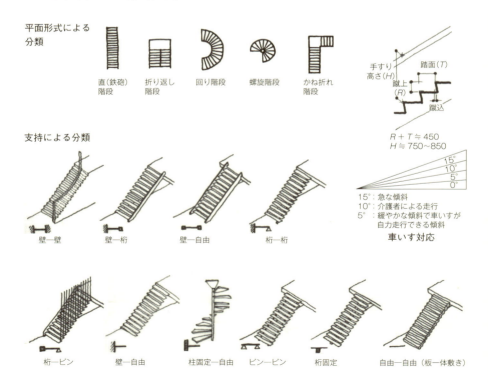

階段：旧千代田生命本社（1966年，村野藤吾）　スロープ：ラ・ロッシュ＝ジャンヌレ邸（1923年，ル・コルビュジエ）　スロープ：山口県立美術館（1978年，鬼頭梓）　スロープ：ソロモン・R・グッゲンハイム美術館（1959年，F・L・ライト）

階段の構造による種別

木製・鋼製・コンクリート製に共通のタイプの階段

側桁（踏板）階段	両側の桁に段板と踏板を差し込む溝を掘り，楔を打ち込んで固定（図1-1）
中（力）桁階段	1本の桁で階段を支えた構造（図1-2）
吊り階段	段板を上部の構造材から鉄筋等で吊った階段（図1-3）
ささら桁階段	階段に沿ってジグザグ形のささら桁に段板を載せた構造（図1-4）
片持ち階段	壁から段板を独立して持ち出している階段（図1-5）
螺旋階段	段板を螺旋状に中心の柱から持ち出した階段（図1-6）
その他特殊階段	省スペースで昇降を可能にした階段（図1-7）
かね折れ複合階段	空間に合わせた階段で踊場の位置で演出ができる（図1-8）

木製の階段

木口階段	角材を積み重ねた形式のもの（図2-1）
肘木階段	肘木に段板を載せた形式の階段（図2-2）
箱階段	物入れとしての用途も兼ねた，箱を積み重ねたような形状の階段（図2-3）
蹴込階段	ささら桁階段に蹴込板を加えたもの（図2-4）
屋根裏収納式階段	階段が天井裏に折たたんで収納される（図2-5）

鋼製の階段

制振階段	振動障害に強く，マス・ダンパー・バネ等を補って構成される
低騒音階段	制振に加え，段床部にSFRC板やフェロセメントを用いて音を低減する
X階段	同一スペース内に上下方向に2層重ねにした階段で，ダブル階段ともいう

コンクリート製の階段

版階段	構造上，版剛性で応力を受ける階段
トラス階段	構造上，トラスの主要な応力（圧縮・引張力）を利用した階段
プレキャスト階段	あらかじめ工場で製作された部材を持ち込むため，現場作業を省力化できる

手すり・手すり子

　手すりの材質は木製，金属製，樹脂製などさまざまである．機能性，安全性，意匠性に留意し，踏板の足触りと同様に手触り感が大切である．手すりは通常，壁から離して取り付けるが，手すりと壁を一体化したり（図3），内法有効幅をとるために掘込みとする（図4）場合もある．また，時に人の動きに応じ縦手すりも有効である（図5）．手すり子は主に転落防止と意匠性が目的である．階段の手すりの高さは段鼻から測るが，利用者の背丈の差異を考慮し，上下2段取り付ける（2段手すり）こともある．特に子ども（幼児）が利用する場合，転落防止のため，手すり子は縦桟とし，間隔を110 mm以下とすることが望ましい．

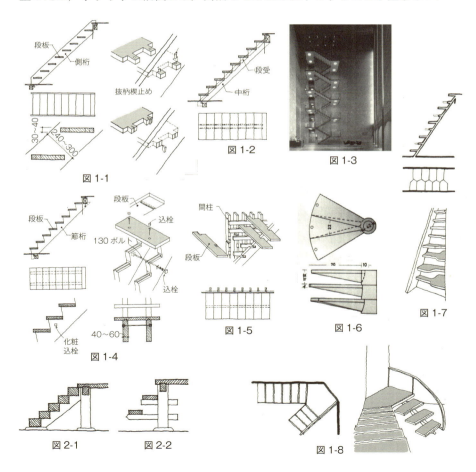

図1-1　図1-2　図1-3　図1-4　図1-5　図1-6　図1-7　図1-8　図2-1　図2-2

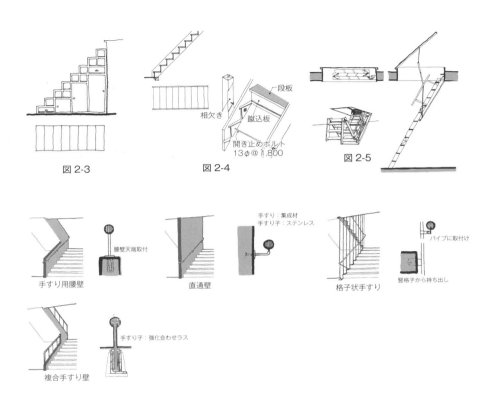

手すりのヴァリエーション

図3 | 木製手すり
(as it is／中村好文)

図4 | 掘込み手すり(テート・モダン／ヘルツォーク&ド・ムーロン)

図5 | 縦手すり
(大原の家／藤原成曉)

〔藤原 成曉〕

開口部（建具）の納まり

開口部について
　建具とは「閉(た)てる具」の意であると解釈すると，窓・戸・襖・障子はもちろんのこと衝立・欄間・暖簾，さらにはやエアカーテンにまでその対象範囲が広がる．現在多くの工場生産される建具は建具と建具枠が1組で出荷される．建具枠も含めて建具とするならば，日本建築の建具枠として兼用されていた柱・敷居・鴨居もその対象になるが，ここでは主として木製建具と金属製建具を扱う．

インテリアと開口部
　建物の開口部は外部開口部と内部開口部があり，前者はそのシェルター機能を備える必要からより高い性能が求められる．開口部には戸（扉）と窓があり，開閉に供する建具は建具枠と可動部分（戸・障子・扉）で構成される．窓は採光や通風・換気・透視などを目的とした開口であり，その大きさ・形状・開閉方法・位置のとりかたなどによりインテリア空間に大きな影響をもたらす（図1）．

木製建具　西欧における壁を穿つ開口部の納め方と日本の伝統的木造に由来する建具（障子・襖・舞良(まいら)戸，蔀(しとみ)戸など）の納め方は異なる．木製サッシは断熱性に優れ結露防止に有効であるが，複雑な加工と気密性に劣る．外壁での使用に際

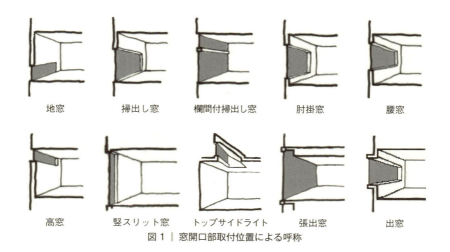

図1　窓開口部取付位置による呼称

2. 実務基礎関連 ②内装系　　　　かいこうぶ（たてぐ）のおさまり

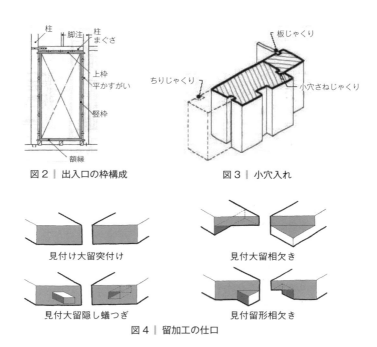

図2 ｜ 出入口の枠構成

図3 ｜ 小穴入れ

見付け大留突付け　　　　見付大留相欠き

見付大留隠し蟻つぎ　　　見付留形相欠き

図4 ｜ 留加工の仕口

しては，なるべく直接雨水が当たらぬよう庇内に設けるべきであり，主として半戸外空間や室内での使用が望ましい．

木製建具枠　室内開口部である出入口枠は上枠・下枠・竪枠・額縁で構成され，断窓・連窓の場合それぞれ無目・方立が加わる．開き扉の三方枠は戸当たりを設けるが，下枠である沓摺（くつずり）は床との納まりの都合で設けないこともある．木製枠の取付で木造躯体の場合は上下枠の軸材に切り込み固定し，軸材と枠の間はくさびをかい取り付ける（図2）．同じくコンクリート造躯体の場合はあらかじめ打ち込まれた木煉瓦の位置にくさびをかい木造と同様に固定する．

　大壁の開口部枠の下拵（したごしら）えとして枠と額縁を組み合わせる場合は，小穴さねじゃくりを行い，壁の仕上げに応じて，ちりじゃくり（塗壁など）・板じゃくり（羽目板など）に加工する（図3）．枠隅部の仕口として面一に納めるための留加工の例を（図4）に示す．

金属製建具など　開閉の伴う建具は耐久性・気密性・水密性・遮音性・断熱性などの諸性能が要求される．これらを満足する材質としてアルミサッシは軽量でもあり，外部窓として多く普及している．金属製建具は採光・換気・通風・透視・

排煙以外の性能にも対応し，防音（遮音）サッシ，断熱サッシ（断熱，防露），エアタイトサッシ（気密），防火戸（防火），面格子（防盗），網戸（防虫）などがある．また，強度と防火性を伴う扉の場合については鋼製が望ましく，スチールドアが多用されることが多い．また，近年は木材とアルミ材を組み合わせた複合建具や合成樹脂建具も開発されている（図5）．

外部開口部　木製・スチール・アルミ・樹脂などを素材としたサッシバー（組子の部材）を使用して障子と枠を1組にして製作されるサッシ構法が一般的である．そのほか，カーテンウォール構法・ガラススクリーン構法・SSG構法・構造ガスケット構法などがある．

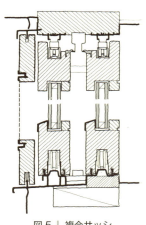

図5　複合サッシ

金属製建具の取付　鉄筋コンクリート造の場合，従来からの溶接構法と近年開発されている非溶接構法がある．

溶接構法：「後付工法」として前もってコンクリート壁にアンカー（取付金物）を相当数打ち込んでおいて，建具枠の裏面に設けられた取付金物と溶接またはボルト締めをする．溶接する場合に注意したいのは，サッシ枠と躯体との間に適度な施工のための離隔距離（逃げ寸法）をとることである．狭すぎると火花によるサッシ枠の焼け焦げや溶解の恐れがある一方，広過ぎるとトロ詰めが不良になりやすく漏水の原因になる（図6）．

非溶接工法：コンクリート型枠組立時にあらかじめ堅牢な支持枠組みを設け，サッシを固定した上でコンクリート打設と同時に打ち込む「先付工法」．アルミサッシの場合はコンクリートのアルカリによる腐食防止のためクリヤラッカー塗装などの対策が必要である．

　次に近年開発された樹脂材の硬化によってサッシを固定する高強度樹脂接合（図7）とS造（ALCパネル）の場合は「アジャストアンカー接合（図8）」がある．ともに溶接を使用しないため，火気の発生がなく安全性が高く動力電源を必要としないため，資材の削減が可能で環境にもやさしいだけでなく，全天候に施工可能なため工期安定にも繋がる．

開口部の額縁の納まり　開口部の壁厚に対するサッシ取付位置により水切り皿板や額縁（膳板と三方枠）の納まりが変化する．内付けの場合は，窓の抱きが大きく外観上彫りの深い表情をつくる．雨仕舞に有利であり，水切皿板が必要となる．

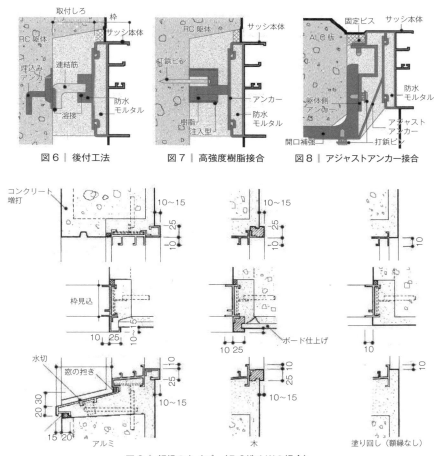

図6 後付工法　　図7 高強度樹脂接合　　図8 アジャストアンカー接合

図9 額縁のタイプ（RC造AWの場合）

内壁側は額縁を省略することもある．一方，外面付けの場合は，防水に配慮し，二重シールと水抜きを用意する．また，室内側に抱きができるため，額縁が壁との納まり上大切なインテリアのポイントになる（図9）．

ガラス主体のサッシ　ガラス主体のサッシの構法は，従来のものに加え近年になって開発されてきた①ガラススクリーン（リブガラス）構法，②強化ガラスカーテンウォール構法，③SSG（Structural Sealant Glazing）構法，④DPG（Dot Pointed Glazing）構法，⑤構造ガスケット構法がある．①は物の荷重を直接負担しない壁をいい，建築構造上取外し可能な壁面をサッシが代行する．方立工法と

ユニット工法がある．②は大型開口部を大板ガラスで構成する構法で吊り下げタイプとガラススティフナータイプがある．リブガラス構法はガラスのリブ部分の接着にストラクチャーシーリングを使用．強化ガラスを用いるとフレームレスのガラスカーテンウォールをつくることができる．③はガラスの支持材が表面に現れず，ストラクチャーシーリングとよばれる接着材によって強力に固定する構法．④は特殊な金物でガラス端部に孔開け加工を施しフレームレスのガラスカーテンウォールをつくる．⑤他に面ガラスのコーナーやエッジの目地部分を取付金物でより部分的にガラスを支持する EPG 構法などがある．⑥サッシ枠を省いてコンクリートやフレームに取り付ける構法である．Y 形ガスケット構法，H 形ガスケット構法があり，シーリング工事が不要なため排水性に劣る反面，工期短縮には有利である．

ガラススクリーン構法およびガラスの支持（図 10）
　①柱（マリオン）タイプの材質はスチールやステンレスでラチス梁で支持することもある．②テンションタイプは材質は①と同様であるがロッドやケーブルで支持する．③スティフナータイプは強化ガラスのマリオンで支持するタイプ．④リブガラスは天井からの強化ガラスで支持する．
　図 11 に①従来型（はめ込み構法），②ガラススクリーン構法（吊り下げタイプ），③ DPG 構法，④ EPG 構法，⑤ガスケット構法（改良型），⑥ガスケット構法（Y 型），⑦ SSG 構法のガラスの納まり例を示す．
　建具の材質による納まり　主要な建具（木製・鋼製・アルミ製）の窓と扉の納まり例を図 12 に示す．

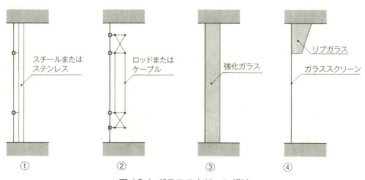

図 10 ｜ ガラススクリーン構法

2. 実務基礎関連 ②内装系　　かいこうぶ（たてぐ）のおさまり

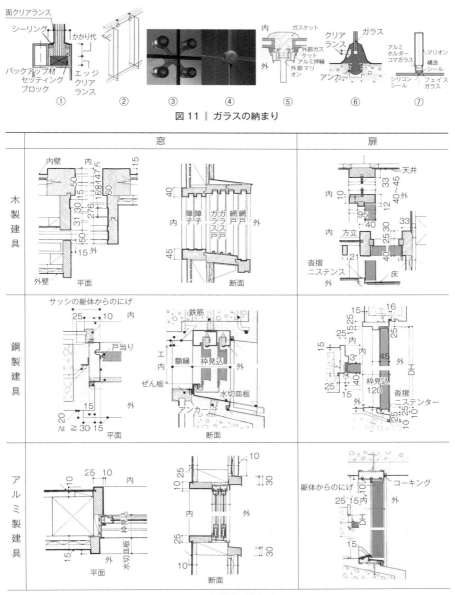

図11　ガラスの納まり

図12　構造別納まり

〔藤原　成曉〕

2 実務基礎関連

③設備設計系

設備 …………………………………… 310
給排水設備 ……………………………… 312
給湯設備 ………………………………… 314
換気設備 ………………………………… 316
電気設備 ………………………………… 318
冷暖房設備 ……………………………… 320

設　備

建築設備と設備機器

　建築は，安全で健康な暮らしができ，便利で快適な環境を得るために，熱・空気・音・光などの環境因子を制御している．具体的には躯体・内装系シェルターによるパッシブ制御と設備によるアクティブ制御により実現することができる．

　設備とは，配管・配線・ダクトにより，水や空気，電気やガスなどのエネルギー，電話やテレビ・インターネットなどの情報を取り入れ，それを建築設備により加工あるいは変換し，端末の設備機器を経由してインテリア空間に供給し，望ましい生活の場を実現している．これらは給排水・給湯設備，冷暖房・換気設備，電気・情報設備等に分類されているが，今日の建築設備は，情報技術を複合的に利用した高機能で，かつ省エネルギーや節水に配慮した機器が使用されている．

　設備は，システムの選択と最適化，建築躯体・工事との取り合いなど高度な設計・施工技術を必要とするため，専門の建築・設備設計者や施工監理者が担当しているが，端末の設備機器はユーザーの目に直接触れるインテリアエレメントとしてのコーディネー

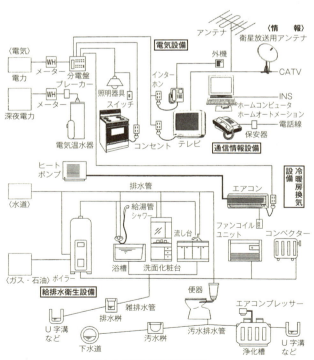

図1　建築設備と設備機器

表1 | 設備の工業化・部品化の流れ

部品	クローズド部品	オープン部品
パーツ	1960 KJ部品（公共住宅用）流し台　換気扇・BF釜	1973 BL部品（一般住宅用）
ユニット	1960 KJ流し台（公共住宅用） 1964 バスユニット（ホテルニューオータニ） 1970 キッチンユニット（パイロットハウス）	1977　　BLセクショナルキッチン 1970年代 ホテル用バスユニット（標準化） 1970年代 住宅用バスユニット（標準化） 1970年代 ミニキッチンユニット 1988　　サヤ管ヘッダー方式（試験施工） 1991　　住宅用配管ユニット（JIS化） 1990頃　ワイヤーハーネス
システム	1950 ポーゲンポール（キッチンプロトタイプ発表） 1962 インターリュブケ（ワードローブ開発）	1970年代後半 システムキッチン 　　　　　　　システム収納，天井，バス

トも求められる．内装仕上げや家具との調和，機器選択や配置計画など，インテリアコーディネーターが関与することも少なくない．

設備の工業化と部品化

　キッチンやサニタリーなどの水まわり空間は，一般居室と比べて狭いながらも，床・壁・天井の下地や仕上げは水や火に耐える必要があり，また多くの機器や配管・配線・ダクトが集中するため，使用する材料や部品が複雑となり，さらに施工に関与する職種も多くなり，建築コストに占める割合が増加し，クレームも多い．

　そのために設計の標準化や工事品質の安定，工期の短縮などによりコストパフォーマンスを高める必要があり，1960年代から70年代にかけて，工業化・部品化が急速に進行した．また1970年代には品質・性能の確保が重要な課題となり，BL保険制度，PL制度が整備され，現在の「建物の品質確保に関する法律（品確法）」に基づく10年保証制度などが確立された．

　その端緒は，1964年の東京オリンピックに向けて短工期で建築されたホテルニューオータニに初めて採用されたバスユニットであった．水漏に強い防水パンと耐水性のある壁天井で浴室空間全体を部品化したスペースユニット方式は，まず有名ホテルに採用され，1970年代には複数のホテルに使用されるオープン部品となり，やがて集合住宅，次いで戸建住宅用の標準型商品が開発されていった．

　キッチンでは，公共住宅に使用するステンレス流し台や換気扇等のKJ部品が出発点であった．1970年代にはBL部品に引き継がれて，セクショナルキッチンなどオープン部品は一般住宅にも使用され，70年代後半以降はニーズの多様化に対応する多品種少量生産のシステムキッチンに発展していった．

〔川島 平七郎〕

給排水設備

　建物に水を取り入れ，キッチン（厨房設備）やサニタリー（衛生設備）などで利用し，その後で排出するために給排水設備がある（「設備」の項目の図1参照）．給水は一般的に上水道管（一部は井戸）から供給され，飲み水やキッチン・バス等で使用され，家庭での平均使用量は約 300 L/人・日である．

　上水道の水質は，大腸菌等の細菌，カドミウム・鉄・銅等の金属，ヒ素・六価クロム等の毒物，ベンゼン・総トリハロメタン・全有機炭素量等の有機物，pH値・味・臭気・色度・濁度など51項目が水質基準（水道法に基づく厚生労働省令）に規定されている．

　上水の雑菌類の繁殖を塩素殺菌により抑えるため，給水栓において遊離残留塩素 0.1 mg/L 以上必要とされるが，カルキ臭を抑えるために水質管理目標値では残留塩素は 1 mg/L 以下とされている（厚生労働省令）．

　建物に上水を供給する給水方式は多くの方式があるが，最近では図1の4方式が多い．戸建住宅では水道直結直圧方式，集合住宅では低層には水槽直結増圧方式，中高層にはポンプ圧送方式が推奨されている．集合住宅で従来多かった高置水槽方式は，停電時でもある程度給水できる反面，屋上に10 mもの高架水槽が必要で，水槽の定期点検に維持管理費がかかる等の短所も指摘されている．

　上水道の給水圧は，一般の水栓では 30 kPa，便器のフラッシュバルブ（洗浄弁）や浴室のシャワーのためには 70 kPa が最低限必要である．住宅1戸への引き込み管径は一般に 20 mm であり，給水

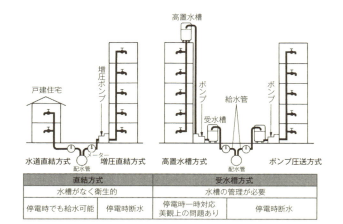

図1 ｜ 主要な給水方式 [1]

器具への接続管径は多くは 13 mm，一部が 20 mm（フラッシュバルブ式大便器，浴槽用給水栓）である．

使用後に排出される下水は，便所からの汚水，樋からの雨水，その他の雑排水に3分される．なお雑排水を浄化して水洗便所の洗浄水に利用する中水も，大規模建築では節水のために採用されている．

設備機器の排水側には，深さ 50〜100 mm の封水をもつ排水トラップを設置し，排水管内の汚臭や衛生害虫の侵入を防ぐことが重要である．便器や防水パンには内蔵されているが，キッチンシンク・洗面器・浴槽・洗い場などは排水配管に接続することが多い．これらは断面形からPトラップ，Sトラップ，ベルトラップなどがある．

排水を放流する公共下水道は，主として市街地に設置されて市町村が管理するもので，その普及率は約77％であり，都市部ほど高い．雨水と汚水をまとめて流す合流式は安価で早期に設置されたが，大雨時の処理安定性に欠けるため，設置費・維持費はかかるが雨水管・下水管に分けて安定処理できる分流式が1970年以降は主流である．

公共下水道のない地域では，U字側溝などに下水を放流してきたが，水洗便所はあらかじめ合併処理浄化槽（図2）を自前で設置しその汚水を浄化しなければ設置できない．公共下水道の浄化能力は高いので，個別の浄化槽よりも環境への負荷ははるかに小さい．

〔川島 平七郎〕

表1 公共下水道と合併処理浄化槽の放流水比較

放流方式	BOD除去率	放流水BOD
公共下水道	99％以上	2 mg/L 以下
家庭用合併処理浄化槽	90％以上	20 mg/L 以下

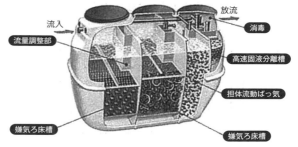

図2 合併処理浄化槽[2]

📖 参考文献
[1] 住まいとインテリア研究会編：「図解 住まいとインテリアデザイン」，彰国社，2007, p.82.
[2] インテリア産業協会編：「インテリアコーディネーターハンドブック（統合版）下」，2013, p.206.

給湯設備

　住宅における給湯の使用量は約450 L/日（4人家族，40℃換算，年間平均）であり，主な用途は，浴槽，シャワー，厨房などであるが，家庭のライフスタイルや季節などにより大きく異なっている．浴槽（給湯・追焚）・シャワーなど浴室での使用が重要であるが，各家庭での実態を把握して計画する必要がある．なお，用途別の使用温度は参考データのとおりである．

　給湯設備は，電気・ガス・石油などさまざまな熱源，貯湯式・瞬間式などによる種類があり，従来はガス瞬間湯沸器，電気温水器などから，安全性や初期費用・維持費用，使い勝手等を考慮して選択されてきた．給湯能力の表示は，ガス瞬間式機器では号数（「水温＋25℃」の湯を1分間に供給できるリットル数）で示すが，機器の検討には図1を参考とすればよい．貯湯式ではタンク容量で表記し，450 L（4人家族，80～85℃，設置面積約1 m^2）程度は必要となる．

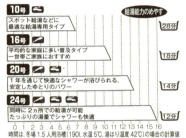

図1　給湯設備の給湯能力 [1]

　給水・給湯配管は，従来は塩ビライニング鋼管・銅管等を利用して先分岐方式で敷設されたが，接続の手間や水漏，末端部の水圧不足，管内の死水，錆による赤水・青水などが問題とされてきた．給湯器出口で行先別に分けるヘッダー方式が採用され，さらに継目なしでフレキシブル配管できる架橋ポリエチレン管が開発されて，住宅配管は飛躍的に進化した．また配管を保護し，劣化した場合に容易に取替えできる鞘管方式も普及している（図2）．

　近年の省エネルギーニーズから，開発が進んでいる新しい機器の代表的なものを図3に示す．まだ初期費用が高く，コストダウンが期待される段階にあるが，それぞれ機能や性能には特徴がある．一義的な比較は困難ではあるが，各システムの特徴や長所・短所は

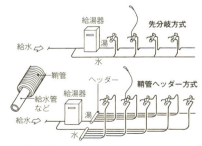

図2　配管の先分岐方式と鞘管ヘッダー方式 [2]

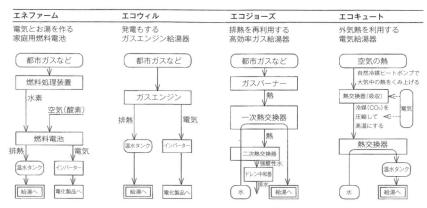

図3 | 新しい給湯システム[3]

知っておきたい.

　エネファームは, 水素と空中の酸素を反応させる燃料電池で, 電気と熱を同時発生させるコージェネレーションシステムである. 発電効率が高く, CO_2 などの温室効果ガスを出さないが, 温水タンクが必要で場所をとる弱点がある.

　エコウィルは, 都市ガス等でエンジンを回して発電し, 同時に発生する熱で湯を沸かすコージェネレーションシステムで, エネルギー効率は高く, 環境負荷は少ないが, 温水タンクが必要で場所をとる弱点がある.

　エコジョーズは, 高効率のガス瞬間式給湯器で, 200℃の排気ガス中の水蒸気から熱交換器で熱を奪い, その凝縮熱(潜熱)も回収して利用する. CO_2 発生量は抑えられるが, 排気ガス中の NO_x (酸化窒素)が含まれる強酸性ドレインを中和して排水する必要がある.

　エコキュートは, エアコンや冷蔵庫と同じ原理のヒートポンプ式給湯器で, 成績係数(COP)は3~4程度で, 電気ヒーター等と比べて高効率でランニングコストは安く, 初期費用も比較的抑えられるが, 大型の温水タンクが必要である.

〔川島 平七郎〕

📖 参考文献
[1] キッチンスペシャリストハンドブック改訂編集委員会:「キッチンスペシャリストハンドブック」,産業能率大学出版部, 2011, p.171.
[2] 住まいとインテリア研究会編:「図解　住まいとインテリアデザイン」, 彰国社, 2007, p.84.
[3] インテリア産業協会編:「インテリアコーディネーターハンドブック(統合版)下」, 2013, p.140.
[4] 設備開発物語編集委員会:「設備開発物語」, 市ヶ谷出版社, 2010, p.34.

換気設備

換気の目的と種類

新鮮な空気を取り入れ、汚染された空気を排除することを換気という。空気の入れ替えと同時に、脱臭・除塵・排湿・室温調整などを行うことが換気の目的である。排除したい汚染物質や換気目的によって、必要な換気量と換気方法が異なるので、適切な換気計画を立てることが重要になる。換気は方法によって自然換気と機械換気に、範囲によって全般換気と局所換気に分けられる。

自然換気

窓などの開口部によって、室内外の温度差（換気）や外風圧（風力換気）で換気する。機械換気のように常に安定した効果を求めるのは難しい。

機械換気

給気と排気をファンで行う。給気と排気の両方、またはどちらかにファンが必要で、その組み合わせによって第1〜3種の方法に分かれる。

第1種換気 給気と排気の両方をファンで行う。必要な給気量と排気量を確保するのに最も適しており、換気計画が立てやすい。室内の圧力を常に一定に保つことができる。

第2種換気 給気をファンで行い、排気は自然排気とする。強制的に外気を取り入れることで、室内の空気を押し出し、室内を正圧に保つ。

第3種換気 給気を自然給気とし、排気はファンで行う。第2種とは逆に、強制的に空気を排出することで室内を負圧とし、外気を取り入れる。もともとトイレや浴室、台所などの局所換気がこれにあたるが、給気口を各部屋にバランスよく配置し、全般換気に対応することもできるため、一般的な住宅で最も多く採用されている。

24時間換気システム

シックハウス法が2003年7月に施行され、機械換気による24時間換気システムの設置が義務付けされた。機械換気設備は、住宅の居室の場合、原則0.5回/h以上の換気回数を確保しなければならない。換気回数は換気量

図1 機械換気の種類[1]

[m³/h] を居室の容積 [m³] で除した値で，1時間に居室全体の空気が外気と入れ替わる回数を表す．有害物質ホルムアルデヒドを発散する量の多い建材（F☆☆, F☆☆☆）を使用する場合は，換気回数が0.7回/h以上と決められている．現在市場に出まわる建材は，ほとんどがF☆☆☆☆や規制対象外のものである．

換気計画

給気から排気への空気の流れを換気経路といい，換気が必要な部屋の中で，空気が停滞する部分ができないように計画する．給気口は天井高の半分より下に，排気口は天井高から80cm以内に設け，ショートサーキットが起こらないようにする．また，給気口を各部屋に設ける際は，家具などで塞がないように注意する．

換気扇の選択

換気扇は設置場所や換気目的などで使い分ける．換気扇の能力は，送る空気の量「風量」と圧力「静圧」で決まり，その数値は「P-Q曲線図」で表される．機種を選ぶ際には，この図を確認する．また，騒音値も考慮する．〔村川 剛啓〕

📖 参考文献
[1] 山田浩幸監修，檀上新，檀上千代子，佐藤千恵，河嶋麻子，山田浩幸：『世界で一番やさしい建築設備 110のキーワードで学ぶ』，エクスナレッジ，2013, p.67.
[2] [1] に同じ，p.69.
[3] [1] に同じ，p.75.

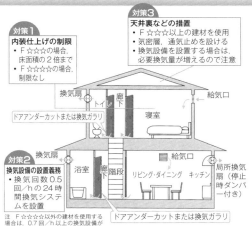

図2 | 3つのシックハウス対策 [2]

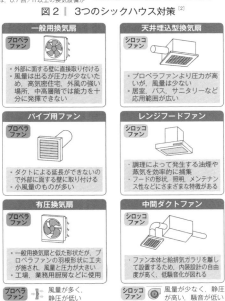

図3 | 換気扇の種類 [3]

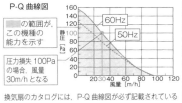

換気扇のカタログには，P-Q曲線図が必ず記載されている
図4 | 換気扇の能力の調べ方 [3]

換気扇は大風量・高静圧のほうが換気能力が高いが，能力が高すぎても，運転音が大きかったりするため，適度な能力を選ぶ．特に24時間換気機能を併用させる場合は，終始耳に入る音なので注意．また，居室内や居室近くに配置する換気扇は，できるだけ低騒音タイプを選ぶ

電気設備

電気の引込み

電気設備には「電力設備（強電）」と，電話やテレビ，光ケーブルなどの通信設備である「弱電」があり，それぞれ建物に引き込んで利用する．電気の引込み方式には，低圧引込みと高圧引込みがあり，契約容量が50 kVA未満は低圧，50 kVA以上は高圧となる．低圧引込みは，電柱の上にある変圧器（トランス）で電圧を下げて敷地内に引き込み，電力量計（メーター）を通って住戸内に導く．高圧引込みは，敷地内に引き込んでからキュービクルや集合住宅用変圧器（パットマウント）などで低圧に下げ，幹線，分電盤へ配電する．

引き込まれた電気の配電方法には単相3線式200/100 Vと，三相3線式200 Vがある．一般の住宅では単相3線式が主流で，100 Vは照明やコンセント，200 Vはエアコンや電磁調理器，食洗機などに使用される．単相3線式は，店舗・事務所等にも利用され，2本の電圧線と1本の中性線を使い分けることで100 Vと200 Vの両方の電圧を利用できる．また，建築の屋内配線は，分岐回路を多く配置しておき，将来的に契約アンペアを大きくすることも可能である．

分電盤と分岐回路

アンペアブレーカー（電流制限器）や漏電遮断器，配線用遮断器（回路ブレーカー）を納めた箱が分電盤である．アンペアブレーカーは電力会社の所有物で，契約しているアンペアを超える電流が流れると自動的にスイッチが切れる．配線用遮断器は電気の各部屋への通り道（分岐回路）を安全に保ち，異常があった場合は自動的に切れるようになっている．分岐回路とは，分電盤から各部屋へ電気を流す配線のことで，通常は1部屋に1回路，照明用回路などに分けられている．回路数は部屋数や家族構成に応じて余裕をもたせ，予備として2〜3回路用

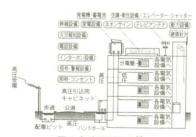

図1 高圧引込み[1]

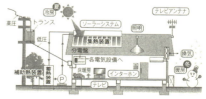

図2 低圧引込み[1]

意しておくと安心である．

　分電盤から分岐した電気は，各部屋のコンセントに供給される．コンセント6〜8個で1回路が目安となり，1回路で同時使用できる容量は1,200〜1,500W程度である．コンセントには水まわりの家電製品に使う接地付き，屋外で使用する防水型，使用時に床から飛び出させて使用するフロア型，コードにつまずいたときに外れやすいマグネット式などがある．

オール電化住宅

　一般にオール電化住宅とは，キッチンや給湯，冷暖房などで使用するすべてのエネルギーを電気でまかなう住宅のことをいう．近年ではキッチンにIHクッキングヒーター，給湯にヒートポンプ給湯機を導入することが多い．夜間蓄熱式設備を導入すると，夜間の割安な電気を使うことで光熱費をより節約できる．

ホームオートメーション

　ホームオートメーションは，住宅内LANと外部サーバーの連携によって，住戸内の家電機器の管理や遠隔操作などを行うシステムである．セキュリティ機能では外出先から施錠操作ができたり，防犯用カメラなどで異常も知ることができる．便利機能としては，照明，エアコン，給湯機などの動作確認と遠隔操作ができる．ホームオートメーションシステムを導入するには，インターネットに常時接続し住宅内LANが整備された通信環境とする．

〔村川剛啓〕

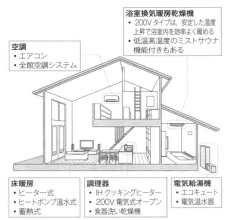

図3　オール電化住宅の設備[2]

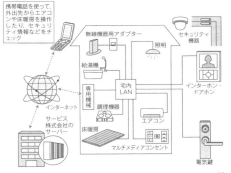

図4　ホームオートメーションシステムの仕組み[3]

📖 参考文献
[1] 山田信亮，打矢瀅二，中村守保，菊地至：「イラストでわかる建築設備」，ナツメ社，2014，p.159．
[2] 山田浩幸監修，檀上新，檀上千代子，佐藤千恵，河嶋麻子，山田浩幸：「世界で一番やさしい建築設備　110のキーワードで学ぶ」，エクスナレッジ，2013，p.119．
[3] [2]に同じ，p.131．

冷暖房設備

空調の種類

　空調方式は，対流式，伝導式，放射（輻射）式の3つに分かれる．

対流式　エアコンやファンヒーターなどのように，温風や冷風を直接放出し，強制的に空気の対流を起こして部屋の温度を上下させる．急速に冷暖房が効くが，暖房時には天井付近が暖まり足元に冷えを感じたり，温風や冷風が直接身体に当たって不快感を与えることがある．また，室内の埃やアレルギー成分を一緒に巻き上げてしまう問題もある．施工性やコスト面では最も採用されやすい方式である．

伝導式　部分的な暖房機器で直接身体に触れることで暖かさを感じる方式である．

放射（輻射）式　空気を介さず，温度の高い方から低

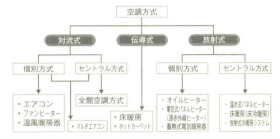

図1 ｜ 空調方式の決め方[1]

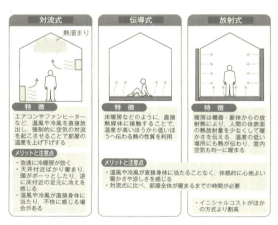

図2 ｜ 空調方式の種類[1]

い方へ熱が伝わる性質を利用し，室内に暖かい面や冷たい面を設けることで，温度変化による気流を感じない程度の緩やかな自然対流も発生し，温風や冷風が直接身体に当たることなく，心地よい暖かさや涼しさを体感できる．また室内空気を汚さず，比較的乾燥しない．騒音も少なく，室温自体は低くても暖房感を得られる．短所は部屋全体が暖まるまでに時間がかかることで，補助的にエアコンを

併用する場合が多い．大きな放熱面を要するので，設備費が割高で，故障の際の修理が困難である．

また，それぞれの空調方式を用いて，各室やエリアごとに空調機器を設ける方法を個別方式，建物全体を1つの機器で空調するセントラル方式がある．

床暖房の種類

床暖房は，足元から暖め，その放射熱で部屋全体もムラなく暖めることができる．種類は主に電気ヒーター式と温水循環式の2つに分けることができる．

電気ヒーター式 通電によって発熱するヒーターを床に敷き込む方式で，施工しやすい．また立ち上がりが早いため，頻繁にオンオフ

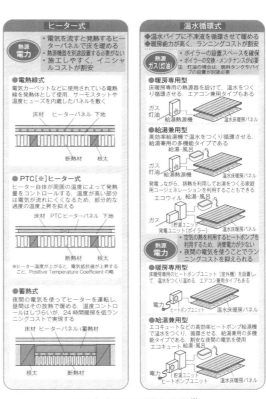

図3 | 床暖房の種類と特徴[2]

を繰り返す場合や，朝や夜間のみに使う場合などに適している．床下に電熱線ヒーターを配して床を暖める方式や，フィルム状の発熱体を使用するPTC式，主に夜間の割安な電力を使用して蓄熱体に熱を蓄え，昼間は蓄熱体の放熱を利用する方法などがある．

温水循環式 温水パイプが組み込まれたパネルを敷き込む方式で，電気式と比較すると，イニシャルコストは高いが，ランニングコストが比較的安い点がメリットである．広い面積や長時間使用する場合に適している．熱源は電気・ガス，灯油いずれも可能で，それぞれ床暖房に対応した給湯器を選ぶ． 〔村川 剛啓〕

📖 参考文献
[1] 山田浩幸監修，檀上新，檀上千代子，佐藤千恵，河嶋麻子，山田浩幸：「世界で一番やさしい建築設備 110のキーワードで学ぶ」，エクスナレッジ，2013，p.81．
[2] [1] に同じ，p.93.

2 実務基礎関連

④施工系

建築構造の種類 ……………………………… 324
構造材料 ……………………………………… 326
木造 …………………………………………… 328
鉄骨造 ………………………………………… 330
鉄筋コンクリート造 ………………………… 332

建築構造の種類

　建築構造には主に木，鉄，コンクリートという3つの構造材料に応じて複数の構造形式がある．材料別に特徴を整理してみよう．
木材系
軸組構造　木造には伝統構法とそれを改良した在来構法がある．柱や梁といった線材の軸組で支える構造で，伝統構法は茅葺きの民家や法隆寺などの寺院にて，在来構法は主に一般住宅にて用いられる．
枠組壁構造　フレーム状に組まれた木材に，壁や床となる面材を打ち付ける構造．構造用製材が2インチ×4インチサイズの規格品で構成されることから，通称ツー・バイ・フォー構法の名がついた．
丸太組構造　丸太や角材を積み上げて構成する構造．ログハウスのログは丸太を意味する．東大寺の正倉院の校倉造は，三角形の断面の木材を組み上げてつくられている．
ヘビーティンバー構造　大断面の木材を使用した軸組構造．引き板をつなぎ合わせて接着剤で積層した構造用集成材を用いることから，集成材構造ともよばれる．集成材を用いると，自然木では難しい大断面材や長尺材を製造することが可能になる．
木造大スパン構造　集成材などの構造部材と，スチールの金物やピンなどの接合部材を，平面的あるいは立体的に組み合わせた構造で，大空間を実現する．平面トラス，立体トラス，アーチ，シェル，ドームといった架構をつくる．
鋼材系
軽量鉄骨構造　軽量形鋼を用いた構造．軽量形鋼は厚さ6mm以下の薄板を冷間で折り曲げて作成する．小規模建築やプレハブ住宅に多くみられる．
鉄骨ラーメン構造　柱，梁を重量鉄骨で構成した後，接合部をボルト締めか溶接で剛接合した強固な構造．高層ビルや鉄橋といった大型構造物の他，集合住宅など中高層の建物に多くみられる．
鉄骨平面トラス構造　パイプや形鋼などの棒材を三角形の集合となるように組み立て，柱や梁に用いる構造．部材内部に生じる応力が軸力となるので，細い部材で大スパンを支えられる点がラーメン構造との違いである．
鉄骨立体トラス構造　部材を立体的に組み合わせて骨組みを構成する構造．理論

上ではどんな複雑な形状もつくれるが，現状では平面トラスを立体的に組み合わせたものが多い．主に大空間を覆う屋根の構造に用いられる．

ケーブル構造　ケーブルの自然なたるみを利用して加重を水平方向に分散した構造．吊り構造ともいう．ケーブルがたるんでできる曲線をカテナリー（懸垂線）という．大空間の屋根を支える構造に用いられる．

コンクリート系

補強コンクリートブロック構造　建築用空洞コンクリートブロックの内部に鉄筋を入れて補強したものを積み上げて壁を構成する構造．数階建ての低層住宅に適している．

型枠コンクリートブロック構造　型枠コンクリートブロックの空洞に鉄筋を配してコンクリートを打設したもの．鉄筋とブロックが一体化して壁式鉄筋コンクリート構造となる．

壁式鉄筋コンクリート構造　鉄筋コンクリートでできた耐力壁，壁梁，床で構成した構造．柱や梁に凹凸がないので，内部空間をくまなく有効に利用できる．住宅や5階以下の共同住宅に多く用いられている．

鉄筋コンクリートラーメン構造　鉄筋コンクリートとは，鉄筋で補強されたコンクリートを指す．また，ドイツ語でラーメンとはフレームワークを意味する．コンクリートの圧縮力，鉄筋の引張力を生かして，柱と梁を剛接合した骨組みである．

鉄骨鉄筋コンクリートラーメン構造　鉄骨造の骨組みの周囲に鉄筋を配してコンクリートで一体化した構造．粘り強さをもつ鉄骨造と，変形しにくい鉄筋コンクリート造の構造特性を生かした合成構造．高層建築に用いられる．

鉄筋コンクリートシェル構造　貝殻や卵のような薄い曲面板からなる構造．円筒，球面，折板，双曲放物面（HPシェル）などさまざまな形状がある．

鉄筋コンクリート折板構造　折り紙のように板を連続的に折り曲げた鉄筋コンクリート構造．壁や屋根がアコーディオン状やピラミッド状にしたものがある．

プレキャストコンクリート構造　あらかじめ工場でコンクリート製品を製作しておき，現場へ運搬した後に組立と設置を行う工法．一般的なコンクリート構造物が，建設現場に型枠を設置し，コンクリートを打設してつくられるのと対照的である．

プレストレストコンクリート構造　引張力に対して抵抗力の小さいコンクリートに，あらかじめ緊張材を加えて圧縮力を高めておく．コンクリートに加重を受けたときに生じる引張応力を打ち消すように仕組んだ構造．　〔鈴木　敏彦〕

構造材料

　もののかたちは，材料と構造によって決まる．材料には，その素材にふさわしい構造形式が伴ってこそ無理のない自然なかたちとなる．かつて建築家のルイス・カーンは「煉瓦はアーチになりたがっている」と語った．煉瓦という構造材料にアーチという構造形式を与えると美しい建築が生み出されるという意味だ．
　建築やインテリア空間の形状は，構造材料と構造形式によって決まる．したがって，建築家やデザイナーは，構造材料に合った構造形式を選択しなくてはならない．同時に，構造材料を選定する際には，経済性，加工性，地域性を考慮するべきである．しかし必ずしもその関係性は1対1ではない．1つの構造材料には複数の解答ともいうべきさまざまな構造形式がある．以下に主な構造材料の長所と短所と特質を述べる．

木材系構造材料
　木材は日本人にとって古来，最も親しんだ素材である．木の柔らかさと暖かさは日本の気候に即しており，軽く丈夫で加工性が高く，湿度や温度の調整に役立つ．経年変化を経て木材は古色を帯び，風格を増す．比強度という単位重量当たりの強度は他の構造材料に比べて格段に高く，経済的である．短所として，自然素材であるために材質が不均一な点が挙げられる．これを補うべく開発されたのが集成材や積層材である．また火に弱いという特質がある．しかし木材は燃える際に表面から炭化していくため中までは燃えにくい．その燃え代を考慮した大断面の材料を用いることによって耐火性を高める方法もある．

鋼材系構造材料
　建設用資材として成形，加工した鉄鋼一次製品を鋼材という．鋼を圧延すると圧延鋼材，鍛造すると鍛鋼品，鋳造すると鋳鋼品になる．比強度では木材には及ばないが，鋼材は圧縮と引張りに強い．曲げると大きくたわむが粘り強い．鋼材は工場で制作，加工し，大型重機を用いて現場で組み立てる．溶接接合は主要な構造部位ではほとんど採用されないが，仕口をそのまま剛接合，ピン接合することが可能である．現場ではボルト接合で部材を組み立てる方法が一般的である．短所は熱に弱いことが挙げられる．摂氏500度前後から強度が半減し，変形が始まる．材が細いと座屈しやすいが，これは木材も同様である．経年変化では腐食が進み，錆が発生する．溶接には熟練技能を必要とし，十分な品質管理が求めら

れる．

コンクリート系構造材料

　コンクリートとは，砂・砂利・水などをセメントで結合させたものを指す．現代の日本を代表する建築資材の1つである．強度があり施工が容易であることから，建築物だけでなく，道路，ダム，上下水道，高架橋，トンネル，港湾設備といった産業インフラに用いられている．

　コンクリートは圧縮に強いが，引張りには弱く，その強度の比は 1/10 になる．したがってコンクリートを単独で使用することは稀で，コンクリートの中に鉄筋を入れた鉄筋コンクリートが広く普及している．鉄筋を入れることによって引張力を鉄筋がサポートし，圧縮力はコンクリート本来の持ち味である．こうして鉄筋コンクリートでは十分な強度が保たれる．短所としては，コンクリート，鉄筋ともに酸化に弱い．材質を均一に保つのが難しい．セメント，骨材，水の調合配分を管理し，温度，湿度，天候，型枠と配筋の精度，コンクリート打設方法，養生を精査する必要がある．　　　　　　　　　　　　　　　　　　〔鈴木 敏彦〕

木　造

　古来，日本の建物はすべて木造であった．木造の家屋は各地の気候風土や地域性を反映し，湿度と温度に対応すべく用いられてきた．結果として，民家から寺社仏閣の伽藍にいたるまで，経済的で，軽くて丈夫で加工しやすい木材が使われた．木造建築においては大工が果たした役割が大きい．木材を巧みに加工して構成する軸組木構造は代々，職能として伝承されてきた．木という構造素材，軸組の構造，そして大工という施工者が三位一体となって日本に最もふさわしい構造形式を完成させた．
　現代の木造の構造には，主に5つの形式がある．伝統構法を改良した在来軸組構造，海外から持ち込まれた構法である枠組壁構造，丸太組構造，木材自体を改良した集成材によるヘビーティンバー構造，木造大スパン構造である．以下に詳細を述べる．

在来軸組構造（木造在来構法）
　伝統構法を改良した構法．主に一般住宅に広く用いられる．前もって継手や仕口に刻みを入れた構造材を用意しておく．建てる際には布基礎の上に土台をすえ，前述の構造材を組み上げる．そして柱を立て，桁，梁などの横架材で構造をつなぎ，真束の上に棟木を乗せて軸組を仕上げる．この段階で柱の鉛直を修正し，仮筋違で固定する．直ちに屋根を葺き，雨露がしのげるようにした上で，床，壁，天井の工事を順次進める．

枠組壁構造（ツー・バイ・フォー構法）
　フレーム状に組んだ木材に壁や床となる構造用合板を打ち付ける構造．2インチ×4インチ規格の構造用製材で構成されることから，2×4（ツー・バイ・フォー）構法とよばれる．工事は1階床→1階壁→2階床→2階壁→屋根の順に進む．まず基礎をつくりその上に土台を敷く．その上に1階の根太を並べ，全面に床張りの合板を張る．次にパネル状に制作した壁を立てる．2階では，根太を1階の壁に沿って並べて同様に床を張る．同様に壁を立て，小屋組をその上に並べて屋根の合板を張れば完了である．このように屋根が最後となる施工順序は，在来軸組構法と対照的である．

丸太組構造（ログハウス）
　丸太や角材を積み上げて壁を構成する構造．ログハウスのログとは丸太の意で

ある．東大寺正倉院は断面が三角形の木材を組み上げてつくられた校倉造である．丸太組構造の特徴は，自然木が放つ木の香りと，天然素材による野性味ある雰囲気である．丸太組構造の欠点は，経年により自然木が収縮すること．よって，あらかじめ変形と収縮を踏まえた設計が求められる．

ヘビーティンバー構造（集成材構造）

断面積が $300cm^2$ 以上の集成材をヘビーティンバーとよぶ．構造用集成材を用いた軸組構造である．集成材とは引き板を接着剤で積層した木質材であり，自然木では生産が難しい大断面材や長尺材を製造することができる．製造過程で集成材を十分に乾燥させるため，割れや狂いが少なく，自然の木材よりも強度がある．湾曲材や変断面材など多様な形状が製作可能である．

木造大スパン構造

集成材のような構造部材と，金物やピンなどの接合部材を組み合わせて大空間を実現する構造．架構形式には立体トラス，シェル，アーチ，ドーム等がある．立体トラスとは，上下弦材を三角形もしくは四角形の格子に組みスペースフレームを構成し，50mまでのスパンに対応する．シェルの平面および断面空間の形状は多種多様で，最大スパンは100mである．より大きなスパンに対応するのはアーチである．頂部と左右両柱脚部をピンで支える3ピン式アーチは最大150mの架構をつくり出す．ドームの最大可能スパンは200mに及ぶ．空間の平面形状は主に円形，断面形状は凸レンズ型である．

〔鈴木 敏彦〕

鉄骨造

鉄骨造の概要
　鉄骨造は，構造上主要な骨組み部分に，木材と比べて強度が強い形鋼・鋼板・鋼管などの鋼材を用いて組み立てた構造をいう．無柱の大規模な空間を軽量かつ靱性に富んだ構造によって可能にする．このため，高層建築，大スパン建築に用いられ，用途は現代社会の代表的な建築である空港，駅舎，スポーツ施設，美術館，オフィスビル，集合住宅などさまざまな建物に使用されている．鉄骨造は，工場生産によって品質が安定し，鉄筋コンクリート造に比べて大幅な軽量化，大開口部の確保が容易である．また，現場で組み立て，施工精度が高い上に短い工期での建設が可能である．しかし，振動による変位が大きいことが短所である．変位方向に平行な壁面のタイル目地等には亀裂が入りやすく，外壁ALC板のような非構造部材の接合等に欠陥があると脱落のおそれがある．また，鋼は空気中で酸化し，錆びてしまうのが欠点である．そのため，空気中に水分・塩分・硫黄酸化物があると浸食の速さが増すので，表面を平滑にしたり，モルタル被覆・コンクリート被覆・亜鉛めっき・塗装などの防食を施す必要がある．

構造方式
　構造形式は，トラス構造，ラーメン構造，ブレース構造に大別される．重量鉄骨を用いたトラス構造は三角形を基本形状として細い部材を平面的か立体的に組み立てる．ラーメン構造と比べて細い部材を使用するため高度な加工技術が求められる．これに対してラーメン構造は剛接合で，トラス構造と比べると多くの鋼材が必要となり，大スパンには不利とされている．ブレース構造は軽量鉄骨を用いたもので，木造軸組工法と同様に柱，梁，筋交いを利用したものである．

接合方法
　部材を接合する方法は，高力ボルト，ボルト，ピン，溶接などがあり，工場接合では溶接を，現場接合では高力ボルトを用いるのが一般的である．溶接は新技術が開発されて高度化しているが，逆に職人の腕にバラつきがあり，現場では使いにくくなっている．

断熱
　木造に比べ約350倍断熱性が低いため，外壁を厚くする外断熱工法がよいとされる．内断熱工法では発泡ウレタン，スタイロフォーム，グラスウールなどが使

用される．

インテリアとの関係
　インテリアに関しては，鉄骨造と鉄筋コンクリート造の構造別内装の違いはほとんどないといえる．強いて挙げれば，鉄筋コンクリートに対して鉄骨構造はすきま処理に十分注意が必要である．雨仕舞，防煙処理などが難しいことや揺れにも弱いため，仕上げ材にクラックが入ることである．

　内装の下地材には，木，コンクリート系，軽量鉄骨系下地があるが，金属は内外装工事の構造材・下地材・仕上げおよび装飾など広い範囲にわたって用いられる．これは建物の不燃化などの理由で軽量鉄骨による天井・壁下地が普及したためで，JIS 規格により，種類，形状，寸法，性能などが規定されている．

　内装工事は部位別に床，壁，天井とカーテン・ブラインドが挙げられる．床では，フローリング類，合成高分子系張床，同塗床，カーペット張床，敷カーペットなどがある．

　壁・天井では，合板，繊維板，石膏ボード，石綿スレート，ロックウール板，木毛セメント板，金属板，壁紙，壁布類が使用される．

　しかし内装工事では，仕上げ材が平滑で，光沢をもったものほど欠点が目立つのも特徴といえる．

耐火
　鉄骨造は火災には弱く，耐火被覆していない場合被害を生じるので，不燃構造である耐火構造とは認められない．火災時の 550℃ 以上の熱で急激に強度が失われ，建物の荷重によって床が落ちたり，鉄骨が曲がって倒壊するおそれがある．しかし，鉄骨造でも耐火被覆した場合，耐火構造として認定されるものもある．

　鉄骨の耐火被覆には耐火・耐熱性に優れるロックウールが使用される．吹付けロックウールは，ロックウール粒状綿を主原料とし，セメントを硬化材として，専用の吹付け機を用いて鉄骨などの下地に吹き付ける．一定の被覆層をつくる有機物を含まない現場施工の不燃製品で，耐火・断熱・吸音性に優れさまざまな用途に使用されている．繊維混入珪酸カルシウム板厚さ 25 mm を使用すれば，1 時間耐火の性能が認められる．

〔建部　謙治〕

　参考文献
[1] 「商業施設・創造とデザイン」編纂特別委員会：「商業施設創造とデザイン」，商業施設技術者・団体連合会，2008．

鉄筋コンクリート造

鉄筋コンクリート造の概要
　鉄筋コンクリート造を分類すると，大きくはラーメン構造，フラットスラブ式構造，壁構造，シェル構造などに大別できる．ラーメン構造は柱と梁，スラブで構成されるため，大きな開口部を得ることができる．一方，壁構造は構造上大きな開口部が作りにくい．シェル構造は薄い曲面板からなる建築構造で，自在な曲面を実現するのに適しているが，一般的な建築に用いられることは少ない特異な構造体である．

　鉄筋コンクリート造はどのような成形も可能で比較的施工しやすい．また雨漏りの心配も少ない．しかし，コンクリートを流し込むため，養生期間が必要で工期が長くなることや施工技術にバラつきが出る特徴がある．また，構造体の自重が大きいため，大スパンだと柱やはり成が大きくなり，高層化は難しい．しかし，近年では高強度コンクリートを使用して高層建築も可能である．

構造とインテリアとの関係
　打設したコンクリートは近年施工技術も向上・普及し，そのまま，きれいな内外観面を形成できるようになった．打放し仕上げやはつり仕上げなどは建築デザインの見せどころである．

　しかし，打放しコンクリートは，「仕上げ」という保護材をもたないため，風雨に対する抵抗力が弱く，耐久性を考慮した細心の管理上の注意が必要とされる．またコンクリート打放しは，基本的に型枠を取り外した後の仕上げ工程を欠くため，型枠の形成の段階でその善し悪しが決まってしまう．水の処理を誤ると外壁は汚くなってしまったり，雨漏りの原因になることもある．表面加工である「はつり仕上げ」については耐久性に及ぼす影響は十分に明らかにされておらず，土木構造物では用いられていない．

　建築造形的には，力強さ・清潔感・素材感などの美的表現に優れているため，作家性の強い設計者は打放しコンクリート仕上げを好む傾向にある．

　インテリアとして特異的なものに挙げられるのが，二重壁構造をもつ博物館・美術館等の収蔵庫である．収蔵庫は貴重な収集品の保存機能をもたせる必要から，収蔵空間は鉄筋コンクリート造の躯体の中に木造の空間を「入れ子」にして，壁のあいだに空気層を設ける．こうすると，外部の影響を緩和し，内部空間の温湿

度を一定の範囲に保つことができる．

　壁構造は，柱のでっぱりをなくすことができるので，インテリア空間を計画するにはやりやすい．壁面をそのまま下地材として使用できる．打放し仕上げ，ペンキ仕上げ，ボード圧着仕上げなどは工期が短く建設コストも低く抑えられる工法である．このように近年では，工期短縮のため乾式工法が中心で，モルタル仕上げなど左官が関わる湿式の仕上げはますます少なくなってきている．

　それ以外では，木や金属製の間柱を入れて，断熱材・石膏ボードを張り，クロスなどで仕上げるのが一般的である．

　断熱材は，無機質繊維系，木質繊維系，発泡プラスチック系に大別できる．例えば，ポリスチレンフォームをコンクリート躯体の外壁の内側に打ち込み，室内の暖気の熱流出をコンクリートと一体となって防ぐことができる．

改装上の問題点

　ラーメン構造は，インテリア空間を計画するには自由度が高い．しかし一方で，柱や梁のでっぱりが平面・断面上の自由度を制約する場合もある．

　また，店舗等において，建築後の改装・レイアウト変更に際しては，耐震壁部分の現状を変えることができない．除去したい壁をなくすことができたとしてもその作業は大変な工事になる．

火災対策

　耐火構造とは，壁，柱，床，梁，屋根，階段について，それぞれ政令で定める耐火性能基準に適合する鉄筋コンクリート造，れんが造その他の構造である．鉄筋コンクリート造は，関東大震災の教訓から都市防火が叫ばれるようになり，火災に強い鉄筋コンクリート造という名のもとに日本中に広まった．しかし，現実的には鉄筋コンクリート造といえども燃えないわけではなく，火にさらされると強度的な問題が起きることは鉄骨造と同じである．都市火災では躯体そのものが燃えなくても，窓から延焼する危険性がある．一方室内では，防火区画，内装制限や火災荷重を抑えることによって火災拡大に対処する． 〔建部 謙治〕

□ 参考文献
[1]「商業施設・創造とデザイン」編纂特別委員会：「商業施設創造とデザイン」，商業施設技術者・団体連合会，2008.

2 実務基礎関連

⑤積算系

積算・見積 ……………………………… 336

積算・見積

　積算とは事業に必要な金額を見積もることをいう（以下「見積」という）．インテリアにおける見積とは，図面，仕様書，構造積算書など設計図書から使用部材の数量を正確に導き，単価を掛け合わせ，工事費を乗せて算出したものを指す．工事を適切に管理するためには，事前に工事にかかる原価を工事着工前に把握し，工事期間中を通して管理する業務が大事である．インテリアにおける見積業務では正確な見積，工程ごとのコスト管理と的確な業務指示が求められる．

コスト管理

　プロジェクトには必ず予算がある．最初の計画段階では，仕上げの規模やグレードなど価格に大きな影響がある項目は未定で，設計が進むにつれて決まっていくのが通例である．たとえ予算が限られていても，クライアントの要望は膨らむことが多い．実施設計が終了した段階で見積が大幅にオーバーしていれば，設計を見直す必要がある．また，工事契約後にも追加工事が発生して追加費用が発生する事態もある．よって，事前の説明が不十分だと，クライアントとトラブルが発生しかねない．設計が進むにつれて，仕様，数量といったコストに関わる情報が具体化していく．企画構想，基本設計，実施設計それぞれの段階ごとにコストチェックをしておくことが大切である．

　コストは経済市場の影響を受ける．需給バランスや景気変動によって価格は変動する．工事会社の受注意欲によっても価格は変わる．コスト管理とその透明性は，依頼者との信頼関係を築くためにも特に重要な項目である．

予算と見積

　予算は企画段階で企画者や設計者が作成する．この企画段階では，構想が中心で内容が決まっていないため，詳細に見積るのは難しい．規模と仕様のグレードを想定して予算を作成する．建築費指数は，経験，データ，刊行物[1]掲載単価，市場性などから推定することになる．

　見積は設計完了後に施工者が作成する．設計図書に基づき，建築材料の数量に単価をかけて工事費を算出する．工事費には，材料仕入れ費用，施工する人件費，搬送費，施工会社の運営費などさまざまな要素がある．工事項目ごとに数量を明

---

[1] 刊行物『建設物価』建設物価調査会，『積算資料』経済調査会など．価格調査機関が発行している．

記し,単価をかけて工事費を積算する.

見積の種類

工種別見積とは施工者が把握するためのもの 建築工事は多数の職種(工種)が関わって成り立っている.それぞれの職種ごとに費用を算出し,工種ごとに内訳項目を設けるのが工種別見積である.材料の発注と労務費の支払いは,職種ごとに行われるため,工事を請負う施工者にとっては便利な見積形式である.工事契約書に添付される見積書にはこの形式が多く使われている.

部分別見積とは発注者,設計者を対象とするもの 建築工事ではどの部分にも複数の工種が関わっているが,工種ごとに積算した工種別見積では部分別の費用がわかりづらい.部屋,床,壁,天井など部位ごとに見積もったのが部分別見積である.工事項目ごとに積算した費用をもとに部分別見積を作成する.施主や設計者にとっては部分ごとの金額がわかるため,グレードの検討や設計変更の際に便利である.

コストとプライス

コストは原価を指す.材料費や労務費,一般管理費など施工者が工事を完成させるために調達する費用の合計である.

プライスとは価格を意味する.発注者が施工者に支払う費用を指す.原価に経費や利益などを上乗せして,発注者が求める建築空間に対して示す最終価格である.

一般的には商品の原価や製造内訳費用が購入者に示されることはないが,インテリアデザインにおいては総工費が高いので,契約価格の内容を事前に内訳書として示すことになっている.しかし一般の顧客にとっては見積の内訳書は専門性が高く,見ても内容がわかりにくい.明快な説明が必要である.時には市場経済を反映して,企画時と契約交渉時の総工事費に大きな価格差が起こることがある.自動車の販売では性能,仕上げのグレード,車のサイズによって価格が定まるように,今後住宅においても各要素によって価格が変わる理由を消費者に説明する必要性が増すだろう.

〔鈴木 敏彦〕

3 法規関連

①法律系

建築基準法 ………………………………… 340
消防法 ……………………………………… 342
バリアフリー法 …………………………… 344
品確法 ……………………………………… 346
建築士法 …………………………………… 350
消費者関連法規（PL法，消費者契約法）
……………………………………………… 352
省エネルギー法 …………………………… 354
グリーン購入法 …………………………… 356

建築基準法

　建築に関係する法令にはさまざまなものがあり，それぞれの法令の目的に応じて建築計画や建築行為を規制している．建築基準法は，建築物の設計や施工に関する最も基本的な法律の１つであり，国民の生命，健康および財産を守ることを目的として建築物の最低基準が定められている．

　具体的な規制内容は，大きく「単体規定」と「集団規定」に分類される．単体規定では，建築物の敷地，構造耐力（固定荷重・積載荷重のほか，台風・大雪・地震に対する構造安全性），火災時の安全（火災の拡大防止，在館者の避難），室内環境（換気やシックハウス対策），昇降機（エレベーターやエスカレーター）等について安全上，防火上および衛生上必要な技術的基準が定められている．一方，集団規定では，都市計画で定める地域ごとに建築可能な用途の制限，敷地面積に対する延べ面積・建築面積の割合（容積率・建ぺい率）の制限，隣地や前面道路と建物形態の関係（斜線制限や日影規制）など建築物の集団としての社会経済的な秩序が定められている．なお，基準（特に単体規定）の詳細については，法律に基づく施行令や告示に規定されている場合が多い．

　建築物の一部を構成するインテリアについても，当然，関係する基準に適合していなければならない．特にインテリアと関係が深い項目として，内装制限があげられる．

内装制限

　建物内で火災が発生（可燃物に引火）した場合，通常，最初の段階では緩やかに火災が成長するが，火炎が天井面に到達し，燃焼生成物の高温層が天井下に蓄積すると，天井面や壁面の内装材の熱分解が急激に進み，室全体が強い輻射熱に晒され，あるいは滞留した可燃性ガスに引火し，爆発的な燃焼現象（フラッシュオーバー）が生じるおそれがある．

　建築基準法では，初期火災の拡大を遅延させ，火災の初期における在館者の安全な避難を確保するため，建築物の用途，規模，構造に応じて，居室および居室から地上に通ずる主たる廊下，階段その他の通路の壁および天井の室内に面する部分の仕上げを難燃材料（特に重要な部分は準不燃材料・不燃材料）としなければならないこととされている．壁紙やボード類など内装材としてこれらに該当する数多くの建築材料が商品化されているが，スプリンクラー設備等を設ける場合

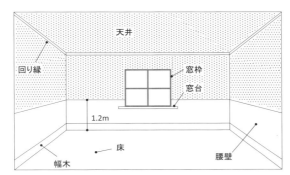

注：床，床面からの高さ 1.2m 以下，幅木，回り縁，窓枠，窓台等は対象外
図1 ｜ 居室における内装制限

など防火上同等の効果が認められる場合には，内装制限が適用除外される．

　また，いわゆる内装制限とは異なる規定であるが，居室内において衛生上の支障を生ずるおそれがある物質による室内汚染を防止（シックハウス対策）するため，居室の内装（壁，床（内装制限では対象外）および天井ならびにこれらの開口部に設ける戸その他の建具の室内に面する部分）の仕上げには，一定量以上のホルムアルデヒドを発散させる建築材料を使用してはならないこととされている．

建築確認・検査制度

　実際の建築物が基準どおりに建築されることを担保するため，建築主は，一定規模以上の建築物を建築しようとする場合，当該工事に着手する前に，その計画が建築基準関係規定（建築基準法令以外の建築に関係する主な法令が含まれる）に適合するものであることについて，都道府県知事または特定の市町村長に任命された建築主事等の確認を受け，確認済証の交付を受けなければならない．また，工事完了後においても，建築主事等の検査を受け，検査済証の交付を受けるまでの間は，原則として当該建築物を使用することができない．なお，平成10年の法律改正により，建築確認・検査については，民間の指定確認検査機関に申請することもできるようになった．

維持保全義務と定期報告制度

　建築基準法では，建築物の所有者や管理者は，建築物の使用開始後においても建築物やその敷地を常時適法な状態に維持するように努めなければならないこととされている．この義務を怠った結果，建築物やその敷地が建築基準法令の規定に違反するに至れば，行政庁による是正命令等を受けることになる．また，一定の用途・規模の建築物については，定期的に調査・検査を行い，その結果を特定行政庁に報告しなければならない．　　　　　　　　　　　　　　〔安藤 恒次〕

消防法

消防法の第1条には,「この法律は,火災を予防し,警戒し及び鎮圧し,国民の生命,身体及び財産を火災から保護するとともに,火災又は地震等の災害による被害を軽減するほか,火災等による傷病者の搬送を適切に行い,もつて安寧秩序を保持し,社会公共の福祉の増進に資することを目的とする」と規定されている.これに基づき,火災の予防,消火の活動,消防の設備等に関する規定が定められている.

消防法の関係法令等には,消防法施行令および消防法施行規則,危険物の規制に関する政令および危険物の規制に関する規則,告示,市町村の火災予防条例等があり,インテリアの一部にはこれらによる規制が適用される場合がある.

消防法関係法令等に基づく建築物の規制

建築物の防火に関して,消防法と建築基準法には密接に関係している規定も多い.消防法は防火管理や消防用設備等(消火設備,警報設備,避難設備等),防炎物品等(カーテン,じゅうたん等)の規定に見られるように,火災予防や消防活動の円滑化等の観点から設備の設置・維持,管理に関する規制をしている.一方,建築基準法は柱・はり,壁や床等の主要構造部や防煙・防火区画,内装制限等の規定により,建築物の構造面に関する規制をしている.

建築基準法では一定の建築行為に対して,建築確認申請等が必要になるが,その際,消防法(第7条)の規定により,一般には消防長等の同意も必要になる.

消防用設備等の設置規準等は建築物の用途や規模に応じて異なる.特に不特定多数の在館者や避難弱者等が想定され,火災時の被害が大きくなる恐れのある,大規模な劇場,百貨店,ホテル,病院等の用途では,厳しい基準が規定されている.建築物内には,屋内消火栓やスプリンクラー設備等(消火設備),自動火災警報設備等(警報設備),避難器具や図1に示す誘導灯等(避難設備)の設置が求められる場合があるが,建築空間やインテリアの設計においては,スプリンクラー等の散水,感知器の作動,誘導標識・誘導灯の視認などを妨げないように十分に留意する必要がある.

防炎対象物品と内装制限

出火・延焼拡大防止のため,高層建築物(高さ31m超)

図1 避難口誘導灯の例

や地下街，火災時により延焼拡大が生じる恐れのある用途を防炎防火対象物，カーテンやじゅうたん等を防炎対象物品として規制している．建築基準法では，主要構造部を耐火構造等とすることで火災の被害を防止し，建築物の室の一部を構成する内装材料についても，天井や壁の一定の範囲内装を不燃化することで火災の拡大を抑制している．一方，消防法では，内装だけでなくインテリア等も不燃化・難燃化することで火災の発生や拡大の抑制することを期待して，燃え広がりやすい物品などを規制している．

図2 | 防炎物品の表示の例

防炎対象物品のうちインテリアとしては，カーテン，布製ブラインドまたは暗幕，じゅうたん等（カーペット類，ござ，人工芝，合成樹脂製床シート等）の床敷物等が規定され，防炎物品には図2のような表示がなされている．火炎は浮力によって上方に伸びるため，特にカーテン等の鉛直方向に垂れ下がっているものに防炎性を付与すると効果が高い．また，防炎品の普及によって火災被害を軽減することができるため，消防法による規定はされていないが，公益財団法人日本防炎協会により防炎製品の認定がなされている．インテリアに関する防炎製品の種類としては，寝具類，布張家具等，ローパーティションパネル，襖紙・障子紙等，マット類，木製等ブラインド等，多様なものが認定されている．

家具の燃焼性状

インテリアとして設置されることの多いソファ（非防炎製品）の燃焼状況を図3に示す．燃焼実験[1]では，座面の中央から火炎を着火させてから約6分後（図3(b)）に背もたれ部分にも燃え広がり，約8分（図3(c)）にソファ全体が燃焼して，最も大きな発熱が観測された．ソファ家具類に用いられる座面や背もたれ部分のクッション材は，そのカバーの素材は多様であるが，詰めものはウレタンフォーム等の高分子材料であることが多い．ウレタンフォーム等の高分子材料は，難燃処理等がされていないと，図に見るとおり，一旦着火するとすぐに延焼が拡大する危険性をはらんでいる．

(a) 着火1分後　(b) 着火6分30秒後　(c) 着火8分後

図3 | ソファの燃焼

〔鈴木 淳一〕

参考文献
[1] 城明秀，織戸貴之，抱憲誓，大宮喜文，若月薫：「区画内及び自由空間における実大可燃物の燃焼性状：その2 最大発熱速度と火災成長率」，日本建築学会　学術講演梗概集，2007，pp.201-202．

バリアフリー法

　近年，多くの鉄道駅にはエレベーターが設置されている．そして，そこにはたいてい，車いすで使えるトイレや視覚障害者誘導用ブロックも設置されている．これは「バリアフリー法」という法律があるからである．「バリアフリー法」は正式には「高齢者，障害者等の移動等の円滑化の促進に関する法律」といい，2006年に制定されたもので，「旅客施設及び車両等」「道路」「路外駐車場」「都市公園」「建築物」に対してのバリアフリーについて規定している．

　バリアフリー法では，施設設置管理者等は，その施設の新設，改良時にはバリアフリー化基準（移動等円滑化基準）へ適合させなければならず，また既存施設には基準へ適合するように努力することが求められている（努力義務）．さらに，市町村は駅を中心とした地区や高齢の人や障害のある人などが利用する施設が集中する地区を重点整備地区として，面的なバリアフリー整備を推進するための基本構想を定めることができる．バリアフリー法以前は，建築物のバリアフリーに関する「ハートビル法」（1994年；正式名称は「高齢者，身体障害者等が円滑に利用できる特定建築物の建築の促進に関する法律」）と，公共交通等のバリアフリーに関する「交通バリアフリー法」（2000年；正式名称は「高齢者，身体障害者等の公共交通機関を利用した移動の円滑化の促進に関する法律」）が別々に，それぞれの守備範囲内の整備を担っていたが，例えば歩道（交通バリアフリー法の管轄）や建築物（ハートビル法の管轄）がよくできていても，歩道からその建築物の敷地に入る境界部分に大きな段差があるといった問題が指摘されていた．両法が合体してバリアフリー法になったことで，このような問題への解決策が具体的になったのである．

　バリアフリーに関する法律は世界的にも例があるが，基本構想のような重点的・一体的なバリアフリー整備を可能にする枠組みは珍しい取り組みである．しかし，基本構想

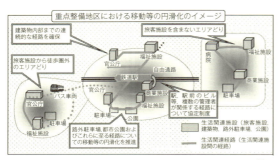

図1　重点整備地区における移動等の円滑化のイメージ[1]

は2014年3月末で全国の約280の市町村が426件を作成している[2]にすぎない．平成の大合併を経て全国に1,719市町村がある[3]といわれているし，1日の利用客が3,000人以上の駅が全国に約3,450ある[4]こと，また基本構想の枠組みは交通バリアフリー法の時代からあったことから考えると，浸透の速度が遅い印象は否めない．

　わが国のバリアフリーは，高齢化への問題意識の高まりとともに進んできた．1990年代前半から地方自治体がいわゆる「福祉のまちづくり条例」を制定しはじめ，その流れを受けた国がハートビル法，交通バリアフリー法，バリアフリー法と，比較的短期間のうちにさまざまな施策を打ち出して今日に至っている．しかしそれは，どのような施設を整備するかや，スロープの勾配をどうするかといった技術的な規定に終始しており，なぜその整備が必要なのかという根本理念が十分に練り上げられているとはいいがたい．バリアフリー法第1条には「高齢者，障害者等の自立した日常生活及び社会生活を確保することの重要性にかんがみ，（中略）高齢者，障害者等の（中略）利便性及び安全性の向上の促進を図り（後略）」とあるが，ではなぜ「高齢者，障害者等の自立した日常生活及び社会生活」の確保が重要なのかの説明はなされていない．わが国が手本の1つにしているアメリカのADA（障害のあるアメリカ人に関する法律）（1990年）では，「障害を持つ人への差別を排除する明確で包括的な国家命令の制定」[5]をその目的に掲げており，公共交通や建築物のハード整備は，その目的の手段となっている．したがって，ハードがどうであれ，障害のある人を排除するといった差別はこの法律によって禁止されている．わが国ではその理念がないため，バリアフリー法に従ったノンステップバスでも車いす使用者が乗車拒否されるという事例がしばしば起こっている．わが国は2013年に「障害を理由とする差別の解消の推進に関する法律」を制定し，2014年には「障害者の権利に関する条約」を批准した．これらの動きが今後のわが国のバリアフリーに，ハード整備だけではない，障害のある人が排除されずにその施設を使えて，社会の一員として参加できるという実質を肉付けすることを期待する．

〔川内　美彦〕

□　参考文献
[1]　国土交通省HP　http://www.mlit.go.jp/common/000234988.pdf
[2]　国土交通省HP　http://www.mlit.go.jp/common/001015621.pdf
[3]　総務省HP　http://www.soumu.go.jp/main_content/000283327.pdf
[4]　国土交通省HP　http://www.mlit.go.jp/common/000168108.pdf
[5]　斎藤明子訳：「アメリカ障害者法」，現代書館，1991．

品確法

品確法とは

「住宅の品質確保の促進等に関する法律」（略称：品確法，平成12年4月施行）とは，「住宅の性能に関する表示基準や評価制度」「住宅紛争の処理体制の整備」「瑕疵担保責任の特例」を定めることにより，住宅の品質確保の促進・住宅購入者等の利益の保護・住宅紛争の迅速・適正な解決を図ることを目的とした法律である．対象は，新築住宅および既存住宅（瑕疵担保責任の特例の対象は新築住宅のみ）となっており，一戸建て，共同住宅を問わず規定される．主にここでは，表示基準や評価制度に関する「日本住宅性能表示制度」について解説を行う．

日本住宅性能表示制度

「日本住宅性能表示制度」とは，住宅の性能に関する表示の適正化を図るため，国土交通大臣が「日本住宅性能表示基準」と「評価方法基準」を定め，対象となる住宅に対して「指定住宅性能評価機関」への申請があった場合に，国土交通省令で定めた事項に従い評価され，これに基づき「住宅性能評価書」が交付されることをいう．住宅性能表示基準制度は任意の制度であるが，この制度を利用することにより，「指定住宅紛争処理機関」によるあっせん，調停および仲裁を受けることが可能である．この中の評価方法基準では，住宅の性能に関わる10の項目（構造の安定，火災時の安全，劣化の軽減，維持管理への配慮，温熱環境，空気環境，光・視環境，音環境，高齢者等への配慮，防犯（平成18年4月以降適用））について定められている．ただし，評価方法基準全10分野32項目（新築住宅）のうち「必須項目」となっている9分野27項目については，平成27年4月から4分野9項目へとその範囲が見直され，それ以外は「選択項目」へと移行した（図1）．必須項目には，住宅取得者等の関心の高い項目や，建設後では調査しにくい項目があげられている．

高齢者等への配慮

評価方法基準のうち，インテリアに特に関係が深いと思われる「高齢者等への配慮に関すること」を用いて，ここではその概要を説明する．高齢者等への配慮を平易に述べると，それはバリアフリーやユニバーサルデザインに関する事柄を指し，超高齢化社会に備え，図2のような内容が対象となっている．これはすでに建設省住宅局から出されていた「長寿社会対応住宅設計指針（平成7年）」の

考え方がもととなったものであり，長寿社会の名のとおり「すべての人のために」というユニバーサルデザインの概念が，当時すでに入っている．

さて，高齢者等への配慮の基準の構成であるが，専用部分と共用部分に大きく分けられ，専用部分は一戸建て，共同住宅を問わず，同じ基準が当てはめられる．基準は，「高齢者等配慮対策等級」として，表1に示すように，日常生活空間内における基本生活行為（排泄，入浴，洗顔，食事，移動）の安全性を担保した上で，「移動」と「介助」の観点から等級を5段階に分けている．また浴室を例として関連する基準を表2に示すが，内容は「段差」「手すり」「開口幅員」「浴室広さ」等の項目が掲げられ，各要求水準に応じた性能基準がそれぞれ示されている．なお，等級1については，すべての事項において建築基準法に相当する基準が当てはめられることになっているが，浴室に対する基準が建築基準法にはないため，ここでは「―」が示されている．

住宅性能表示制度の評価項目	必須項目● ／ 選択項目○	
	平成27年3月31日まで	平成27年4月1日から
① 構造の安全に関すること	●	●
② 火災時の安全に関すること	●	○
③ 劣化の軽減に関すること	●	●
④ 維持管理・更新への配慮に関すること	●	●
⑤ 温熱環境に関すること（温熱環境・エネルギー消費量に関すること）	●	●
⑥ 空気環境に関すること	●	○
⑦ 光・視環境に関すること	●	○
⑧ 音環境に関すること	○	○
⑨ 高齢者等への配慮に関すること	●	○
⑩ 防犯に関すること	●	○

図1 ｜ 住宅性能表示制度の評価項目

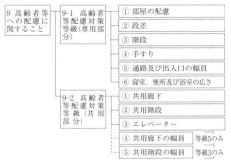

図2 ｜ 基準の構成

表1 | 高齢者等配慮対策等級

項　目		結　果	適用範囲
9 高齢者等への配慮に関すること	9-1 高齢者等配慮対策等級（専用部分）	住戸内における高齢者等への配慮のために必要な対策の程度	戸建又は共同各戸
		5　高齢者等が安全に移動することに特に配慮した措置が講じられており，介助用車いす使用者が基本的な生活行為を行うことを容易にすることに特に配慮した措置が講じられている	
		4　高齢者等が安全に移動することに配慮した措置が講じられており，介助用車いす使用者が基本的な生活行為を行うことを容易にすることに配慮した措置が講じられている	
		3　高齢者等が安全に移動するための基本的な措置が講じられており，介助用車いす使用者が基本的な生活行為を行うための基本的な措置が講じられている	
		2　高齢者等が安全に移動するための基本的な措置が講じられている	
		1　住戸内において，建築基準法に定める移動時の安全性を確保する措置が講じられている	
	9-2 高齢者等配慮対策等級（共用部分）	共同住宅等の主に建物出入口から住戸の玄関までの間における高齢者等への配慮のために必要な対策の程度	共同各戸
		5　高齢者等が安全に移動することに特に配慮した措置が講じられており，自走式車いす使用者と介助者が住戸の玄関まで容易に到達することに特に配慮した措置が講じられている	
		4　高齢者等が安全に移動することに配慮した措置が講じられており，自走式車いす使用者と介助者が住戸の玄関まで容易に到達することに配慮した措置が講じられている	
		3　高齢者等が安全に移動するための基本的な措置が講じられており，自走式車いす使用者と介助者が住戸の玄関まで容易に到達するための基本的な措置が講じられている	
		2　高齢者等が安全に移動するための基本的な措置が講じられている	
		1　建築基準法に定める移動時の安全性を確保する措置が講じられている	

表2 | 浴室基準

等級	項目	内容
等級5	段差	5 mm 以下
	手すり	「浴室出入り」「浴槽出入り」「洗い場立ち座り」「浴槽内の立ち座りと姿勢保持」のための手すり設置
	幅員	800 mm 以上
	浴室	内法短辺 1,400 mm 以上，広さ 2.5 m² 以上
等級4	段差	20 mm 以下の単純段差
	手すり	「浴槽出入り」のための手すり設置
	幅員	650 mm 以上
	浴室	内法短辺 1,400 mm 以上，広さ 2.5 m² 以上
等級3	段差	20 mm 以下の単純段差，または浴室内外の高低差 120 mm 以下，またぎ高さ 180 mm 以下で「浴室出入り」のための手すり設置
	手すり	「浴室出入り」のための手すり設置
	幅員	600 mm 以上
	浴室	【戸建住宅】内法短辺 1,300 mm 以上，広さ 2.0 m² 以上 【共同住宅】内法短辺 1,200 mm 以上，広さ 1.8 m² 以上
等級2	段差	20 mm 以下の単純段差，または浴室内外の高低差 120 mm 以下，またぎ高さ 180 mm 以下で「浴室出入り」のための手すり設置
	手すり	「浴槽出入り」のための手すり設置
	幅員	―
	浴室	―
等級1	段差	―
	手すり	―
	幅員	―
	浴室	―

〔布田 健〕

□ 参考文献
[1] 「住宅性能表示制度 日本住宅性能表示基準・評価方法基準技術解説（新築住宅）〈2014〉」，工学図書，2014．
[2] 創樹社：「必携住宅の品質確保の促進等に関する法律〈2014〉」，2014．
[3] ベターリビング：住宅性能表示制度ガイド．
[4] TOTO HP　http://www.toto.co.jp/webcatalog/0399_1301/0022112/spdfdata/00b07f6_31s.pdf

建築士法

　建築士法は第二次世界大戦で焦土となった日本の復興において，建築物の質の向上を図るためには人材確保が重要との認識の下に昭和25年に制定された法律であり，建築物についての最低基準を定めた建築基準法と"車の両輪"として機能するように定められたともいわれる．
　建築士法の目的は，「この法律は，建築物の設計，工事監理等を行う技術者の資格を定めて，その業務の適正をはかり，もつて建築物の質の向上に寄与させることを目的とする」と法第一条に規定されている．ここで"設計"とは，建築物の建築工事の実施のために必要な図面（現寸図などは除く）や，建築工事における材料等の品質などについての指示を文章や数値で示す仕様書など，設計図書を作成することをいい，"監理"とは，実施される建築工事を設計図書と照合し，それが設計図書のとおりに実施されているかどうかを確認することをいう（同音語の"管理"は，建築現場で工事を進めるために計画，指揮，制御することをいう）．建築士法には大きく，上記の"技術者"の資格について定める"資格法"の側面や，設計・工事監理等の業務について定める"業法"としての側面があり，それらを形作る制度やその運用について建築士法令等に定められている．
　"資格法"の側面からは，建築士法に基づく国家資格として"建築士"が定められている（各種媒体等で"建築家"という肩書きを目にするが，"建築家"は法律に基づく資格の有無について示すものではない）．建築士法では，「一級建築士」「二級建築士」「木造建築士」について規定があり，それぞれの技術者が扱うことができる設計・監理については，建築物の用途，構造，規模などからその内容が規定されている．それぞれの建築士の資格を得るには，設計や工事監理に必要な知識や技能に関する試験に合格する必要があり，一級建築士は国土交通大臣の免許を，二級建築士と木造建築士は都道府県知事の免許を受ける．一級建築士についてはさらに，要件を満たす技術者について「構造設計一級建築士」や「設備設計一級建築士」が建築士法の中で規定されている．建築士は一定の知識や技能を有する資格者であり，その自主責任を基本とし，法規を守るべき建築士に一義的に責任をもたせることにより，建築物の設計および工事監理についての業務独占が建築士に与えられている．
　このような建築士の職責について「建築士は，常に品位を保持し，業務に関す

る法令及び実務に精通して，建築物の質の向上に寄与するように，公正かつ誠実にその業務を行わなければならない」と法第二条の二で規定されている．建築士は，その資質や能力の向上の観点から，登録講習機関での定期講習の受講が義務づけられている．また，後述する管理建築士については建築士としての所定期間の該当業務従事や登録講習機関での講習課程修了が求められる．

　"業法"としての側面からは，技術者や組織について規定されている．建築士法では，建築士が報酬を得て設計・工事監理等を"業"として行おうとする際は，都道府県知事の登録を受けた"建築士事務所"に所属することを求めている．この"建築士事務所"に関しては，都道府県に事務所登録の手続きをした"事務所開設者"（建築士資格は要件ではない）に対してさまざまな事項が求められている．例えば，建築士や管理建築士（建築士事務所を管理して業務の技術的事項を総括する建築士）の確保，建築士事務所であることを示す標識の掲示，関連書類（業務実績，所属建築士氏名，賠償保険契約の有無等を記載）の整備および設計等を委託しようとする人への閲覧供与，業務に関連して規定される帳簿や図面の備え付けや保存，設計等の業務に関する報告書の事業年度ごとの作成・提出などがある．また，設計・工事監理の委託を受ける際には，事務所開設者は受託内容について管理建築士などに建築主に対して書面を交付して説明させる必要があり，その際に管理建築士などは建築士の免許証明証等を提示する必要がある．実際の設計・工事監理にあたっては，建築士に対して，関連する基準等への適合の確認，設計あるいは変更した設計図書への記名・押印等，委託者（建築主）への各業務段階での適切な説明・報告などが求められ，事務所開設者に対しては委託された業務の建築士事務所以外への再委託（共同住宅など該当するものは建築事務所への一括再委託を含む）の禁止などが求められる．その他，建築士や事務所開設者に名義貸しを禁じる規定などもある．

　建築士法が制定された時代から現在までに社会の状況は大きく変わり，実現できる建築物の性能や規模，また，その建築物を実現させる仕組みも様変わりしている．建築士法は制定後これまで幾度も改正されて現在の姿になっているが，それは建築物の実現に関わる技術者や組織に求められるあり方の変化を反映したものといえる．

〔脇山 善夫〕

📖 参考文献
[1] 国土交通省ウェブサイト．
[2] 日本建築学会編：「建築学用語辞典 第2版」，岩波書店，1999．

消費者関連法規（PL法，消費者契約法）

　建築，住宅分野で消費者に関わる法規として，ここでは製造物責任法（以下「PL法」という）および消費者契約法を取り上げる．

　PL法は，「製造物」の欠陥によって人の生命，身体または財産に損害を被ったことを証明した場合に，被害を受けた消費者が製造メーカーなどに対して損害賠償責任を求めることができるというものである．通常，「製造物」はそれを製造したメーカーから出荷された後，いくつかのルートを経て小売店等で販売され消費者の手に届く．その際，購入した「製造物」に欠陥があり，それによって消費者が損害を被った場合，購入した小売店等を飛び越えて，製造メーカーに対して直接，損害賠償責任を求めることができるようになっている点がポイントである．

　従来，購入した「製造物」の欠陥により消費者が損害を被った場合，販売していた小売店等には売主の瑕疵担保責任（民法第570条）に基づいて一定の範囲内での責任が認められるが，法律的な責任範囲は購入した「製造物」の代金程度であり，仮に重大な健康被害が発生していたとしてもそれに対しては何も施されない．また，欠陥品であった「製造物」を製造したメーカーに対して損害賠償責任を求めようとした場合は，製造メーカーと損害を被った消費者との間に直接的な契約関係は存在していないため，これまでは，損害を受けた消費者側が加害者である製造メーカーに故意や過失があったこと，つまり不法行為責任（民法709条）により製造メーカー側の責任を追及しなければならなかった．しかしながら，一般的に消費者はその「製造物」について専門的な知識をもっていないことがほとんどであり，また製造現場に出向いて調査するということも容易ではないため，実際のところ立証することは非常に困難であった．これらの問題を回避するために，製造者側に無過失責任[1]を負わせて，損害賠償責任を追及できるよう，PL法が整備され，1995年7月に施行された．

　さて，建築物とPL法の関係については，そもそもPL法で対象とする「製造物」の定義を確認する必要がある．「製造物」はPL法第2条第1項に「製造又は加工された動産」とされており，不動産は原則として適用されないこととなっている．つまり，建物自体は動産ではないため，建築物の工事で何らかの欠陥が

---

1) 損害が発生した際，加害者側に故意・過失がない場合でも損害賠償の責任を負わせるということ．

あったとしても，PL法による責任は追求されないということである．これは建売住宅であっても同じであり，事務所ビルなどの工事で欠陥があった場合も同様である．

建築物に欠陥が生じている場合は，PL法ではなく民法上の契約責任で問われることになり，また建築物の不具合で第三者が何らかの被害を受けた場合にも土地工作物責任（民法717条）により救済されることとなっている．ただし，住宅や建築物といった不動産の一部を構成する「もの」で，その引き渡し（出荷）の時点において動産であればPL法の対象となる．具体的には，住宅の一部を構成するアルミサッシ，ドアなどの部品に相当するものなどは，引き渡しをする時点では動産であるためPL法の対象になる．また，建築物の一部を構成するエレベーターや窓ガラス，空調設備，電気配線設備・機器等もPL法の対象になるものとされている．

続いて，消費者側の利益を守るための法律である消費者契約法について紹介する．住宅の購入は人生最大の買い物といわれることも多く，簡単に買い換えできないものであるため慎重に検討がすすめられているが，住宅取得に関わるトラブルはなかなか減らない．一般的に消費者は住宅や建築に関する専門家ではないため，消費者と住宅の販売業者や不動産業者等をはじめとする事業者との間にある建築や住宅に関する知識や情報量の格差は非常に大きい．消費者契約法はこの点に着目した法律である．事業者の不適切な行為，例えば事業者が事実と異なる内容を消費者へ伝えた，あるいは事業者が消費者にとって不利益になる事実を告げなかった等の不法行為があり，その上で消費者が誤認したまま一方的に不利益な契約を結ばされたような場合には，この消費者契約法により契約を無効にすることができるようになっている．また，悪質なリフォーム工事のトラブルとしてよく見られる例であるが，消費者側にはリフォームする意思がないため事業者へ帰って欲しいことを告げたものの，契約するまで事業者側が帰らないため，どうしてよいかわからないまま契約をしてしまったという事例がある．この場合は，事業者の不退去により困惑して契約してしまったというケースにあたり，消費者契約法を適用してリフォーム契約を取り消すことができるようになっている（ただし，取消しが可能な期間は決まっている）．

この法律は事業者と消費者の間に知識や情報量，交渉力に格差があることを前提としたものではあるが，事業者側から提示された情報などについては消費者側も慎重に検討し，自らの権利や義務，契約する内容について確認する努力も求められている．

〔眞方山 美穂〕

省エネルギー法

省エネルギー法の概要

　省エネルギー法は，1970年代に二度にわたって起こった石油危機（オイルショック）を契機として，エネルギーの使用効率の改善が求められ，昭和54年（1979年）に制定された法律である．正式名称は「エネルギーの使用の合理化等に関する法律」である．現在でも，日本の省エネルギー政策の基本となっている法律である．

　オイルショック以降，二酸化炭素等による地球温暖化の問題をきっかけにして環境問題に対する認識が高まってきており，省エネルギーといっても単にエネルギーの利用効率だけの話ではなくなってきている．制定初期の頃とは，省エネルギーの意義が変化してきているのである．同法は，現在でも内容が更新されており，その時代の状況に合わせて少しずつ改正されてきている．今後も継続的に更新され，強化されていく方向にある．

　従来のこの法律の対象は，法人つまり企業が中心であった．初期には工場や事業所単位の規制だったが，現在は企業単位に変更されており，より多くの企業が規制対象となっている．規制対象になると，各種の届出（例えば，エネルギー使用届やエネルギー管理統括者・エネルギー企画推進者選任届等）が必要となる．現在の対象分野は「産業」「業務」「家庭」「運輸」の4部門であり，家庭も含まれるようになった．

　近年の考え方の基本には電気需要の平準化がある．平準化とは，季節や時間帯による変動を縮小させることであり，このことが重要な点になっている．例えば，1日で考えると，私たちが主に活動するのは，太陽が出ている昼間の時間帯であり，その時間帯に多くの電力を使っている．これに対し，夜の使用量は少ない．1日の電力を平均的に利用できるようになれば，負荷が小さくなり，使用効率が向上することになる．

　最近の改正では，住宅・建築物の省エネルギー基準が見直されている．すなわち，従来の外皮の断熱性と個々の設備ごとの性能を個別に評価する省エネルギー基準から，建物全体の省エネルギー性能を評価する「一次エネルギー消費量」の基準へ変更されたのである．これは，「空調・暖冷房設備」「換気設備」「照明設備」「給湯設備」「事務機器・家電・調理等」等のエネルギー消費量を合計して算

出する考え方である．

　なお，省エネルギーを実践することは大切であり，かつ必要であることは多くの人に理解されているが，それだけでは実践されないことも考えられる．このため，省エネルギーを実施することで多くのメリットが生まれるルールも提案されており，省エネルギー対策はさらに加速していくと考えられる．例えば，電気料金の低減等以外にも，住宅性能表示制度において省エネルギー性が評価基準に加えられており，住宅ローンの優遇や地震保険の割引が可能となる等のメリットがある．

インテリアと省エネルギー

　住宅の場合は，照明に使われるエネルギーの割合が意外に大きく，一般家庭では約14％弱と考えられている．2012年には白熱電球の国内生産が終了しているが，まだまだ白熱電球や点灯管式蛍光灯が使われている．これらが順次LEDへ移行することにより，徐々に省エネルギー化が進むと思われる．LEDは白熱電球に比べ，約80％もエネルギーが節約できるという．また，最近は価格も下がってきており，その種類も豊富になったことでLEDへの移行が強まりつつある．

　温熱環境に影響の高い空調機器の省エネルギー化も進んでいる．機器そのものの効率化に加えて，例えば，人感センサー付の空調機器は，人がいる場所に重点的に風を送る，あるいは人がいなくなったら自動的に電源が切れる等のシステムが付けられており，快適性を損なわずに省エネルギーが図られている．しかし，機械的な面からだけではなく，人間側も努力することでより効果が上がる．例えば，空調機器の清掃を定期的に行う（自動的に清掃する機能をもつものも販売されている），空調機器が作動している時は外気の取り入れに注意する等，利用する側が心がけていくことで，効果的な省エネルギーにつながるのである．

　住宅内に直接発電する機器の提案もされている．従来から知られている太陽光を利用したソーラー発電，発電効率のよいエネファーム等を利用することで，日常生活の中で地球環境への負荷を低減することも今後は考えていく必要がある．これにより，万一の災害時に短期的に電気を供給できるという利点もある．

　そして，これらの対策を可視化（見える化）するシステムとして，政府が進めているHEMSの役割は今後さらに大きくなっていくものと思われる．2012年の「グリーン政策大綱」によれば，政府は2030年までにすべての住まいにHEMSを設置することを目標としている．

　ちなみに，HEMSとは「Home Energy Management System（ホーム・エネルギー・マネジメント・システム）」の略であり，家庭で使うエネルギーを節約するための管理システムである．スマートフォン等を利用し，外部から家電機器の「自動制御」も可能となる．

〔白石　光昭〕

グリーン購入法

グリーン購入法の概要
　産業革命以降，私たちの社会はさまざまな技術革新を行い，物質的に豊かな世界を作り出した．しかし，20世紀に入り，人々の経済活動が地球環境に大きな影響を及ぼしていることが明らかにされ，一般の人にも認識されるようになった．例えば，地球温暖化，生態系の破壊，資源の枯渇等が身近に感じられるようになり，地球環境への負荷が大きな社会問題となってきている．今後は人々が使用する製品等の使用量を削減する，回収・リサイクル率を向上させる，再生可能な資源の活用などの促進等を継続的に行っていく必要がある．つまり，地球資源は無限ではないとの意識をもち，持続可能な循環型の社会を作り上げていかねばならないのである．

　ただし，意識は高まっても，単に環境にやさしい物品等を作ろう，買おうといっても企業や一般消費者は経済性とのバランスで考えてしまうため，必要性は理解できても実際の行動にはつながりにくいこともある．

　このような背景のもと，平成12年（2000年）5月に循環型社会形成推進基本法の1つとして「国等による環境物品等の調達の推進等に関する法律（グリーン購入法）」が制定された．まず，国や地方自治体等が率先して，この環境物品等への需要の転換を進めるための取組を行っていこうとの方針が作られたのである．

　グリーン購入は，環境物品等の市場の形成，開発の促進を促すためにも必要であり，それがさらなる環境物品等の購入を促進するという，継続的改善を伴った波及効果を市場に与えることも目標とされている．

　また，環境物品等に関する適切な情報提供を促進することにより，一般消費者も身近な課題として積極的に取り組みやすくもなる．

グリーン購入の参考基準
　この法律が契機となり，グリーン購入に対する消費者の認識が高まるにつれて，消費者は使用する（購入する）製品やサービスについて一定の配慮をする必要が求められるようになってきた．では，どのような製品やサービスを購入すれば，グリーン購入になるのか．この指標について検討・整理した内容を発信している組織がグリーン購入ネットワーク（Green Purchasing Network：GPN）である．

　GPNは，「グリーン購入が環境配慮型製品の市場形成に重要な役割を果たし，

市場を通じて環境配慮型製品の開発を促進し，ひいては持続可能な社会の構築に資する極めて有効な手段であるという認識のもとに，グリーン購入に率先して取り組む企業，行政機関，民間団体等の緩やかなネットワークと情報発信の組織」として1996年に設立されており，現在の加盟団体数は企業や行政を含め，約2,600組織にのぼる．

また，環境にやさしい物品は年々増加するとともに，環境に対する品質も高くなっていくので，原則として毎年1回見直されている．GPNでは製品やサービスを購入する際に，次の4つの大きな原則を提案している．

必要性の考慮　これから購入しようとする製品やサービスが，個人や組織にとって本当に必要かどうかを再検討する．

ライフサイクルにおける環境負荷の考慮　1つの製品が，その製品を構成する材料から形（製品）になるまでにはさまざまな環境負荷が発生していると考えられる．例えば，金属材料を山や地底から取り出すためには掘るための道具が必要であろう．掘り出した材料を加工場に運ぶには車が，加工するためには，加工機械が必要となる．そして，加工された製品を販売する場所へ移動するにも車両等が必要になる．このように，1つの製品が人々の前に届くまでにはさまざまなプロセスでエネルギーを使っていることを忘れてはならず，製品が作られる段階から廃棄するまでに使われるエネルギー量を総合的に捉え，環境負荷を考えなければいけない．

企業の取組努力の考慮　製品やサービスを提供する企業は，提供するプロセスにおいてできるだけ環境負荷を少なくする努力が求められ，その結果として利益を出していくという考えをもつ必要がある．

環境情報の入手・活用　現在では各企業をはじめ，各業界団体もさまざまな情報を発信している．これらの情報を上手に活用した製品の購入が望まれている．

〔白石　光昭〕

3 法規関連

②規格系

日本工業規格（JIS）・日本農林規格（JAS）
　　　　　　　　　　　　　　　　　　　360
国際規格（ISO）・欧州規格（EN） ·· 362
LEED　　　　　　　　　　　　　　 364
CASBEE　　　　　　　　　　　　　 366
安全規格　　　　　　　　　　　　　 368
BL 部品　　　　　　　　　　　　　　370

日本工業規格（JIS）・日本農林規格（JAS）

　戦後の標準化は，1946年工業標準調査会の設置，「日本規格（JES）」の制定，また生活世界の標準化は，1948年の商品標準化委員会設置に始まる．1949年工業標準化法が施行，「日本工業規格（JIS）」制定とJISマーク制度，1950年木材と木質材料を規定する農林物資の規格法による「日本農林規格（JAS）」とJASマーク制度が始まった．生産世界の工業標準化（明治期以来の産業における標準化）と生活世界の商品標準化（昭和5年の商品単純化に始まる消費者商品標準化）を工業標準化として扱うこととなった．

　1949年から商品標準の再建が検討され，建築材料規格として学校用家具の日本工業規格化（JIS化）が図られ，1952年JIS S 1021普通教室用（木製）机・いすの規格改訂が行われる．事務用家具は，1950年日本建築学会で検討を開始，1951年JIS S 1023木製事務用家具机・卓子およびいすが，形状，寸法について制定され，1957年以降JISによる使用材料，吹付塗装，いす張りの等級等，作業プロセスの質が規定された．鋼製は，駐留軍用家具発注が，鋼製家具業界復興の一歩となり，1956年JIS S 1022鋼製事務用家具が，机，いす，ファイリングキャビネット，ロッカー，書庫を含む1製品規格に，形状，寸法，使用鋼板等級を定めた．これをもとに1960年鋼製机，いす，ファイリング，1963年鋼製事務用カードキャビネット，ロッカー規格（JIS S 1031～1035）を制定，品目指定が行われた．家具標準化は学校用家具分野と事務用家具分野に，材料別製品別に仕様を定める製品規格として展開した．

　机といすの高さと児童の身長を適合させる明治期以来の考えに最新の研究成果を取り入れた規格作成が，学校施設基準規格調査会で始まり，1966年JIS S 1021が改訂され，製品仕様から性能仕様へ，座位基準点の概念や脚回り機能寸法の確保が規定された．1966年事務用家具JIS再検討委員会でも，事務システムや建築モジュールを検討し，1971年JIS S 1010事務用机の寸法，JIS S 1011事務用いすの寸法の規格を定めた．人間工学とモジュール概念の導入により，使用をシステム化し，他の家具との関係で性能規格化が検討され，戦後から続く米国翻訳製品規格から脱する規格の大改正を実施した．1955年以降，日本建築学会では建築モジュールが討議され，家具分野も机サイズが検討され，今日に続く，空間を考慮した10cmモジュールによる机サイズが確立された．

3. 法規関連　②規格系　　にほんこうぎょうきかく（じす）・にほんのうりんきかく（じゃす）

　1960年代までは国内ユーザ対象の規格化であった．1974年国際標準化機構ISO/TC136第1回会議に日本がオブザーバー参加した．学校家具の椅座姿勢における機能寸法が議論され，現在まで続く1979年国際規格ISO5970教育施設用いすおよびテーブル―機能サイズが生まれた．これを採用したJIS S 1021の改訂が行われ，機能寸法を意識し，性能仕様が考慮された製品規格が成立した．

　建築の性能仕様化の動きを受け，家具性能を論議した「家具規格体系整備に関する調査報告」を1970年刊行，1981，83年には，建築性能規格化と対応，「家具の試験方法に関する調査報告」を実施，1983年JIS S 1017家具の性能試験通則を定めた．1996年「家具に具備すべき性能項目要求条件に係る標準化体系化調査報告」では，技術発展を規格が拘束しない性能仕様へ方向転換が提案されている．

　1980年GATTスタンダードコードが合意され，規格が国内産業の問題から国際貿易と結びついた．1995年世界貿易機関（WTO）に発展し，貿易の技術障壁に関する協定が結ばれ，国際規格と国内各種規格との整合化が求められた．1999年標準のゼロベース見直しが行われ，机およびテーブル，いす等の材料別を廃し，要求条件を記述する性能規格への流れが顕著になった．

　1988年以降，ISO 7170～7174収納ユニット，テーブル，いす，の安定性および強度と耐久性の試験法が制定され，JIS規格との整合が図られることとなった．家具のJIS規格は，製品仕様として①適用範囲，②種類，③性能，④形状および寸法，⑤材料，⑥試験方法，⑦表示方法等の項目について規定している．これに対しISO規格は，製品グループ別に①安全要求条件，②安全性能項目，③性能試験方法を定めている．寸法，材料等の製品仕様は，製造者の責任で選択し，定められた性能を満たせばよいとし，家具規格体系を製品規格から性能規格へと変革を迫るものであった．1999年JIS S 1031オフィス用机・テーブルの改正では，材料別の製品仕様の統合を図り，オフィス用机・テーブルの1製品規格とした．1999年JIS S 1021学校用家具―普通教室用机・いすを改定，学習形態の多様化に配慮した机サイズを増やした製品規格に構成された．

　リーマンショック等もあり，家具のJIS規格化は低迷したが，ISO，CENは活発に活動し，2007年，2012年とISOは，一連の試験法規格を改正し，多数の家具規格を定めた．日本でもISO，EN，JIS規格との整合性を重要視し，3年前からJIS製品規格見直しが始まり，ISO，EN規格との調整に成果を上げている．

　生活世界は地域や文化条件により異なる面とグローバルな展開を受容する面があり，家具JIS規格をISO規格，EN規格に一致させればよいわけではない．生活世界のスタンダードを考えるリファレンスとして，ISO，EN，JIS規格等の家具標準を理解し，新たな家具標準化への的確な判断が求められている．〔岩井　一幸〕

国際規格（ISO）・欧州規格（EN）

　スタンダード＝標準は，普通の生活世界の活動に対して意識的に調整力を積み重ねてきた結果であり，standards, norms, regulations, customs, habits, manners, traditions, laws, rules, practices, guidelines, social structures, social landscape 等（L. Busch による）を形成し，法制あるいは法制度によらない基本原理までを含む規範的な生活世界を構成するものさしを指す．生活世界の大きさから国際レベル等さまざまなレベルで，また生産品やサービスまですべての対象に存在し，生産世界の工業標準は生活世界のスタンダードの上に成立している．

　欧州連合（EU）発足時（1993 年）に，建築分野でスウェーデンの法体系を基準に，各国の法制を法（law），規制（regulation），規格（standard）の3段階に整理した．基本は居住者の健康と安全に関する「法」であり，これを補完するもともと地域の材料や工法に根ざす「規制」がある．新技術や設備が開発され，材料や部品の流通が可能になると，広範囲に適用される「規制」が必要になり，規制は2つのタイプの技術ドキュメント，「コード（code）」（詳細な設計と構成のルールを定めている）と「規格（standard）」（科学的・技術的・経済的な総合的な結果に立ち，将来の開発も見すえ，リファレンスとなる試験法を定めている）によって補われるようになってきた．対象を組織的にコントロールし，そのものの扱いを合理的にし，組織的にコントロールされた対象によって他の要因に新たな効果を生み出すことを期待するのが標準化で，組織的にコントロールする道具を「標準（standard）」，標準を意識的に生み出そうとする努力を「標準化（standardization）」，その効果を満たされるべき条件としてドキュメントしたものを「規格（standard）」（適用が任意である）と定義している．

　標準化を進める組織には，国際レベルで国際標準化機構（ISO：International Organization for Standardization．国際 ISO 規格）のほか，国際電気標準会議（IEC），国際電気通信連合（ITU）等がある．地域レベルには，欧州標準化委員会（CEN．欧州 EN 規格），さらに国内レベルの日本工業標準調査会（JISC）（日本工業規格（JIS）．経済産業省）および日本農林物資規格調査会（日本農林規格（JAS）．農林水産省），以下学協会等（学会規格，協会規格）レベル等がある．

　生活世界を総合するインテリア分野関連の国際標準は，製図，建築構成，部品，材料，エネルギー関連等多数の専門委員会 ISO/TC（Technical Committee）が

関わる．TC136 Furniture 家具（1972年設置）について見ると，日本は1974年にO（オブザーバー），1991年にP（構成）メンバーに参加，国際標準の家具規格の情報を得ている．TC136の下にいす，テーブル，収納ユニット，ベッド，キッチン家具の各試験法のWorking Groupがある．CEN/TC207 Furnitureでは，家庭家具，乳幼児家具，オフィス家具，屋外家具，非家庭家具，教育施設家具，表面仕上試験法，家具金物試験法，試験法一般のWGが活動している．現在ISO規格39，EN規格80の家具関連規格がある．

標準と貿易との関連は，大戦後の世界経済体制を協議したアメリカのブレトン・ウッズ会議で，「関税と貿易に関する一般協定（GATT）」が1948年に合意されたことによる（1955年日本加入）．1973年から討議してきた技術的障壁に関する協定（GATTスタンダードコード：産品が対象）が1980年作成され，これが発展，1995年自由貿易を目指す世界貿易機関（WTO）が設立され，WTO/TBT協定（貿易の技術障壁に関する協定：産品，サービス，知的所有権が対象）により，加盟国に，強制規格（technical regulation），任意規格（standard），適合性評価手続（conformity assessment）に関して，内国民待遇，最恵国待遇の付与，国際規格やガイドを基礎とする制定および公告手続を行い，他の加盟国の意見を受けることが義務づけられ，国際標準との整合性の必要が生まれた．日本では1995年貿易不均衡是正から「規制緩和推進計画」が策定され，国際標準との整合が政策に盛り込まれた．

規格や技術政策により製品流通が阻害されていた欧州で，CENはISOとともに技術的な製品仕様の整合化により解決しようとしてきた．しかし，進展しないため1985年欧州委員会（EC）は，域内の人体および商品の保護を主として扱う法令および規制を技術的に整合化・標準化し，自由な流通を保障するニューアプローチ政策の導入をEC理事会に提案，決議され，性能仕様による欧州統一規格制定と適合性評価の政策展開に踏み出した．1991年「ウィーン協定」（規格作成作業の重複を避けるためISOかCENで行うかを協議）が結ばれ，CEN規格案がISO規格案となる動きに日本は敏感になっている．

国際標準は，技術を固定しない性能仕様を定め，個別仕様は当事者間の課題とし，安全要求条件のみを定め，検証は生産者自らが行う．生産世界の設計生産を事前評価するための製品規格から，生産者が全責任をもち，生活世界の要求条件から事後評価するための性能規格を定める方向へと大きく変わってきている．

〔岩井 一幸〕

LEED

LEEDの概要

近年，地球温暖化等の地球環境の変化に対し，各分野において対応が図られており，建築やインテリア関連の分野でも，環境対応の点から建物全体を評価する考え方が広まりつつある．LEEDはその評価手法の1つである．

アメリカでは，近年グリーンビルディング（Green Building）への需要が高まってきている．グリーンビルディングとは，日本では環境配慮型建物というとおり，環境に配慮した建物のことである（イギリスではサステナブルビルディング（Sustainable Building）とよばれることが多い）．

このグリーンビルディングといえるか否かを評価・判定するシステムがLEED（Leadership in Energy and Environmental Design）であり，非営利団体である米国グリーンビルディング協会（U.S. Green Building Council）の認証制度である．立地選定から設計，建設，運営，改築，解体の段階において，環境と資源に配慮しているかを評価・判定する．開発されたのは1996年ごろであり，新しい評価システムである．

評価の考え方

LEEDの評価は次の7つの大項目で行い，それぞれの項目でのポイント数によって評価する．なお，各項目の評価ポイントの内訳は評価対象先によっても異なる．
1. 建築物や敷地の持続可能性（Sustainable Sites）
2. 水利用の効率性（Water Efficiency）

図1 ｜ 認証マーク（バージョン3）
（米国グリーンビルディング協会HPより転載）

3. 省エネルギーと再生可能エネルギーの使用（Energy and Atmosphere）
4. 資材の再利用・リサイクル率（Material and Resources）
5. 室内環境の快適さ（Indoor Environmental Quality）
6. 革新的な環境配慮技術とデザイン手法（Innovation and Design Process）
7. 地域特性（Regional Priority Credit）

　LEED基準により査定された建築物は，7項目の評価ポイントの合計点で，「プラチナ」「ゴールド」「シルバー」，そして「認定」と4段階に格付けされる．

　他の国にも同じような評価システム（BREEAM（イギリス），BEPAC（カナダ），CASBEE（日本）等）が運用されているが，世界的にはLEEDが広く浸透しつつある．

LEEDの効果

　環境に対する意識が高まるにつれ，環境評価システムの重要性が理解され始めると，ビジネス面でもメリットが得られるようになってきた．すなわち，環境性能が高いと評価されたビルは人気が高まり，賃料が上昇するといったことである．ビルのオーナーにとっては，企業PRにもなり，資産価値も向上するために，重要なビジネス手段の1つとなってきている．また，テナント側にとっても水道・光熱費の削減が図れ，さらに生産性向上にも寄与するともいわれている．

　このため，LEEDはアメリカにおいてはグリーンビルディングの市場拡大に大きく寄与した制度と考えられている．今後もLEED活用の増加が見込まれており，LEEDの認定を受けた技術者（LEED Professional Credential）がさらに必要になっていくといわれている．

インテリアに関連する要素

　一般の建築物，例えば新築の商業施設やオフィスビルを評価する場合，節水型便器の利用，不在時の自動照明オフ機能の設置，建築資材や内装材への再生材の使用，揮発性有機化合物（VOC）排出量の少ない接着剤・塗料・家具の選択などでポイントが加算される．

　また，評価対象には「商業施設の内部空間」があり，この場合ではプロジェクト全体のコストに対して10%以上をリサイクル資材に充てると1ポイント，20%以上で2ポイント加算などとされている．　　　　　　　　　　〔白石　光昭〕

CASBEE

CASBEE の概要

「CASBEE」とは，建築物を環境性能で評価し，格付けする手法の1つである．日本で作られた「建築物総合環境性能評価システム」であり，サステナビリティ（持続可能性）の観点から省エネルギーや環境負荷の少ない資材や機材を使用する等の環境配慮を中心とし，室内の快適性や景観への配慮なども含めた建物の品質を総合的に評価するシステムである．英訳をすると「Comprehensive Assessment System for Building Environmental Efficiency」となり，この頭文字をとって CASBEE（キャスビー）とよばれている．

2001年4月に，国土交通省住宅局が中心となり，産官学共同プロジェクトとして設立された建築物の総合的環境評価研究委員会により開発され，現在に至っている．対象としては，住宅スケール，建物スケール，都市スケールが設定されており，現在でも継続的に体系的な充実が図られている．

従来も環境性能を評価する考えは存在していたが，その内容は時代により徐々に変化し，意味も変化してきている．初期には主に屋内環境性能が中心であり，生活の快適性向上が基本であった．これに対し，1960年代以降，公害が顕在化することにより，環境アセスメントという言葉で知られることになった環境影響評価という概念が生まれてきた．さらに，1990年代以降には地球資源が有限であることが認識され，建築物のライフサイクルを通じて環境に及ぼす環境負荷（ライフサイクルアセスメント：LCA）が配慮されるようになった．このような考え方の変遷の中で，CASBEEでは，建物はある一定の敷地（CASBEEでは仮想閉鎖空間とよぶ）の中に作られるものであるが，その中での建物の環境の質や機能の改善を図るとともに，外部に対する影響も含めて環境性能に配慮し，これらを達成することが基本的な役割と想定している．

評価の考え方と対象

CASBEE の評価の特徴は，建築物の環境に対するさまざまな側面を客観的かつ総合的に評価するという目的から，次の3つの考え方に基づいている．

1. 建築物のライフサイクルを通じた評価ができること
2. 「建築物の環境品質・性能（Quality）」と「建築物の環境負荷（Load）」の両側面から評価すること（Quality（Q）／ Load（L）：キューバイエルと読む）

3. 「環境効率」の考え方を用いて提案された評価指標「BEE（建築物の環境性能効率, Built Environment Efficiency）」で評価すること

ライフサイクルに関しては、CASBEE企画、CASBEE新築、CASBEE既存、CASBEE改修の4つの評価ツールが提案されており、デザインプロセスにおける各段階で活用することが考えられている。これら4つの基本ツールおよび個別目的への拡張のためのツールを総称して、「CASBEEファミリー」とよばれている（図1）。各ツールにはそれぞれ目的とターゲットユーザーが設定されており、

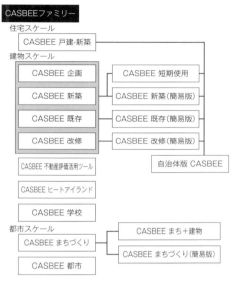

図1 ｜ CASBEE ファミリー

評価対象とするさまざまな建物の用途（事務所、学校、集合住宅等）に対応できるように設計されている。

評価方法としては、環境品質Qと建築物の環境負荷Lのレベル1（1点）〜レベル5（5点）の5段階評価で採点し、BEEを求める。

$$\text{BEE} = \frac{Q}{L}$$

求められた「BEE」値により、総合的な環境性能の評価を5段階評価で格付けを行うことになる。この5段階評価が設定されていることも特徴であり、「Sランク（素晴らしい）」「Aランク（大変良い）」「B+ランク（良い）」「B−ランク（やや劣る）」「Cランク（劣る）」がある。

個別ツールとしては、CASBEE戸建-新築、CASBEE学校、CASBEE不動産評価活用ツール等がある。インテリア版も検討されているが、考え方は他のツールと同じであり、建築側からの視点が中心になっており、評価が難しい実際の生活に関しては評価範囲にはなっていない。

なお、海外の同様の評価システムに、LEED（アメリカ）、BREEAM（イギリス）、BEPAC（カナダ）、GBtool（世界14か国）等がある。〔白石 光昭〕

安全規格

安全性とは

建築物に求められる"安全性"には，満たされるべき性能が多様にある（表1）．地震の多いわが国では，耐震性（地震に対する安全性）は確保すべき必須の性能であり，また，現在わが国に存在する戸建住宅（既存ストック）の9割以上が木造住宅という現状からも，耐火性（火災に対する安全性）も，必要不可欠な性能である．このような建築物の基本的な性能に関する，特に非常災害に対する安全性の確保については，建築基準法をはじめとした，建築物を対象とした各種法規や基準によって定められている．

表1 建築物に求められる性能（安全性）の例

対応する災害等	求められる性能・対応
非常災害	耐震性（地震に対する安全性．免震性，制震性なども含む）
	防耐火性（火災に対する安全性．延焼防止性，避難安全性なども含む）
	耐風性，耐洪水性，避雷性（水害，雷に対する安全性）
	耐久性，防水性，耐腐食性など（経年劣化による建物の損傷等に対する安全性） 等
日常災害	床等での転倒・滑り，階段からの転落，ドア・窓での挟まり，ぶつかり等，日常生活において建物内で発生する事故に対する防止性（日常安全性）
健康被害	光・音・熱などの居住性，シックハウス対策，害虫・害獣対策 等

ここで紹介する「安全規格」には，建築物を対象としたものだけではなく，一般的な製品等の安全性を規定したものも含まれる．それらには，消費者が直接利用する製品や，建築物を構成する建材や部品の安全性などに関する規格（製品規格）や，その製品の製造プロセスに関する規格，安全性能の概念や考え方についての規格などがあり，それらを建築やインテリアに援用するものである．特に，こうした安全規格には，消費者保護の観点から，子どもや高齢者等を対象としたものが，数多く定められている．また，特定の団体・企業等による，室内での事故防止のための設計チェックリストや，「安全規格」には該当しないかもしれないが，日常安全に対する啓発や事故防止策の情報提供も兼ねた，建築関連の事故情報に関するデータベースについても合わせて紹介する．

建築やインテリアのデザインを行う上では，建築の基本性能を満たすことはもちろんであるが，利用者の視点で，使いやすさや安全性に配慮することが大切なことであるので，このような安全規格についても参考にしてほしい．

関連する安全規格・ガイドラインなどの例
国際規格,海外の規格
- ISO/IEC Guide 50:2014;安全側面——規格及びその他の仕様書における子どもの安全の指針:子どもの安全について,特に製品事故を防止するために,その製品の安全標準を作成するためのガイドライン.
- ISO/IEC Guide 51:2014;安全側面——規格への導入指針:ある製品・サービス等の安全標準を作成する際の基準となるガイドライン.
- ISO/IEC Guide 71:2014;規格におけるアクセシビリティ[1]配慮のためのガイド:規格作成時に,さまざまな利用者に対する配慮事項を記したガイドライン.

このほか,海外規格として,EN規格(欧州規格:例えば,EN81-1/2(エレベーターの安全性に関する規格),EN-71(玩具の安全性に関する規格)),また,ASTM(米国試験材料協会による規格)などがある.

国内の規格,指針,ガイドライン等
- JIS規格(日本工業規格):JISハンドブックの「36 安全(基本)」「37-1 安全(一般)」「38 高齢者・障害者等」等に関連する規格がまとめられている.
- 各省庁から出されている指針,ガイドライン等
  ① 「都市公園における遊具の安全確保に関する指針(改訂第2版;2014年)」(国土交通省)
  ② 「学校施設における事故防止の留意点について(2009年)」(文部科学省)
  ③ 「キッズデザインの輪」(経済産業省ホームページ)

団体規格等
- 優良住宅部品(BL部品):一般財団法人ベターリビングにて実施されている,安全で快適な住まいのための優れた住宅部品の認定事業(次項にて詳細を解説)
- キッズデザインガイドライン「安全性のガイドライン(2012年)」(キッズデザイン協議会;http://www.kidsdesign.jp/)
- 「子育てにやさしい住まいと環境」認定事業(ミキハウス子育て総研株式会社;http://sumai.happy-note.com/)

建築関連の事故情報に関するデータベース等
- 「子どもを事故から守る!プロジェクト」(消費者庁ホームページ)
- 「建物事故予防ナレッジベース」(国土交通省国土技術政策総合研究所;http://www.tatemonojikoyobo.nilim.go.jp/kjkb/)

〔小野 久美子〕

---

[1] アクセシビリティとは,可能な限り広い種類の利用者が,さまざまな製品や建物,サービス等を支障なく利用できる度合いのことを指す.

BL部品

家や建物の中で、ドアやサッシなどに図1のようなシールがあるのを見かけたことがあるかもしれない。これは、その製品が「BL（ビーエル）部品」であることを意味している。「BL部品」とは、一般財団法人ベターリビングが認定する「優良住宅部品」のことで、"安全で快適な「住まいづくり」のために、品質、性能、アフターサービス等に優れた住宅部品" として、認定されているものである。認定を受けた住宅部品等は、「BLマーク証紙」（図1）の貼付け表示によって、BL部品であることを示しているのである。

図1 表示例（ホームページより）

注：" BL " とは、" Better Living（よりよい住まいを）" の頭文字

以下に、このBL部品の概要について紹介していく。

認定の対象となる住宅部品，認定制度のしくみ

「住宅を構成する躯体、内外装又は建築設備のユニット（住宅に附属するものを含む）で、工場生産によるもの」が認定の対象となっており、決められた申請（評価）手続きによって認定され、BLマーク表示に係る契約の後、BL部品として市場に出ることになる。認定後も、毎年度1回認定の維持・更新の調査がある。

認定の要件

以下の要件すべてに適合する住宅部品をBL部品として認定する。
- 機能に優れ、快適な居住環境を提供できるもの
- 安全性が確保されたもの
- 耐久性、維持性が優れたもの
- 適切な施工が確保されるもの
- 確実な供給、品質保証および維持管理に係るサービスを提供できるもの

認定基準

認定基準には、あらかじめ定められた品目別の認定基準に適合するものとして認定された「一般型優良住宅部品」と、品目別の認定基準が定められていないが、認定を受けようとする企業からの提案に対応して、1件ごとに評価・認定基準を定め、適合する「自由提案型優良住宅部品」がある。また、BL部品のうち、①

表 1 | 優良住宅部品（BL部品）の認定品目（一部・例）

空間・用途など	品目例
玄関周り	玄関ドア，ドア・クローザ，玄関ドア用錠前，郵便受箱　ほか
窓・手すり	サッシ（RC造住宅用サッシ・天窓など），面格子，墜落防止手すり　ほか
インテリア	歩行・動作補助手すり，内装床ユニット，天井ユニット　ほか
キッチン	キッチンシステム
給湯機	ガス給湯機，電気給湯機，石油給湯機，密閉式ふろがま
太陽熱エネルギー利用	太陽熱利用システム，太陽熱利用システム（屋根下集熱方式）　ほか
暖冷房・換気・融雪	家庭用ガスコージェネレーションシステム，暖・冷房システム，換気ユニット　ほか
バスルーム，洗面・トイレ	浴槽，浴室ユニット，洗面化粧ユニット，洗濯機用防水パン，便器　ほか

(2015年2月13日現在；出典ベターリビング ホームページを参考に作成)

・これ以外にも，テレビ共同受信機器，情報・防災機器，給排水設備，エクステリア関係，エレベーターなどの製品が認定品目として定められている．
・一般型優良住宅部品：43品目，自由提案型優良部品：8品目，以上のBL部品のうち，BL-bs認定部品は，20品目が登録されている（2015年現在）．

環境の保全，②社会ストックの形成・活用，③高齢者等への配慮，④防犯性の向上，⑤その他よりよい社会の実現，に寄与する特長についても有している住宅部品を「BL-bs部品（Better Living for better society）」として認定している．

表1に，BL部品の認定品目の例（一部）を記す．

瑕疵保証等，消費者に対する支援

BL部品の大きな特徴として，BL部品として認定された住宅部品にはBL保険という，保証責任保険と賠償責任保険が付与されている点が挙げられる．これは，認定企業（認定企業の定める施工説明書に従って施工を行った者を含む）を被保険者とする製造および施工の瑕疵に対するもので，初期不良・故障などの不具合を交換・修理するための保証や（製品の不具合のみならず，取付け工事時等の施工瑕疵にも対応），事故が起きた場合の損害賠償の摘要などがある．また，BL部品に関する苦情や相談についての消費者向け窓口が設けられている．

このようにBL部品は，「人々の住生活水準の向上と消費者の保護を促進すること」を目的とした優良住宅部品（BL部品）認定制度のもと，製品そのものの機能・安全性・耐久性等に優れているものと評価され，製品使用時における保証もされている住宅関連部品なのである．

〔小野 久美子〕

📖 参考文献
[1] 一般財団法人ベターリビング ホームページ：http://www.cbl.or.jp

3 法規関連

③資格系

- インテリアプランナー ……………… 374
- インテリアコーディネーター ……… 376
- 建築士 …………………………………… 378
- カラーコーディネーター ……………… 380
- ファシリティマネジャー ……………… 382
- 福祉住環境コーディネーター ……… 384
- キッチンスペシャリスト ……………… 386
- インテリア設計士 ……………………… 388
- マンションリフォームマネジャー …… 390

インテリアプランナー

　各種のインテリアの企画・設計・工事監理等を行う専門家で，国土交通省所管の公益財団法人建築技術教育普及センターのインテリアプランナー資格制度により認定された資格者の称号である．
　この資格制度は，1987年（昭和62年）旧建設省告示に基づき発足したが，2001年（平成13年）告示の廃止に伴い，建築技術教育普及センターが認定する資格制度に移行し現在まで継続している．
　資格ができた背景は，社会の高密化や多様化に伴い，建築計画が都市的領域に重点が置かれる一方で，人々の生活をより緻密に把握し，生活・活動空間にまとめるインテリア計画の視点が欠かせない要素になってきたことがある．
　21世紀に入って，建築界でもインテリアプランニングの重要性が認識され，建築設計組織からインテリア部門を別部門にし，独自の活動をさせる傾向も顕著になってきている．そして，よい建築には，計画の初期段階からインテリアプランナーを参加させ，質の高いインテリア空間を備えた建築を実現させることが必須の条件とされるようになってきた．
　インテリアプランナーの業務は，人々が生活・活動するための空間のあり方を，社会背景を考慮しながら，安全性，機能性，快適性，経済性をもとに高い技術と感性・経験により計画・立案し，その実現を図ることで，その対象領域は住宅，オフィス，店舗，ホテル，病院，学校，公共施設等生活環境全般のインテリア空間とされている．具体的な業務としては，コンセプトを作成する「プログラミング業務」，トータルな設計の「デザイン業務」，監理・管理を行う「マネジメント業務」が挙げられる．
　資格登録者は約8,600人（2015年（平成27年））で，全国10地域の有志が資格者団体を組織し，インテリアの啓蒙・発展のために積極的な活動を展開している．
　後述するとおり，資格制度の見直しにより，平成28年度から学科試験合格者に「アソシエイト・インテリアプランナー（准インテリアプランナー）」の称号を付与することになり，学生等への門戸を広げる方向に制度変更がされた．

資格試験と登録要件

　資格認定機関は建築技術教育普及センターで，インテリアプランナー試験制度

要綱に基づき試験を実施している．なお，平成27年に要綱の見直しがされ，平成28年度から新たな資格制度としての試験が実施される．見直しの要点は①受験資格の年齢制限をなくしたこと，②学科試験合格者には新たに「アソシエイト・インテリアプランナー（准インテリアプランナー）」の称号が付与され，その登録者は学科試験免除で設計製図試験が受けられることなどである．

　新制度の概要は以下のとおりである．

受験資格　試験は学科試験と設計製図試験があり，学科試験は年齢制限もなく誰でも受けられる．設計製図試験は学科試験合格者（当該年含む5年間有効），アソシエイト・インテリアプランナー，建築士（1級，2級，木造）が受けることができる．

学科試験の内容　インテリア計画，インテリア装備，インテリア施工，インテリア法規および建築一般についての専門知識審査．

設計製図試験の内容　インテリアの設計および設計製図を行う技能ならびに設計意図を的確に表現する技能の審査．

登録要件　インテリアプランナー試験に合格し，実務経験年数（0年または2年）を満たすもの．

登録有効期間　5年間で，有効期間満了前に更新講習を修了し更新する．

資格者団体　2015年（平成27年）現在，北海道，岩手，山形，東京，静岡，中部，関西，北陸，中国，西日本の10地域にインテリアプランナー協会が設立され，その連合組織として一般社団法人「日本インテリアプランナー協会（JAIP）」があり，さまざまな活動を行っている．〔栗山正也〕

インテリアコーディネーター

　昭和50年代にかけて，住宅供給の新しい流れの中で急成長したインテリア産業は，多種多様なインテリアエレメントを作り出した．それは同時に，住宅を求める住まい手に新しい課題をもたらした．住まい手にとって，多岐にわたり多様で複雑さも増したインテリアエレメントを適切に選び，他のエレメントとコーディネートして，住宅という生活空間にまとめていく作業が必要となった．多様化した住要求の実体化は複雑で，素人に簡単にこなせる仕事ではなくなったのである．そこで旧通産省（現経産省）は，インテリア産業の振興に合わせて，その領域に必要な新たな人材を育成する目的で昭和58年「インテリアコーディネーター・資格制度」を発足させた．インテリアコーディネーターが誕生した当初は，まだ一般にインテリアという言葉があまり使われていなかった時期で，インテリア産業の黎明期でもあった．

　この資格は誕生して30年以上が経過し，社会の中で1つの領域を担う専門資格として定着し，平成25年度には資格者が6万人を超え，その多くが人々の生活に関わるさまざまな場面でインテリアの専門家として活躍している．その職域はメーカーなどの生産から販売，施工までの現場，そして生活者と直接対面するさまざまな場面でアドバイザーやコンサルタントなどとして，広範な仕事にたずさわっている．そして，環境や技術など急速に変化する社会を背景に，人々の生活の多様化が進む中で，インテリアコーディネーターの役割はますます重要になってきている．現今の建築空間は必ずしもそれだけで生活空間になっているわけではなく，そこに家族や個々人のライフスタイルに適した生活装置，インテリアエレメントが整えられて初めて生活空間，すなわちインテリア空間が出来上がるといえる．このようなことから，インテリアコーディネーターが未来に向かって新たな立場を築く期待も拡がってきている．

　この資格を取得するために何をどのように学べばよいのか，試験の制度を含めて以下に概要を述べる．

　まず，資格認定機関は，公益社団法人インテリア産業協会で，年1回資格試験を実施し，合格・登録者にインテリアコーディネーター資格を授与している．

　試験は，一次試験（マークシート方式）が10月に行われ，その合格者に対して二次試験（実技・筆記式）が12月に行われる．二次試験の合格者は資格登録

して資格者となることができる．

　受験資格は特になく，年齢制限もないので中学生の受験も可能である．

　一次試験の審査範囲は主に住宅インテリアに関する基礎知識で，インテリアの歴史・インテリアの計画・インテリアエレメントに関する知識・インテリアの構法と仕上げ・インテリアの環境と設備・インテリアコーディネーションの表現・インテリア関連法規・インテリアコーディネーターの仕事等とされている．

　二次試験の審査内容は，論文・住宅のインテリア計画とそのプレゼンテーション技術で，3時間の実技試験になる．

　これらの技術・知識を習得する参考書を試験の実施機関であるインテリア産業協会が「インテリアコーディネーターハンドブック（統合版）上・下巻」として発行している．

　インテリアコーディネーターとして，多様な生活空間のアドバイザーとなるためには，単に書籍からの知識だけでなく実際の生活場面での体験も重要になるので，日々の心がけが不可欠であることも忘れてはいけない． 〔栗山 正也〕

建築士

　建築物の設計および管理は，もともとは大工の職人がその役割を担うことが多かったが，建築物の大規模化や複雑化が進むにつれ，建築統括者の役割が必要となり，やがて建築士とよばれる職業が誕生した．
　日本では建築士という名称で建築物の質の向上に寄与するため，建築士法（昭和25年5月24日法律第202号）に拠って国家資格として定められた．建築士は「一級建築士」「二級建築士」「木造建築士」と定義されている．

一級建築士
　一級建築士は，国土交通大臣の免許を受け，一級建築士の名称を用いて設計工事監理等の業務を行う者である（建築士法第2条第2項）．
　一級建築士は次のような複雑，高度な技術を要する建築物を含むすべての施設の設計および工事監理等の業務を行うことができる（建築士法第3条）．
①学校，病院，劇場，映画館，公会堂，集会場，百貨店の用途に供する建築物で，延べ面積が500 m^2 を超えるもの
②木造建築物または建築の部分で，高さが13 mまたは軒の高さが9 mを超えるもの
③鉄筋コンクリート造，鉄骨造，石造，煉瓦造，コンクリートブロック造もしくは無筋コンクリート造の建築物または建築の部分で，延べ面積が300 m^2，高さが13 mまたは軒の高さが9 mを超えるもの
④延べ床面積が1,000 m^2 を超えかつ階数が2階以上のもの

二級建築士
　二級建築士は，都道府県知事の免許を受け，二級建築士の名称を用いて設計工事監理の業務を行う者である（建築士法第2条第3項）．具体的には一定規模以下の木造の建築物，および鉄筋コンクリート造などの主に日常生活に最低限必要な建築物の設計，工事監理に従事する．
　二級建築士が設計，工事監理のできる範囲は，以下のとおりである．
①学校，病院，劇場，映画館，公会堂，集会場，百貨店などの公共建築物は延べ面積が500 m^2 未満のもの
②木造建築物または建築の部分で高さが13 mまたは軒の高さが9 mを超えないもの

③鉄筋コンクリート造，鉄骨造，石造，煉瓦造，コンクリートブロック造もしくは無筋コンクリート造の建築物または建築の部分で，延べ面積が30〜300 m^2，高さが13 mまたは軒の高さが9 m以内のもの
④延べ面積が100 m^2（木造の建築物にあっては300 m^2）を超え，または階数が3以上の建築物（ただし，第3条の2第3項に都道府県の条例により規模を別に定めることもできるとする規定がある）

木造建築士

　木造建築士は，都道府県知事の免許を受け，木造建築士の名称を用いて木造の建築物に関し，設計，工事監理等の業務を行うものである．

　木造の建築物で延べ面積が100 m^2 を超えるものを新築する場合においては，一級建築士，二級建築士または木造建築士でなければその設計または工事監理をしてはならない．つまり，木造建築士は木造建築物で延べ面積が300m^2 以内，かつ2階以下のものを設計，工事監理ができる．

建築士試験

　建築士の試験は，年1回行われ「学科の試験」と「設計製図の試験」に分かれている．「設計製図の試験」は「学科の試験」に合格しなければ受験することができず，前年度または前々年度に「学科の試験」に合格した者は当該年度の「学科試験」が免除される．

　一級建築士試験では，複雑高度な技術を要する建築物の設計および工事監理や二級建築士，木造建築士の指導に携わるのに必要な知識，技術，職業倫理が問われる．二級建築士試験，木造建築士試験では，個人住宅など日常生活に必要な建築物の設計および工事監理に必要な知識，技術，職業倫理が問われる．出題される問題は，公益財団法人建築技術教育普及センターから委任を受けた大学教授らの有識者グループが作成する．

建築士の職務

設計業務　基本設計，実施設計の2つの段階で行われ，それぞれについて意匠設計，構造設計，設備設計が含まれる．

工事監理業務　建築主や現場管理者（施工者の置く現場監督）とは違う第三者の立場で工事が設計図書の通りに実施されているかを確認し，建築主への報告と施工者への必要な指示を行う．

手続き業務　設計前における調査，企画等の業務や建築工事契約に関する事務，建築工事の指導，監督，既存建築物に関する調査，鑑定業務，開発許可，農地転用許可等の手続き業務，各種コンサルティング業務等，建築士の職務は多岐にわたり，それらの一部を専門に行う建築士もいる．　　　　　　　　　　〔金子　裕行〕

カラーコーディネーター

カラーコーディネーターは，住宅やホテル，レストランなどのインテリアやデパート，店舗の商品デザインやディスプレイ，ファッション，建築，景観などで色彩の特性を正しく理解し最も効果的な配色やデザイン等を指導，助言する専門家のことである．

関連する資格
カラーコーディネーター検定試験　この試験名は，経済団体である東京商工会議所の登録商標である．色彩に関する知識を産業目的に活用する能力を判定し，認定する民間の検定試験．

表1　2013年度試験結果（全国）

級		志願者数（人）	合格者数（人）	合格率（％）
3級		10,266	5,682	63.1
2級		5,876	2,014	40.7
1級	第1分野　ファッション色彩	198	61	35.3
	第2分野　商品色彩	290	95	42.2
	第3分野　環境色彩	352	48	17.3
	合計	840	204	30.2

1級　「ファッション色彩」「商品色彩」「環境色彩」の3分野に分かれており，そのうち1つの分野を選択し受験する．各分野における専門的な知識を身につけ，より実践的で役立つ能力を求める．合格者には，選択した3分野における称号が付与される．
　第1分野：1級カラーコーディネーター「ファッション色彩」
　第2分野：1級カラーコーディネーター「商品色彩」
　第3分野：1級カラーコーディネーター「環境色彩」

2級　①カラーコーディネーションの意義，②色彩の歴史的発展と現状，③生活者の視点からの色彩，④生産者の視点からの色彩，⑤カラーコーディネーターの視点の項目から出題され，3級レベルの知識に加え，色彩の応用力などを問い，幅広い知識を求める．合格者には，2級カラーコーディネーターの称号が付与される．

3級 ①色彩の性質，②色彩と心理，③色彩を表し伝える方法，④配色と色彩，⑤光から生まれる色，⑥色が見える仕組み，⑦色の測定，⑧混色と色再現，⑨色と文化の項目から出題され，色彩に関する基礎的な知識についての理解度を求める．合格者には，アシスタント・カラーコーディネーターの称号が付与される．

文部科学省後援　色彩検定®

公益社団法人色彩検定協会による検定試験である．色彩検定協会は1976年に「日本の服飾文化の向上発展に寄与すること」を目的として発足し，2012年4月には内閣府の認定を受け名称を変更し，「公益社団法人色彩検定協会」として発足した．

表2　2013年度試験結果（全国）

級	志願者数（人）	合格者数（人）	合格率（%）
3級	29,573	20,403	74.42
2級	13,548	7,774	63.01
1級	2,220	680	34.55

1級 ①色彩と文化，②色彩調和論，③光と色，④色の表示，⑤色彩の実務，⑥色彩心理，⑦配色イメージ，⑧ファッション，⑨プロダクト，⑩インテリア，⑪環境，⑫ユニバーサルデザインの項目から出題される．1次試験と2次試験がある．

2級 ①生活と色，②光と色，③色の表示，④色彩調和，⑤配色イメージ，⑥ビジュアル，⑦プロダクト，⑧インテリア，⑨エクステリア環境，⑩慣用色名の項目から出題される．

3級 ①色のはたらき，②光と色，③色の表示，④色彩心理，⑤インテリア，⑥色彩調和，⑦色彩効果，⑧色彩と生活，⑨ファッション，⑩慣用色名の項目から出題される．

カラーデザイン検定

ICD国際カラーデザイン協会が実施しているカラーの検定試験である．「カラーデザイン検定」は世界標準のカラーシステム「PANTONE®」に準拠．初心者からプロダクトデザイン，インテリア，ファッション，WEBデザインなどさまざまな仕事で応用できる知識が身につく．級には1級，2級，3級がある．

色彩士検定

全国美術デザイン専門学校教育振興会（ADEC）が主催．級には1級，2級，3級がある．

〔金子 裕行〕

ファシリティマネジャー

ファシリティマネジャー（FM'er）とは

　ファシリティマネジメント（FM）の視点からは，経営とは本業の利益を高めるために，経営基盤の4要素「人・金・情報・もの（ファシリティ）」を適正にマネジメントすることとされる．

　ファシリティマネジャー（FM'er）は，経営資源である「ファシリティ」を適正に運用することが仕事となる．つまり，単に維持・管理するだけではなく，時間の流れとともに変化し続ける経営の方向に合わせ，不動産やオフィス等の取得・売却，拡大・縮小等を行い，最適な状態を常に維持・管理しなくてはならない．ファシリティの価格は最小に，パフォーマンスは最大になるように配慮・設定する等であり，これらを客観的な調査をもとに判断していくことである．

　欧米企業，その中でも特にグローバル化した企業ではFMの重要性を十分理解しており，職能としてFM'erを認めている組織が多く見受けられる．これに対し，多くの企業では認知度は高くない．しかし，グローバル化が進むにつれ，今後は徐々に認知されていくと考えられる．なお，欧米の企業では女性のFM'erが多いということであり，今後は日本でも女性の社会進出が可能な職業の1つになると思われる．

ファシリティマネジャーに求められる能力

　FM'erは経営戦略に基づいて，ファシリティの運営・維持のための戦略を立てねばならない．これが従来の管理に抜けていた点であり，FMのポイントである．FM'erにはFM戦略を企画する能力が必要となる．また，立案した企画を経営者層に適切に説明するためには，プレゼンテーション能力も必要となる．

　また，FM'erが関連する業務をすべて自分だけで遂行できるわけではない．社内または社外の専門家の協力を得て，FMの業務をプロジェクト的に遂行していくことになるため，マネジメント能力が重要となる．

ファシリティマネジャーに必要な知識

　FMには図1のような業務が想定されており，PDCA（PLAN-DO-CHECK-ACT）のサイクルに沿って行う必要があり，これらに対応した知識が必要となる．① FMの統括マネジメント，FMの戦略・中長期実行計画，それに基づく不動産取得，施設賃貸借，建設等のプロジェクト管理，運営維持と評価の流れに沿った

FM業務に関する知識・能力
② FMのための社会性，人間性，企業性，施設，情報等の関連知識
③ 利用者の満足度等の調査・分析，品質分析・評価，ファシリティコスト・投資等の財務分析・評価，需給対応・施設利用度等の分析・評価，企画立案やプレゼンテーション等の技術

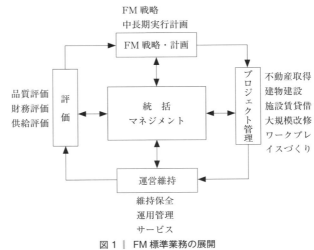

図1 FM標準業務の展開
(JFMAホームページより作成)

ファシリティマネジャー資格制度

FM'erの資格制度は，ファシリティマネジメント資格制度協議会（社団法人日本ファシリティマネジメント推進協会（現・日本ファシリティマネジメント協会，通称JFMA），社団法人ニューオフィス推進協議会（現・ニューオフィス推進協会，通称NOPA），社団法人建築・設備維持保全推進協会（現・ロングライフビル推進協会，通称BELCA））の3団体によって，1997年に創設されている．

試験は，第1次試験である学科試験，第2次試験の論述試験の2段階となっている．試験に合格し，学歴とそれに対応する実務年数をクリアした合格者が登録を受けることができる．つまり，FM'erの資格制度では実務の重要性を考えている．正式名称は，「認定ファシリティマネジャー（CFMJ）」である．

1997年7月に第1回の資格試験が実施されてから，現在まで延べ約25,000人/年が受験し，合格者は約1万人である．合格者の年齢は19〜70歳までであり，平均年齢は約39歳である．合格者が登録する場合，一定の実務期間が求められる．2014年3月末現在のCFMJ資格有効登録者数は，約6,500人である．

また，登録後の資格の更新は5年ごとに求められ，次の4つの方式から一定の条件を確保することにより，資格を更新することができる． 〔白石 光昭〕

福祉住環境コーディネーター

福祉住環境コーディネーターとは
　福祉住環境コーディネーターは，高齢者や障害者に対し，できるだけ自立し，いきいきと生活できる住環境を提案するアドバイザーである．福祉住環境コーディネーターは医療・福祉・建築について体系的に幅広い知識を身につけ，建築士やケアマネジャー等各種の専門家と連携を取りながらクライアントに適切な住宅改修プランを提示したり，福祉用具等の適切な利用法をアドバイスするほか，介護保険で住宅改修費の助成を受ける際の理由書作成なども行う．

　住まいにとって快適性と安全性を備えていることは大切な条件である．わが国は世界でも類を見ない超高齢化社会に突入しており，インテリアの計画においてもバリアフリーの考え方が必要になってくる．バリアフリーとは，生活環境において高齢者や障害者にとって障害のない状態をいう．バリアフリーに対するニーズも年のとり方が人それぞれであるように千差万別である．クライアントの特性にマッチした住環境を提案・実現するためには，さまざまな分野の専門家とわたり合い，調整を行うことのできる総合的な知識を身につけた福祉住環境コーディネーターの力が必要であり，社会的ニーズは確実に高まっている．

福祉住環境コーディネーター検定試験
　東京商工会議所が1999年（平成11年）から認定している民間資格で，福祉住環境コーディネーター試験（1～3級）に合格すれば資格を取得できる．学歴・年齢・性別・国籍による制限はなく，2級からの受験や，3・2級を同日に受験することも可能である．ただし，1級は申込登録の時点で2級に合格していることが条件となる．

　3級と2級の試験は例年7月と11月に，1級の試験は11月に実施される．

各級の基準・出題範囲・合格基準
3級　3級公式テキストに該当する知識とそれを理解した上での応用力を問う．①マークシート方式，②制限時間2時間，③100点満点で70点以上を合格，④出題範囲：1) 少子高齢社会と共生社会への道，2) 福祉住環境整備の重要性・必要性，3) 在宅生活の維持とケアサービス，4) 高齢者の健康と自立，5) 障害者が生活の不自由を克服する道，6) バリアフリーとユニバーサルデザインを考える，7) 生活を支えるさまざまな用具，8) 住まいの整備のための基本技術，9)

生活行為別に見る安全・安心・快適な住まい，10) ライフスタイルの多様化と住まい，11) 安心できる住生活，12) 安心して暮らせるまちづくり

2級 2級公式テキストに該当する知識と，それを理解した上での応用力を問う．①マークシート方式，②制限時間2時間，③100点満点で70点以上を合格，④出題範囲：1) 高齢者・障害者を取り巻く社会状況と住環境，2) 福祉住環境コーディネーターの役割と機能，3) 障害のとらえ方，4) リハビリテーションと自立支援，5) 高齢者・障害者の心身の特性，6) 在宅介護での自立支援のあり方，7) 高齢者に多い疾患別に見た福祉住環境整備，8) 障害別に見た福祉住環境整備，9) 福祉住環境整備とケアマネジメント，10) 福祉住環境整備の進め方，11) 福祉住環境整備関連職への理解と連携，12) 相談援助の実践的な進め方，13) 福祉住環境整備の共通基本技術，14) 生活行為別福祉住環境整備の手法，15) 福祉住環境整備の実践に必要な基礎知識，16) 福祉用具の意味と適用，17) 生活行為別に見た福祉用具の活用

1級 1級公式テキストに該当する知識と，それを理解した上での応用力を問う．なお，試験はテキストに準じるがテキスト外からも出題される．①2級に合格していることが条件，②制限時間：マークシート方式2時間（前半）・記述式2時間（後半），③マークシート方式・記述式各100点満点でそれぞれ70点以上を合格，④出題範囲：1) これからの社会の求められる福祉住環境整備，2) 福祉住環境コーディネーター1級の目標と役割，3) 地域で支える高齢者ケア，4) 地域で支える障害者ケア，5) 地域福祉の推進と福祉コミュニティ，6) 福祉コミュニティづくり，7) ユニバーサルデザインの概念および沿革，8) ユニバーサルデザイン環境の整備手法，9) 高齢者・要介護者向け住宅・施設の流れ，10) 高齢者住宅・施設の種類と機能，11) 障害者向け住宅および施設の種類と機能，12) 福祉住環境のコーディネートの実際

〔金子 裕行〕

キッチンスペシャリスト

　キッチンスペシャリスト（KS）とは，公益社団法人インテリア産業協会が実施する「キッチンスペシャリスト」資格試験の合格により登録申請し，認定書の交付を受けたものをいう．

　キッチンスペシャリストは，住まいの中で重要な位置づけとなる新築やリフォームにおけるキッチンまわり，キッチン空間の構成とそれに関わる建築構造，建築的知識，人間工学などのほか，水道・電気・ガスなどの設備機器を中心に多様化する生活者のニーズに合わせたこれらの機能や設計・施工，使用，維持などの知識をもとに，安全で快適かつ使いやすいキッチン空間を提案・アドバイスするとともに，建築や施工を行う専門家である．

　KSの資格制度事業は，旧通商産業省所轄の下，1988年（昭和63年）11月に社団法人日本住宅設備システム協会により第1回KS資格試験が実施された．その後，小泉純一郎内閣の行政改革の一環として社団法人日本住宅設備システム協会の組織解体により，2005年（平成17年）の第18回から現・公益社団法人インテリア産業協会に事業が継承された．2014年度の試験実施により，資格制度のスタートから27回目を迎える．

　KSは，年齢，性別，学歴，実務経験を問わず，誰でも受験が可能である．

　試験は，年1回，12月に札幌・盛岡・仙台・高崎・東京・名古屋・金沢・大阪・広島・高松・福岡・沖縄の12試験会場において実施されている．

　試験内容は，学科コース，実技コース，総合コース（学科コースと実技コースの同時受験）の3コースがある．学科試験は，住居と食生活，キッチン空間，キッチン機能，キッチン設計・施工，キッチン販売，実技コースは，平面図，展開図，立体表現などの図面表現を含むキッチンまわりの企画・提案に関する筆記試験である．

　試験科目のうち，学科試験は120分でマークシートによる択一式，実技試験は120分の記述式試験である．

　実技試験では，鉛筆，シャープペンシル，消しゴム，作図用の字消し板，直定規，電卓の持ち込みができる．

　実技試験に合格するまで，学科試験の合格翌年度から3年間は，学科試験が免除される．

表1 試験審査の範囲と審査基準

学科試験	住居と食生活に関すること	次の事項に関する基礎知識を有していること 1. 家族と生活の変化（生活時間，家事，家計等） 2. 食生活とキッチン・調理（食品，調理技術等） 3. 住まいの歴史と設備・環境 4. キッチン・バスのタイプ，レイアウト，水まわり 5. 食関連法規
	キッチン空間に関すること	次の事項に関する基礎知識を有していること 1. キッチンのプランニング（レイアウト等） 2. キッチンの人間工学（機能寸法，調理の動作空間等） 3. キッチンの室内環境（採光・照明，換気，給排水，音等） 4. キッチンのインテリア（仕上材，カラースキーム，インテリアスタイル等） 5. 環境・省エネ関連法規
	キッチン機能に関すること	次の事項に関する基礎知識を有していること 1. システムキッチンの構成材（規格，種類等） 2. 部品部材のハードウェア（キャビネット等） 3. ビルトイン機器（冷凍冷蔵庫，食器洗い乾燥機，加熱調理機器等） 4. 電気・ガス・水道の基礎（電気設備・ガス設備等） 5. 設備関連法規・JIS・ISO・省エネ等
	キッチン設計施工に関すること	次の事項に関する基礎知識を有していること 1. キッチンと設計図書（設計図書，表現図法等） 2. 設計実務（設計条件，計画図面等） 3. 施工実務（施工条件，施工図面等） 4. 設計施工の実務（プレゼンテーション，設計施工等） 5. 建築関連法規
	キッチン販売に関すること	次の事項に関する基礎知識を有していること 1. マーケティング（市場，商品，企画，開発等） 2. 販売概論（販売計画，コミュニケーション活動等） 3. 販売実務（コンサルティング，見積，契約等） 4. 販売基礎（利益管理等） 5. 販売関連法規
実技試験	筆記（図面表現）方式によるキッチン空間の企画・提案に関すること	平面図，展開図，立体表現等の図面表現等の筆記により，キッチン空間の企画・提案を行う能力を有していること

キッチンスペシャリストの通信講座は，インテリア産業協会の委嘱を受け，学校法人産業能率大学総合研究所により実施されている． 〔上野 義雪〕

インテリア設計士

　わが国のインテリアの分野で，初めて職能が確立されたのは，インテリアコーディネーターでもなくインテリアプランナーでもない．それはインテリア設計士の前身である室内装備設計士，であることは一般にあまり知られていない．
　いかなるインテリアの職能にも先駆けて，昭和32年，大阪で「全日本室内装備設計士協会連合会」が設立され，翌33年には第1回「全日本室内装備設計士資格認定審査」が行われた．
　まず，ここに到る背景について少し述べておきたい．大正14年（1925年）大阪は世界貿易取引高で東京を抜いて日本で第1位になった．この時の大阪は，いわゆる商都大阪とよばれ，街はおおいに活気に満ち溢れていた．
　とりわけ，繊維産業が盛んで，商都大阪の財力，金力をバックに大阪の街には，岡田信一郎設計の中央公会堂（1918年），若き村野藤吾設計の綿業会館（1931年），あるいは安井武雄の大阪ガスビル（1933年），W・M・ヴォーリズ設計の大丸百貨店，大同生命ビル（1925年）など，大阪を代表するいくつかのビルディングが次々と建てられ，近代都市大阪の街が形成されていった．
　当然，こうしたビルディングの内部はいわゆる洋風のインテリアが施され，洋風の椅子やテーブルなどの家具が用いられた．つまりこれらの洋家具や洋風内装を設計・施工・製作する産業が大阪を中心に，その近郊で勃興していった．この産業の担い手の中心になったのは，髙島屋や大丸などの百貨店であった．
　ところが，百貨店の装飾部は，当時，大阪の近代建築やそのインテリアとはやや違った独自の歩みを進めることになった．それは新たに船舶のインテリアや家具の分野に活路を見出し，産業やその技術を発展させていったのである．これには貿易高に伴う大阪の造船ブームも加担していたともいえる．だが，何よりも関西の家具・内装に関わる人々のある種の建築家や建築分野に対抗する意識や特有の意地といったものがそうさせた，とも考えられた．しかしながら，いずれにせよ関西は，他地域に比べていち早く，家具・内装関連の産業が定着・発展したのであった．
　ちなみに当時，箪笥や座机などの和家具でその名をはせていた京都の宮崎家具が宮崎洋家具部を創設したのが昭和3年（1928年）のことであった．この例のように関西で洋家具やインテリア産業が，次第に根づき発展していった．以上の

ような流れの中で，室内装備設計士協会連合会が昭和32年に設立された．インテリア設計士の認定団体である「全日本室内装備設計士協会連合会」は当初，以上のような経緯の中で「よい家具を提供する」ことを目的として全国の家具，内装業の設計施工生産技能者の技術の向上や，その人材育成を図るために，発足したものであった．今でこそ東京がインテリアの中心と思われているが，インテリアの源流は実は大阪であった，ともいえよう．

やがて，その活動が通商産業大臣に認められ，10年後の昭和42年に法人化し，名称を「社団法人日本室内装備設計技術協会」に改め，技術の向上，人材育成などの活動を行ってきた．

初期には，インテリア設計士は全国家具産地の実務経験などを書類審査によって室内装備設計士（現・インテリア設計士）として認定していたが，昭和36年から検定試験を実施．以降，毎年1回，今日まで半世紀以上，途切れることなく実施されてきた．この意味からも，インテリア設計士資格制度はわが国で，最も古いインテリアの職能制度である，といえよう．

ところで今日，インテリア設計士資格はインテリアを学ぶ大学生・短大生や工業高校生ならびに専門学校生を対象とした2級と，実務者を対象としたより高度なインテリアの技術や能力を認定する1級の2つの領域での検定制度が設けられている．いずれも学科と実技の2科目試験によって，また認定も年1回，行われている．

さて現在，インテリアの職能にはコーディネーターやプランナーなどいくつかの資格制度や職能団体が設けられており，明確な職能区分がつけにくくなっている．しかし，以下のように考えれば，その整理がつこう．

インテリアの分野は大きく3つの領域に分けることができる．1つは商品としてのインテリアエレメントなどを扱う「流通」の分野である．もう1つはインテリアの設計・計画の領域である．これは，インテリア空間や家具などエレメントを対象とした「設計」の分野である．そして3つ目は具体的にインテリア空間や家具・内装などを施工・生産・製作に携わる「生産」分野である．

昭和58年に創設されたインテリアコーディネーターの職能領域は上記のうち「流通」である．また，昭和62年に発足したインテリアプランナーの領域は「設計・計画」分野であることは論を俟たない．そして，昭和32年に大阪で生まれたインテリア設計士の職能領域は，その成立過程からも理解できるように「生産・施工」の分野であることはいうまでもない．したがってそれぞれの資格試験においてもそうした職能領域の相違や特質が考慮されて，試験問題がつくられ，出題傾向が配慮されている． 〔加藤 力〕

マンションリフォームマネジャー

マンションリフォームを取り巻く状況

　平成24年末には分譲マンションストック戸数の推計値は589万戸を超え，建築後相当の年月を経たマンションも急増し，マンション専有部分のリフォームが重要な業務領域としてクローズアップされている．また，国土交通省が「中古住宅・リフォームトータルプラン」を策定し，2020年（平成32年）までに「中古住宅流通市場・リフォーム市場の規模を20兆円（うち住宅リフォームは12兆円）まで倍増させる」という目標を掲げている．
　マンションリフォームにおいては，区分所有やマンション管理，共同住宅ならではの建築構造，設備等，その特殊性をふまえた適切な計画や施工が不可欠である．依頼者の要望を実現し，付加価値の高いリフォームを行うために，これらをマネジメントするマンションリフォームのスペシャリストが求められている．

マンションリフォームマネジャー（MRM）試験

　公益財団法人住宅リフォーム・紛争処理支援センターによって平成4年度に創設され，試験合格者は，延べ約9,800人（平成4年度研修修了考査合格者を含む）である．平成25年度の試験合格者は，148人．合格率は26.2％であった．主としてマンションの専有部分のリフォームにおいて，居住者の要望を実現するために，専門知識をもって，管理組合や，施工者などと協力・調整しながら，居住者に付加価値の高いリフォームを企画・提供するための業務推進能力を認定する試験である．
　マンションリフォームマネジャーは「マンション標準管理規約（国土交通省）」のコメントで，『管理組合が支援を受けることが有用な専門的知識を有する者』として位置づけられている．学科試験と設計製図試験の両方に合格した人は，「マンションリフォームマネジャー」として認められ，マンション専有部分のリフォーム工事だけでなく，マンション大規模修繕，中古マンションの売買，インテリアデザイン，マンション管理等多様な業種において，活躍の場が広がっている．

試験科目

学科試験（試験時間120分）　マンションリフォームに関する専門知識（各分野10問，四肢択一式50問）（分野：計画・基礎知識，法規・規約・制度，マネジメント，住戸内各部のリフォーム・設備のリフォーム）

設計製図試験(試験時間180分) マンション専有部分に係るリフォームの設計図書の作成(平面図および留意事項説明)

マンションリフォームマネジャー資格取得について

住宅リフォーム・紛争処理支援センターが年に1回実施する学科試験および設計製図試験の両方に合格すると,合格者は,マンションリフォームマネジャーの称号を口頭で名乗る以外に,名刺等の紙媒体やホームページ等の電子媒体などにも自由に使用することができ,専門知識が不可欠なマンションリフォームにおいて,必要な知識と能力を有した人材として「マンションリフォームマネジャー」の活躍の場が広がる.

マンションリフォームマネジャー更新登録制度の廃止について

これまでマンションリフォームマネジャー(MRM)登録制度として,住宅リフォーム・紛争処理支援センターに備える名簿に登録し,MRM各自に登録証を発行してきたが,平成24年度より,新規登録および更新登録制度は廃止し,MRM試験合格者であれば,マンションリフォームマネジャーの称号が使用できる制度となった.

既存の登録者は,登録有効期限が過ぎても,引き続き,マンションリフォームマネジャーの称号を使用することができる.再度,試験を受け直す必要はない.

また,MRM登録証の登録有効期限満了までは,従前と同様に登録は継続され,財団ホームページによる名簿公開,MRMインフォメーション等情報提供も継続する.

今後は,申請により,「合格証明書」および登録有効期間内においては「登録証明書」も発行するが,登録証書と登録カードは再発行されないので十分な注意が必要になる.

試験結果

表1 | 第22回(平成25年度)マンションリフォームマネジャー試験結果

		学科試験	設計製図試験
	受験者数	442人	515人
	合格者数	230人	161人
	合格率	52.0%	31.1%
最終	実受験者数	565人	
	合格者数	148人	
	合格率	26.2%	

〔金子 裕行〕

4 販売関連

①商品企画系

市場調査 ………………………………… 394
商品企画 ………………………………… 396
顧客説明と打合せ ……………………… 398

市場調査

　市場調査（マーケティングリサーチ）は，主に企業が市場での活動を有効に進めるために，商品流通や顧客動向など，市場に関するさまざまな情報を収集することである．得られた情報の分析結果は，企業の事業推進における意思決定の重要な材料となっている．インテリアに関連する市場は，建築建材類の市場や日用品・装飾品の市場ともつながりが深く，広範囲であるためさまざまな調査が行われている（官公庁や公益法人が国策推進や経済活動の状況把握のために行う統計調査的な市場調査も多数行われているがここでは割愛する）．

市場調査の目的
　市場は常に変化しており，調査で市場の何を知ろうとするのか目的に応じた調査が行われる．

商品企画（開発）のための調査　新規に商品を開発して導入する場合や，現在市場に流通している既存商品のリニューアル企画時に行われる．調査内容には，メーカー（ブランド）別・商品別の市場シェア，価格帯，デザインや品質の動向，購買者の属性などが該当する．

営業推進・販売促進のための調査　市場に投入している商品のシェア拡大や，販路の開拓や見直しを目指す場合などに行う市場調査である．競合他社商品の流通状況・シェア，営業エリアや広告戦略を企画するための基礎データを収集する場合が多い．例えば，ベッドAとベッドBの売れ行きや購買層がどのように違うか等，商品カテゴリー別に細かく調べるケースもある．

市場調査の対象
　調査の対象は消費者（ユーザー）だけではなく，市場を構成している生産者や流通業者を含む場合もある．調査の目的に応じて対象の細かい選択が行われる．例えば「顧客購買動向」調査にあたって，対象となる消費者の年齢層や家族構成，年収等をデータベースの条件に設定するなどである．また事前に調査対象の母数（N値）の設定（1,000人以上等）が行われ，調査の規模を設定するのが一般的である．

市場調査の手段（方法）
　一般的に調査は，企業から専門の調査会社に委託（アウトソーシング）される場合が多い．調査会社は以下のようなさまざまな手段を用いて依頼者の要望に応

じたデータ収集にあたる．

書面等による情報収集　アンケート（調査票），インターネット調査がある．

　※インターネットの利用が今後主流になると考えられる．

直接対象者と対話や面談による情報収集　書面で把握しにくい内容や，対象者の直接の反応や表現をとらえ，定性的な情報収集をはかる場合が多い．

　電話調査，面接調査，座談会（グループ・インタビュー），街頭調査，観察調査，覆面調査等がこれにあたる．

　特にインテリアの「デザイン」や「機能」に関する評価は定量的な調査が困難なため，ヒアリングやコメントを直接取得する調査方法が有効であると考えられている．

テストマーケティング等　新商品企画等の手法として採用される場合が多い．試作段階の商品をテスト的に販売もしくは「試用」の場を設け顧客（マーケット）の反応を確認し，最終的な商品コンセプトや試用等に反映させていく調査である．

市場調査の活用と信頼性について

　調査結果は数値的データとして集約され，調査結果は項目ごとのデータ以外に，複数の項目を関連させるクロス集計等，調査目的に応じたデータ処理を経て分析を行い，活用されている．一方，調査で得られた情報の信頼性は必ずしも100％とは限らない．特に「書面等による情報収集」の場合は回答に対する信頼度が低下する可能性があり，得られた調査内容や傾向値の読み込みには注意が必要である．データの分析に統計学や心理学的な解析の手法を要する場合もあろう．

〔島村　一志〕

商品企画

　商品企画とは，商品生産を開始する前に，商品の機能や品質・価格・購買者へのイメージやデザイン，あるいは販売量等，事業に必要な要件を検討し，商品の性格や枠組みを決定する作業である．製品は流通過程を通じて商品としてユーザー（購買者）に届き，メーカーは商品の市場流通により事業が成立する．このため，商品企画はメーカーにとって重要な位置づけとされる．企画の善し悪しは新商品，既存品のリニューアルを問わず事業の生命線ともいえるだろう．インテリアの商品企画に必要な一般的項目とプロセス概要を以下に示す．

商品のコンセプト
市場・ユーザーニーズの把握と分析　ユーザーが商品に求めるものは何かを，市場調査等の結果をもとにニーズ（機能，品質，デザイン，価格等）を把握する．インテリア市場でのユーザーは，エンドユーザー（消費者）と事業者（施工者やビルダー，流通業者等）があり，両者のニーズは必ずしも一致しないことを理解しておきたい（ビジネスとして，前者を B to C，後者を B to B と称している）．
ユーザーターゲットと市場規模の設定　企画では商品の購買層や市場規模をあらかじめ想定する場合が多い．消費者では年齢層，家族構成，収入，職業の種類，居住地域等々の属性を検討要素とする．その商品を，誰が，どういう場所や場面（シチュエーション）で使用するか等のスタディを行う．また企画する商品の年間売上額（利益）や販売数の目標値を設定する．ユーザーニーズに適合し，市場を的確に捉えた商品導入は「マーケットイン」とよばれている．
デザインと規格の検討　インテリア商品にデザインは重要である．ファブリックや家具等は商品のデザインは歴史的要素やトレンドが反映されるとともに，ユーザーの関心が高い要素である．また意匠面以外にも，機能，仕様規格（寸法，材料，仕上げ，構造等）をどのように定めるかは商品のコンセプトや価格帯に深く関わるものであり，これらを総合的に企画段階で検討する．

商品の生産と流通
　商品のコンセプトが定められても，生産と流通の手段が具体化しなければ商品をユーザーに届けることはできない．特にメーカーが新しい市場に参入する企画等では大きな課題となる．
生産（プロダクト）　企画される商品が既存手段で生産可能か新たな仕組みを必

要とするのかが検討される．材料調達や，技術的課題，期待される品質，生産コスト等々について企画段階で生産側との調整が行われる．

流通（デリバリー） メーカーは独自の流通手段を有し，B to B，B to C それぞれのビジネスに対応している．商品が全国規模の流通が前提か，地域を限定かで手段とコストは変動する．売上高の目標値（ユーザーターゲットと市場規模の設定）に関連し，販売部門と定価（上代）と卸値（下代）やデリバリー価格（輸送コスト）等に関し調整を行い，商品ストック（在庫）のボリュームについても検討される．

販売促進
ブランディング 商品にはメーカーのカテゴリーがあり，ネーミングがある．商品企画では，商品イメージを高め顧客への訴求を明確にするためにこれらも重要な要素である．具体的な商品のマークや愛称の設定・パッケージのデザインなどを含め，企画では自社のCI等と関連づけて商品のブランディングを検討する．

商品情報の提供や告知（プロモーション） 販売促進ツール（カタログ），ショールームでの展示，雑誌やメディアへ広告等，ブランディングに対応した商品情報の告知と提供方法を検討する．これらは商品のコンセプトが定まってから具体化されていく場合が多い．また，インターネット上での情報提供は販売促進の新たな手法として拡大している．

商品企画の持続性
　商品は，ヒットすればメーカーの定番としてカタログを飾るロングラン商品になりうるが，販売が期待通り進まなければデッドストック（長期在庫）化してしまう．一旦市場に出た商品は，通常2〜3年でリニューアルが図られるケースが多い．一般的にメーカーは，QC活動のPDCAのように一定期間のサイクルを繰り返して，市場に適合した商品企画を続け，商品の供給を継続するのである．商品企画は持続的に続けることで，より優れた商品の開発に繋がり，むしろ市場への牽引力を獲得できるとも考えられる．　　　　　　　　　　〔島村　一志〕

顧客説明と打合せ

　インテリアのビジネスでは，顧客への説明や打合せが必要不可欠である．顧客が望む空間にはさまざまな要件があり，商品購入やインテリアのプランニングのために，十分な説明と確認が必要となるからである．ここでは主に B to C（対エンドユーザー）の顧客説明や打合せに必要なビジネスツール，説明者のスキルや職能について以下に示す．

商品の説明

　インテリアエレメント（ファブリックや家具等）について顧客に説明する場合には，以下のツール類を使用する．

商品カタログ　家具，照明，内装材，建材等では商品の写真や仕様を掲載したカタログをメーカーが制作し配布している．カタログは商品カテゴリー別に分冊や総合版の形式となっている．またウィンドウトリートメントや壁装材のカタログでは，「見本帳」という商品写真や商品サンプル（実物）を綴じこんだ形式のものが使用されている．電子カタログや Web 上でのカタログは充実しつつあり，従来の印刷物に代わる役割を広げている．

商品サンプル（見本）　カタログでは把握できない素材の風合いや材料色等を確認するため，商品サンプルが用意されている．家具では木部の塗色サンプル・椅子張りの生地等，壁紙やファブリックではカットサンプル（尺角），床材のサンプル等がこれにあたる．また塗料や塗色の色指定を行うために，色見本（工業規格や DIC 等）を使用する場合もある．

商品の実物（ショールーム等）　内装材等は施工の状態をショールーム等で実際に紹介し，顧客への説明や打合せに利用する場合も多い．顧客の要望を正確に確認するためには実物で検証するのが有効である．ウィンドウトリートメント等はメーカーや施工店のショールームで実際の窓サイズに準じた商品展示を行っている．照明器具の場合，照度や演色性のシミュレーションを兼ねて室内の体感スペースがメーカー等で用意されている．またキッチンや水まわり関連の商品では，多様な機能や素材の確認がカタログでは不十分なため，ショールームの活用がはかられている．

インテリアプラン等の説明

　インテリアの設計者（プランナー，コーディネーター等）が総合的なインテリ

アプランを顧客に提案する際，商品以外に提案全体を説明するツールを用意している．

インテリアの基本計画図　提案される空間の建築図面にインテリアの基本的な計画を配したプラン図であり，これを基に家具や照明，窓装飾等，インテリアの概要を説明する．

インテリアエレメントの提案ボード類　居室や空間別にインテリアのエレメントがどのように計画されているか，商品写真やサンプルを用いて具体的に表現したプレゼンテーションのツールである．通常，内装材，家具や照明等各エレメント別に制作され，顧客にとってインテリアの具体的な提案書となる．カラースキーム（色彩計画）として内装材の計画が含まれる場合も多い．

パース図，模型等　顧客がインテリアをより現実的に理解できるよう，インテリア空間のパース図や模型の制作を行う場合がある．リフォームや店舗の物件では，プランニングのバリエーションや，色彩計画のため複数の案をパソコン上でシミュレーションする技術が効果を上げている．

説明と打合せ

　顧客との打合せは，接客ビジネスの範疇と位置づけられ，インテリア関連企業はそれぞれ顧客対応のノウハウがあり，マニュアル化も進んでいる．

顧客の要望の把握　インテリアの商品選択や空間のプランニングに関して，説明者は顧客要望の本質を理解し把握する必要がある．ショールームでは自社に限らず他社商品の情報が顧客要望を明確にする契機となる場合もあろう．顧客の要望（主訴）に対して隠れた要望があるかはインテリアの専門家として，説明側は把握すべきであり，コミュニケーションを深めるため顧客へのヒアリングの基本的な姿勢として「傾聴」が重要である．

プレゼンテーション　顧客の要望を的確に反映する提案として，説明者は商品の紹介，プランニングのプレゼンテーションを行う．ただし顧客は必ずしも説明者と同じ価値観ではなく，好みや趣向が提案者と異なることはビジネスの基本である．プレゼンテーションに際しては顧客の反応の状態を確認しながらよりよい提案を心がける必要がある．

ビジネスマインド　インテリアのビジネスは，顧客の感性や趣味趣向に左右される特性が強い．とはいえ，説明や相談に応じる立場では，顧客の好みや個性を踏まえた上でビジネスとして取り組む姿勢が必要である．いかなる場合もニュートラルなビジネスマインドを踏まえながら，より良質で顧客の要望に応える提案や相談に応じることを心がけたい．

〔島村　一志〕

4 販売関連

②販売管理系

小売業の種類 ………………………… 402
流通 ………………………………… 404
情報システム ………………………… 406
販売促進 ……………………………… 408

小売業の種類

インテリアとは一般的に「室内装飾品」のことであり,「内装仕上げ材」「建具・造作材」「家具・収納類」「窓まわり装飾」「インテリア雑貨」「設備機器類」「観葉植物」など,多様な品種で構成されている(図1).「家電製品」は,本来は装飾品ではないが,室内での装飾性が重視され,インテリアとしての性格も強くなっている.

図1 | インテリアの構成要素(例)

業種・業態について (図2)

小売を考える場合,一般的に品種の違いによる分類を「業種」といい,売り方の違いによる分類を「業態」という.ここでは「業態」の違いで小売の種類を考えてみる.業態の中には大きく,専門店,百貨店,量販店など小売店舗をもつ「有店舗販売」と,通信販売など実際の店舗をもたない「無店舗販売」とがあり,同じ商品を売っていても,その提供方法は大きく異なっている.

有店舗販売の種類と特徴

「専門店」は,特定の品種を集中的に品揃えするところに特徴があるが,家具・照明・家電・インテリア雑貨など多様な品種があり,その規模は個人経営レベルから大規模店舗まで多岐にわたっており,各小売がそれぞれに特徴を出すことで差別化を図っている.

「百貨店」は,大規模な店舗に比較的グレードの高い商品を幅広く揃え,対面で販売する業態で,複数の専門店を統合して

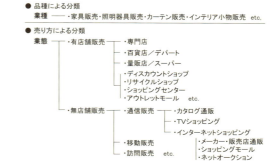

図2 | インテリアにおける小売の種類

運営するなどの特徴がある．

「量販店またはスーパー」は，大衆的な日常品の品揃えを中心に，大量に仕入れて安価に販売する薄利多売に特徴があり，全国的なチェーン展開をしているケースが多い．日用品・住関連に特化したホームセンターなども量販店として位置づけることができ，従来は業者による施工が通常であった床や壁の仕上げ材等も，DIY（Do It Yourself＝自分で作る）というコンセプトのもとに，小売品種として扱っている．

その他にも，大量に商品を仕入れ，計画的に売り切ることで低価格を実現する「ディスカウントショップ」や，各家庭で不要になった商品を買い取り自社店舗で再販するという「リサイクルショップ」，多数の店舗が集合して集客力を高めると同時に施設を共有することでコストを抑える大規模な「ショッピングセンター」などがある．複数のメーカーの直販店を集めたアウトレットモールなども，ショッピングセンターとして位置づけることができる．

無店舗販売の種類と特徴

無店舗販売の代表である「通信販売」には，「カタログ通販」「テレビショッピング」「インターネットショッピング」などがあり，情報媒体を利用して商品を提示し，それらを見た消費者から，はがき，ファックス，電話，インターネットなどの通信手段で注文を受け，商品を販売する方法である．主流になってきたインターネットを活用した通信販売としては，メーカーや販売店が直接インターネット上に店舗を構えるものや，複数の出店者を集めネット上でショッピングモールを運営するものがある．「インターネットオークション」なども，1つの通信販売の種類として捉えることもできる．

その他の無店舗販売の業態としては，売れそうな場所に出向いてイベント販売や展示即売会などを行う「移動販売」，販売員が個人邸に訪問し直接商品を売り込む「訪問販売」などがある．

小売の変化

ライフスタイルの多様化などにより，消費者側の選択肢も複雑になっている．それに伴い，空間コーディネートによるインテリア商品のパック販売などの商品構成の変化や，インターネット関連技術やソフト開発の急速な進歩による販売方法の多様化などが相まって，小売業の種類も日々変化していくことになる．

〔池ノ谷 真司〕

□ 参考文献
[1] 地域ルネッサンス篠田事務所 Web サイト：販売士2級体系表．
[2] 和田充夫，マーケティング研究所編：「マーケティング用語集」日本経済新聞社，2005．

流 通

インテリアの製品が作られ消費者に届くまでには，生産者から問屋，小売店そして消費者へといくつかのルートを通ることになる．その流れが「流通」である．例えば，「工場を出荷・搬送された家具が問屋を経由して家具販売店の店頭に並び，チラシなどの情報を参考に消費者が購入し自宅に届く」という一連の流れに係る仕事の全体である．

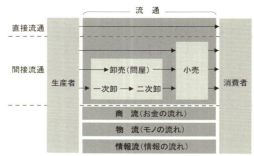

図1 ｜ 流通の基本的形態

流通の基本的形態（図1）

流通は，大きく「商流」と「物流」と「情報流」に分けることができる．「商流」はビジネスの流れであり，お金の流れということができる．「物流」は，生産者を離れてから消費者に届くまでの商品の輸送や保管の流れである．「情報流」は，商品の販売やマーケティングに関わる情報の流れであり，さまざまな手段がある．流通において，従来は，問屋とよばれる卸売業や小売業を経由する「間接流通」が主流であったが，消費者ニーズの多様化に伴い，インターネットやメーカー直売などの手段で生産者から直接消費者に販売する「直接流通」の形態も増えている．

日本の流通の特徴

日本の流通の特徴として，「流通の系列化」とそれに関わる独特な「取引制度」がある．流通の系列化とは，メーカーが自社商品の販売を有利に進めるために，流通に係る問屋や小売店との関係を強めて組織的なつながりをもつことである．流通経路を掌握することで価格や販売，顧客情報などの管理，活用が容易になるとともに，競合の活動や新規の市場参入を抑制することができるため，従来多くのメーカーが行ってきた手法である．

主な流通系列化の形態には，メーカーが問屋機能を省いて，小売店と直接取引をする「直販型」，メーカーが問屋を自社製品の専売会社化し，資本や人材まで投入して支配下におさめる「販社型」，メーカーと問屋や小売店が，特定条件で

取引関係	● テリトリー制	販売地域を設定して，そこでの独占的な販売権を問屋や小売店与え，該当地域外での販売は制限する．
	● 専売制	販売業者に対して競争関係にある他社 製品の取扱を 禁止または 制限する．
価格設定	● 建値制	標準的な取引価格（定価＝上代 ／仕入値＝下代／掛率＝仕入値÷定価）を建値として設定し，値崩れを防ぐ．
	● リベート	売手が買手の取引高などに応じて販売代金の一部を買手に払い戻すこと．

図 2 ｜ 系列化に伴うメーカー主導の取引制度

契約を結び販売の委託を受ける「代理店・特約店」などがある．

系列化に伴う取引制度（図 2）としては，販売地域を設定して独占的な販売権を問屋や小売店に与える「テリトリー制」や，販売業者に対して競争関係にある他社製品の取扱を禁止・制限する「専売制」などの特別な取引関係を作るやり方と，定価（上代価格）・仕入値（下代価格）・掛率（仕入値÷定価）をはじめに設定する「建値制」やメーカーなどが問屋や小売店との取引高などに応じて販売代金の一部を買手に払い戻す「リベート」など価格設定に関する制度とがある．

流通系列化の課題

系列化によって，小売店は特定のメーカーの商品しか扱えず，価格設定の自由度も制限されるため，消費者ニーズの変化への柔軟な対応ができにくく，量販店や大型専門店の台頭，インターネットの拡大などによる無店舗販売の拡大もあり，メーカー主導型の系列化の効果は薄れている．また，自由競争を阻害するおそれがあるため，独占禁止法に触れる可能性もあり，市場への新規参入を阻むものとして海外からの批判を浴びるなど，必然的な再構築が進みつつある．

インテリア流通の今後

インテリアにおいては，扱う商品の種類が多くそれぞれが独自の流通を築いてきたが，インターネットの進展などにより流通も日々複雑になっている．系列化などの古い体質の取引制度からの転換はもとより，生産から消費までの全体最適化を目指す「ロジスティックス」という考え方へのシフトなど，さらなる変革が求められることになる．

〔池ノ谷 真司〕

参考文献
[1] 地域ルネッサンス篠田事務所 Web サイト：販売士 2 級体系表．
[2] 和田充夫，マーケティング研究所編：「マーケティング用語集」日本経済新聞社，2005．

情報システム

インテリア販売の仕事の流れでは，「開発・設計情報」「生産情報」「流通情報」「小売情報」「顧客・消費者情報」などの膨大な情報が関わっており，それらの情報を活用するためには，情報を活かすための仕組み，システムが必要になってくる．一般的には，「コンピュータを使った情報処理の仕組み」を情報システムとしており，急速な処理技術の進化とソフトウェアの開発により格段の進歩を遂げている．

主な情報システムと概要

情報システムはさまざまな分類ができるが，ここでは生産から消費者への仕事の流れの中での代表的な情報システムを考えてみることとする（表1）．

開発・設計に関する情報システム　開発・設計においては，「CAD」による設計のデジタル化は比較的先行して進められてきたが，図面のデジタル化だけでなく，3次元（立体・空間）への展開や，「CAE」による設計物の性能シミュレーションに至るまでの広がりを見せている．

生産に関する情報システム　生産の効率化の核となる情報システムは，時代の流れに従い進化・拡大し，「CAD」と連動して生産につなげる「CAM」や，販促情報と連動して生産全体の効率化を図る「CIM」など，生産に関わるさまざまな業務に対応したシステムが開発されている．

流通に関する情報システム　流通の間に散在する生産や在庫などの情報を一括管理する「SCM」や，インターネットなどの通信回線を使い受発注を円滑にする「EDI」が重要になっている．

小売に関する情報システム　小売時点での情報においては，単に売上だけの管理ではなく，店頭での顧客の情報や売れ筋の分析などのマーケティングにも活用できる「POS」などが使われるようになっている．また，「Eコマース」といわれる，インターネット上で電子的に契約や決済を行う仕組みも普及してきている．

顧客・消費者に対する情報システム　従来カタログやパンフレット，取扱説明書など，紙媒体による販売促進ツールが主流であったが，「eカタログ」など情報を電子データ化して，CDやインターネットで配信する方法も増加しつつある．またコンピュータを活用して，住所や年齢，購買履歴など顧客情報を管理し，きめ細かな対応をすることで良好な関係を作り出す「CRM」なども開発されている．

表 1 | 代表的な情報システム

	代表的な情報システム	目的
開発・設計	CAD（Computer Aided Design）	製品設計支援
	CAE（Computer Aided Engineering）	製品性能評価支援
↓	CAM（Computer Aided Manufacturing）	製品製造支援
生産	CIM（Computer Integrated Manufacturing）	全体生産管理
↓	SCM（Supply Chain Management）	全体流通管理
流通	EDI（Electronic Data Interchange）	電子受注
↓	POS（Point Of Sales system）	販売時点情報管理
小売	Eコマース（Electronic Commerce）	電子商取引
↓	eカタログ（Electronic Catalogue）	電子カタログ
顧客	CRM（Customer Relationship Management）	顧客関係管理
消費者	SNSマーケティング（Social Networking Service）	Web口コミ
	Webアンケート	生活者情報収集

　顧客に限らず，広く消費者の志向把握や生の意見収集などはマーケティングには欠かせない情報である．従来は人手を使ったアンケートやインタビューなどが主流であったが，インターネットによる「Webアンケート」や，ツイッター・フェイスブックなど「SNSマーケティング」を用いることにより，効率的な情報の収集，活用につながっている．

情報システムの課題
　インテリア販売においても情報システムは欠かせないものであり，企業経営そのものにつながっているケースも多く，経営戦略により，その組合せや活用方法は大きく変わってくる．システムは常に進化，複雑化していくことが予想されるが，それだけにシステムダウンやハッキングなどの不慮の事態への予防や対策がますます重要となってくる．

〔池ノ谷 真司〕

参考文献
[1] 笹川雅幸：「流通情報システムとは」「知識ベース」電子情報通信学会，2010．
[2] インセプト　IT用語辞典「e-Words」．

販売促進

インテリアの商品を買うときには、どこのメーカーがいいのか？価格は？ どこで買えるのか？など、その商品についてのさまざまな情報が必要になる。販売をする側からすれば、自社の商品やサービスの情報をいかに的確に魅力的にかつ効果的に伝えるかがポイントであり、そのような販売支援のためのさまざまな手段、活動が販売促進である。

販売促進は直接商品を売る営業活動とは異なり、いかに販売がしやすくなるかの環境作りが必要であるとともに、最小限の費用でいかに最大限の効果を出せるかということも重要な要素となる。

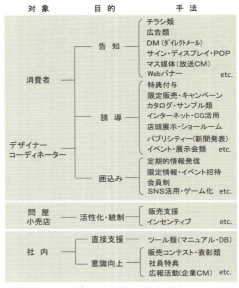

図1 | 販売促進の対象と手法

販売促進活動と手法（図1）
　インテリアの販売促進活動には、消費者への「告知」「誘導」「囲込み」、問屋や小売店の「活性化」、社内への「直接支援」「意識向上」などがあり、販売戦略に合わせてさまざまな手法を組み合わせていくことになる。
告知のための手法　消費者向け販売促進の目的は、まずは商品を知ってもらうことである。一般的な手法として、新聞折込に代表される「チラシ類」、電車の車内吊りやポスター、新聞雑誌掲載、屋外看板などの「広告類」、はがきなどによる「DM（ダイレクトメール）」などがあるが、テレビ・ラジオなどのマス媒体を使った「放送CM」も大きな効果のある手法である。また、店頭での「商品ディスプレイ」「POP」なども告知のための手法として捉えることができる。近年ではパソコンやスマートフォン上でのWeb（バナー）広告やEメールを使ったDMなども増加している。

誘導〜囲込みのための手法　商品の告知の次には購買につなげることが必要である．
　誘導の手法としては，「カタログ」や「サンプル類」だけでなく，「店頭展示」や「ショールーム」での現物の訴求，新製品開発の「新聞発表」，独自の「イベント」開催や「展示会出展」なども考えるべき要素となる．また，CDやインターネットを活用した「電子化カタログ」，CGによる「空間シミュレーション」などの手法も増加している．景品などの「特典付与」や期間・数量の「限定販売・キャンペーン」などによる特別感の演出も購買動機としては有効な手段である．
　継続的な使用につなげる囲込みの手法としては，特定の対象者に対しての「定期的情報発信」や「限定情報の提供」「イベント等への招待」などがあり，それらをより明確化させる手法として「会員制」などが挙げられる．フェイスブックやツイッターなどの「SNS（ソーシャルネットワーキングサービス）」を活用し口コミ的な効果を作り出す手法や，ネット上での「ゲーム感覚」を取り入れた手法なども注目されている．

問屋・小売店の活性化の手法　消費者やデザイナーなど，ユーザーへの販促活動だけでなく，売手としての問屋や小売店の販売意欲を高める活動も重要となる．販促ツールの供与や店頭イベント主催などの「販売支援」，限定販売やリベートのように販売店への直接的な「インセンティブ」を与えるなどの手法がある．

社内を対象とする手法　外部だけでなく，自社の営業部門の活動支援，開発や製造部門まで含め，会社全体として業績向上に向け一丸となった風土，環境作りをサポートするのも販売促進の役割である．販売マニュアルや情報DBなどの「ツール類」の充実による直接的な支援のほか，「販売コンテスト」や「表彰制度」によるモチベーションアップなどがある．また，直接売上にはつながらないが，社会に貢献するメセナ活動や環境報告書，CSR（企業の社会的責任）レポート，企業CMなどの「広報活動」も企業イメージの向上を通じて社員意識の向上につながっており，販売促進の手法と捉えることができる．

販売促進における課題

　販売促進を考える場合，消費者の購買スタイルの変化による影響は大きい．変化する時代に即応した販売促進計画の立案とともに，テレビやインターネット，新聞雑誌や口コミなどのさまざまなメディアを効果的に駆使したメディアミックスの手法の開発が必要となる．
〔池ノ谷 真司〕

参考文献
[1] ジャイロ総合コンサルティング：「売上アップノウハウ集」．
[2] 日本リサーチセンター：「マーケティングがわかる事典　オンライン版」．2004．

第II編
対象空間編

①住宅 …………………… 413
②学校 …………………… 453
③オフィス ……………… 463
④公共・商業空間 ……… 475
⑤その他 ………………… 503

①住宅

住宅インテリア設計の考え方 ……… 414
キッチン ………………………………… 416
ダイニング ……………………………… 418
リビング ………………………………… 420
デスクコーナー ………………………… 422
和室 ……………………………………… 424
浴室 ……………………………………… 426
洗面・脱衣・洗濯 ……………………… 428
トイレ …………………………………… 430
主寝室 …………………………………… 432
子ども部屋 ……………………………… 436
玄関 ……………………………………… 440
廊下・階段 ……………………………… 444
収納 ……………………………………… 448
リフォーム・リノベーション ……… 450

住宅インテリア設計の考え方

　住宅のインテリア設計には，居住空間を仕切っていく考え方と，必要な空間をつなげていく考え方の2種がある．双方をバランスよく使い分けるのが望ましいが，一般的にはキッチン，リビング，浴室，階段というように，機能に応じた室を集めて住宅を設計することが多い．多くの場合はLDK＋個室＋水まわり（トイレ，洗面所，浴室）で構成されるため，個室数と室の並べ方のバリエーションだけで設計されがちであるが，インテリアを設計するときはそれぞれの室の機能を原点から考え，そこに置かれるモノと生活行為に思いを馳せながら空間を設計して欲しい．そこからプロとしての新しい提案が生まれる．本項目では住宅の空間をさまざまな機能をもつ室の集まりと考えて，それぞれ項目別に解説する．

生活行為：そこで誰が何をするのか？
　例えばダイニングテーブルと椅子が置かれた空間で，食事をするという生活行為を考えてみよう．まず日常的には何人で食事をするのか．キッチンからどのように料理を運び，パンはどこで焼くのか，冷蔵庫との位置関係はどうするか．食事中に庭が眺められる方が気持ちいい．明るさや風通しを考えて窓をつける等々，さまざまな設計がそこから展開される．さらに日常生活だけではなく客が来たときはどうか．ライフステージが進むことによって家族数や生活の変化はどうなるかという要素が加わる．このような行為を整理し，設計条件として整理していくことがまず必要となる．

図1 収納扉を開けるためのスペース

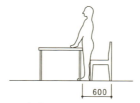

図2 椅子を引いて座るためのスペース

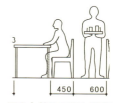

図3 椅子の後ろを通るスペース

①住宅

設備機器と置かれるモノ

生活行為にはさまざまなモノが伴う．調理にはコンロや電子レンジが必要であり，鍋や皿，食材をしまう場所もいる．そうした設備機器を設置し，必要なモノをしまっておく場所を適当な位置に計画しなければならない．

人間の動作と行動

人間が設備機器を使用したり，モノを取り出すのには一定のスペースが必要である．電子レンジや収納の扉が開くか，そこから皿が取り出せるかといったような，実際の行動に基づく必要寸法を確保しなければならない．当然そこまで移動していくスペースも必要になる．また，ダイニングの椅子に座るためには，椅子を一度引き，身体を滑り込ませるスペースが必要になる．座った状態で後ろを通る必要があるなら，その寸法を確保しなければならない．

さらに，健常期だけでなく，高齢期に何らかの障碍が生じることにも備えておく必要がある．身体の支えとなる手すりの取り付けや，車いすの使用などに配慮した計画が求められる．

生活行為ごとの空間設計

「部屋」は生活行為に対応した空間が集まったものである．例えばLDKは調理，食事，テレビの視聴，昼寝などの行為をする空間の集合である．それぞれの室で行われる行為は必ずしも1つではなく，むしろ複数の行為に対応した空間が合わさって室になることが多い．例えば洗面所は洗面，脱衣，洗濯の各行為を行えるように造ることが一般的であるが，それぞれ独立した行為なので脱衣室や洗濯室を独立して設けることもできる．それぞれの状況に合わせ，最適なインテリア空間を提案することが，インテリア設計者の役割である．

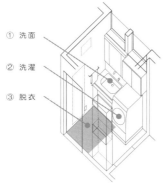

図4 │ 洗面，洗濯，脱衣の機能をもつ洗面所

図5 │ 洗濯に特化したコーナーの例

〔松本 吉彦〕

キッチン

キッチンでの生活行為と空間

キッチンは食器を洗う，食材を切る，加熱調理する等，限られたスペースで多くの行為をさまざまな道具と作業台を使いながら行う．住宅の中でも最も機能性を重視すべき空間である．合わせてキッチンは，妻が働く場から，家族協働の場に変化していることも見過ごせない．子育て共働き家族が増え，夫の退職後の年月が長くなった昨今，家族誰でもキッチンに入ることが普通になっていく．ダイニング空間と合わせて，家族が「食」を通じてつながることが重要視され，キッチンとダイニングの一体感＝キッチンのオープン化が進んでいる．

図1 ｜ キッチン空間の全体像

キッチンに必要なモノ（構成する要素）

①**キッチンセット** その形状は，Ⅰ型・L型・U型等あるが，汎用的なのはⅠ型である．L型は振り返り作業が少ないが，コーナーが使いにくいのが難点である．U型キッチンはスペースを要するが，見栄えがよく広い作業台は複数での作業に適している．レイアウトとしては，ダイニング側との対話が重視され，対面型が一般的だが，作業の協働性を求め，回れる動線がとれるアイランド型も増えている．コンロ等の付帯設備は，デザイン性・メンテナンス性ともに向上し，ダイニングからの見栄えに耐えられるものになった．

②**家電収納と出し置きスペース** 家電が合理的な調理の多くを担う現在，それを出し置く場所は必須である．よく使われる3大家電：電子レンジ・炊飯器・オーブントースターの置き場として（幅1,350〜1,500 mm，奥行き450〜500 mm）のカウンターを計画する．使用率が家庭によって異なるコーヒーマシーンや湯沸しポット等は，その頻度で置き方・しまい方を検討する．

①住宅

③食器および食品の収納

若年層を中心に季節や料理で食器を使い分けることなく，汎用的な食器を使う家庭が増加し，食器収納の容量は減少傾向にある．また，収納方式は引き出し型が主流となり，奥行きを有効に使えるようになった．一方，妻の社会進出やネット通販の普及により，食材や関連用品のまとめ買いが増えたために，専用の収納場所「パントリー」のニーズが高まっている．その内部には，照明の他に，根菜類等入れる物によって，通風換気の配慮も必要となる．

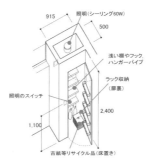

図2　食品の収納例・パントリー

図3　リサイクル品・ゴミ置場の例

④リサイクル品・ゴミ置き場

キッチン内で床等に置きっぱなしとなり，乱雑さの原因となるのが，リサイクル品とゴミである．その解決のためには，キッチンの近くに可燃／不燃ゴミ容器の専用置き場を計画する．ビン・カン・ペットボトル等リサイクル品は，分別した状態でキッチン内もしくは隣接した場所に収納することが望ましい．

図4　キッチン，ダイニングとのつながり方
（旭化成ホームズ㈱）

各要素のつながり・ダイニングとのつながり

キッチンセットを中心に，②〜④の要素を，作業の流れに従って配置する作業域・通路域は，妻ひとりと限定せず複数での作業も可能な計画が望ましい．また，ダイニングとのつながり方の程度：シンクやコンロまわりの見え隠れ，排煙や料理中の匂いの拡散の要望は多様で，個別に確認する必要がある．　〔入澤　敦子〕

ダイニング

ダイニングでの生活行為

ダイニングは，その名のとおり飲食が第一目的となるが，ライフスタイルの変化に伴い，新聞を読む，パソコンを使う，子どもが勉強をする，書き物をする，趣味を楽しむなどといった多様な生活行為が行われることが多く，近年では家族の大切なコミュニケーションスペースとして，リビング同様，あるいはそれ以上に重視される空間となっている．

ダイニングに置かれるモノ

ダイニングテーブル　ダイニングテーブルは，飲食以外にもさまざまな行為が行われる場となる．スペースを検討する場合，日常の家族利用や非日常の人が集まった会食利用など，想定される場面に必要なダイニングテーブルの大きさやそのスペースを選ぶだけでなく，ダイニングテーブル周辺を人が動きやすい動線を確保した空間とする．家族が日常的に各々ゆったりと食事，くつろぎ，勉強・趣味などの作業をしながら，長時間楽に過ごせるスペースとするには，テーブル1,650×900mm程度と4人分の肘かけ椅子が置けるのは2,350×2,600mm程度が必要である．椅子の動作域の目安として，ダイニングテーブルのまわりは，2人の作業域が頻繁に重なるのが特徴であるため，立ち座りや座った人の後ろを人が通るなどの椅子の動作域を確保する．また，玄関，キッチン，リビング，屋外などへスムーズに通過するための動線域（800mm程度）を取れるよう留意する．

また，各種作業をする上でも機能的で使い心地のよいものを選ぶ基準として，テーブルの天板が同じサイズでも，脚の形状（4本脚，2本脚など）によっても使い勝手が変わるので，椅子の数や家具レイアウトなどを考慮する．

収納　ダイニングテーブルで使うさまざまな物品（文房具，薬，救急箱，書類，書籍，子どもの勉強道具，お菓子など）の収納があると，ダイニングテーブルが散らからない．多くは細かな物品なので，奥行きは300mm程度あれば十分収納できる．収納の形式としては，サイドボードやキッチンの背面収納など

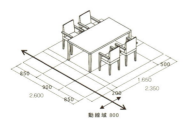

図1 ｜ 日常の家族利用のための必要寸法の目安

ダイニングテーブルのまわりで使用する薬，サプリメント，文房具，懐中電灯，裁縫道具，料理レシピや家庭の医学などの書籍，子どもの教科書，取扱説明書などの収納が必要となる
図2 | ダイニングテーブルまわりの物品の収納例（旭化成ホームズ㈱）

いくつかの種類があるので，インテリアや必要な収納量に合ったものを選択する．

カウンター カウンターは，ダイニングテーブルで作業していた道具やその上に載っているモノの一時置き場として有効である．また近年増加している携帯やスマートフォンの充電，タブレットなどの情報端末，ノートパソコンなどのデジタルツールやFAXなどを置くことを想定する場合，コンセントや情報端子を設置する．

リビングとのつながり リビングダイニングの用途が接客空間ではなく，家族内での利用にカジュアル化した昨今，多くは両空間を壁で仕切ることなく設計される．そのつながり方には，特に視線・音・気配の加減のコントロールという視点から，建具，間仕切り家具，ダイニングとリビングを雁行させるなどの調整方法が挙げられる．また，テリトリーの明確化や雰囲気を変える加減という視点から，インテリア，照明，家具や建具でのコーナー化を図るなど，適度に分離させる手法もある．なお，外部空間とつながりのある窓による通風と採光の確保やリビングやキッチンとの照明との関係にも配慮したい． 〔伊藤 香織〕

図3 | 窓を多く取った明るいダイニングの例．窓下にはカウンター収納を設置している（旭化成ホームズ㈱）

リビング

リビングでの生活行為

リビングは住宅の中では最も求められる機能があいまいな空間である．通常テレビが置かれ，家族がくつろぐ空間となるが，接客が行われたり，子どもの遊び場になったりと多様な生活行為がここで行われることが多い．かつてはリビングを広く，というのが一般的に多い要望であったが，近年ではその機能を整理してダイニングに重点を移した設計も見られ，LDK全体の設計は重視する生活行為により，多様化している．

リビングに置かれるモノ

テレビ 1990年代以前はリビングの中心的な存在として一家に1台家族共用のものとして置かれることが多かったが，近年では家庭内に複数のテレビが設置され，ダイニングや個室にも置かれることが増えた．また，当時はブラウン管を用いた奥行きのあるテレビが主流であり，部屋のコーナー部に置かれることが多かった

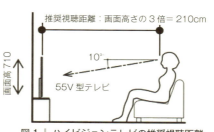

図1 ハイビジョンテレビの推奨視聴距離

が，液晶を用いた薄型の製品となって以降，部屋の壁面に平行に置かれ，正面から見ることが増えた．かつては窓が画面に映り込まないような位置に設置するのが原則であったが，近年液晶が明るくなり，直射日光が当たる場合を除けば窓との位置関係を考慮する必要は少なくなった．また，3D画像や，サラウンド音響などの効果を十分に発揮して映画の視聴等を行うのであれば，正面から視聴するのが最も望ましい．ハイビジョンテレビの推奨視聴距離は，画面高さの約3倍といわれ，例えば55V型のテレビ画面であれば，約2.1mとなる．高精細な画面となったことで大幅に短くなった．また少人数でテレビを見るための専用コーナーとして，3畳程度のスペースで設計する例も見られる．一方で大画面化したことでより遠くからも視聴可能となったため，キッチンから調理をしながら見る等，さまざまな場所から見やすいようにテレビを設置することもある．

ソファ，パーソナルチェア 1980年代までは接客を主に考えた応接セットとよ

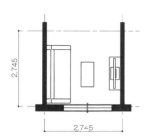

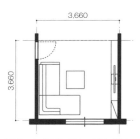

4.5畳：ソファⅠ型レイアウトでTVコーナーを構成した例

6畳：ソファⅠ型レイアウトと直座り床を組み合わせた例

8畳：カウチソファでL型レイアウトの例

図2 ｜ ソファのレイアウトの例

ばれる．センターテーブルを挟んで向い合わせるレイアウトが多く見られたが，現在では家族のくつろぎを中心に考えたL型のレイアウトや，テレビに対面してソファのみを設置するⅠ型のレイアウトが多く用いられる．ソファでの行為は座ることだけではなく，寝ころがってテレビを見る，昼寝をするなども実際には多く行われている．また，1人がけのパーソナルチェアやマッサージチェアが置かれるケースも見られる．

直座り床　リビングの機能として，子どもが遊んだり，寝ころがったり，また大人も含めて運動したりする家具のないオープンな直座りできる床を設けることもある．家事空間として洗濯物をたたむ，アイロンをかける等の場になったりすることもある．また，近年和室が減少しているので，このような家具がない床が貴重となっていることも背景としてある．

外部空間とのつながり　リビングの特徴として，庭やベランダといった外部空間とのつながりが挙げられる．外部空間をリビングの延長として使用する場合に加え，物干しなどの家事空間としての連続性も見逃せない．また，吹抜けによる視覚的な拡がりや採光を得ることも行われる．　　　　　　　　　　〔松本 吉彦〕

図3 ｜ 吹抜けのあるリビングの例
（旭化成ホームズ㈱）

デスクコーナー

デスクコーナーでの生活行為
　デスクコーナーでの行為は，子どもの勉強，大人の趣味の2つに大別できる．近年，リビングダイニングで学習する子どもが増え，リビングダイニング等のパブリック空間に隣接してデスクコーナーが多く置かれるようになった．大人の趣味用のものは特定の個人的な居場所として設けられ，要望によってパブリック空間・プライベート空間のどちらにも置かれる．デスクコーナーを部屋の一角に設ける場合（部屋一体型）はオープンで落ち着かない面もあるが，家族が声をかけやすいという面もある．一方，行き止まりのコーナーとして設ける場合（アルコーブ型）は家族の通過動線がないのでクローズで落ち着いた空間となる．

デスクコーナーに置かれるモノ
カウンター・机　勉強や仕事・趣味などをするためには作業のしやすさが重要であり，資料や趣味の材料などを広げる作業スペースが必要である．カウンターは幅150 cm，奥行き60 cmくらいあると，パソコンや本を置いても，2人同時に作業するスペースを確保できる．カウンターの上に電子機器類が置かれることを想定し，あらかじめ孔をあけ，配線をカウンターの下に通せるようにしておくとよい．

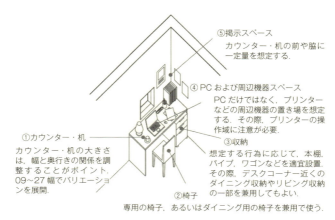

⑤掲示スペース
カウンター・机の前や脇に一定量を想定する．

④PCおよび周辺機器スペース
PCだけではなく，プリンターなどの周辺機器の置き場を想定する．その際，プリンターの操作域に注意が必要．

①カウンター・机
カウンター・机の大きさは，幅と奥行きの関係を調整することがポイント．09～27幅でバリエーションを展開．

③収納
想定する行為に応じ，本棚，パイプ，ワゴンなどを適宜設置．その際，デスクコーナー近くのダイニング収納やリビング収納の一部を兼用してもよい．

②椅子
専用の椅子，あるいはダイニング用の椅子を兼用で使う．

図1 ｜ デスクコーナーの構成要素

① 住宅　　　　　　　　　　　　　　　　　　　　　　ですくこーなー

図2 ｜ LD に設置された子どもの勉強用デスクコーナー
（アルコーブ型）（旭化成ホームズ（株））

収納・本棚　デスクコーナーで使うモノをしまう収納や本棚がデスクコーナー周辺に備えてあると便利で効率的である．収納までの距離が離れるとモノが出しっぱなしになりやすく，収納が手に届く距離にあると，片づけやすく視覚的にすっきりとした空間になりやすい．収納はカウンター下にワゴン，背面や横並びに棚を配置し，棚の奥行きは浅い方が使い勝手がよい．棚の奥行きが 30 cm あれば本や A4 判の紙類をしまうことができ，CD や DVD ケースは 15 cm あれば十分である．

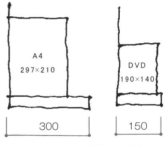

図3 ｜ 収納棚の奥行き

パソコン（PC）・周辺機器　PC が世帯にあることはもはや当たり前の時代になりつつある．常にデスク上に出し置きされることが多く，その場所を確保する必要があるが，周辺機器であるプリンターの置き場所は意外に見落としがちである．これらの製品は時代とともに進化し大きさや寸法が変化していくので，最新の情報を押さえることが重要である．

掲示スペース　デスクコーナーに持ち込まれるモノの中には常に見えるようにしておきたいものがある．子どもの利用頻度が高まると子どもの占有物が増え，時間割や給食の献立表，作品等学校関連のものが壁に掲示されるようになる．そのためあらかじめ 90 cm 程度の幅の壁面を確保し，壁を埋め込み，マグネットクロスやコルク等で仕上げた掲示スペースを設ける配慮が必要である．〔木戸 將人〕

和室

和室での生活行為

　和室での生活の最も大きな特徴は，椅子に座る洋室と異なり，床の畳にじかに座ることであろう．そのため置き家具によって用途が制約されず，座卓と座布団で接客，ふとんを敷いて寝る，あるいは洗濯物をたたむ，子どもが遊ぶなどの多用途に用いることができる．

　伝統に基づいた床の間をもつ座敷は主に接客に用いられてきた．冠婚葬祭もここで行われたため，襖を取り外せば大人数に対応できる和室の続き間が好まれた．しかし現代の都市住宅では和室はリビングの延長，あるいは親族の宿泊や接客に使われることが主となり冠婚葬祭の機会は稀となった．寝室とする場合もあるが，ふとんを片づけた昼間に日常生活の空間として利用できるのはベッドを置く洋室の寝室にはない特徴である．また床座のスペースとして，リビングの一部をタタミコーナーとして設えるケースも最近では多く見られる．

座敷の設え

　床の間を備えた，格式ある和室である．床の間は調度品を飾る空間であるが，その造作自体にも他の部位にはない特別な木が使われさまざまな工夫が施されてきた．平安時代に端を発する書院風では，床柱には他の柱より太い立派な角柱を用い，床は床框（とこがまち）によって1段上げられ，上部には長押（なげし）より1段上がった落し掛けがある．床の間の前の畳はその縁（へり）が床の間に平行になるように敷かれ，天井板も床の間と平行に張られる．床の間に向けて畳を敷く，あるいは天井板を張ることは「床刺し」と

図1 ｜ 書院風の床の間(旭化成ホームズ(株))

よばれ忌み嫌われている．床の間の横は床脇とよばれ，違い棚や地袋・天袋といった造作が組み込まれ，飾るとともに収納の機能を担う．茶室の要素を取り入れ自由に素材を組み合わせた数寄屋風では床柱が丸太となることが多く，自然の木の曲がりをそのまま活かす造作も見られ，書院風より自由な造形がなされている．現代風のものではさらにより簡素で自由な組合せとなり，床柱に金属を用いた例などもある．

また，座敷の外側には広縁とよばれる板敷きの部分が設けられる．伝統的な間取りではここが通路の役割を果たしていたが，現代では庭とつながる緩衝帯としての意味合いが大きい．

タタミコーナーとしての和室

タタミコーナーは，内装は洋室のイメージはそのままに，床を畳として和の雰囲気を取り入れた空間で，多くはリビングの一角に設けられる．来客が泊まる，横になる，子育て期のおむつ替えや授乳など，リビングの延長として用途を選ばず活用できる床座の空間として人気がある．床の間を簡略化したスペースを設け，お正月，雛祭り，端午の節句など季節の飾り物を楽しむこともできる．空間の広さは，食事，宿泊などを想定する場合は4.5畳以上を必要とするが，そうでない場合は2畳程度の例もある．畳部分の床を20～40cm程度リビングよりも上げると，座ったときの視線の高さが洋室に近づき，狭いコーナーでも違和感が少ない．段差部分にベンチのように腰かけたり，畳の下部に収納を設けたりして，家具や収納機能をもたせることもできる．なお，床座の場合，視線や重心が洋室より全体的に低いので，地窓や肘掛窓のような視線の高さに窓を合わせることや，接続する洋室とのインテリアスタイルの連続性にも配慮したい．

図2　リビングの一角のタタミコーナー
（旭化成ホームズ㈱）

図3　床上げタタミコーナーの下を収納とした例（旭化成ホームズ㈱）

〔松本　吉彦・伊藤　香織〕

浴室

浴室の行為

入浴に関わる行為は大きく分けて洗体・洗髪といった整容に関わる行為と浴槽に浸かる行為がある．まず洗体・洗髪については立位で行う場合と座位で行う場合がある．立位と座位による姿勢の違いや使用する風呂椅子の座面高さによってシャワーヘッドのホルダーや洗い場カウンター等の使いやすい高さが変わる．このためそれらの高さ設定にも配慮が必要である．浴槽については半身浴が可能な形状もある．最近は浴室でも使える防水機能付きテレビや耐水性の高い書籍により長時間入浴する生活者も増えつつある．また，年齢を問わず安全かつ快適に入浴するために注意すべきポイントとして，浴室への出入りや浴槽への出入りといった基本動作も挙げられる．

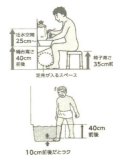

図1 ｜ 浴槽縁高さと段差寸法の目安（「住まいのUDガイドブック」㈱LIXIL，p.123）

その他関連する行為として維持管理のための掃除も重要である．特に浴槽の洗浄や床，壁の洗浄は身体的負担も少なくない．また，浴室暖房乾燥機を設置する場合は浴室を室内干し空間として活用する．

浴室空間

最近の浴室はユニットバス（システムバス）が多数を占めている．本来ユニットバスはシステム化による単工期／省施工，品質の安定が主な目的であったが，昨今のユニットバスはあらゆる視点で性能向上が見られる．例えば空間全体の断

図2 ｜ ユニットバスと手すり設置例
（画像提供：大和ハウス工業㈱）

図3 ｜ ユニットバススペース比較（写真左より0.75坪，1坪，1.25坪タイプ，画像提供：大和ハウス工業㈱）

熱性に加え，お湯が冷めにくい保温性に優れた浴槽，あるいはヒートショック対策としてヒンヤリしにくい床材が代表例である．

空間の広さは建物の基本モジュールの考え方によっても異なるが，主な広さとして0.75坪タイプ，1坪タイプ，1.25坪タイプ，1.5坪タイプなどさまざまな大きさがラインナップされている．

UD配慮

浴室は住宅内でも事故の多い場所の1つである．そのため幼児期から高齢期まで安全性に配慮すべき空間である．

手すり 主には浴室出入り口用，洗い場立ち座り用，浴槽またぎ用，浴槽内姿勢保持用が設置されていることが望ましい．特に浴槽またぎ用については，浴槽の縁をまたぐ際につまずきやふらつきにより転倒することのないよう，浴槽縁の高さと同様に配慮する必要がある．また浴槽内では体に浮力がかかるため姿勢保持のための手すりに加えて，過度に仰臥位（上向きの寝姿勢）になりすぎず，両足で姿勢を保持することができる浴槽寸法に配慮する必要がある．

スペース／出入り口 介護期を想定した場合，最低でも1坪タイプ以上のスペースが望ましい．一定のスペースを確保することは子育て期に家族で入浴する際にも有効である．

介護しやすい浴室環境は必ずしもスペースだけで満足されるわけではない．シャワーキャリーでの出入りを想定した場合，出入り口の開閉形式や開口寸法にも配慮が必要である．浴室の扉は折り戸，開き戸，引き戸，二枚引き戸等を選択することができる．浴室に隣接する洗面脱衣室も限られた空間であることを考えると，開閉時に突出がない引き戸（二枚引き戸）形式を選定することでよりアクセシビリティーが高まる．

また，出入り口については幼児の事故予防を目的とした錠等（チャイルドロック）の設置も検討するべきである．残り湯を溜めた浴槽に幼児が落ちる事故が散見される中で，いたずらや誤動作による痛ましい事故を防ぐためにも必要である．

その他 浴室内でのヒートショック対策として浴室空間の断熱性の向上やヒンヤリ感を抑えた床材等に配慮する．また，入浴前の温度環境を整えるために浴室暖房も有効である．また，塗れた床は滑りを誘発し転倒の原因となる．手すり等の支持具の必要性はいうまでもないが，水はけがよい床材などで滑りによる転倒を防ぐ配慮が求められる．

〔菅野　泰史〕

洗面・脱衣・洗濯

洗面・脱衣・洗濯空間の特徴

　洗面・脱衣・洗濯に関わる空間は洗面脱衣室として計画される場合が多い．洗面脱衣室はトイレ／浴室等の水まわり空間とは異なり，整容や洗濯など複数の目的をもった機能空間である．もう1つの特徴は浴室に隣接して計画されることが多く，その場合，浴室への通過動線にもなるためアクセシビリティーにも考慮する必要がある．例えば，出入り口の配置は洗面化粧台や洗濯機周辺で作業中の人がいる場合でも，開閉の邪魔にならない配置が求められる．加えて高齢期にも対応しやすいよう，出入り口有効幅の確保や手すり設置が可能な下地処理も重要である．

　また最近の動向として，花粉や黄砂，PM2.5等の大気の汚れ，あるいは日中屋外で洗濯物を干しにくい共働き世帯が増えている．このような背景により室内干しが広まり，作業性から洗濯機近くに室内干し空間を計画する場合もある．

洗面脱衣室の行為

　洗面・整容，入浴等に関わる着脱衣，物干し準備を含めた洗濯がある．

　このうち洗面・整容として，手洗い，洗顔，歯磨き，整髪，化粧，髭剃りなどが挙げられる．これらは洗面化粧台で行われることが多く，そのうち時間を要するものは座位で行われることもある．整容の一部ともいえるが，美容・健康維持の1つとして体重測定も行われる．

　洗濯行為として，洗濯後の衣類をハンガーに掛ける等，物干し準備作業がある．また，洗面脱衣室内に室内物干し金物を設置する場合は物干しまで行う．

構成部材

洗面化粧台　基本構成として洗面ボウルと水栓金具，鏡がある．さらに使いやすくするために照明や収納が付加される．洗面ボウルはライフステージによって朝の忙しい時間に複数人で使うことを考え，2ボウルタイプが望ましいこともある．水栓金具についてはシングルレバー式混合水栓のように簡単に温度調節可能なものが望ましい．また，水栓金具の取付け位置（吐水高さ）も使い勝手に影響する．高さについては洗面や手洗いに加えバケツ等に水を溜めることも考え，一定の距離をあけて設置する．ヘッドを引き出して使用できるものやリフトアップ機能のついた水栓金具でもよい．また吐水口の出寸法については出すぎても洗面時の邪

図1 サニタリー収納例（画像提供：大和ハウス工業㈱）

図2 バスマットやランドリーバッグ収納例（画像提供：大和ハウス工業㈱）

図3 2ボウル洗面化粧台例（画像提供：大和ハウス工業㈱）

図4 リフトアップ機能付き水栓金具例（画像提供：大和ハウス工業㈱）

魔になり，床への水垂れの原因となるため注意が必要である．

洗濯機 近年の動向としてドラム式洗濯乾燥機の普及がある．文字通り1台で洗濯から乾燥までこなし優れた機能を搭載しているものが多い．一方，サイズが大型化する傾向があるため設置には十分なスペースが必要である．従来のタテ型全自動洗濯機の外形寸法が幅60〜65 cm，奥行き60〜65 cmであるのに対し，ドラム式洗濯乾燥機の場合幅65〜75 cm，奥行き70〜75 cmが多くみられる．さらにドラム式の特徴として蓋が横開き式のためタテ型に比べ洗濯機前の作業スペースも必要となる．

収納 行為や機能が増えることで収納物も増える．タオルでもフェイスタオルやバスタオルなど，用途の異なるものの収納が必要となる．整容に関するものとしては歯ブラシ，歯磨き粉，ドライヤーや整髪料，洗濯に関するものとして洗剤や柔軟剤，ハンガーなどの収納も必要である．特に歯ブラシや洗剤といった消耗品についてはストック品の収納も必要になるため，合わせて計画が求められる．

　また，足拭きマットや脱衣後の衣服など，再使用や次の行為に移るまでの仮置きスペースが必要となる．　　　　　　　　　　　　　　　〔菅野　泰史〕

トイレ

トイレの行為と空間の考え方

　人間にとって排泄は健康を維持するためにとても大切な行為である．そのためトイレは幼児期から高齢期まで使いやすい環境であることが望ましい．しかし，トイレの広さは1〜1.5畳と決して広くないのが現状である．限られた空間でライフステージに応じて使いこなせる配慮が必要である．

　例えば幼児期にはトイレトレーニングのため，子どもと親が一緒に入室する可能性がある．また，高齢期には着座や立ち上がりを安定して行えるよう手すりなどの配慮が必要になる．要介護度が上がった場合は車いすでのアクセスに加え，介護者が移乗支援のために回りこむといった行為も発生する．

　もう1つ忘れてならない行為が掃除である．便鉢はもちろん，特に男子小便の飛散による便器外周部から床までの汚れである．この掃除のため床拭きを経験した生活者も少なくないはずである．トイレについては掃除機等による掃除だけではなく，簡易モップや雑巾を用いた拭き掃除といった行為も加味した空間設計が求められる．

トイレ空間の構成要素

　主な構成要素は便器便座，手洗い器，紙巻器，手すり，操作リモコン，収納が挙げられる．

　便器便座については温水洗浄機能付暖房便座や自動洗浄機能等に加え，ロータンクのないタンクレストイレも普及しつつある．タンクレストイレの特長としてはスッキリとしたデザインに加え，従来のロータンクタイプの便器と比べ奥行き寸法が小さいことも挙げられる（奥行きの差は大きいもので約10 cm）．この差はトイレ空間のゆとり寸法を確保することとなり，前述の幼児期トイレトレーニングや介護期のための空間としても有効に機能する．

　手洗い器については従来ロータンク上に一体化されたものが多い中で，タンクレストイレの普及により独立した手洗い器も増加しつつある．独立した手洗い器はロータンク一体型の手洗い器に比べ，手を伸ばす必要がなく使いやすい位置で使用することが可能となる．もちろん子どもや高齢者にとっても使いやすい環境になる．構成部材の複合化も進んでいる．例えば手洗い器，紙巻器，手すり，収納がカウンターに一体化された建材もあり，限られた空間を効率的に活用した設

① 住宅　　といれ

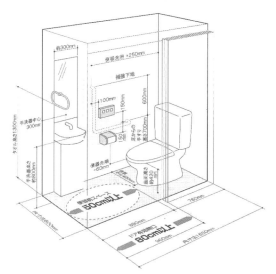

図1 ｜ 子どもや介助者と一緒でも出入りがスムーズなトイレプラン例（「住まいのUDガイドブック」㈱LIXIL，p.81）

図2 ｜ タンクレストイレとトイレカウンター例
（画像提供：大和ハウス工業㈱）

計も可能である．

ユニバーサルデザイン（UD）配慮

手すり　L型手すりや水平手すり，垂直手すりに代表するように，主には便器への立ち座り時に使用するための手すりと，着座中の姿勢を保持するための手すりが必要となる．建設当初手すりを設置しない場合でも，手すり取付け下地を施工し将来的に設置できる環境を整える必要がある．

スペース　将来的な介護を見据えた場合，およそ1.5畳以上のスペースが望ましい．車いすでのアクセスはもちろん，便器への移乗支援のため便器側方に介護者が回りこめるだけのスペースが必要になる．側方スペースが確保できない場合トイレ横に収納などを計画し，将来的に間仕切りを撤去することでトイレ空間を拡大するなどの対応も考えられる．

出入り口　建具形式として開き戸を設置する場合は，万が一使用者がトイレ内で倒れても救出できるよう外開きを基本とする．なお，車いす利用を想定する場合は有効開口として800 mmを目安とする．

〔菅野　泰史〕

主寝室

　日本の伝統的な就寝スタイルは，押し入れに布団を収納し，和室に布団を敷くというものである．田の字プランに見られるような生活様式では，家族室が，昼間には生活の場，食事の場に，夜は睡眠の場になり家族が一緒に眠るというように，生活空間を多用途に使うことに適していた．

　20世紀初頭，大正デモクラシーの頃から西洋の食寝分離，就寝分離を基本とした生活様式が導入され始め，戦後，居住空間の個室化と洋室化が一般化していった．この頃から，夫婦が就寝する室を主寝室とよぶようになった．主寝室では，眠ること以外にも，身づくろい，夫婦で会話，ストレッチなどの目的があり，生活への対応の工夫が求められる．

　そのための空間計画として，ベッド2台と，その周囲に歩行やベッドメイクのための空間（幅約50 cm），小物が置けるヘッドボードまたはサイドテーブルを計画する（図1）．また，和室に布団を敷く布団文化も継承されており，主寝室が狭い場合には板張りの床に布団を敷いて寝ているケースも見られる．近年の調査では，夫婦のみで寝ている人のベッド使用率は48％で，布団使用率は52％である（N=1,236，既婚者男女，積水ハウス／かんでんCSフォーラム調べ（2010））．

　就寝および身づくろいのための収納として，ウォークインクロゼット（W.I.C

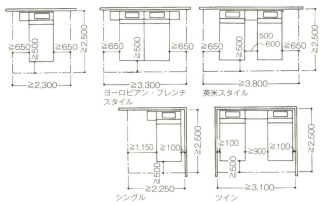

図1 ｜ ベッドと周辺のあき（小原二郎，安藤正雄，加藤力編：「インテリアの計画と設計」，彰国社，2000，p.155）

を用意するのが一般的である．サイズは衣類の量によって異なるが，夫婦それぞれのハンガーパイプと棚，季節の布団の収納を設けたい（図2）．また化粧コーナーや，会話やお茶を楽しむためのパーソナルチェアやテーブルも必要である（図3）．

ライフステージの観点から寝室を考える

主寝室は，ライフステージ変化に伴い使い方が変化することへの考慮も必要である．

子育て期には主寝室は夫婦寝室でなく親子寝室になり，子どもが小学校高学年になるまで続く．子育て期の就寝形態調査（京都女子大学／積水ハウス共同研究（2007））によれば，子どもがどこで誰と寝るかについてさまざまなパターンが見られた．親子が川の字で就寝する場合が多く，次いで子ども室，和室である．一緒に寝るのは母親が多く，小学校・中学年以降では兄弟も増える．つまり小学生のうちは，主寝室，子ども室という用途を踏襲していない．最も多い両親との主寝室就寝では，子どもを真ん中に夫婦が挟む「子ども中央型」だけでなく，母親を父と子が挟む「母親中央型」も見られる．眠りの位置関係は，子どもの発達や夫婦の関係のありようにも影響を与えるという研究もある[1]．また寝具は，親子

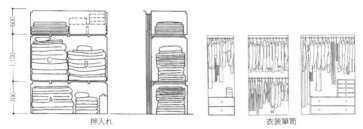

図2 | 主寝室の収納例（小原二郎，安藤正雄，加藤力編：「インテリアの計画と設計」，彰国社，p.156, 2000, 157）

図3 | プラン例（「積水ハウスカタログ 収納3姉妹」，p.18）

同寝室の場合，ベッドが29％，布団が71％と，子育て期には布団が使われていることが多い．

夫婦の就寝形態に関する調査（前出）では，女性は40代になると半数以上が別寝室を希望するようになる．「いびきや歯ぎしり，寝言などがうるさい」「生活時間の違い」「温度など環境の好みの違い」などが理由である．

対応としては，就寝だけではない生活空間としてのそれぞれの個室を計画すること，空いた子ども部屋や和室などを利用することなどが考えられる．また，同

図4 ｜ プラン（「積水ハウスカタログ　キッズデザイン」，p.25）

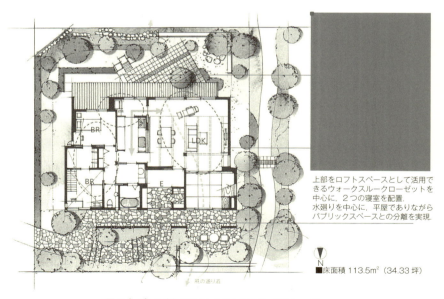

図5 ｜ プラン例（「積水ハウスカタログ　里楽」，p.22）

室でも収納や引き戸で仕切る方法もある（図5）．

高齢期になると，介護の問題がでてくる．在宅での介護に便利な設備の設置や，訪問介護サービスに対応した計画が必要となってくる．今後，主寝室の計画の際に，将来の在宅介護を見越した対応ができるよう計画しておく必要がある．

健康維持・増進から寝室を考える

24時間化社会の現代日本人の5人に4人が睡眠に何らかの問題を抱えており，睡眠による充分な休養が求められている．そのため，睡眠の質を高める環境づくりが研究されている[2]（図6）．

天蓋とレースカーテンで，一人一人の空間を区切ることができる「睡眠空間」．空調，照明，BGM，がそれぞれパーソナルに制御できる．アロマも加え，プログラムによる環境制御が考えられている．
図6 ｜ 睡眠空間（若村智子編：「生体リズムと健康」，丸善，2008）

その1つとして，光環境や温熱環境など，人の五感に働きかける環境づくりにより，人の生理的なメカニズム（生体リズム）の特徴を活かして睡眠の質を高める事例を紹介する．

光環境　人間は眠りに入るためにメラトニンという睡眠ホルモンを分泌する．これは光環境から影響を受けるため，良質な睡眠のためには，眠る前には暗め（低照度）で赤っぽい色（低色温度）の照明にする．また，起床時には，明るい光を浴びることが，すっきりとした目覚めに重要なことから，朝日の入りやすいように開口部を設置するとよい．

温熱環境　人間の体温は昼間高く夜間は低い．そのような体温リズムの変動をサポートするには，寝る前に体温が下がる環境を作ることが重要である．入眠時から夜半にかけて室温を低下させ，起床時に向けて再上昇させることで睡眠の質を高める効果があることが実験で確かめられている．そのような機能をもった空調機器も商品化されている．

〔近藤 雅之〕

📖 参考文献
[1] 篠田有子：「子どもの将来は「寝室」で決まる」，光文社新書，2009．
[2] 若村智子編：「生体リズムと健康」，丸善，2008．

子ども部屋

わが国の伝統的な住宅形式の中に,「子ども室」という室名は出てこない.農家住宅も町家でも,家族が暮らす空間には,食べる場所や寝る場所は存在しても,子どもが学習し就寝するための専用の空間はほとんどない.わが国に,子ども専用の部屋が現れたのは大正デモクラシーの時代に,子どもの存在も尊重した設計提案として現れる.しかし,標準的なプランとして普及し始めたのは1960年代以降である.生活様式の西洋化で食寝分離が進み,戦後民主主義教育の中で個の自立のために子ども部屋の必要性が認められて就寝分離が確立されていき,子ども数の増加と住宅の床面積の増加とともに2階建て住宅が一般化し,個室数(n)が一気に増え,nLDKプランが定着した.nの大小は子ども部屋の数であることが多く,平面図の室名にも「子ども室」と明記されるようになった.団塊の世代が一気に学齢期になり始めた時期には,庭に勉強部屋を増築する,ミゼットハウス(大和ハウス工業)という商品も生まれた.

ところが近年,自室から出てこない引きこもりや登校拒否がきっかけとなり,子ども部屋を与えることへの批判が出てきた.そのため子ども部屋不要論が出現し,個室をつくらない住宅も出てきている.これは,「子ども白書'80」で個室が非行の温床になり,夜型の子どもをつくるという報告が出され,一家団欒の機会を減らすといった通念が拡大していったことによるところも大きい.しかしnLDKプラン志向は供給側にも需要側にも根強く,個室をつくらないいわゆるオープンプランが主流になっているわけではない.

さて子ども部屋の利用実態を見ると,子どもがよくいる場所に関するデータ(2007年積水ハウス・京都女子大学共同研究)(図1)では,中学生まではリビングルームが圧倒的に多く,リビングルームで遊びや学習が行われている.また,就寝についても親子同室で川の字や,子ども同士で同室寝していることが多い.個室ではなく家族の空間の中に自分の居どころを見つけていた日本の伝統的住宅での子どもの生活スタイルが根づいていたともいえる.しかし青年期以降は,自室で学習,就寝,遊びなどを行うことが多くなっている.

子どもが社会の中で自己の存在を確立し,自己主張し,独立していくために,1人になれる場所として子ども部屋は大切な空間であると,大阪市立大学の北浦かほる名誉教授・子どもと住文化研究センター代表は述べている.1人になれる

①住宅　　こどもべや

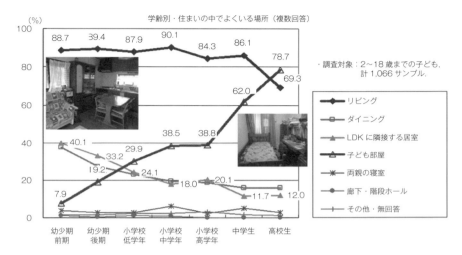

図1 ｜ 子どもがよくいる場所調査データ（積水ハウス（株）総合住宅研究所）

場所で自分を振り返り，内省し，将来のことを考えることにより，自律に向けて自我を発達させていくことができるのである．

　子ども部屋に求められる要件について，北浦かほる名誉教授の研究によると，子ども部屋におけるプライバシーの概念として，「考えるための場所」「空間による他者との距離のコントロール」「行為の選択」「狭義のプライバシーの確保」という4つの役割がある（表1）．この役割に対応した生活行動は，学習や就寝だけでなく成長の過程で起こるたくさんのことなのである．

　これらの生活行動は，すべての発達段階において同じではなく，部屋での行動は変化していく．表のように，幼児期にも子ども部屋での生活行動ができることは大切なことである．

　しかし，伝統的に家族の中に自分の居場所を見つけてきた，あるいは与えられてきた日本人の子どもの生活をすべて，1つの子ども部屋で担うことはない．

　例えば幼児期には，家族の空間の中に子ども専用の遊びや学習のできる場所をつくり，その場所の管理をさせる．子ども専用の場所は1人で空想したり，大切なモノをしまう場所として存在する．幼児のうちは川の字就寝でも児童期には兄弟寝，中高生になると自室で就寝する子どもが増加する．児童期に学習机を自室に置いても使わないことを否定せず，リビングルーム近くに学習場所をつくることも子ども専用の場所として，部屋の延長と考えるが，1人で学習できる子ども部屋の環境を整える．

表1 | 自律を育む子ども部屋の機能

個室の要因（プライバシーの概念）

Self-evaluation　　　（考えごとをする） Self-identity	A	考えごとをする
		空想したり，ボーとする
		本を読む
Desire to exercise　（空間への接近のコントロール） autonomy vis a vis Controlling access to the space	B	誰も入ってこられない
		あなたの許可なしに誰も入ってこられない
		入って来る人を選べる
		誰も入ってきて欲しくない
		特別な人だけが入ってきてもいい
		あなたがいる時に入って来て欲しくない
		あなたがいない時に入って来て欲しくない
		大切なものをしまう
		ポスターを貼る
Autonomy　　　　　（行動の選択） component Choice of activity	C	したいことが自由にできる
		そこでしかできないことをする
		音楽やラジオを聴く
		腹が立った時に行く
		1人になれる
Privacy mechanism　（狭義のプライバシー） Controlling information	D	着替えをする
		手紙や日記を書く
		電話をする
		寝る
		勉強する
		聞かれたくない話をする
		見られたくないことをする

　　　　　幼児期に求められる子ども部屋の機能
（出典：北浦かほる：「世界の子ども部屋」，井上書院，2004）

　子ども部屋は，成長とともにそこでの生活行動が増えていくのである．勉強部屋という呼び名はふさわしくなく，子どもが多くのことを身につける複合的な機能を備える必要がある．
　部屋のインテリア要素として主なものは，ベッドと学習机，収納である．コンパクトにまとめる家具として，ベッドを高さ=1,600 mmくらいに設定して，下に学習机を設置するものもある．成長とともに圧迫感があるので切り離すこともできる．しかし，部屋にゆとりがあれば，学習のエリアと就寝のエリアを分離させたい．それぞれの機能を集約すれば，より使いやすくなり，集中できる（図2）．
　また，個室エリアをワンルームにしておき，可動間仕切り収納で個室の仕切り

方を変える方法もある．幼児のうちは完全な個室にせずにセミオープンにしておき，自室での学習や就寝が始まると収納を移動させて間仕切り，個室にするものである（図3）．

子どもが小さいうちは個室を与えたくないという家族は多いが，子どもが社会に巣立っていく過程でプライバシー空間を与えることができるよう，空間の可変性を備えておくことは大切なことである． 〔中村 孝之〕

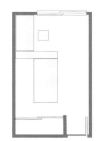

図2｜子ども部屋のレイアウト

図3｜可変子ども部屋（積水ハウス（株））

玄関

　日本最古の玄関として国宝に指定されている，京都の大仙院本堂がある．大仙院を創建した禅僧，古岳宗亘（こがくそうこう）は，自分の隠居所である本堂に，アプローチから禅の空間に入る出入り口として，本堂から張り出した形で玄関を設けた．
　このように玄関は元々，精神的な空間の結界であったものが，敷居や式台，調度品などを設えた建物として最も正式な出入り口として，多くの建築に広まっていった．
　日本の住様式として室内では靴を履かないため，玄関での行為として靴を脱ぎ履きすることが最も特徴的である．そのため，土足で住宅内に入ってくる床として三和土（たたき）ともよばれる土間があり，式台や上り框，沓脱石を設けて，靴を脱いで上足の床に上るという構造になっている．海外でも，東南アジアやカナダなど，一部靴を脱ぐ文化があるが，このような設えはない．ドアさえあれば，外部空間と内部空間を分けることができる欧米と違い，靴を脱いで上がるという行為には，精神的な意味も含まれている．
　訪問客を迎えるにあたって，土間までなのか，上り框の部分に座るのか，靴を脱いで室内へ通すのかという，人やシーンによって使い分ける，社会と居住者の関係を調整する空間である．京都の町家では，ドア（格子戸）から土間に入った空間が奥へとつながる通り庭であり，社会との接点をコントロールする空間となっている．
　このことは，勝手口と玄関を備えた住宅ではより明確であったが，最近の住宅には日常家族が使う勝手口がないことが多く，来訪者との関係より，家族の外出や日常の配達物などのやりとりの際に必要な機能を満足することが第一となっている．
　現在の一般的な住宅における玄関の設計要件としては，収納，防犯，バリアフリーが重要である．これらの機能について解説する．

収納

　玄関に置かれているものの代表は靴である．靴の持ち物量調査（2008年積水ハウス（株）総合住宅研究所調べ）によると，例えば40代夫婦と小学校高学年（男）と低学年（女）の子育て家族のもつ靴の量を平均すると，父12.1，母22.6，男児7.7，女児9.9足で，合計52.3足もっている．これらの靴を収納するために

は，背の高いトール収納でも間口は約 1.5 m 必要になる（図1）．

ところが，玄関には靴以外に，傘，スリッパは定番，コートや帽子などの衣類，ベビーカーや子どもの遊び道具，ゴルフバッグやスキーなどのスポーツ用品，印鑑やペンや懐中電灯，掃除用具など，こまごましたものが意外に場所を占領している．

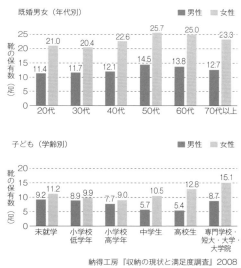

納得工房『収納の現状と満足度調査』2008

図1 │ **靴保有量調査**（積水ハウス（株）総合住宅研究所）

 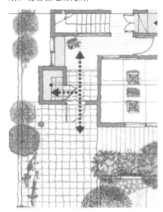

図2 │ **玄関のウォークインクロゼット**（積水ハウス（株））

靴収納以外に長いものを収納する場所は必須と考えるべきである．さらにベビーカーや屋外で使うレジャー，スポーツ用品などがあるなら，納戸型のウォークイン収納があるとよい（図2）．

防犯

侵入盗として最も多いのは施錠していない窓やドアからの侵入である．もちろん施錠していても鍵のピッキングや破壊もある．出かけるときに閉めやすく，開けられにくい鍵の選択が必要となる（図3）．

ドアに2つの鍵を取り付けるツーロックの玄関ドアが増加し，後から追加して取り付けるケースもある．ピッキングは数分費やしても開かない場合あきらめるというデータもあることから，2つ取り付けることは有効である．しかし，閉める手間がかかるため，同じキーで2か所の開閉ができるタイプ，つまり閉めるときだけ1か所閉めれば2か所同時にロックがかかるタイプがある．

鍵のタイプとしてディンプルキーやウェーブキーなどピッキングに強いものが開発されているが，ピッキング技術や破壊技術との競争でもある．

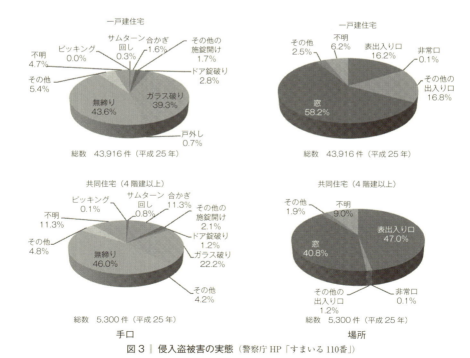

図3 侵入盗被害の実態（警察庁HP「すまいる110番」）

また玄関での防犯機能としては，防犯カメラや人感センサー照明など，人が来たことを感知したり知らせたりする機能の導入も，侵入を阻止する効果がある．これらの技術だけでなく，全開口部の開閉を24時間感知するセンサーを警備会社との契約により設置することで，見守られる安心にもつながる．

バリアフリー

日本の玄関には，靴の着脱という行為がある．また，一般的な日本の住宅では床下通気を行うため，地面と1階床の高さには，40～50 cmの段差がある．乳幼児から高齢者まで，時には体調不良や大きな荷物を持っていても，この段差を克服し，靴を着脱する必要がある．

日本の住宅には他にもさまざまなバリアがあるが，ここでは，玄関についてもう少し詳しく説明する．

段差については，最初に紹介したように，式台や沓脱石を設置して，上り下りをしやすくすると同時に座れる高さにしていた．式台は，大きな段差を階段と同様の小割にして上り下りしやすくするもので，土間と1階床の中間に1～2段設置する．沓脱石も同様であるが，その名のとおり床に座ってその石に足を乗せると，座って靴の脱ぎ履きを行いやすい高さになっている．

しかし，「高齢者が居住する住宅の設計に係る指針」（高齢者住宅設計指針）では，土間と1階床の段差は180 mm以内（マンションなど，1階以外の玄関の場合は110 mm以内）が基準であるため，玄関外の外部のアプローチ部分に階段やスロープを設ける設計が一般的となっている．併せて，靴を脱ぎ履きする上り框部分では，姿勢が不安定になるため，手すりを設置することも必要である．また180 mmの段差では，沓脱石のように，座って靴を脱ぎ履きするには段差が小さすぎるため，椅子やベンチを設置することも望ましい（図4）．　　〔中村 孝之〕

図4 玄関ベンチ（積水ハウス（株））

廊下・階段

　廊下は水平移動，階段は垂直移動の空間であるが，空間としてのインテリア計画の中での扱いは，西洋と日本ではやや異なっていた．西洋の建築には重層したものが多く，階段が住空間の中心的な存在として扱われることもしばしば見られる．しかし，わが国の建築は伝統的に平屋であるため，階段が空間設計に入ってきた歴史は浅い．むしろ玄関とそれに続く畳廊下や広縁など，来客を通す玄関や廊下が動線空間として家の顔になっている．

　現代の住宅では，階段や廊下は家の中心的な存在というより家族が移動するための空間であり，インテリア計画に力を入れられないことも多いが，高齢社会においては安全性や移動しやすさにかかわる設計要件は重要である．

　安全設計としては，特に高齢者を意識した，転ばない，ぶつからない設計が必要であり，移動のしやすさという点では，荷物を持った人が通れること，廊下は車いす通過や家具搬入も必要である．安全性については，今後高齢者が利用することを前提とするのが当たり前となり，それを考慮した設計指針に基づくべきであるため「高齢者が居住する住宅の設計に係る指針」（高齢者住宅設計指針）を引用した解説とする．

階段
形状　大別すると，直階段，回り階段，螺旋階段がある．直階段は，まっすぐに昇降するため歩行リズムはとりやすいが，踏み外すと下まで転落する．回り階段は途中で方向を変えるタイプで，方向を変える回り部の形状や段数が安全性に大きく関係する．螺旋階段は，回りながら上下するのでリズムはあるものの，方向を変えながら歩くというやや複雑な動作となる上，形状上，踏み面の寸法がとりにくく，内回りをすると危険なものも多い．

勾配　階段の勾配は，建築基準法では，蹴上げ（R，以下同じ）23 cm 以下，踏み面（T，以下同じ）15 cm 以下となっており，これが最低基準である．

　「高齢者住宅設計指針」によると，6/7 以下，$55\,\mathrm{cm} \leq T + 2R \leq 65\,\mathrm{cm}$ という寸法を基準としている．それが難しい場合，階段の勾配は 22/21 以下，$55\,\mathrm{cm} \leq T + 2R \leq 65\,\mathrm{cm}$，$T \geq 19.5\,\mathrm{cm}$ とするとともに勾配が 45° を超える場合は両側に手すりを設けることとしている．エレベータと併用する場合には，この寸法を基準範囲と考えてもよい（品確法等級2，3）．

① 住宅

直階段

回り階段

螺旋階段

図1 ｜ 階段の形状

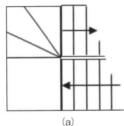
(a)

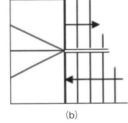
(b)

図2 ｜ 回り階段の形状

　さらに，推奨レベルでは，勾配は7/11以下，かつ $55\,\text{cm} \leq T + 2R \leq 65\,\text{cm}$ となっており，これを実寸法にすると，例えば，蹴上げ16 cm，踏み面30 cmとなり，ゆるやかで十分足の裏全体が乗る形状の階段となる．

回り階段　180°回る場合，住宅のプランニングの都合で段板を30°ずつ設置した6段回りとなることが多い．しかしこの回り形状では螺旋階段同様踏み面寸法が小さく，回りながら上下することになり，高齢者にとって不安定な動作となる．

　「高齢者住宅設計指針」では，回り部においては，実際に人が通る部分として踏み面の狭い方の端から30 cmの位置で，22/21以下の寸法としている．また，寸法によるのでなく具体的な形状も示されている．

・90°回り部が下階の床から上3段以内で構成され，かつ，その踏み面の狭い方の形状がすべて30°以上．
・90°回り部が踊り場から上3段以内で構成され，かつ，その踏み面の狭い方の形状がすべて30°以上（図2(a)）．
・180°回り部が4段で構成され，かつ，その踏み面の狭い方の形状が下から60°，30°，30°および60°の順となる（図2(b)）．

表 1 ｜ 品確法／高齢者住居に関することより，階段の等級

	等級	等級 5	等級 4	等級 3	等級 2	等級 1
勾配，蹴上げ，踏面寸法	ホームエレベーターなし	6/7 以下 蹴上げの 2 倍＋踏み面が 550 mm 以上 650 mm 以下		22/21 以下 蹴上げの 2 倍＋踏み面が 550 mm 以上 650 mm 以下　踏み面 195 mm 以上		基準法による寸法
	ホームエレベーターあり	22/21 以下 蹴上げの 2 倍＋踏み面が 550 mm 以上 650 mm 以下　踏み面 195 mm 以上		基準法による寸法：蹴上げ 230 mm 以下，踏み面 150 mm 以上		
蹴込寸法		30 mm 以下で蹴込み板があり		30 mm 以下		
平面形状		回り階段の禁止 階段の通路への食い込みの禁止		回り階段の形状の限定あり		
ノンスリップの形状		路面と段差のないこと		規定なし		規定なし
段鼻の形状		段鼻がないか，踏面と蹴込み板を 60°→90° の勾配で滑らかにつなぐ		規定なし		
手すり	日常生活空間の階段	両側にあり	片側にあり	片側にあり，ただし片側が 45° を超える場合は両側にあり		片側にあり
	日常生活空間外の階段	両側にあり	片側にあり，ただし勾配 45° を超える場合は両側にあり			
	ホームエレベーターがある住宅の階段	片側にあり，ただし勾配が 45° を超える場合に両側にあり		片側にあり		

視認性　高さが変化する移動は姿勢が不安定になるため，光環境が暗くなりがちな階段室で段板の視認性を確保する必要がある．暗いことはもちろんだが，階段室の床全体が均等に明るくても段差はわかりにくい．最低限には，登り始めと降り始めの段板 2 か所がわかりやすく，後は同じリズムで通過できることである．LED 照明の普及により，各段板を低照度で照らすことが可能となり，段ごとの明度差がある視認性の高い階段照明も可能となった（図 3）．

廊下

幅員　「高齢者住宅設計指針」では，日常生活空間内の通路の有効な幅員が 78 cm 以上であることとなっている．これは 910 モジュールの木造住宅を 12.5 mm 厚の石膏ボードで仕上げた結果の寸法，荷物をもって通る最低限の寸法ともいえる．車いすが通過するためには 85 cm 必要とされている．

　ドアがある場合，有効開口寸法は 75 cm 以上，車いすが通る場合 80 cm 以上とする．

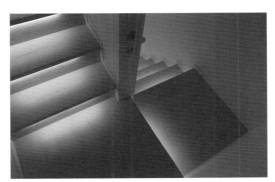

図3 ｜ LED照明のある階段（積水ハウス（株））

段差　つまずかずに歩行するために段差はあってはならないが，出入り口の敷居など，やむを得ない場合は5 mm以下とする．それ以上の段差が必要な場合は，階段の1段と考えて，あえて10～18 cm程度のわかりやすい単純段差とし，視認性や手すりに配慮することとする．　　　　　　　　　　〔中村 孝之〕

収 納

　近年の収納は，シューズクローク・フィッティングルーム・リビングクローゼット・パントリー・ストック収納・家電収納・システム収納・外部収納・地下収納・さらには小屋裏収納と多様化している．ちなみに小屋裏収納は高さを1.4mまでと制限があるものの，直下階の1/2の面積までとることが可能で，量としての収納に大きな力を発揮している．

　収納計画を考えるにあたり，まず「どこに」「だれが」「どのように」利用するかの把握が必要である．

収納場所と動線

　もちろん適量適所に配置することが大事であるが，それだけではなくそれぞれのゾーンをつなぐ人の動きである動線を把握し，収納場所は人の動線上であることが使いやすい収納場所だといえる．

　例えば玄関収納の場合，従来は設置型下駄箱収納が大半を占めていたが，その後，壁面収納型下駄箱が増え，さらには玄関横のシューズクロークも考えられるようになってきた．図1のようなシューズクロークを設けた場合は，動線として玄関からシューズクロークに入り，そこから玄関ホールへという動きになる．従来の玄関で靴を脱ぐという習慣から，このプランだと靴はすべてシューズクローク内で処理され，玄関のたたきに靴が散乱することはなくなる．

　この場合も靴の平均量を把握してから考える必要はある．目安として大人：14足，子ども：5足，4人家族なら38足であるが，子どもが高校〜大学生に成長すると56足は必要といわれている．また長靴やブーツも考慮に入れながら，将来的な靴の量を想定することと今後の家族構成を考えた上で，収納量の面積算定が大事である．

「部分収納と集中収納」での収納率

　収納する物に応じて各部屋に配置する「部分収納」とするのか，1か所に集める「集中収納」にするのかを考える．衣類のように日常使う物

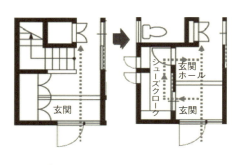

図1　シューズクロークを通って玄関ホールへ

①住宅

や使う人が決まっている物については部分収納とし，季節ごと，例えば暖房機や雛人形のような大きな物は，納戸や小屋裏に集中収納させることが多い．それを合わせた絶対量が，家の総床面積に対して収納面積はどれくらいあるのかその割合を出した物の収納率である．一般的な既存住宅の収納率は，約6～7%に留まっているといわれ，生活上の収納への不満は高い．収納を計画するにあたっての目安は，床面積の10～12%程度といわれている．

図2の事例の場合は，既存の1階部分の収納率は7.1%であったが，暮らし方の検討を行い，部分収納と集中収納を組み合わせた結果，18.5%に上がっている．

また絶対面積だけではなく収納の深さや，収納するものに適した奥行きの把握も大事でそれぞれ部分収納の設定奥行きは変わる．

・本棚，CD，DVD　奥行き 215 mm
・リビングクローゼット，バックセットならびにパントリー　約 330 mm
・クローク，物入　約 560 mm
・押入，階段下収納　約 780 mm

収納の作り方も，現場の木工事でつくる方法やシステム家具を組み合わせる方法またはオーダー家具で造り込むなど費用との兼ね合いも大事となる．いずれにしろ家族が快適に過ごすために収納の役割は大きく，みんなが集うリビングダイニング周辺に収納部分を多く設えたいものである．　　　　〔西田 恭子〕

図2　玄関ホールからダイレクトに入れるウォークインクローゼット

事例協力
[1] 三井不動産リフォーム株式会社.

リフォーム・リノベーション

リフォーム新時代の到来

　リフォームの新たな潮流が，大きなうねりになってきている．従来の単なるリメイクではなく，住宅の基本性能向上リフォームや住む人の生活や暮らしの変化に結びつく生活改善型リフォーム，住宅の資産価値を維持・発展させる価値創造型リフォーム，家全体を刷新するような大規模なリフォームはリノベーションなどともよばれ，住宅リフォーム分野の幅を広げている．

　また住宅に限らず，新たに資産を再生するリノベーションの事業領域が飛躍的に拡大している．例えば，事務所を住宅に用途転用を伴うコンバージョンリフォームや，賃貸マンションの順送りリノベーションなど，既存住宅流通事業とリフォーム事業のコラボレーションも進んでいる．

　一方，消費者の既存住宅に対する意識も変化している．住宅の一次取得者においても，「新築住宅を建てる・購入する」ことを希望する層は以前よりも減少してきた．若年層の人たちが住宅取得の方法として，既存住宅をリフォームすることで自分流の暮らしを実現しようとしている．従前，リフォーム実施者は50代・60代が大多数だが，年齢分布は徐々に変化してきている．

　暮らし方も親との2世帯同居だけではなく，隣居・近居希望が増加している．その際に，実家との距離を優先して既存住宅を購入し，リフォームするケースが出てきた．「育孫」「介護」問題からくる2世帯住宅や近居リフォームは今後増加傾向にあるだろう．

　また，住宅政策においても平成18年6月の生活基本法の施行からスタートし，旧来のつくっては壊すフロー消費型から，いいものをつくり，手入れをして長く大切に使うストック重視の時代がやってきた．日本では住宅の平均築年数27年の短さが，建物の残存価値を年々低下させ，戸建住宅の市場価値は，20年でほぼゼロに近づくとされている．しかし，近年の新築住宅の躯体部分は，100年超えを目指していることを思うと，今後は建物の手入れを計画的に行うことで，価値を維持管理する長期優良住宅リフォームがますます必要となってくる．

ライススタイルに合わせたリフォーム

　リフォームにおいては，住宅性能の向上として耐震・省エネ・バリアフリーの改善を基本としている．省エネでは平成11年（1999年）の次世代省エネ基準以

①住宅

前の物件も数多くあるが，これらの性能を向上させるには，複層ガラスへの交換，インナーサッシの設置，断熱材の充填，通風・採光の改善も必要となる．

その基本性能向上と合わせて，リフォームユーザーの一番の要望はインテリアの快適性である．住宅リフォームの目的は「使い勝手の改善，自分好みに変更するため」が最も多い．これはどの年齢層でも共通しており，マンション・戸建住宅においても同じである[1]．使い勝手を改善するためには，改良・改善が進んだ機器の選定や間取りの変更を伴う動線の見直し，収納力のアップなど，予算と合わせての検討が必要である．

また自分好みに変更するためには，それぞれのライフスタイルに応じた個別性の高いものとなり，リフォームへのニーズは多様で，建物の見直しは暮らしの見直しでもある．家族数も「ひとりで暮らす」「ふたりで暮らす」「みんなで暮らす」と変化するライフスタイルに，家の設えをリフォームで変えていく必要がある．またコンパクトな暮らしを求めての「減築」，あるいは新しい夫婦の自立と共生をかたちづくる「夫婦別寝室」などその時代のトレンドとしての暮らし方がある．そのためには，自分らしさの追及をプランやデザインでつくり上げることが求められる[2]．

また，建物の基礎・構造（骨組み）のみを残し，内装，設備機器類すべてを解体撤去して，再生させる大規模リフォームをスケルトン工法とよぶが，マンションのスケルトンリフォームでも，間取りの変更を伴う内装替えが行われることで新たにつくり上げた住宅での生活は一新され，オーダーメイドのわが家がつくり上げられる．

30年前のわが家でも基本性能だけではなく，新たなプランやデザインによって生まれ変わるのだが，そのための商品開発も大きく進んでいる．リフォーム用玄関扉，リフォーム用ユニットバス，既存クロスの上貼り用漆喰というように時代の要請とともに，リフォーム工事への対応も進んできている．暮らしの根幹をなす「住まい」においてリフォームの役割は大きく，今後は既存住宅の流通業界や金融など，他の分野との連携も急がれている．　　〔西田　恭子〕

図1 ｜ マンションのスケルトン状態

📖 参考文献
[1] 住宅リフォーム推進協議会：「平成25年度住宅実例調査報告書」，2014．
[2] 西田恭子：「暮らし継がれる家―リフォームでつくる幸せ家族」，主婦と生活社，2010．

②学校

学校インテリア設計の考え方 ………454
教室 ……………………………………456
特別教室 ………………………………458
図書室 …………………………………460

学校インテリア設計の考え方

　学校教育法第1条において，学校とは幼稚園，小学校，中学校，高等学校，中等教育学校，特別支援学校，大学及び高等専門学校とされている．平成25年度文部科学白書によれば，全国に56,657校の学校がある（幼稚園13,043校，小学校21,131校，中学校10,628校，高等学校4,981校，中等教育学校50校，特別支援学校1,080校，大学782校，短期大学359校，高等専門学校57校）．文部科学省は，このうち地方公共団体の設置する公立の小学校・中学校・高等学校・中等教育学校・特別支援学校に対して施設整備指針を定めている．これらの学校は，学校数全体の約63％に相当し，インテリア設計に与える影響力は大きい．また，教室用机・椅子については，JISが定められている．
　教育施設の種類については，上記以外にも幼児に対して保育および教育を一体的に提供する認定こども園や，小学校と中学校の教育を統合した小中一貫校など，新しいタイプの学校も設置されている．また専修学校・各種学校など，学校教育法第1条に掲げられた学校以外の学校も以前より数多くある．
　以下に学校インテリア設計に関連する学校施設の主要テーマを挙げる．

教育内容・教育方法への対応
　従来の黒板と教科書を主に用いる一斉指導に加えて，個別学習・グループ学習や少人数指導による学習，さらにそれらの学習成果の発表を行うなど，さまざまな学習活動に対応する多目的な空間や家具のデザインが求められている．また近年では，新しい情報通信機器を使った教材も活用されてきており，その変化に対応するインテリア計画も求められている．

障碍のある生徒への配慮
　特別支援学校以外の学校においても，障碍のある児童・生徒と障碍のない児童・生徒が，お互いに十分な学習と交流を行うことができる空間づくりが求められている．障碍者の使用する机・椅子などの家具については，個別の障碍に応じた配慮が必要であり，そのデザインにおいては医療関係者などと十分な打合せが求められる．

生活の場としての快適な居場所
　学校は学習のための場であるのみならず，児童・生徒・教職員の生活の場でもあり，食事のための空間，トイレ，休憩の場所などを，ゆとりと潤いのある空間

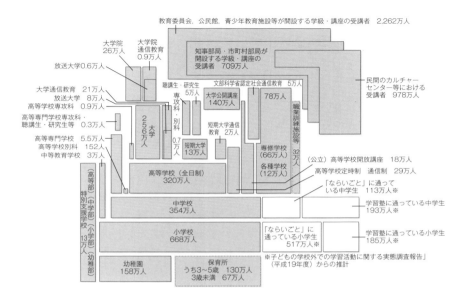

図1 ｜ 学習人口の現状（『平成25年度文部科学白書』）

とすることが望まれる．児童・生徒が学内での多様な生活場面を，自ら選択できるような空間とすることは，児童・生徒の交流が促進されるとともに，いじめや不登校の問題などへの対策としても必要であるとされている．

環境負荷の低減・自然との共生

教育施設として，それ自体が環境教育の教材として活用され，自然と触れ合う機会が増えるように計画されることが求められている．また炭素固定の観点から，学校が設置されている地域の木材資源をインテリア・家具に積極的に活用することも推奨されている．

地域の拠点としての役割

特に公立学校は，地域コミュニティの核となる施設であり，児童・生徒のみならず地域住民の生涯学習の場として活用されている．小学校・中学校においても地域開放施設として，大人の利用にも配慮したインテリア・家具計画が求められる空間もある．また防災拠点としての役割も求められており，書架や棚の転倒防止・耐震ロックなどの対策と同時に，一時避難場所のための空間として，防災設備・備品の常備や，日常使用されているテーブルや間仕切り家具などが有効利用されるような工夫も求められる．　　　　　　　　　　　　　　　〔横山　勝樹〕

教室

　初等・中等教育においては，学級あるいは組とよぶ児童・生徒の集団単位を基本として学習活動が行われる．明治期当初の学校は，各学級の児童・生徒が学校生活の大半を送る部屋（ホームルーム）を集合させた建築であったので，教室はホームルームのことを指していた．しかし戦後の高度成長期以降，教育の質の向上を図るために，理科室や音楽室など特定教科の実験・実習を行う特別教室が学校内に数多くつくられるようになった．これらの学校運営を特別教室方式とよぶようになり，これが現在国内の多くの学校で取り入れられている教室配置計画である．法令においては，特別教室や多目的教室以外の教室を普通教室とよんでおり，普通教室はホームルームであると同時に，国語や数学のような実験・実習を伴わない教科の教室と位置づけられている．

　一方，中等教育においては，一部の学校が教科教室型とよばれる学校運営をとっている．これは国語，数学，英語，社会などの科目にも専用教室を割り当てる教室配置計画である．この場合，必ずしも学級数の分だけ普通教室数が確保されていないので，ホームルームが普通教室ではないこともある．ホームルームに必要な機能は，学級運営の場となることや生徒各人の持ち物を収納することであり，掲示板やロッカーなどの備品・家具が必要である．これらをホームベースとよぶ空間に配備することが望まれるが，その空間は教室同様の広さや，部屋としてのまとまりを必要としているわけではない．

　以下に普通教室および教科を特定しないその他の教室を概説する．

普通教室

　小学校設置基準において，一学級の児童数は40人以下とされているが，近年の義務教育標準法改正により1年生については35人以下となった．また地方自治体ごとに少人数教育を実践する動きもある．教室の広さに関する規定はないが，過去の公立学校標準設計の影響と，現在も学級数に応じて校舎の必要面積や特別教室数などが定められ国庫負担金が算出されることから，実態として63 m^2 程度とする学校が多い．一方，JIS の学校用家具－教室用机・椅子では，2011年の改正により机面が大きくなり 600 × 450 mm から最大 750 × 500 mm までが認められるようになった．多様な学習活動に対応するためであるが，学級の児童数と教室の大きさの条件によって，机面の大きさは制約を受ける．

小学校低学年では，学校生活への慣れを定着させるために，特別教室を使用せず普通教室のまわりで大部分の学習活動・生活を行う総合教室方式がとられることも多い．この場合，教室内または近くに作業・図書スペースをつくったり，流しやトイレなどの生活空間を付属させたりすることが望まれる．

中学年・高学年においては，一般に特別教室方式の運営がなされているが，普通教室にオープンプランを採用する学校もある．普通教室廊下側の壁を設けないか可動式として，廊下に相当する空間をオープンスペースとする（多目的教室と位置づける）ことで広めにとる計画である．このような空間は個別学習やグループ学習のためのワークスペースとして利用されることが多い．また教室を開放的にすると同時に，落ち着いた雰囲気の場の設定も必要であり，デンとよばれる小さな空間を付属させることもある．

普通教室が果たしている機能・役割
G：一般学習スペース
　様々な学習活動の場．自由度，広がりが求められる
H：ホームベース
　クラスの学校生活の拠点，持物の収納，掲示，連絡
　特別教室型のクラスルーム，教科教室型のホームベース
W：水まわりスペース――トイレ・手洗い・水飲み等
　低学年のクラスルーム，特殊学級等に付属
P：作業活動スペース
　流し，作業台，床仕上げを備えた作業活動の場
T：教師スペース
　小学校のクラスルーム，教科教室に確保される
R：教材スペース
　クラスや教科の教材を整理よく収納，保管する
M：メディアスペース
　図書・コンピュータ・視聴覚機器・教材・作品等の場
V：半屋外空間――ベランダ・テラス・バルコニー等
　汚れや音を気にせず活動でき，気分転換の場となる
Q：クワイエットスペース――閉じたスペース
　音から守られた場，やすらぎの場――デン・アルコーブ
　これらの要素を有機的に組み合わせて教室まわりを計画する

図1 ｜ 教室まわりの機能構成要素
（日本建築学会編：「第3版コンパクト建築設計資料集成」，丸善，2005，p.235）

保育室

幼稚園は保育室・遊戯室などの空間で成り立っているが，そこでは，幼児の自発的な活動としての遊びを引き出すような環境づくりが重要とされている．幼稚園設置基準において，一学級の幼児数は35人以下を原則とし，広さに関する規制はないが一般に53 m^2 が基本となっている．言葉や豊かな感性，表現力を獲得するための"ごっこ遊び"や，音楽や創作活動などの表現活動の可能なインテリア設計が求められる．また保育室で食事をとることも多い．

講義室

大学の授業科目は講義・演習と実験・実習・実技の科目に大別される．講義室は従来多人数の学生を収容するために床固定の連結机・椅子が設置されていたが，近年はグループ・ディスカッション，ディベートなどを授業にとりいれるアクティブラーニングの導入が求められており，可動式の机・椅子を配置する講義室，少人数教育に対応する演習室なども求められている．　　　〔横山　勝樹〕

特別教室

　公立学校の施設費国庫負担金に該当する特別教室の種類は，小学校では，理科教室，生活教室，音楽教室，図画工作教室，家庭教室，視聴覚教室，コンピュータ教室，図書室，特別活動室，教育相談室とされている．中学校では，生活教室がなく，図画工作室は美術教室に置き換えられるほか，技術教室，外国語教室，進路資料・指導室が加えられる．またそれぞれの教室には必要な教材を保管したり制作したりするための準備室が付属する．

　中学校・高等学校で教科教室型をとる学校では，このほかに国語・数学・社会などの教科も専用教室で授業を行い，各教科に適した教材や備品・家具を用意している．また教室配置を教科ごとの教室にまとめる教科センター方式をとって，空間の効率的な活用を目指す計画も近年みられる．一方，生徒は授業ごとに教室移動をすることになり，教室外に持ち物を保管するロッカーを配備することも必要となる．

　以下に教室用机・椅子以外の，実験・実習や個別学習・グループ学習で必要となる家具類を挙げる．

机・テーブル・台類

　グループ学習活動に対応するのが，汎用テーブルである．組み合わせテーブルは，1つで個別学習に使用されるほか，複数を組み合わせてグループ学習に対応する．また座卓は，床面と連動して使える利点がある．キャレル・デスクは，1人で集中する雰囲気をつくるために使われる．実験実習台は，4〜6人のグループが，立った姿勢で実験・実習を行うためにあり，シンクやコンセント，器具や配管類を収納する戸棚が備えられる．実験実習台をカウンター式として壁面に沿って配置することもある．この場合，教室中央に汎用テーブルと椅子を配置すれば講義やホームルームにも使用できる．

椅子・スツール類

　上記のテーブルに対してなるべく共通して使えると効率的である．また床面を大きく使う学習場面に備えて，コンパクトに収納できることも望ましい．タブレットチェア（メモ台付きの椅子）は，発表などで集団がコンパクトに集まったときにも各人がメモをとれる利点がある．

収納家具類

　収納家具類に，場所を区切り学習コーナーをつくるために使われることもある．そのために，パーティション類と組み合わせることや，裏面を掲示面として利用することにも配慮するとよい．スペースの中央に置いて使われる収納家具については，移動可能なものが良いが，安定性も求められ，立位においてスペースを視覚的に分断してしまう高さは心理的にも好ましくない．児童・生徒が自らテーマを選択して学習を進めていくプリントを収納する棚，さまざまな大きさの教材や道具，材料，製作中の作品を収納する教材棚，学年や教科に対応した図書を収納する書架，ランドセル・鞄・コートなど児童・生徒の持ち物を収納するロッカーなどの製品が，造作家具以外でも導入されることがある．

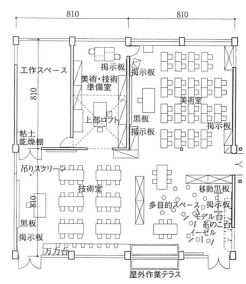

図1 ｜ 旭中学校（愛知県東加茂郡旭町）

ホワイトボード・掲示板・パーティション類

　教室に備え付けられるもの以外にも，日常的に安全に移動できるホワイトボード，あるいはプロジェクターによって教材を映写するスクリーンなどがグループ学習などで使用される．掲示板は，その時々の教科・単元の情報や作品・研究成果を展示・掲示し，児童・生徒の関心を高めるために使用される．パーティションは，教科や単元の学習コーナーをつくったり，いくつかの学習グループが並存するときに，互いを干渉しないようにしたりするときに使われる．

ワゴン類

　AVワゴン，教材整理ワゴン，ブックトラックは，視聴覚機器や関連する図書・資料などを教材庫や図書室から運搬して使用するために用いる．

〔横山　勝樹〕

図書室

　小学校，中学校，高等学校の図書室は，学校図書館法においてその目的が定められている．教育課程の展開に寄与し，児童・生徒の教養を育成するために，図書，視覚聴覚資料などを収集・整理・保存し，その利用を促進することが求められる．読み聞かせ，読書会，研究会，鑑賞会，映写会，資料展示会等が利用促進のために行われている．公立の義務教育校については，文部科学省が学校図書館図書標準において，それぞれの学校の学級数に応じた蔵書冊数の算出式を設定し，目標値を通達している．全国学校図書館協議会の平成25年度（2013年）調査によれば，平均蔵書冊数は，小学校9,745冊，中学校10,971冊，高等学校25,400冊であった．

　大学の図書館は，大学設置基準において必要不可欠の施設として位置づけられ，閲覧室，レファレンス・ルーム，整理室，書庫等の空間を設けることが求められている．以前は，座席数や図書・学術雑誌の冊数・種類数についての量的規定もあったが，平成3年（1991年）の大学設置基準大綱化以降は，学部規模に応じることを求めつつも，質を重視する規定に変わった．平成25年度の学術情報基盤実態調査によれば図書所蔵冊数と雑誌所蔵種類数は，一大学平均で国立大学1,158,792冊・21,326種類，公立大学266,835冊・3,839種類，私立大学327,019冊・3,592種類，学生1人当たりの図書蔵書冊数は，国立大学で162.1冊，公立大学で150.6冊，私立大学で85.4冊である．図書所蔵冊数は年々増加しているが，雑誌所蔵種類数については，電子ジャーナルが増加する一方，紙媒体は減少している．

　施設設備に関しては，一大学平均の面積と閲覧座席数は，国立大学で11,102 (4,088) m^2・869席，公立大学で3,564 (1,435) m^2・273席，私立大学で4,251 (1,882) m^2・470席である（カッコ内の数字は利用者が自由に使える閲覧，視聴覚，情報端末の各スペース合計の面積）．

　一方，学校図書館は図書・雑誌の所蔵に加えて，近年，自学自習の場所としての役割に重点が置かれるようになっており，以下にその例を挙げる．

学習・メディアセンター
　小学校・中学校・高等学校においては図書室に視聴覚教室，コンピュータ教室や多目的教室を近接させることで，センター化したスペースとすることも行われ

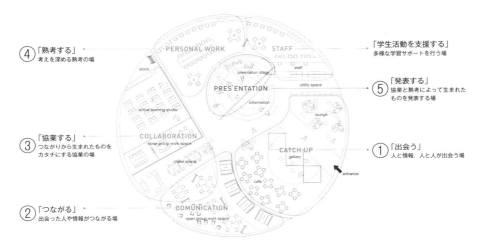

図1 ラーニング・コモンズのイメージプラン（岡村製作所：ラーニングコモンズ 空間コンセプトブック）

ている．本を読んだり，自主的に調べものをしたりする楽しさを醸し出す雰囲気づくりが求められる．また図書，コンピュータ，視聴覚教育メディア等を学年ごとの，あるいは教科教室型の学校では教科ごとのオープンスペース（共通学習空間）に分散させる学校もある．

ラーニング・コモンズ

大学図書館の役割として，学生の主体的な学修への支援が求められるようになっている．ラーニング・コモンズは，印刷物としての図書・雑誌だけでなく，無線LANなどを通じて電子情報も含めたさまざまな情報資源にアクセスし，学生同士が議論を進める学習スタイルの場を提供する空間とされている．学生同士のミーティングやプレゼンテーションが可能なスペースとなるよう，可動式の組み合わせテーブル，ホワイトボードやプロジェクターなどの家具が備えられる他，カフェを併設する大学もある．

〔横山　勝樹〕

③オフィス

オフィスプランニングの考え方 ……464
執務室（執務空間） ………………468
会議室・応接室 …………………470
リフレッシュルーム（リフレッシュコーナー）
………………………………………472

オフィスプランニングの考え方

　オフィスプランニングとは，オフィスに必要な機能（会議室，応接室，役員室，執務室，受付等）を，設定されたスペース内に適正に計画していくことである．計画とは，経営方針に基づいたオフィスの設計方針やワーカーの働き方（ワークスタイル）をもとにして，各室の数，家具の数，セキュリティレベル等，さまざまな要素を設定することが含まれる．

　ところで，近年オフィスの概念が広がりつつある．その理由の1つにICT（情報通信技術）の進歩がある．私たちはノートパソコン（PC）やタブレットをもってさえいれば，どこにいても（喫茶店や電車の中でも）ある一定範囲の仕事を進めることができる．オフィスを「仕事をする場」と定義するならば，情報端末を利用している場所もオフィスといえるかもしれない．しかし，ここではこのような働き方を考慮した上で，業務組織の人々が集まる場所をオフィスとよび，説明をしていく．

　オフィスを効果的かつ効率的に作るためには，対象となる組織の仕事のプロセスとそのプロセスに応じて情報や人がどのように関係しているかを調べ，かつ仕事に必要な機器や家具等を調べ，それに基づいて必要な空間を設定・配置することになる．これらは組織により異なるので，個別の調査が必要であるが，調査内容や方法は共通化が可能であり，これらを知ることでオフィス作りも効率的にできることになる．

　ここではプランニングの基本となる以下の内容を説明する．

プログラミング

　オフィスの設計に限ったことではないが，空間を設計していく上で必要なことは，設計要件の把握である．要件が適切に把握できていない場合は，見た目のオフィスがどんなに立派であっても，組織の目標を達成することは難しく，ワーカーにとって使い勝手の悪いオフィスになる．

　第一のポイントは組織の方向性，つまり組織の戦略をよく知ることである．経済のグローバル化に伴い，企業も常に進化していかねばグローバル競争に生き残れない時代になっている．それに従って，オフィスも状況に応じた臨機応変さが求められている．さらに，現在だけでなく，将来を見据えてオフィスにどのような機能を求めるのかも確認しておく必要がある．このためには，経営者側に組織

の将来の方針（企業戦略）をヒアリングしてから，設定していく必要がある．例えば，業務内容や業務対象地域の拡大等の変化によって，従来以上にテレワークを多く採用していく必要が見込まれるのであれば，変革の時期や働き方の変化を予測しておかねばならないが，これには経営的判断が必須である．

第二のポイントは，現状のオフィスの把握である．具体的には，①実際のワーカーの働き方，②オフィスの使われ方とその問題点，③オフィスに対するワーカーの不満等の把握である．

例えば，①では社内外でのテレワーク率（モバイル化率），タスクフォース型業務の割合，コミュニケーション業務の割合等を調べることが必要である．また，②では集中作業はどこで行われているか，共同作業は誰と，どこで，どのように行われているか等を調べることが挙げられる．③ではアンケート調査を行い，実際に働いている人たちが感じている不満と要望を引き出すことが必要となる．

コンセプトの策定

前段階で求められた要求条件を整理（優先順位の設定等含む）し，それらをもとに，企業方針も含めたオフィス作りのコンセプトを立案する過程である．今後の設計プロセスの中で，何らかの障害が生じることもある．その際には，常にコンセプトに立ち戻り，判断することが必要であり，その点からコンセプト立案は非常に重要である．

スペース（面積）計画

コンセプトや設計条件等をもとに，必要な機能（各諸室）を設定し，それらの面積（スペース計画）や配置（ゾーニング計画）を設定する．スペースは設計要件から各室の数や大きさをもとに必要面積を算出する．ただし，ゾーニングとの関連で多少の増減も行わねばならない場合もある．

例えば，会議はどの程度の頻度で行われるか，参加人数はどのくらいかといった予測に基づき，会議室の大きさと数を設定することにより，会議室面積が確定する．

ゾーニング（配置）計画

ゾーニングはそれぞれの室空間が相互に機能的に利用できるよう，室間の配置を考えることである．一般的には人の流れ（動線）をもとにゾーニング計画を立てる．その際，機能の集中により効率化を図り，類似の機能の室を近くに配置することが多いので，集中した機能を1つのまとまり（ゾーン）として配置を考えていくために，ゾーニングとよばれる．

例えば，会議室の大きさと数を設定後，他室との関連を考慮しながら，オフィス内のどこに配置すれば効果的かを推測し，大まかな配置を考えていき，ゾーニ

③オフィス

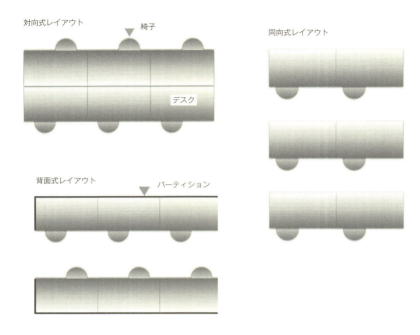

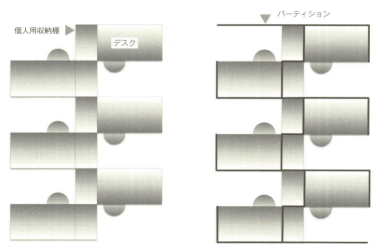

図1 ┃ レイアウトパターン例

ングを確定する．

ファニチャー（家具）計画
　ファニチャーの選定が主な作業となる．執務用であれば，ワーカーの働き方や必要な収納量をもとに，机のサイズや形態を決めていく．会議室の場合は，人数や大画面のモニターを同時に使用するか否かといった会議の進め方をもとに決めていくことになる．応接室の場合は，自社のイメージの向上を考え，選択することになる．なお，既製品に適当な家具がない場合には，特別注文で製造・納入されることもある．
　ファニチャー計画はスペース計画やレイアウト計画に大きく影響を及ぼすため，両者との兼ね合いも考慮しながら設定していくことが必要となる．

レイアウト計画
　ゾーニング計画やファニチャー計画をもとに，フロアの平面に家具を配置する作業である．例えば，執務スペースであれば，部署ごとにまとめて家具を並べていく方法が一般的である．家具を置けば，そこには通路スペースが必要になる．ただし，フロアには柱もあり，平面形状も正方形や長方形であるとは限らないため，選択した家具を部署ごとに並べられるとも限らない．このため，部署のまとまりを優先するのか，家具のサイズを優先してまとまりを多少崩すのか等でレイアウト計画は変化していくことになる．
　執務室における一般的なレイアウトパターンを図1に示す．

色彩計画
　色彩計画は，オフィスに限らずインテリア空間に大きな影響を及ぼす重要な要素である．このため，家具の選択等をする際も常に同時に考えながら，進められている．執務室の色彩の特徴としては，複数の人が使用する空間であるため，派手な色はあまり採用されず，グレー系やベージュ系等の無難な色が採用されやすい．一方，リフレッシュルーム（コーナー）では明るく，鮮やかな色合いの家具が選択される場合も見受けられるようになってきている．　　　　〔白石　光昭〕

執務室(執務空間)

オフィス内の執務室(執務空間)

オフィスにはさまざまな機能があり、これらの機能に基づいたオフィスに設けられる空間を分類したものが図1である。執務空間が働く場としてのオフィスの中心になるが、この空間以外にも、会議室や応接室、受付等の業務支援エリアもあり、これらも大切な空間である。

この図では、執務空間においてはワーカーが自席(あるいは自席以外)で個人の作業や打合せ等を行うこととし、分類がなされている(なお、この意味では役員室も執務空間といえるが、ここでは一般ワーカーが主に使用する空間を執務空間として説明する)。

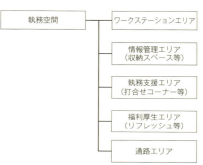

図1 執務空間の分類

執務空間のデスクまわり

従来の日本の執務空間は組織や職種が異なっても大きく異なることはなく、対向島型(あるいは対向式)とよばれるデスクレイアウトが主流であり、執務空間全体がオープン空間であった。その中ではワーカーの席を決めるルールがあり、出入り口に近い席には若い人が座り、窓側に近づくにつれて役職の高い人が座る席となっている。

部署の管理職(係長や課長等)になると、島全体を見渡せる位置にデスクが置かれる。さらに上の管理職(部長等)になると、島から離れた位置に個別のデスクが置かれる。すなわち、仕事上の階級、言い換えれば情報の流れをそのまま具現化したデスクレイアウトになっていた。また、デスクの大きさ(幅)も大きくなり、椅子も役職を表すように、背もたれが大きくなる等の価格の高いものになる。つまり、業務内容が異なってもデスクレイアウトは同じであったのである。

しかし、さまざまな分野でグローバル化が進み、オフィスにおける生産性向上が徐々に求められるようになり、オフィスに対する認識が変化してきた。その結果、従来のような業務内容が異なっても同じレイアウトを使用してきたことに対する疑問が生じてきたのである。

そのような疑問に対する1つの考え方として，個人で集中する業務が多い場合（例えば，企画部や開発部とよばれる部署）と，集団で情報を共有しながら業務を進める場合（例えば，営業部や総務部とよばれる部署）とでは，明らかに求められるレイアウトが異なることが認識され，複数のデスクレイアウトのパターンが提案された．また，その過程でローパーティションとよばれる隣席や前面の席とを仕切る家具も取り入れられるようになり，業務内容の違いに対応できるようなデスクレイアウトが提案された．

なお，対向島型のデスクレイアウトは，もともとは明治時代にイギリスのオフィスを真似て採用されたとされるが，日本的な考えに合っていたためか，多くの組織で採用されてきた．しかし，このレイアウトも1989年に出されたニューオフィス宣言以降，オフィスへの認識が変化するとともにICT（情報通信技術）の進歩により，他のデスクレイアウトが採用され始め，少しずつ減少してきている．

自席をもたない執務空間の出現（ノンテリトリアルオフィス）

上記のような変化の中，執務室の中での最大の変化は，ノンテリトリアルオフィスとよばれる自席をもたないタイプが提案されたことであろう．この言葉は概念を表しており，1つのレイアウトを指しているわけではない．「フリーアドレス」「グループアドレス」「アクティビティセッティング」「ユニバーサルプラン」等，複数のタイプがある．

例えば，フリーアドレスの考え方の基本は，使用していないスペースを効率的に使用することである．営業職のように外出が多いワーカーの席は外出する際に必ず何もない状態に戻すことで，他の人が自由に使えるようになる．営業等ではこれを部署別に展開し，決められた範囲（エリア）の中で席を自由にする「グループアドレス」も見受けられる．また，「アクティビティセッティング」はデスクの種類（形や性能等）を複数用意し，仕事の内容に合わせてデスクを選択できる配慮をしたものであり，仕事の効率化も考慮している．逆に，「ユニバーサルプラン」は役職や仕事の内容も関係なく，すべてのデスクを同じタイプで揃える考え方である．

これらの考え方が展開されてきた背景には，パソコンの1人1台化やネットワークの充実，無線LANの進展が大きく影響し，それらをもとにしたデジタルデータの情報共有化がある．これらの技術が新しい考え方を支えてきたといえよう．

ただし，このような考え方を正しく運用していくためには，どのような組織が適しているのか，現実にはどのような課題（問題）が生じるかについて，十分な検討が必要となる．　　　　　　　　　　　　　　　　　〔白石　光昭〕

会議室・応接室

会議と応接

　会議には，議論を発散する内容の会議と収束する内容の会議の2つがあるとされる．ただし，発散のみや収束のみの会議はそれほど見られるわけではなく，1つの会議中に両者が混在し，それらの議論に基づいて仕事を進めていくための意思決定が順次なされていくのが一般的である．

　その他に，定例会議と非定例会議という分け方もある．定例会議とは，組織上の上司や同僚に自分の仕事の報告（進捗を含む）を定期的に行うことにより，情報を共有する会議である．これに対し，非定例会議とは，仕事を進める関係者と必要に応じて開催するものであり，定例会議とは異なるメンバーで開催されることも多い．

　最近，ICT（情報通信技術）の進歩により，単純な報告等はメールやSNS等の利用で代替されてきている．しかし，意思疎通にはやはり対面が重要であり，オフィスから会議室や打合せコーナーがなくなることはないであろう．

　これに対し，応接とは文字通り，客を招き入れ，客の応対をすることである．近年では単純に応接をするだけの室は減少し，応接と同時にある程度の打合せや会議等を行う応接会議室が設けられることがある．

会議室

　会議であるから，人が集まって討議等をするわけだが，仕事の進捗確認の会議から契約のための会議，そして人事に関する会議まで，その内容はさまざまである．

　例えば，契約や人事関連等の秘匿性の高い会議では，たとえ社内の人間であっても情報が漏れないように，会議室を締め切ることができなければならない．時には，鍵やICカードにより出入り可能な人間を制限することが必要になる場合もある．逆に，会議中でも多くの人から意見をもらいたいといった場合は，周囲の人に参加者が見える（例えば，ガラスで仕切られている等），または会議の声が周囲に聞こえるような状況がよい場合もある（例えば，完全に閉めることができないオープンな会議室を用意しておく，あるいは会議中でもドアを開けておくといったルールを設ける等）．このように，会議室のインテリアは内容や目的に基づき，室内の機能が設定されるのである．

③オフィス

会議室の具体的な大きさは参加人数によって決定されるべきであるが，常に同数とは限らない．このため，現実的には6人用会議室，10人用会議室といった大きさの異なる会議室が設けられる．1つのビルに多くのワーカーが働いているオフィスでは，1フロアすべて会議室の場合もある．なお，複数の会議室がある場合には，会議室の予約システムが一般的に使われている．

会議では参加している相手への説明等が必要となるが，従前からよく使われてきたホワイトボードとともに，最近ではコンピュータを用いたプレゼンテーションが多く，会議室内にモニターやプロジェクターを設置することが多く見受けられる．また，効率化を目的に，あるいは企業のグローバル化により，異なる国同士でテレビ会議もよく行われるようになり，専用のテレビ会議室を設ける企業もある．

長い会議は参加者から敬遠され，効率が悪いともいわれるが，常に時間通りに終了するとは限らない．そのときには，リラックスできる仕掛けも必要となる．例えば，休憩時間用に飲み物が用意されている，外の景色を眺めることができる，といったことはよく採用される仕掛けである．

応接室

社外の担当者との仕事を進めていく上で，自社のイメージを高めてもらう必要があるが，応接室のインテリアが客に良い（または悪い）印象を与えることがある．これは応接室に限ったことではないが，特に応接室のイメージには配慮が必要となる．

先述したように，近年は仕事の効率化の考え方が徹底してきたためか，純粋な応接のみに利用される応接室は少なくなり，応接と会議の両方を想定した「応接会議室」が見られるようになってきた．

応接室に使用される応接セットとよばれる家具は，上質感やリラックス感をもたせるために，サイズがやや大きい．また，テーブルの机面高やソファの座面高が低く，コミュニケーションが中心であり，そこで議論することや何かを書いたりすることは想定されていない．一方，応接会議室用の家具は上質感は保ちつつも作業性も考慮し，テーブルの机面高やソファの座面高が若干高く設定されている．

応接室のインテリア全体は，やはりある程度の上質感をもたせ，落ち着いた雰囲気に設定されることが多い．床・壁・家具やその他のインテリアエレメントは，目標とする室内の雰囲気に合わせて，デザイン・選択されている．〔白石 光昭〕

リフレッシュルーム（リフレッシュコーナー）

背景

　日本のオフィスでは，長い間リフレッシュルームの必要性の認識はなかった．これは，働くことに対する生真面目な日本的な考え方（オフィスはあくまで働く場であり，生活する場とは異なる）があったものと思われる．

　しかし，業務内容によって異なるとはいえ，多くのオフィスワーカーは長い時間（通常8時間前後）はオフィスにいることになる．さらに，企業のグローバル化が進み，欧米のオフィスに対する考え方を知り，かつ実際のオフィスを見ることで，経営者もワーカーもオフィスに対する意識が変化してきた．

　そのような流れの中，1986年12月に当時の通商産業省（現・経済産業省）から，「ニューオフィス化推進についての提言」が出され，オフィスは労働の場であるだけでなく，生活の場でもあるとの宣言がなされ，オフィスの見直しとともにリフレッシュルームの設置が進んでいったという背景がある．

　ただし，初期にはリフレッシュルームを設置したといっても，喫煙の場になっているオフィスが多く見られた．しかし，受動喫煙による健康問題が提起され，欧米よりも遅れていた禁煙の意識が徐々に高まったことにより，オフィス内での喫煙や喫煙スペースは少しずつ制限されていき，リフレッシュルームも本来の姿になっていった．

　また，同時期にコンピュータの導入が進むとともに，ICT（情報通信技術）が向上したことから，経営者側は知的生産性の向上を求めて従来のオフィスの変革を考え始めた．ただし，コンピュータの利用はワーカーに過度の緊張や眼精疲労等をもたらしていることが社会問題になり，休息することの必要性や重要性が認識された．特に，コールセンターのように1日中モニターを見ながら，緊張が続く業務を行うオフィスが増加してきていたことも，ワーカーの疲労に対する考え方に一石を投じていた．

　こうした流れから，日本のオフィスにリフレッシュルームが設置されるようになってきたのである．

リフレッシュルームのインテリア

　上記で述べたように，初期にはリフレッシュルームとはいっても，あくまで喫煙の場として，たばこの煙をとる喫煙用集塵・脱臭機が置かれた，空間分煙が目

③ オフィス

的の場合が多かった．カウンター式の集塵・脱臭機がリフレッシュルームの中心に置かれることが多く，壁や床も既存の素材と同じままであり，またインテリア小物等も置かれることも少なく，インテリア空間としての特徴はそれほど見られなかった．なお，たばこを吸うときに重要なことが決まることもあるといわれ，喫煙者が多かったことが伺われる．

　近年はリフレッシュルームの重要性も認識され，設置するオフィスも多くなってきているが，リフレッシュ設置の目的はオフィスによりさまざまであり，このためインテリアの特徴もさまざまである．例えば，ゲームソフトを製作している企業のオフィスでは，他社のゲーム機が置かれたり，遊び心一杯のカラフルなリフレッシュルームもあれば，通常の企業のオフィスでは植栽に囲まれた落ち着いた雰囲気のものもある．

　このように，どのようなリフレッシュルームがよいかは，そのオフィスによるわけだが，一般に見られるリフレッシュルームの特徴をまとめてみる．

　よく見られるのが，植栽である．緑は心を癒す効果があるからである．なお，オフィスに設置される植栽には天然物と人工物とがあり，天然物の場合は枯らせないように手間をかけねばならないが，ぬくもりを感じられる．人工物は手間はかからないが，いつも同じもののため長い期間で見ると飽きてしまうこともある．

　また，高層の建物の場合は，眺望のよい場所に配置されることが多い．コンピュータを使用しているときはいつも近くを見ているので，遠くを見ることにより眼精疲労を和らげてくれる効果があると考えられ，かつ晴れ晴れとした気分にもしてくれるからであろう．

　設置される家具は，オフィスに置かれている家具とは形や色が異なる場合が多く，落ち着いた感じが出る茶系，気分転換として多少鮮やかな色彩系等が使われることがある．床や壁の色彩も同じような配慮がなされていることが多い．

眺望と植栽があるリフレッシュルーム

同エリア内の自動販売機

図1 ┃ リフレッシュルーム参考例

〔白石 光昭〕

④公共・商業空間

喫茶店（カフェ） ································· 476
レストラン・食堂 ································· 478
ホテル・旅館 ······································· 480
百貨店（デパート） ······························· 482
駅 ·· 484
ファストフード店 ································ 488
公共トイレ ··· 490
病院・診療所 ······································· 492
劇場 ··· 494
福祉施設 ··· 496
図書館 ·· 500

喫茶店（カフェ）

「喫茶店」には「カフェ」「ティーハウス」「茶館」「茶房」などいろいろな名称があるが，基本的には茶（紅茶，日本茶，中国茶等）または珈琲を主体とし，他に清涼飲料や菓子・軽食を提供する店のことを指している．日本の街中で見かける喫茶店は大企業のチェーン展開した店や純喫茶の他に，ジャズ喫茶やカフェバー，インターネットカフェ，メイド喫茶のように飲み物以外のサービスを取り入れた，音楽，小売り，出版にアート，オタク文化など異業種分野と融合した多種多様な形態の店が多く見られる．

図1 | インターネットカフェ店内客席

回転率と客単価

このように，他業種に見られないほどまで幅広い業種と組み合わさる理由は簡単である．喫茶だけに特化した場合の回転率の悪さと客単価の低さ，そして喫茶行為の柔軟性のためである．一般的に，娯楽の発達した近年では個人喫茶店の新規開店は非常に困難だとされている．そもそも日本では茶や珈琲を飲んで休息するという付加価値の低い身近な行為に対して大きな対価が払われないからである．しかも一般的に開業が簡単で事業性が安易に見えてしまうことで競合店が非常に多いことも一因にある．実際，一般的な喫茶店の客席と厨房の面積配分は店のコンセプトによって異なるが，厨房比率が15～20％前後と飲食店の中でもかなり低い数字である．また機器類が進歩したために特別な技術なしに質の高い飲物等の商品を提供することが可能である．そのため，商品や店舗空間の差別化，追加オーダー，付加価値のある商品開発などによる客単価のアップを図るか，ビジネス街や観光地での短時間の休息客で回転率を上げるなどの工夫が必要となってくる．

多様性

そこで喫茶行為の手軽さを生かしたあらゆる可能性を求めて新しい業態が生み出されるのである．当然のこととして，組み合わさる業種は客単価の高い業態か

テイクアウトのように回転率が高いスタイルになってくる．すると本来の飲み物の提供コストよりも，付加サービスに対するコスト配分が極端に高くなるケースが多くなる．それはまるで，付加サービスがメインの売り物で，飲み物が添え物のように思われるほどである．

図2 季撰菓匠「花仙堂」喫茶スペース

実例・店の設え

和菓子販売と喫茶を併設した（図2）．この店では，非日常性を最大限引き出すようにデザインしている．社会生活において，商業（店舗）空間は「ハレ」の場である．しかし喫茶店等は同時にくつろぎの場としての機能も求められている．この店では来店者に，大地に包まれるような落ち着いた空間と小さな驚きを提供することを考えている．

店の販売スペースと喫茶スペースとはエントランスを挟んで両側に分かれて配置している．エントランスへの導入部となる通路は光と影がリズムをつくる小道のような意匠としている．自分だけが知っている隠れ家に行くようなイメージをつくることで非日常的な気分を盛り上げている．そして店内のイメージは，木漏れ日の射す森の中の洞窟である．店内の色彩は，焦げ茶色を基調としながらも細部には古くから日本人が慣れ親しんだ色を数多く織り混ぜている．そして仕上げ材は，手に馴染む質感のものを使用し，表面上だけのデザインではなく材料そのもののもつ魅力を味わえるように考慮した．内装はオイル拭きの楢無垢板で仕上げ，優しい手触りと深みのある質感で表現し，部屋の立体的フォルムは気がつかない程度わずかに末広がりにつくることで，安心感が得られる空間にしている．厨房やトイレはその存在を意識させないような意匠とし，それらを囲む壁は漆喰や鉛板など素材感のあるものを使用して視覚的に組み合わせの楽しさを表現している．照明は室内を均質に照らすのではなく，空間の中に明かりと影をつくるように散りばめている．客席からは厨房内部が見えないように設え，外を望む窓の大きさはできるだけ絞り込み視線を低く抑えることで落ち着いた空間をつくっている．テーブルは無垢の木を，椅子には織生地を使い，触感や質感にも配慮し，客がユッタリとした時間に浸れるように計画している．　　　　〔矢田 朝士〕

レストラン・食堂

生活の基本は，衣食住といわれている．なかでも食事は人間の本能的な欲求の1つでもあるが，もはや私たちは食事を単なる栄養補給のための行為とは見なしていない．食事はすでに文化であり，またレジャーであったりもする．日本料理が世界文化遺産に認定されたように食は高度な文化レベルにまで達し，また地域や料理人によるさまざまな特色のある形態を見せている．私たちが食事をとる形態としては「外食」「中食」「内食」という分類がある．「内食」や「中食」は本人の意識とは別に本能的な欲求（栄養摂取）を満たす側面が強いが，「外食」ともなるとすでに楽しむための行為として捉えている場合も多く，料理界の一部はアミューズメント性を切り口として発展している．

図1 レストラン：テーブル席

レジャーとしての食事

ガイドブックを頼りに，美味しい料理を探して食べ歩くのは楽しい．代表的なガイドブックに「ミシュランガイド」があるが，始まりは，車で旅行してフランス各地の郷土料理を探索した「食べ歩き」の記事であり，それが人々の嗜好と結びつき，フランスの国民文化として定着したものである．そしてその食事を提供する場がレストランや食堂である．定義上はレストランと食堂には特別な違いはなく，他に「料亭」「ビストロ」「トラットリア」「飯店」などさまざまな呼び名があるが，その店の提供する食事内容や店構えによって自由に使い分けられている．一般的に「レストラン」は食事の価格帯が高い傾向があり，「食堂」は安さやボリュームそしてメニューが大衆向けのものが多いというイメージがある．

レストランの構成

レストランの店舗の平面構成を見てみると，大きく分けてメインの客席とバックヤードの調理場等がある．一般的に客席には快適性や演出性が求められ，調理場には機能性や清掃性が求められる．また厨房の面積比率は30〜40％前後にな

④公共・商業空間

ることが多い．コストバランスも難しく，客席にコストをかけるのか，調理関係に振り分けるのか個々の店の方針により大きく異なる．特に日本料理の場合は，小鉢から椀，大皿，そして箸・匙類にいたるまで提供する食事の内容に合わせて幾種類もの食器類が用意され，それらは素材も形も千差万別のため食器代や収納関係だけでもコストが嵩むが，それに加え調理器具類も世界に類を見ないほど多くの種類がある．店の形態は土地の文化や風土，提供される料理にも影響されており，なかでも料亭に注目するとその発展はとてもわかりやすい．

図2 ｜ 料亭：石畳のアプローチと入り口

図3 ｜ 料亭：カウンター席と調理場

料亭の設え

実際の料亭を見てみよう．道路際には門があり私達を迎えてくれる．建物に続く路地には打ち水がなされ，ほのかな明かりに照らされた草木の優しい色合いが私達を俗世から異空間へと導いてくれる．建物の設えはこれから提供される食事のクオリティーを想像させる．格子戸の心地よい音がいよいよだと告げている．待合いには優しいお香の香りが漂い，今まで眠っていた五感を目覚めさせる．明かりは控えめで気持ちを和らげてくれる．店内には食を楽しむためだけの設えがある．何もないのではなく，余分なものを取り除き，選ばれたもの達の最大限に引き出された魅力で満ち溢れているのである．カウンター席に着くとちょうどいい間合いに調理空間がある．こちらからそっと料理する姿を眺めながらその一時を楽しむ．洗練された道具や機能的な厨房も，料理を作ることを超えて食事を楽しむための刺激を与えてくれる装置となっている．料理の合間に席を立ち，店の奥をふらりと覗く．座敷には季節の花が生けられ，一幅の軸が飾られている．時期折々のテーマに沿って，食事や設え，そしてサービスとが美しいハーモニーを奏でながら私達をもてなしてくれる． 〔矢田 朝士〕

ホテル・旅館

余暇の過ごし方の1つに旅行がある．私達が旅行に行く時に思い浮かべるのは何だろうか．長期滞在型から日帰りまでさまざまであるが，まずは旅の拠点となる宿だろうか．温泉地なら趣のある旅館に泊まってみたいし，リゾート地なら優雅なホテルなどもよいだろ

図1 | 旅館：広縁付客室

う．そして世間にはさまざまな形式の宿が存在する．ビジネス客の利便性を考えたビジネスホテル，青少年の育成を目的としたユースホステル，巡礼・参拝者を迎える宿坊，その他にも民宿やコテージなどさまざまである．その中でも最も一般的に普及している基本的なスタイルの宿泊施設がホテルと旅館である．

ホテルと旅館の形式

ホテルとは，18世紀中頃にフランスでのレストランの誕生により社交の場と宿泊とが合わさり，貴族の邸宅をモデルとして生み出された旅行者のための宿泊施設であり，一方の旅館は明治維新を機に，江戸時代の宿泊施設の旅籠や本陣が西洋文化のホテルを手本に発展したのが始まりである．ホテルと旅館の違いは，日本の法律では構造と設備が洋式か和式かで分類される．実際には和洋折衷の形式をとったものも存在しているが，施設の中での行動（生活）様式により違いがわかりやすく，ベッドの利用の有無，客室が土足か否か，ロビーなどでの服装や振る舞いへの制限などで区別がつく．それは，前身となる宿泊施設の差異から，ホテルの諸施設はパブリックスペースであるのに対して，旅館は全体が宿泊者たちのプライベートスペースと見なされていることから生じている．

ホテルと旅館の歴史

ヨーロッパではもともと居酒屋が対として宿屋を営んでおり，そこは地域住民の娯楽やビジネスの場として利用された社交の場であった．そのために後に成立したホテルは地域のコミュニティーの場を備えることとなった．対して日本の旅館は旅籠同様に，当初は外からの客が利用する料理店を兼業することが許されず，それぞれは分けて管理されていた．旅館では地域住民との交流をもたないように

④ 公共・商業空間

図2 ホテル：スイートタイプ客室（リビングよりベッドルームを見る）

されていたために，宿内での交流のみが熟成され，旅館は地域から独立して存在することとなる．そのような視点からそれぞれの建物を見てみると面白い．

施設の構成

社交文化と食文化，そして商空間としての要素を取り込んだホテルでは，ホール・ラウンジ・バーにレストラン，コンベンションホールやパーティールームなどあらゆる交流や娯楽のための施設が用意されている．そしてそれとは別に客室は独立し，入り口には鍵がかかり，部屋の中の様子は外からは伺えず，室内には洗面所，トイレ，バス，机に聖書と生活に必要なものがすべて揃っている．一方の旅館は，建物入り口で履物を預け，簡易な扉に仕切られた床のある部屋，そして共同浴場を利用し，宿によっては団体での宿泊が可能な大部屋もある．このように比べてみるとホテルはさながら小さな都市であり，旅館は大きな家のようである．

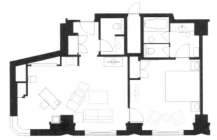

図3 ホテル：スイートタイプ客室平面図

ホテルの場合は完全なプライベート空間を用意し，そして非日常性を提供している．客室をプライベートスペース，ホールや諸施設をパブリックスペースと見なしているため，スタッフは許可なく客室に入ることは許されず，またゲストは部屋を一歩外に出ると相応の振る舞いが求められる．一方の旅館は，ほとんどが宿泊客のための専用スペースで，客室は大きな邸宅の一部屋のようでもあり，知人宅を訪れるような寛ぎ空間を提供している．仲居は食事や布団の用意をするために気軽に客室に入り，マッサージまでもプライベートな客室で行うのである．当然客側は自宅にいるかのように略装である浴衣姿で施設内を自由に歩き，浴場では初めて出会う人同士が当たり前のように世間話をしている．〔矢田 朝士〕

百貨店（デパート）

百貨店の定義

　近年，商業施設は複合化・大型化しており，かつ企業の淘汰や合併等も進んでいるため，区別がつきにくくなっている．ここでは，経済産業省の商業統計調査（業態分類表）を参考に，百貨店を次のように考える．同調査によれば，百貨店とは「衣・食・住の商品群の販売額がいずれも10%以上70%未満の範囲内にあると同時に，従業者が常時50人以上おり，かつ売り場面積の50%以上において対面販売を行う業態」とされている．これに対し，総合量販店（スーパー）とは「品揃えは百貨店と同定義であるが，対面販売の比率が50%以下である」とされている．

百貨店の歴史

　近代的小売販売方式とは，出入り自由，陳列販売，正札販売，返品自由とされ，これらを初めて取り入れた店舗が百貨店とよばれている．このような販売方式を最初に取り入れたボン・マルシェ（1852年に誕生）が世界初の百貨店といわれる（ちなみに，スーパーマーケット（以下，スーパー）はセルフサービス方式である）．

　日本の百貨店は伝統的呉服店が欧米の百貨店形式を導入して誕生し，1905年（明治38年）三越呉服店が顧客に送った書状（後日新聞広告にも掲載）に，後に「デパートメント・ストア宣言」とよばれる内容を記したのが始まりとされる．百貨店としての初期の取扱商品は少なかったが，随時拡大していった．三越と並んで著名な百貨店である髙島屋とともに，上流階層の顧客を対象にした呉服店からの出発であったため，もともと高級品を扱っていたのである．百貨店というと多くの人がもっているイメージのように高級路線が基本であるが，その背景にはこのように現在でいうところのブランドをすでにもっていたこともある．

　また，海外を含め，多くの有名ブランド店が百貨店を主な販売窓口にしたため，高級感の演出は必要な要素となり，増幅されていったといえる．さらに，セルフサービス方式のスーパーが進出し，販売数量を伸ばしていく中で，百貨店にはスーパーと差別化する道が必要だった．その1つの方向性として，高級化やファッション化が選択されたともいわれている．

　ところで，高級感を演出するには，取扱商品だけでなく，当然ながら建物やイ

ンテリア空間のデザインも重要な要素となる．また，包装紙，ロゴマーク，コーポレートカラー等も高級感を表現する要素になる．多くの百貨店でこれらに質の高いオリジナルのデザインが採用されている．

インテリア空間の特徴
　上述したような高級感の表現は各百貨店で異なるが，その中に見られる共通点を整理してみる．一般的な百貨店の構成は，①高級専門店のゾーン，②各種ブランド品またはそれ以外の商品ゾーン，③催事用のゾーン，④食品ゾーンである（なお，一般に百貨店ではゾーンをフロア別に分けている店舗が多い）．
　ここでは②の空間についての特徴をまとめてみる．

商品の陳列　スーパーのように商品を陳列棚に密度高く並べるのではなく，実際の生活シーンをイメージさせる陳列方法が中心である．このため，多くの商品を陳列することはできないが，顧客は商品についての理解やイメージはしやすい．このため，対面販売方式から考えれば，販売時の説明はしやすくなっている．

家具　陳列棚，休憩用の椅子やテーブル等，顧客の印象へ与える影響が大きいといえる．使用されている家具には，高級感のある色・素材・装飾が選ばれている．陳列棚を利用する際には，陳列空間を見渡すことができるように通路近くには大人の視線を考慮した低い棚が利用されている．商品によってはガラスの中に置かれていることもあり，これも高級感演出に貢献している．

照明による演出　全体を対象とする色温度の高い照明（ダウンライト）と，スポット的に使用されている色温度の低い照明の両方が使用され，空間全体は明るく，健康的な雰囲気になっている．特に，高級ブランドを販売するエリアや専門店街等では，高級な商品を際立たせるために照明による演出が行われている．

装飾　古くから続いている百貨店施設によくみられる演出の１つに装飾がある．例えば，柱等に古い建築様式の装飾を施すことで，伝統と高級感の演出につなげようとする考えである．また，仕上げ材も高級感演出に影響するので，床や壁に磨き仕上げの石材が使われることも多い．

インテリアデザインと百貨店の関わり
　初期の頃から洋家具の販売を手がけていた百貨店もある．このため，家具を販売するために，内装事業（現在のインテリアデザイン）の業務も行っていた．百貨店のインテリア事業は，インテリアデザインの先導役として重要な役割を担っていたのである．なお，この事業を現在でも継続している百貨店もある．

〔白石　光昭〕

駅

ひと言に駅といっても，乗降人員数百万人のターミナル駅から数十人の無人駅まで，幅広いタイプの駅が存在する．大都市近郊の通勤駅から観光地の駅，生活に密着した駅等，駅のタイプに従って，インテリアの目的・方向性も変わってくる．インテリア設計は，それらの特徴を把握した上で，機能性，安全性，利便性，経済性，デザイン性等を考慮して進められる．

駅は，機能上から「流動施設」「鉄道サービス施設」「生活サービス施設」「駅務施設」に分類される．その中で「流動施設」に駅のインテリアの特徴が多く現れる．「流動施設」とは，旅客が構内を移動する空間で，自由通路・コンコース・階段・昇降施設等を指す．

図1 | 埼玉新都市交通　鉄道博物館（大成）駅

駅の「流動施設」は，「外部（駅前広場）〜内部（駅舎）〜半外部（ホーム）」と内部空間と外部空間が連続的につながり，それが駅のインテリアの1つの特徴となる．

また，駅は多くの人が利用する公共交通施設で，安全・安心で円滑な移動空間を確保することを求められている．そのため，駅のインテリアには多くの制約がある．それらを満たした上で，駅のインテリア設計は進められる．

駅のインテリア設計の制約

安全・安心のための制約　駅に求められる社会的要望として安全・安心がある．その基準となるものとして国土交通省監修，公益財団法人交通エコロジー・モビリティ財団発行の「公共交通機関の旅客施設に関する移動等円滑化整備ガイドライン」が定められている．ガイドラインには，視覚障害者誘導用ブロックやエレベーター等の基準が示され，駅のバリアフリー化に寄与している．

また，各鉄道会社では，これまでの実績により安全・安心に基づく内装の仕様が制限されている．それらは，床の耐摩耗性や防滑性を考慮した仕様のように日々の使用から耐震天井のように災害時における安全対策まで多岐にわたり，駅の安全・安心が持続できるように日々更新されている．

④公共・商業空間

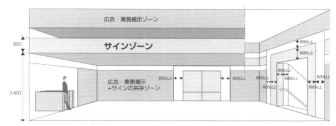

図2　サイン計画の例（JR東日本サインマニュアル）

　安全・安心のための制約が駅のインテリア設計の構成要素の1つになる．
駅のフロント設備からくる制約　駅には，券売機・出札・改札・精算機等，駅の利用をするのに欠かせないフロント設備がある．フロント設備は，各鉄道会社でフロント設備のデザインの決まり事があり，それを満たしながらインテリア設計が進められる．フロント設備は，駅のインテリア設計の構成要素の1つになる．
流動空間としての制約　駅のインテリアの目的の1つは乗降客を円滑に誘導することにある．そのため，わかりやすい平面計画とサイン計画がある．わかりやすい平面計画とすることにより，感覚的に行きたい場所がわかるユニバーサルなデザインとなり，それを補完するために案内サインが設置される．サインは鉄道会社ごとに仕様が定められており，同じ鉄道会社であれば，どの駅に降りても共通のサイン計画により誘導される．サイン計画は駅のインテリア設計においても重要な要素の1つとなる．
駅のインテリア設計
　駅のインテリア設計は，各種の制約を満たしつつ，地平駅・橋上駅（自由通路に併設して建てられるピロティ状の駅）・高架下駅等の空間の特徴を生かして進められる．その際，インテリア設計においても駅の建つ場所の特徴を生かしたものとなることが望まれている．
駅のインテリアの事例
駅の空間構成の特徴からくるインテリアの事例　駅の空間構成の特徴は，内部・外部が連続的につながることにある．そのため，外部の設計時にインテリア設計も同時に検討をしながら設計が進められる．その結果，インテリアの空間要素がそのまま外部を特徴づけるものになる場合がある．
・**埼玉新都市交通　鉄道博物館（大成）駅**　鉄道博物館（大成）駅は，新幹線高架の下部にある地平駅である．平面計画は，上り線・下り線の乗降客が中央のコンコースで集中する形となっている．その場所の天井を高くすることにより，人の集まる場所を認知しやすくしている．また，外部においては，高い天井の部分

図3｜埼玉新都市交通 鉄道博物館（大成）駅

図4｜ＪＲ駒込駅

図5｜ＪＲ木下駅

図6｜ＪＲ塩崎駅南口

④公共・商業空間

図7 JR塩崎駅北口

が象徴的に表出し，それを各ホームから眺めることができ，建物全体の構成をわかりやすくしている．

・JR駒込駅　駒込駅は，掘割に建つ橋上駅である．外部からは地平駅のように見えるが，改札を入るとすぐに階段で下っていく．その階段部分の天井を高くすることにより，感覚的に階段の機能を認知しやすくしている．外部からは階段部分の高い天井が街のランドマークとなっている．

場所を特徴づけるインテリアの事例　駅は街の玄関口であり，インテリア設計もまた外観と呼応して，その地域を表すものが駅利用者より求められている．そのため，インテリア設計においてもその地域の特徴を考慮しながら，設計が進められる．

・JR木下駅　木下駅は千葉県印西市にある橋上駅である．古くは川から材木を運び荷下ろしをされていたことにより駅名がつけられている．駅はその土地の記憶を感じるものとして設計された．上部は木の軸組を耐候性鋼材の鉄骨で表現し，下部は杉板の打ち放しとし，素材を厳選することで「和」を感じるものとしている．インテリアは外部と仕様を同じにすることで，内外の空間が連続的につながるようにしている．

・JR塩崎駅　塩崎駅は山梨県甲斐市にある南北2つで対をなす地方の地平駅である．駅は2つの場所の特徴を柱と壁の要素で表現し，なおかつ，同一の駅として一体性をもたせている．駅の構成としては，駅前広場から階段とスロープで連続的にホームに至る駅で，仕上を内外同一にすることで，外部的な要素をインテリアに取り込んでいる．壁的な南口駅は内部に光庭を設け，囲まれた中に外部を持ち込み，柱的な北口駅は，外部に開放して内的要素を希薄にしている．

〔小野 淳〕

ファストフード店

　日々忙しくしている人にとってファストフードはとても便利である．仕事の合間や外出中の突然の欲求に対して「手軽さ」「スピード」「廉価」など大きな魅力を備えた食事である．

　若者の間でのファストフードの代名詞はハンバーガーであるが，日本には蕎麦や寿司，天麩羅など古くからファストフードの文化は発達していた．ファストフードが流行る背景となるのは，やはり単身者が多い都市部の生活様式が大きく影響している．江戸時代に気の短い江戸っ子に人気を博した寿司などはその典型である．屋台などは気軽に立ち寄ることができ，空腹を満たせる便利な存在であった．

　当然のこととして，現代の店舗の設えは「開放的」で「機能的」になり，立地は人の往来の激しい駅近や都心部，レジャーやビジネスの要所に集中している．そしてこれらを支えているのが，食品流通・製造のシステム化と販売員・販売方法のマニュアル化である．いかに異なる場所で，同じものを同じ品質で，同じサービスによって提供するかに力が注がれている．このようなシステムは大資本にとって都合よく，マニュアルが一度できてしまえば後は数を増やすだけで維持管理に多くの労力を必要とはせず，理論的には店の経営状態は店員の能力にあまり左右されない．また客にとっても場所を選ばず安心感を買える便利な存在である．そして当然のことながらハードである店舗計画にも同様の考え方が適応され，効率性の追求が徹底的に行われている．

出店計画

　事業の利益率やシェア率に貢献できる「立地場所」，地域の流動人口から算出した見込客のボリュームに対する「面積」，回転率・客の流れから導かれる「客席数と配置」，ブランドイメージを維持しつつ機能性やメンテナンス性のよい「デザインと仕様」等，これらを満たすバランスの取れた「事業計画」と「平面計画」が統計的・数学的に決められた基準の中で決定されていく．

店舗の構成

　ファストフード店の代表ともいえる牛丼店を例にとってみる．「吉野家」では客席はカウンター形式を採用している．カウンター幅はトレーの奥行きに合わせて作られ，その奥にはコールドケースや調味料・メニュー関係，そして店員の通路兼サービススペースがパズルのピースのように無駄なく最小限の寸法で割り付

けられている．客席側も過不足のない適度な間隔で固定された椅子が並び，客席後ろの空き寸法まで計算されている．また椅子の形状も丸く，背もたれがなく，回転式の立ち座りの楽なタイプを使用し，客の店内滞在時間が短くなるようにしている．そして店の出入り口なども両サイドに設け，ファサードはガラス張りで見通しが利くように考慮され，出入店する客の流れがスムーズになるように計画している．

図1 │ 牛丼店客席および外観

しかし最大の特徴は店内を蛇行する客席づくりである．それは最大限長い客席幅を確保し，なおかつ最小限の店員の移動距離でサービスできるように考え出されたものである．店員は振り向くだけで別の客に対応できる配置は単純計算でも効率が2倍である．そしてカウンターの突出位置にはキャッシャーが設置され，客も店員も大きく移動することなく勘定ができるのである．

また当然のことながら，厨房機器などのレイアウト，そして食事の提供方法も効率的になるよう入念に計画されている．店が入る建物は多くの場合は賃貸物件であるためその広さは千差万別で，好立地の建物の形状に合わせて店のレイアウトを決めるというよりも，一定の基準的なレイアウトが可能な建物で立地のよい物件を探し出して出店するという手法をとることとなる．

しかし，このようなチェーン展開型ファストフード店の経済原理にあまりにも忠実で人間性の希薄な効率主義的手法に対して違和感を覚える人も多く，巷には個人経営の個性あるファストフード店も散見する．また最近ではチェーン店においても各店舗での個性を演出するために，手書きのインフォメーションボードや店舗限定オリジナルメニューなど，二次的な表現・手法によって個性を出すように努力する例が見られる． 〔矢田 朝士〕

公共トイレ

公共トイレの変革

公共トイレが"4K",すなわち「汚い,暗い,臭い,怖い」といわれていたことを,皆さんはご存知だろうか.「壊れている」も加えて"5K"といわれることもあったり,トイレットペーパーが設置されていないことが当たり前だったりした公共トイレが1980年頃から見直され,キレイなトイレ,快適なトイレへと変革を遂げた.若い人はもしかしたら最近のキレイな公共トイレしか知らないかもしれない.

最新のキレイなトイレの代表的な事例として,渋谷ヒカリエを紹介する.こちらのトイレのコンセプトは「ONとOFF」すなわち気持ちのスイッチを切り替える場所ということで,トイレを「スイッチルーム」とよび,女性にどこまでも配慮されたトイレである.例えば,図1のようにパウダーコーナーの真ん中に季節にあった商品がディスプレイされ購買意欲を掻き立てられたり,図2のように衣服に付いた臭いを吹き飛ばしてくれるエアーシャワーブースがある.各階,さらには各ブースごとにデザインも異なり,"トイレ"というよりは"お部屋"のようだ(図3).

4Kといわれていた時代は,外出先でどうしてもトイレに行きたくなった時にだけ利用されていた公共トイレが,気分を切り替える,お化粧直しをする,なかには着替えをする,休憩をするような空間へと変わり,公共トイレはもはや用を足すだけの場所ではなくなってきている.

図1 パウダーコーナー

図2 エアーシャワーブース

図3 ブースごとに異なるデザイン

公共トイレのユニバーサルデザイン

　公共トイレがキレイに変革したのに加え，もう1つ大きく変化したことがある．それは，「公共トイレのユニバーサルデザイン化」だ．1994年に「高齢者，身体障害者等が円滑に利用できる特定建築物の建築の促進に関する法律」（通称：ハートビル法）が施行され，公共トイレに車いすのまま入れる広くて手すりが付いた「車いす用トイレ」が設置されるようになった．その後，車いす利用者以外にもお年寄りや妊婦さん，乳幼児を連れた人，オストメイトの人なども使えるようにと，「車いす用トイレ」にオストメイト用汚物洗浄器や乳幼児用ベッドが設置され多機能化し，「多機能トイレ」「誰でもトイレ」といわれるようになった．

図4 ｜ 東京国際空港

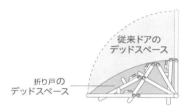

図5 ｜ 扉の開閉軌跡

ところが，車いす用トイレを多機能化したことにより多機能トイレを使う人が増え，多機能トイレでしか用を足せない車いすの人がいざトイレを使おうとすると他の誰かが使っていて使えない，という新たな課題が近年浮き彫りになってきた．そこで新たに，乳幼児連れの人がベビーカーのまま入れるような少し広めのブースを男子トイレ・女子トイレの中にもそれぞれ設けて多機能トイレの機能を分散させ，多機能トイレの混雑を緩和しようという動きが広まってきている．

　多機能トイレの機能分散の事例を紹介しよう．中部国際空港や図4の東京国際空港のトイレは，すべてのブースを今までの空港のブースに比べて広くし，扉に開閉の際のデッドスペースが小さい折り戸を用いている．（図5）．国際空港の場合，大きなスーツケースをもっている人が多い．ブースを広くし折り戸を用いてブース内のスペースを有効活用することでスーツケースをもったままブースに入れるほか，小型の車いすも使えたり，ベビーカーも入れたりするので多機能トイレが混雑することを防ぐことができる．特に東京国際空港の場合は，折り戸の表と裏の色を変えることで，白色が見えていれば「誰か使っている」，黒色が見えていれば「誰も使っていない」と，ブースの空室状況が一目でわかるような工夫もされている．日本の公共トイレは，外国人に誇れる世界一のトイレである．

〔高橋 未樹子〕

病院・診療所

　病院とはベッド数が20床以上の医療機関のことを指し，診療所とは入院施設がないか，あるいはベッド数が19床以下の医療機関のことを指す．特に病院は，その規模や目的の違いにより「必要施設」「病床面積」「廊下幅」などが医療法によって定められている（表1）．

表1　病床の区分（医療法　第7条2項「病床の区分」より一部抜粋）

	一般病床	療養病床	精神病床 1)大学病院等[*1]	精神病床 1)以外の病院	感染症病床	結核病床
必置施設	・各科専門の診察室 ・手術室 ・処置室 ・臨床検査施設 ・エックス線装置 ・調剤所 ・給食施設 ・診療に関する諸記録 ・分べん室及び新生児の入浴施設[*2] ・消毒施設 ・洗濯施設 ・消火用の機械又は器具	一般病床の必置施設に加え， ・機能訓練室 ・談話室 ・食堂 ・浴室	一般病床の必置施設に加え， ・精神疾患の特性を踏まえた適切な医療の提供及び患者の保護のために必要な施設	一般病床の必置施設に加え， ・機械換気設備 ・感染予防のためのしゃ断その他必要な施設 ・一般病床に必置とされる消毒施設のほかに必要な消毒設備	一般病床の必置施設に加え， ・機械換気設備 ・感染予防のためのしゃ断その他必要な施設 ・一般病床に必置とされる消毒施設のほかに必要な消毒設備
病床面積	6.4 m²/床　以上 〈既設〉[*3] 6.3 m²/床　以上（1人部屋） 4.3 m²/床　以上（その他）	6.4 m²/床　以上[*4]	一般病床と同じ	一般病床と同じ	一般病床と同じ	一般病床と同じ
廊下幅	片側居室 1.8 m 以上 両側居室 2.1 m 以上 〈既設〉[*3] 片側居室 1.2 m 以上 両側居室 1.6 m 以上	片側居室 1.8 m 以上 両側居室 2.7 m 以上 〈既設〉 片側居室 1.2 m 以上 両側居室 1.6 m 以上	一般病床と同じ	療養病床と同じ	一般病床と同じ	一般病床と同じ

＊1：大学病院（特定機能病院及び精神病床のみを有する病院を除く）のほか，内科，外科，産婦人科，眼科及び耳鼻咽喉科を有する100床以上の病院（特定機能病院を除く）のことをいう．
＊2：産婦人科又は産科を有する病院に限る．
＊3：既設とは，平成13年3月1日時点で既に開設の許可を受けている場合のことをいう．
＊4：平成5年4月1日時点で既に開設の許可を受けていた病院内の病床を，平成12年4月1日までに転換して設けられた療養型病床群であった場合は，6.0 m²/床以上．

　病院や診療所のインテリアを考える場合，大きく外来者を迎え入れる「外来」部分と，病者が療養生活する「病室」部分の，2種類の異なった場として捉えて設計する．つまり外来部分では，さまざまな「病」を抱えて医療機関を訪れる外来者への「サービスの場」としてのデザイン性が求められる．特に診療所におい

ては，この面が大きく求められるため，病を抱えた外来者が一時的に快適に過ごしてもらうための清潔感のある「おもてなしの場」の工夫も重要となる．

　それに対して病室部分は，病気の治療・回復の場としての機能性・作業性が求められる一方で，入院によって生じる生活ストレスを最小限にとどめる「癒しの場」としての工夫が重要となる．特に病室のデザインにおいては，安全に作業できる空間の確保や，患者の観察・管理が容易となる場が求められる一方で，ゆっくりと安らかな療養ができるように，一時的な生活の場も合わせもつ工夫が必要となる．実際の設計では，設計対象となる施設の目的を十分に踏まえた2つの場のバランス（作業・管理優先か療養生活面が優先か…など）への対応が重要である．

病室設計の工夫　最近の病室設計においては，入院患者の生活の場の良し悪しが，疾病の回復を左右するとの研究報告がある．また入院患者に対する人権やプライバシー保護の観点からも，少しでもアメニティーを確保できるようなさまざまな設計上の配慮や工夫が求められ，それらの要求に応じた病室設計のバリエーションが多く提案されるようになってきた．それらの先駆けとなった病室の具体的な設計の工夫が図1に示すような病室である．

　この病室の工夫された特徴は，多床室でありながら，療養生活の場としてのパーソナルスペースや「個人空間」の確保に対する配慮を取り入れた点にある．つまり，通常の4床室の場合を考えると，窓側のベッドの人気が高い．窓側のベッドでは，窓を自由にできることで広々とした感覚と，部屋の奥にいることで，個人空間の確保が容易であることが，その利点として挙げられる．ドア側はその逆で，個人の自由になる窓がなく，個人空間が確保されにくい点が挙げられる．

　しかし，図に示した計画では，ドア側の欠点を解消するために，廊下からのアプローチ動線を共有スペースとして部屋の半分まで延長し，ドア側のベッドをセットバックすることで，ドア側のベッドの個人空間においても，窓側と等価となるように工夫した．さらに，頭部側に明かり採りや空気の入れ替えが可能となるような小窓を設置することにより，小さいながらも外部空間へのアプローチが可能となり，開放感のある空間となっている．

　このような設計例は，ほんの一部であり，現在では，さまざまな療養生活の要求に反映した設計例が多く見られるようになってきている．　　　　　　〔川口　孝泰〕

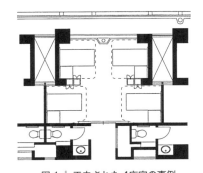

図1　工夫された4床室の事例

劇　場

　劇場の設計にとって，何よりも重要なのは，観客席と舞台である．観客席と舞台の設計は，例えるなら，宮殿と工場という非常に性格の異なる空間が，見ること，見せることという行為によって一体的に繋がっていることに難しさと面白さがある．観客席は，そこに会する人々が，時に夫婦や恋人と話に花を咲かせつつ，これから始まる公演に胸ときめかせる独特の雰囲気をもちながら，また，公演が始まるなら，舞台がすべて見渡せ，よく見える環境を提供しなくてはならない．
　実は，よく見える，よく聞こえる空間構造と，そこに会する人が互いの気持ちを高めることができるような空間構造は，設計上矛盾することが多い．単純に物理特性としても，舞台からのせりふや音楽を適切に客席へ届ける壁面やバルコニーの配置は，時として，舞台をよく見せるための客席配置と壁面やバルコニーの配置において矛盾する．具体的には，舞台から適切に離れた場所に，舞台正面をよく見ることができる客席を多く計画すれば，その両側の側壁は離れて開く形になり，その客席に適切な反射音を到達させにくくしてしまう．お互いの共感をよぶような観客席も，よく見えることとよく聞こえることと相矛盾することも多い．例えば，ヨーロッパで 18, 19 世紀に建設されたイタリア式劇場は，平土間席を囲み重層する馬蹄形のバルコニー席で観客を魅了し，また，そこで交差する観客の視線により，公演への期待を膨らませることができる優れた特徴をもつが，一方で，大量の見えない席，聞こえない席を作り出してしまう．戦後日本の劇場設計では，1960 年代から 70 年代は，むしろ，科学的な解決を求めて，よく見える，よく聞こえる客席を作ることに強い意識が注がれたが，往々にして味気ない雰囲気の客席を多く作り出してしまった．そこで，80 年代からは，イタリア式劇場のもつ重層する観客席の構造を，現代の音響技術，あるいは可視線の最適化設計によって統合できるかが，劇場設計者の最も重要なテーマとなった．新国立劇場，愛知県芸術劇場などでは，このような試みが高い水準で解かれている．舞台については，これは舞台芸術創造の工場であり，まずは広さを確保し，かつ吊物機構，床機構などの舞台設備を論理的に配置することがきわめて重要となる．これについては，80 年代以後，コンピュータ技術の発展と舞台技術コンサルタントの劇場設計への参画により，その性能は格段に進歩した．
　2 つ目のテーマは練習室その他の空間計画と配置である．特にこれは，いわゆ

④公共・商業空間　　　　　　　　　　　　　　　　　　げきじょう　　495

図1 │ バイエルン国立歌劇場

る文化会館とよばれる公立文化施設のあり方に関連する．戦後の公立文化施設においては，舞台客席空間のみならず，地域の人々が自由な創造活動を行うための，ギャラリーや練習室の設置が推進されてきた．当初は，これらの空間は，全体面積のほんのわずかな部分を占めるに過ぎなかったが，今では，こうした，日常的に地域の創造活動を支える空間こそが重要であるという認識が確立され，むしろ，主役の1人としての役割を担うようになっている．そのような計画の嚆矢となったのが，彩の国さいたま芸術劇場である．その空間配置はユニークで，もちろん，舞台・観客席の設計にも秀でているが，それまでの計画では，舞台裏や地下空間に多く配置されていた練習室の空間を，ガレリアという大きな準メインアプローチを介して整備することにより，練習，稽古というアクティビティを表に出すことに成功している．また，同時に，従来は，単に廊下としてしか扱われてこなかった共通スペースを，多様な溜まり空間の配置や椅子やテーブルのしつらえをとおして充実させ，夜の公演時のみならず，昼間の時間帯でも活気に溢れる空間として構築する傾向も強くなっている．さらに外部空間についても，人々が集うことができる設計が期待されるようになっている．このような計画を具体的に展開し，成功しているのが，可児市文化創造センターである．　　　　〔清水 裕之〕

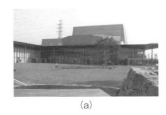
(a)

(b)

(c)

図2 │ 可児市文化創造センター

福祉施設

　福祉サービスは，その利用者が有する能力に応じ，自立した日常生活を営むことができるように良質かつ適切な支援であることが求められる[1]．福祉施設は，福祉サービスにおける支援の質に関して，重要な役割を担っている．福祉施設の体系は，社会福祉法および福祉六法[2]の規定から利用者の属性により分類されるほか，利用形態により居住型施設，通所型施設，地域型施設に分類することができる（図1）．

　福祉施設のインテリア計画において重要となるのは，自立を助け，援助を受けながらも利用者が幸せな生活と自己実現できる環境づくりを追求することである．計画にあたり検討すべき事項は住宅や他の施設同様であるが，特に利用者の身体的特性を理解し，適切な条件を導くことが重要となる．

　本項では，少子高齢化に伴う介護と子育て支援の社会的現状をふまえ，代表的な福祉施設として高齢者施設と保育施設を例に配慮すべき点を整理する．

高齢者施設

　介護施設のうち，特別養護老人ホームにおける平均要介護度は年々上昇傾向にあり[3]，入所者や家族の求めに応じて看取り介護を行っている施設も少なくない．2002年度から生活単位と介護単位を一致させたユニット型特養の実践が制度化され，施設計画により入所者の生活環境に変化がもたらされた．一方で高齢者の住まいとしての役割を担う有料老人ホームは，入居者の施設選択の幅が広く，サービスの内容やハード面などで付加価値をもたせ，差別化を行う事例も多い．

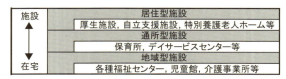

図1　施設の分類

---

1) 社会福祉法第3条 福祉サービスの提供の原則
2) 福祉六法「生活保護法」「児童福祉法」「身体障害者福祉法」「知的障害者福祉法」「老人福祉法」「母子および寡婦福祉法」
3) 厚生労働省「介護サービス施設・事業所調査」

その他，高齢者の住まいとしてサービス付き高齢者向け住宅が新たな役割を担いつつある．サービス付き高齢者向け住宅は，ハード面でのバリアフリーのほか，見守りや生活相談，食事の提供等を行い，他の施設と比較して自立度の高い高齢者が入居する傾向にある．

いずれの施設にも共通して重要となるのは，開設当時から入所・入居者の介護度が経年により重度に移行していく状況に対応できるよう配慮することである．

高齢者施設のインテリア計画

高齢者施設のインテリア空間を考える上での重要な課題は，自分の家（ホーム）として，心地よい居場所をいかに実現できるかである．特に居室とリビングの関係性については，ユニットの考え方など運営面からの要求に適応し，見守りのレベルやプライバシーに配慮した構成が求められる．認知症を患う入居者に対しては，混乱をさせない，わかりやすい空間構成が重要となる（図2）．インテリアを構成する仕上げや照明計画は，高齢者の身体特性を考慮し，眩しさを抑え暗すぎない計画を心がけたい．居室内には，慣れ親しんだ家具・調度品を使い続けられるなど，これまで住まわれた環境から著しく変化させないですむ配慮が重要となる．ベッドサイドは，介護ベッドやナースコール，各種スイッチやコンセント位置を十分に検討することによって，自立を助ける配慮が必要である．リビングについても，各種仕上げや照明計画，家具やファブリックの選定によって，居心地のよい親しみの感じられる空間とする．

図2 部屋の認識に配慮した室名札（思い出の品や写真を格納できる箱状室名札）

水まわりの計画において排泄が自立できるかどうかは，本人の尊厳を守ることができるか否かの重要な課題となる．特に居室内のトイレは，ベッドとの配置関係を考慮し，姿勢変換・保持に適した手すりの位置，洗浄やナースコールの取付け位置を十分検討する必要がある．一方，リビングや共用部に近接した共用トイレについては，車いすや介助スペースを十分に確保した上で，細部の検討を行いたい．トイレ内に鏡が必要な場合，鏡に映った顔が自分と判断できない場合も想定されるので，トイレ内に入る際に鏡と見合わないよう位置関係に注意する．

浴室の計画には，身体の自立度に適応できる設えが必要で，温熱環境への配慮など，設備計画も重要な役割を担う．その他の設えについては，檜風呂や坪庭などの景色に配慮するなど，入浴を促すような配慮も有効である．自立度の高い利用者については，安全に十分配慮した上で，ユニットバスなどプライバシーを考

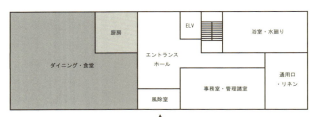

ダイニング（食堂）型の食事提供（1階の場合）

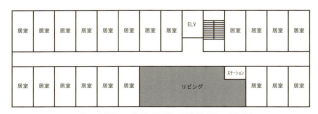

リビング型の食事提供（基準階の場合）
図3 ｜ ダイニング型とリビング提供型の食事提供例

慮した浴室が必要である一方，姿勢保持が困難な利用者に対しては，寝台浴など特殊な浴槽が必要となる．特殊浴槽は多様な機種があり，将来的な入れ替えに配慮するなど，設置スペースと給排水計画についての検討が必要である．

　大型の施設については，食事提供が行われることが多いが，グループホームなどでは調理過程を職員と一緒に行えるよう，調理器具の扱いなど安全に配慮したキッチンの計画が重要となる．食事の提供については，入居者の自立度・介護度に適応した機能が必要なほか，施設管理を行う事業者の運営方針をよく理解した計画が重要となる．ダイニングを見晴らしや環境の良好な階に設け，レストランへ出かけるような設えとするケースや，ユニットごとのリビングにおいて，自宅で食事をとるような設えなどが考えられる．これらによって，ゾーニングや共用部の必要面積が違ってくるほか，入居者や配膳を行う職員の動線や人員配置計画について大きく影響する．

　上下足履き替えの計画は，床仕上げの選定に関わるだけでなく，インテリアの設えにおいて要点となる．エントランス付近に下足室を設け上足に履き替える場

図4 ｜ 怪我の防止を考慮したディテール（手・指挟み防止配慮の建具）

合と，居室で履き替え，その中間として，ユニット玄関での履き替えが考えられる．いずれの場合も，床材の選定においては清掃性を考慮する必要があるほか，カーペットについては汚損等による張替えについての配慮を行いたい．つまずきにくく，車いすでの移動が容易な床仕上げ材を選定することは，転倒予防に配慮しつつ，移動の機会を促す上で，非常に重要な意味をもつ．

　共用部について，エントランスまわりの外部空間との関係において，面会者や地域の方々との交流スペースを有効に活用できる設えとし，入居者と地域社会とのつながりを維持し，地域に開かれた施設運営に貢献することが求められる．

保育施設

　近年の保育所緊急整備などにより，待機児童解消に向けていかに取り組むか，3歳未満児の待機児童増加等，保育室面積確保等ハード面における対応が政策や制度面において今後も課題と考えられる．また，近年の動向として子ども園等，保育所と幼稚園の併設や幼稚園事業者の保育事業参入，民間事業者による弾力的な運営も実践されつつある．

　保育所の計画で重要なのは，安全で快適な施設空間であると同時に，児童の健やかな成長に貢献し，情操を豊かに育む環境作りである．児童の転倒や転落を防ぎ，万一の衝突時を考慮した仕上げ材料の選定や，手・指挟みを防止するディテール等（図4），十分検討した上で怪我の防止に努めることが最低限必要である．保育空間については，児童に対する職員の見守りを考慮し，死角を作らない計画が重要となる．その他仕上げや建具，家具の色彩計画に配慮することで，それぞれの空間構成を明確にできる．

　構造計画については，低層での計画の場合，木造での検討が可能なケースが多く，仕上げともに木の質感を活かした計画も有効である．園庭や外部との接続はバリアフリーとするほか，普段の景色としての関係性にも配慮したい．

施設運営と他職種間の連携

　介護・保育関連職については，精神的かつ身体的負担が大きい職種となることが多い．計画段階において居室数や保育室面積が重要視されるケースが多いが，職員の快適な職場として福利厚生に寄与するバックサービス空間の充実が，質の高いサービスを提供するためにおいても重要な意味をもつ．見守り場所として夜勤帯等を考慮した介護・看護ステーションの計画は，職員の負担軽減の一助となる．他職種間の連携が必要不可欠であることから，管理部門や休憩室のインテリア計画にもコミュニケーションを円滑にできる配慮を行いたい．　　〔上野　弘義〕

図書館

図書館の概要

　図書館には，利用者の種別により，いくつかの種類が設定されており，国立図書館，公立図書館，大学図書館，学校図書館，専門図書館，その他の図書館がある．ここでは，多くの人が一般的に使用する公立図書館（公共図書館）を対象に説明をしていく．

　図書館とは「図書，記録その他必要な資料を収集し，整理し，保存して一般公衆の利用に供し，その教養，調査研究，レクリエーション等に資することを目的とする施設」とされている（図書館法）．

　近年，この定義にあるように公立図書館サービスの多様化・複合化が求められてきている．図書館は主に読書を支援する（本の貸出）ための施設との印象が中心であったと思われるが，住民が主体的に学ぶことを支援するための施設に変化しつつある．地域のつながりが希薄化している現在，図書館には地域に根ざしたコミュニティセンターのように複合的な機能が求められる地域も多い．さらに，都市部にある図書館と地方にある図書館では求められる機能が異なっていることもある．例えば，オフィス街にある場合にはビジネス支援を中心に行う公立図書館も現れてきている．また，日中の時間に使用できない人々の利用を促すために，自動貸し出し機の導入を行っているところもある．

　このような変化の背景には，コンピュータやスマートフォン等の浸透による急激な情報化の進展，住民の高齢化やそれとともに重要視されてきた生涯学習の場の必要性，生活スタイルの多様化等が挙げられる．また，1995年の阪神・淡路大震災等の教訓からの影響も多い．

図書館のインテリア

　地方の図書館では，例えば地元特産の木材や石材等を使用し，地域に合わせた外観やインテリア空間の特徴をもたせたデザインが見られるようになってきた．特に，家具はインテリア空間に特徴をもたせることができる重要な要素である．

　また，インテリア空間の大きさを見ると一般に1つのフロアにある程度の床面積が確保され（柱間の間隔が広い），設置されたコーナーが使いやすいように確保されているところも多い．これは，利用者にとっては空間構成がわかりやすくなるとともに，将来のニーズの変化への対応がしやすくなる等のメリットもある．

通常，図書館には開架式と閉架式のシステムがある．開架式は必要な本を自分で書棚から探し出すシステムである．閉架式とは，自分で探すのではなく，必要な書籍を申請して出してもらうシステムである．多くの利用者は主に開架式部分を利用するが，通常入口の近くにサービスカウンターが設置されているので，受付や相談ができるようになっている．これは，本等の盗難防止のためでもある．なお最近はBDS（ブック・ディテクション・システム）とよばれる防止装置を設置している施設も多い．

開架部分では書架の間隔が広く，低書架が採用される等になっていて，見通しがよい空間になっているところが多い．通常の貸出・閲覧はこの空間で行われ，児童コーナー，青少年コーナー，成人コーナー，AVコーナー，レファレンスコーナー，ブラウジングコーナー等が設けられている．なお，集会のための会議室等を設けている場合も多く見受けられるが，一般的に閲覧室では静かな空間が望まれるので，会議室等は閲覧室とは別のフロアや別のゾーンに分けられて設置されている．

このような各種コーナーに合わせて，図書館の開架部分はそれぞれの使用者に合わせたデザインになっている．例えば，幼児向けであれば，背の低い書棚が設置され，椅子もスツールが置かれ，保護者が隣で一緒に見ながら，説明できるような設えになっているところが多い．また，子どもが喜ぶような彩度の高い色が使われている．成人コーナーであれば，本を探しやすくするために明るく落ち着いた空間が望まれる．このため，外部からの自然光を上手に取り入れる，木製書棚の利用等が多く見受けられる．

前述したように，図書館にはさまざまな機能が求められるようになってきているが，新たな取組みも試みられている．例えば，せんだいメディアテークは使用者の使いやすさを考慮し，図書館と他の施設との複合施設となっている．場所も都心部にあるため，さまざまな使い方がなされている．また，建築的にも大変特徴のあるデザインのため，多くの人が訪れている．

また，民間企業が図書館の運営に参加できるようになり，実際に民間企業が運営を任されている図書館もある（武雄市図書館）．年中無休での営業や，カフェを併設し，飲食をしながら，貸出図書を読むことができ，気軽に楽しめる等，従来には見られなかった運営がなされている．本の並べ方も標準的な日本十進分類法ではなく，一般の書店と同じようにしており，親しみやすい点もあるようである．利用者数は向上し，評判もよいようである．ただし，採用するには十分な検討が必要である．

〔白石　光昭〕

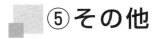 ⑤その他

ショールーム …………………………… 504
インテリア教育機関 …………………… 506
インテリア関連の団体 ………………… 508

ショールーム

　インテリアの商品を見ることができる施設は多種多様であり，機能や形態もさまざまであるが，本項では主にインテリアのエレメントに関する国内のショールームについてその概要を述べる．ここではショールームを「商品展示をメインとする（来場者への販売や契約を主としない）」スペースとして位置づけ，商品展示とともに販売や契約を行う大規模店舗（百貨店等）や一般小売店等は「ショップ」として本項の対象としていない．

ショールームの機能

　ショールームは以下の機能（役割）を有している．

商品の展示　メーカーの製造する多くの商品はカタログ情報として提供されているが，ショールームでは商品の実物を展示し，より詳しい情報提供を行っている．展示内容は定番（売れ筋となる）から新商品までショールーム運営側の企画と判断により時期を決めて変更されている．また，商品によっては詳しい構造や製造過程，性能を解説する場合も多い（特に住設機器など）．

来場者への説明　ショールームには必ず来場者への説明のためのスタッフが用意されている．スタッフは自社の商品に詳しいばかりではなく，商品の市場や他社製品の動向などの情報も備えて，コンサルティングを行う場合が多い．説明にはバーチャルツールやCGの活用も増えている．また，企業独自の企画で，エンドユーザー向けの商品に対するセミナーや，流通上の代理店等に対する勉強会等を開くケースも多い．

企業のCI（コーポレートアイデンティティ）の表現　企業にとって市場に対するCIの認知は重要な課題である．ショールームはこの点でステークホルダー（エンドユーザーや専門家）にCIの訴求手段としても大きな位置づけとなっている．「企業の顔」としてのショールームが企業のコンプライアンスを明示する場所たりうるケースもあろう．

ショールームのロケーションと規模

ショールームのロケーション　ショールームは都市型（東京，名古屋，大阪，福岡等の都市圏）のショールームと地方型があり，大企業では都市型を旗艦（メイン）と位置づけ地方型を衛星型（サテライト）として相互に補完しながら運営するケースがある．また，住宅地に近い地域内にショールームを設け，住人が利用

しやすい地域密着型のロケーションを得たものもある．

ショールームの規模　ショールームの規模は $10\,m^2$ 程度から商業ビルのフロア全体を使う $1,000\,m^2$ 規模を超えるものまで多様であり，規模に応じた運営がなされている．

ショールームの運営形態

　ショールームの多くは，商品を提供する企業が単独で運営を行っているが，いわば複合的なショールームも登場している．

企業間のコラボレーション　複数の企業が提携し，同じ施設内にショールームを併設するケースである．例えば，サッシ，建材，キッチン等住設系のメーカーが数社協同し，住宅のエレメントをお互いに補完する形式で開設を行い，共同の企画で来場者の導入を図るケースである．

インテリアショールームの集合施設　商業施設内にインテリアのショールームやショップをテナントとして集め，大規模なショールームの集合体を運営するケースである．日本では数件しか実現していない．

ショールームの課題と今後

　ショールームはメーカーにとって情報発信の基地である．従来の一方的な発信の場から，エンドユーザーや専門家との情報交流を通じたコンサルティングの場へと移行しつつあり，相当数の企業が「ソリューション」をキーワードに運営を進めている．一方，デザイナーやインテリアコーディネーターといったプロ専用のショールームは，国内においては未成熟なのが実情といえる．また，インターネットを介在したショールーム的なWebサイトが増えつつある．これらはバーチャルリアリティの充実とシミュレーションの技術進歩により，今後幅広く活用されていくであろう．　　　　　　　　　　　　　　　　　〔島村　一志〕

インテリア教育機関

インテリアを学べる教育機関

未来のインテリア業界を担う人材を育てる教育機関として，大学・短期大学・高等専門学校・高等学校・専門学校（専修学校専門課程）・高等専修学校（専修学校高等課程）・専修学校一般課程・各種学校・通信教育がある（図1）．

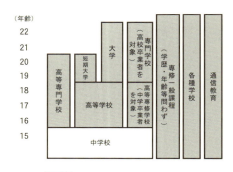

図1 各種教育機関

大学におけるインテリア教育

インテリアを学べる大学は，全国に約八十数校あり，学科別インテリア教育の実施状況は，工学系・芸術系・家政系の他，建築系とは関わりが少ないと思われる経済系・総合科学系などの学科にも見られ，幅広い系統の学科で実施されている．

また，インテリア教育を積極的に実施している家政・生活科学系の学科は女子大学に多くあるため，女子大学の約8割の学科でインテリア教育が実施されている．

インテリア教育実施学科を設置する大学の割合を見ると，私立大学と公立大学では，6割以上の学科でインテリア教育が実施されているが，国立大学の学科では全体の2割に満たず圧倒的に少ない．

インテリア教育の講義内容は，講義系の科目では計画系科目が，演習系の科目では設計系科目が積極的に実施されている．

短期大学におけるインテリア教育

インテリアを学べる短期大学は，全国に十数校あり，総合文化学科，ライフデザイン学科，造形芸術学科，生活デザイン学科等においてインテリアデザインに関する教育が実施されている．

高等専門学校におけるインテリア教育

高等専門学校は，国立，公立，私立を含め，全国に57校ある．そのうちインテリアを学べる高等専門学校は6校あり，主に建築学科，都市工学科，総合シス

テム工学科のカリキュラムの一部にインテリアに関する科目が設定されている．

高等学校におけるインテリア教育

高等学校において専門高校に分類される学科には，農業，工業，商業，水産，家庭，看護，情報，福祉に関する学科，その他の学科がある．その中の工業に関する学科の中にインテリア科がある．

全国の工業高校，工芸高校等に設置されている「インテリア」に関する教育を行う学科（例えば，インテリア科，工芸科，建築インテリア科など）が集まり，全国高等学校インテリア科教育研究会（全イ研）が組織されている．全国のインテリア科は，少子化に加え，高校進学の普通科志向の影響があり，かなり厳しい状況に置かれているのが実情である．最盛期は全国に56校あったインテリア科も統合や廃科が続き，全イ研に加盟している高校は，平成26年度現在で30校まで減少してしまった．

専修学校におけるインテリア教育

専修学校には，入学の違いにより，専門学校（専修学校専門課程），高等専修学校（専修学校高等課程），専修学校一般課程の3つの課程がある．

専門学校の入学資格は，高等学校卒業者および3年制の高等専修学校卒業者を対象としている．高等専修学校は中学卒業者を対象，一般課程は学歴の制限がない．

専修学校に主に設置されている学科は，①工業，②農業，③医療，④衛生，⑤教育・社会福祉，⑥商業実務，⑦服飾・家政，⑧文化・教養の8分野があり，インテリアに関する学科は，文化・教養の分野に属し，主に専門学校において，インテリアに関する学科を設定している学校が多い．

各種学校

各種学校は，教養，料理裁縫などの分野を教育する施設として設置されている．一般に「塾」とよばれる教育施設が多く含まれ，例えば，そろばん学校，予備校，日本語学校，自動車教習所などがある．各種学校においてもインテリアに関する教育をしている学校が全国に数校あり，主にインテリア業務にかかわる資格取得のための教育が実施されている．

通信教育

通信教育は，教室などの場で，講師が対面して教育活動を実施することが難しい場合に，郵便や情報通信などの通信手段を用いて行う教育のことである．

ベネッセコーポレーション，学校法人NHK学園，産業能率大学，ユーキャン，日本能力協会マネジメントセンター等が主な通信教育団体である．インテリアプランナー，インテリアコーディネーター，福祉住環境コーディネーター，キッチンスペシャリスト等の資格取得のための講座がある． 〔金子 裕行〕

インテリア関連の団体

　団体とは，企業や職能を同じくする個人等が集まって活動している組織体である．インテリアの分野では主に住宅（建設）やインテリアエレメントに関連した組織が多く，それぞれ組織的な活動（事業）を行っている（なお社団法人，財団法人は法令で定められた所定の手続きを経て認可された団体である）．

インテリアに関連する学会・学術団体
　　日本インテリア学会
　　日本オフィス学会
　　一般社団法人日本建築学会
　　日本建築仕上学会
　　公益社団法人空気調和・衛生工学会
　　一般社団法人照明学会
　　一般社団法人室内環境学会
　　日本デザイン学会

インテリアのエレメント等に関連する団体
　　一般社団法人日本家具産業振興会
　　一般社団法人日本オフィス家具協会
　　一般社団法人日本照明工業会
　　公益社団法人インテリア産業協会
　　公益社団法人商業施設技術団体連合会
　　一般社団法人日本建材・住宅設備産業協会
　　一般社団法人日本インテリアファブリックス協会
　　全日本ベッド工業会
　　一般社団法人日本壁装協会
　　一般社団法人日本配線システム工業会
　　一般社団法人日本塗料工業会
　　一般社団法人日本サッシ協会
　　キッチン・バス工業会
　　日本カーペット工業組合
　　壁紙工業会

インテリアフロア工業会

住宅に関連する団体
　一般財団法人住宅産業研修財団
　一般財団法人ベターリビング
　一般社団法人住宅生産団体連合会
　一般社団法人日本ツーバイフォー建築協会
　一般社団法人プレハブ建築協会
　一般社団法人日本ドゥ・イット・ユアセルフ協会
　一般社団法人全国住宅産業協会
　一般社団法人リビングアメニティ協会

職能・資格に関連する団体
　公益財団法人建築技術教育普及センター
　一般社団法人商環境デザイン協会
　一般社団法人日本インテリアプランナー協会（地域別）
　一般社団法人日本ライティングコーディネート協会
　公益社団法人日本インテリアデザイナー協会
　公益社団法人日本建築家協会
　一般社団法人日本建築士事務所協会連合会
　一般社団法人日本設備設計事務所協会
　日本室内装飾事業協同組合連合会（都道府県組合）
　一般社団法人全国建設室内工事業協会
　日本建設インテリア事業協同組合連合会
　公益社団法人日本建築士会連合会
　一般社団法人日本インテリア設計士協会
　公益社団法人日本ファシリティマネジメント協会
　一般社団法人ニューオフィス推進協会
　インテリアコーディネーター団体（都道府県単位）

リフォームに関する団体
　公益財団法人住宅リフォーム・紛争処理支援センター
　一般社団法人住宅リフォーム推進協議会
　一般社団法人日本住宅リフォーム産業協会
　一般社団法人リノベーション住宅推進協議会
　一般社団法人マンションリフォーム推進協議会

〔島村　一志〕

事項索引

10 年保証制度　311
1 型色覚　169
24 時間換気システム　316
2DCG　274
2 型色覚　169
2 段階供給方式　184
3DCG　275
3R　225
3 色型色覚　169

B to B　396
B to C　396
BDS　501
BL 部品　121, 369, 370
BL 保険制度　311

CAD　260, 272
CEN　362
CG　273
CI　504
COP3　230

DEWKS　4
DINKS　4
double employed with kids　4
double income no kids　4

FM　382

GL 工法　284
GPN　356

HEMS　229, 355

ICD　→国際カラーデザイン協会　381
ISO　362

JAS　360
JIS　360, 456
JIS 規格　92

LAN　461
LCA　231, 366
$LCCO_2$　231
LED　93, 355
LED 光源　93
LED 照明　171, 229
LED 照明器具　93
LED 電球　93
LED モジュール　93
LED ランプ　93
LEED　364
L 型手すり　431

nLDK　436
N 値　394

PCCS　164

事項索引

PDCA　382
PL制度　311
PL法　352
PSE法　92
Pトラップ　313

Q/L　366

Sトラップ　313

UD　427, 431

VOC　226

あ

アイソメ図　265
愛知県芸術劇場　494
アイドマの法則　180
青水　314
赤水　314
上り框　440
明障子　235
アキ寸法　156
アクセシビリティー　427, 428
アクソメ図　264
アクティビティセッティング　469
アクティブ制御　310
朝香宮邸　245
アシンメトリー　52
アダルトファミリー　21
アーツ＆クラフツ運動　251, 243, 244
圧迫感　209
洗い場カウンター　426
アール・デコ　244, 245
アール・ヌーヴォー　244
安全規格　368
安全性　70

アンピール様式　243, 251

イオン式空気清浄機　32
いけ花　12
移行動作　156
石・タイル系床材　133
維持費用　314
維持保全義務　341
椅子座（イス座）　8, 56, 234
一次エネルギー消費量　354
一級建築士　350, 378
一室一灯照明　93
移動防止　63
居間中心型住宅　187
入れ子　332
色温度　92
イングリッシュガーデン　22
インシュレーションボード　139
インターフェース　154
インテリアエレメント　155
インテリア関連団体　508
インテリア教育　506
インテリアグリーン　36
インテリアコーディネーター　376, 388, 389
インテリア産業協会　376
インテリア設計士　389
インテリアデザイン　506
インテリアプランナー　374, 388, 389
インテリアプランニング　258
インテリア模型　268

ウインザーチェア　250
ウォークイン収納　442
ウォークスルー　273
ウォーターベッド　88
雨水　313
内食　478
内断熱工法　330

打放しコンクリート　332

映画館の椅子　78
駅　484
駅務施設　484
エクステンションテーブル　59
エコ　224
エコウィル　315
エコキュート　315
エコ建材　224
エコシステム　224
エコジョーズ　315
エコデザイン　225
エコマーク　225
エコマテリアル　224
エスキース　256
エネファーム　315
エネルギーの使用の合理化等に関する法律　354
エルゴノミクス　154
遠近法　53
円座　235
演出照明　47
塩ビライニング鋼管　314
エンプティネスト　20

オイルステイン　145
黄金比　51, 150, 198
欧州 EN 規格　362
欧州標準化委員会　362
応接会議室　471
応接室　471
大壁　283
置畳　235
置物　45
納まり　130
汚水　313
オーダー　242

オフィスシーティング　73, 74
オフィスチェア　73, 74
オープンプラン　457
折り戸　427
織物クロス　146
オール電化住宅　319
卸値　397
音楽ホールの椅子　78
音響エネルギー密度　219
音響設計　219
温室効果ガス　230, 315
温水循環式　320
温水洗浄器付暖房便座　430
温度差換気　216
温熱環境　435
温冷感　200

か

絵画　42
開架式　501
会議室　470
介護　427, 431, 435
開口部　302
外食　478
階段　120, 124, 298
階段昇降機　127
快適性　70
回転率　476, 488
ガイドライン　369
外壁　214, 282
開放感　209
回遊性　181
カウンター　419, 422
架橋ポリエチレン管　314
家具　56
核家族　4
学習　437

学習コーナー　459
各種学校　507
家具の数え方　59
家具の機能分類　57
家具の地震対策　62
家具の耐震性　59
掛け布団　89
架構式床下地構法　279
可視線　494
ガスコンロ　95
ガス瞬間湯沸器　314
カタログ　398
型枠コンクリートブロック構造　325
学校環境衛生の基準　77
学校保健統計　151
学校用家具　76
合併処理浄化槽　313
家庭用学習いす　77
家庭用学習机　77
家庭用蓄電池　229
ガーデニング　22
カーテン　90
カーテンボックス　131
可動間仕切り収納　438
可児市文化創造センター　495
カフェ　461
カブリオール　248
壁　282
壁紙　134
壁紙クロス　139
壁構造　332
壁式鉄筋コンクリート構造　325
壁代　235
カーペット　38, 146
カーペット類　132
かまど　239
紙巻器　430
鴨居　293

カラーコーディネーター　380
カラーコーディネーター検定試験　380
硝子スクリーン構法　306
ガラス製建具　141
カラーデザイン検定　381
唐櫃　235
カラーユニバーサルデザイン　168
皮付長押　236
皮付柱　236
感覚　210
換気　216, 316
換気計画　316
換気経路　316
観客席　494
環境アセスメント　366
環境心理　208
環境との共生　4
環境配慮型建物　364
環境負荷　357, 366
環境保護　4
環境ラベル　225
乾式工法　333
乾湿感　200
寒色　194
間接型照明　171
間接照明　46
監理　350
管理建築士　351

機械換気　216, 316
企画　256
規格　396
基準昼光率　221
木摺下地　283
軌跡　180
几帳　235
キッズファミリー　21
キッチンスペシャリスト　386

キッチンセット　416
キッチン設備　94
基本計画　256
基本姿勢　152
基本設計　257
基本モジュール　427
気密　228
客単価　476
ギャッジベッド　89
キャビネット　73
吸音　218
吸音材　219
吸音率　218
嗅覚　211
給水圧　312
給水器具　312
キュービット　150
教育機関　506
業種　402
凝縮熱　315
共生　455
業態　402
強電　318
共同住宅　17
共同浴場　481
京都議定書　230
共鳴透過現象　218
局部照明　170
局部的全般照明　170
木割（り）　158, 240
均衡　196
金属製建具　141
近代的小売販売方式　482

空気層　214
空気層の熱抵抗　214
空調　320
クド　239

国等による環境物品等の調達の推進等に関する法律（グリーン購入法）　356
組み合わせテーブル　458
クリアラッカー　145
グリル　95
グリーン購入　356
グリーン購入ネットワーク　356
グリーン政策大綱　355
グリーンセラピー　37
グリーンの効果　37
グリーンの種類　36
グリーンビルディング　364
グループアドレス　469
グループホーム　4
車いす　116, 125, 431
車いす使用者　126
車いす用トイレ　491
クレーム　311
クロス　134
クロス集計　395
群衆事故　173
群衆密度　172

掲示スペース　423
珪藻土　142
計測部位　152
傾聴　399
軽量鉄骨構造　324
劇場設計　494
劇場の椅子　78
ゲシュタルト　52
結露　215
結露防止　215
ケーブル構造　325
玄関　6
健康維持・増進　435
建築・設備維持保全推進協会（BELCA）　383

建築確認・検査制度　341
建築化照明　46
建築技術教育普及センター　374
建築基準法　120, 124
建築士試験　379
建築士事務所　351
建築士の職務　379
建築生態学　224
建築物総合環境性能評価システム　366
建築物の環境品質・性能（Quality）　366
建築物の環境負荷（Load）　366

コインシデンス効果　218
公園の椅子　79
鋼管　314
講義室　457
公共空間の椅子　78
公共下水道　313
公共トイレ　490
航空機のシート　84
鋼材系構造材料　326
号数　314
合成樹脂エマルション砂壁　143
合成樹脂エマルションペイント　144
合成樹脂調合ペイント　144
構造安全性　174
構造設計一級建築士　350
光束　170
後退色　194
交通バリアフリー法　344
高等教育　506
行動特性　153
行動様式　4
硬軟感　200
勾配　124
公立図書館（公共図書館）　500
公立文化施設　495
合流式　313

高齢者　168
高齢者施設　496
高齢者住宅設計指針　444
高齢者等配慮対策等級　347
五月人形　31
五感　211
顧客要望　399
国際 ISO 規格　362
国際カラーデザイン協会　381
国際標準化機構　362
国勢調査　18
胡座　66
コージェネレーション　315
ゴシック　242
胡床　235
個人空間　493
コスト　336
コスト管理　336
コードプランニング　178
子ども部屋　436
コーブ照明　171
小舞壁　142
小舞壁下地　283
ゴミ置き場　417
コールセンター　472
ゴールデンスペース　180
コレクティブハウジング　4
コンクリート系構造材料　326
コンサルティング　504
コンセプト　396, 465

さ

サイクロン式掃除機　32
在庫　397
採光　221
座椅子　66
再生利用（Recycle）　225

事項索引

最適残響時間　219
彩度　164
彩度対比　194
彩の国さいたま芸術劇場　495
在来工法の浴室　98
在来軸組構造　328
再利用（Reuse）　225
座奥行き　71
左官　142
先分岐方式　314
座具　10
錯視　53，198
座敷　6，424
サステナビリティ　366
雑排水　313
札幌式トイレ　106
さび　12
座布団　7
座面高　71
鞘管方式　314
残響　219
残響時間　219
三次元計測　151
サンプル　398

仕上げ　130
仕上表　260
シェアハウス　17
シェア率　488
シェル＆コア　185
シェル構造　332
視覚　211
直座り　421
直天井　286
敷居　7，292，446
色覚異常者　168
色覚特性　168
色彩計画　467

色彩検定　381
色彩検定協会　381
色彩士検定　381
色彩調和　165
色相　164，165
色相対比　194
敷地　16
敷布団　86
指極　150
視距離　181
軸組構造　324
事故　427
指示サイン　178
市場規模　396
市場シェア　394
システム化　488
システム収納　73
システム天井　139
システムバス　426
姿勢百態　152
施設管理　182
自然換気　316
自然光　221
持続可能　356
持続可能性　366
漆喰　142
実験実習台　458
実施設計　259
室内空気質のガイドライン　226
室内緑化　23
室礼（舗設）　10，158，235
質量則　218
自動洗浄付き浴槽　101
褥　235
視認性　446
事務所開設者　351
事務机　72
事務用回転椅子　73，74

遮音　218
遮音性能　218
弱電　318
遮光　221
斜透視図法　264
遮熱　221
シャワー効果　181
シャワーヘッド　426
住居観　4
収縮色　194
就寝　437
就寝分離　188, 436
集成材構造　328
住宅改修　127
住宅性能評価書　346
住宅の質　4
住宅の品質確保の促進等に関する法律　99
住宅の量不足　4
住宅部品　370
住宅リフォーム・紛争処理支援センター　391
絨毯　38
集団規制　340
集中収納　448
収納　73, 429, 430, 448
収納ユニット　95
樹脂系床材　132
主寝室　432
聚楽　142
循環型社会　356
瞬間式　314
準人体系家具　57
書院　424
省エネルギー　4, 310, 314
省エネルギー照明　170
生涯学習　455, 500
障碍者　454
詳細図　260

障子　141
少子化　18
省資源　4
少子高齢社会　4
使用貸借　16
消費者契約法　353
消費者保護　368
障屏具　10
情報システム　406
情報通信技術（ICT）　27
情報流　404
照明　45
照明方式　170
乗用車シート　80
商流　404
初期費用　314
植栽　473
職種　311
食寝分離　188, 436
触覚　211
真壁　283
新幹線のシート　84
寝具　86
シンク　95
寝具の三層構造　88
シングル　4
人工植物　23, 36
新国立劇場　494
進出色　194
人体系家具　57
身体座標　153
人体のプロポーション　150
侵入盗　442
シンプル型　5
シンメトリー　52
診療所　492

水質基準　312

水蒸気　215
水栓金具　112
水槽　31
水槽直結増圧方式　312
錐体細胞　169
垂直手すり　431
水道直結直圧方式　312
水平スタック　58
水平手すり　431
睡眠の質　435
図解サイン　178
数寄屋　236, 425
数寄屋造　236
スケール　50
スケルトン・インフィル　184
スケルトン賃貸　184
厨子　235
厨子棚　235
スタジアムの椅子　78
スタッキング　58
図と地　198
ストレージ　73
砂壁　142
スパイラルアップ　161
スペース（面積）計画　465
スペースユニット方式　311
スロープ（傾斜路）　125, 298

生活観　4
生活行為　414
生活サービス施設　484
生活姿勢　152
生活の外部化　4
正座　66
正座用補助具　67
整数比　51
成績係数（COP）　315
製造物責任法　352

生態系　224
積算　336
石油危機（オイルショック）　354
軟障　235
世帯数　18
ゼツェッション　252
接客ビジネス　399
設計　350
設計条件　414
石膏プラスター　143
節水　310
接続管径　313
設備設計一級建築士　350
繊維壁　143
全国美術デザイン専門学校教育振興会　381
専修学校　507
せんだいメディアテーク　501
洗濯機　429
センターテーブル　421
全天空照度　221
全日本室内装備設計士協会連合会　388
潜熱　315
全般拡散　171
全般拡散型照明　171
全般照明　170
洗面化粧台　428
洗面所　102
洗面台　102
洗面脱衣室　427, 428
洗面ボウル　102, 428

草庵茶室　236
造形美　196
総合量販店（スーパー）　482
造作　292
総中流意識　4
粗滑感　200

側窓　221
ソシオフーガル　206
ソシオペタル　206
外断熱工法　330
ゾーニング　258
ゾーニング（配置）計画　465
ソファ　65, 420

た

第1種換気　316
第2種換気　316
第3種換気　316
耐火構造　331
対向島型　468
対称　196
対称性　52
ダイドコロ　239
ダイニング　418
ダイニングチェア　64
ダイニングテーブル　418
対比　196
対比効果　194
ダイメトリック　267
対面販売　482
太陽位置図　220
太陽光発電　229
対流式　320
タイル　135
タイルカーペット　39
多機能トイレ　491
多彩模様塗料　144
出し置きスペース　416
三和土　440
畳　132
タタミコーナー　425
畳縁　7
竪穴式住居　186

建具　140, 302
建物系家具　57
多灯分散照明　93
田の字型　187
タペストリー　30
単位空間　159
タンクレストイレ　430
段差　446
暖色　194
単体規制　340
断熱　214, 228
断熱性　427
団らん型　5

チェスカチェア　247
チェーン店　489
違い棚　235
知覚　210
知的生産性　472
チャイルドロック　427
茶の湯　12
昼光率　221
中水　313
中性帯　216
厨房比率　476
チューダー様式　243
聴覚　211
調光　171
調湿　215
長寿化　18
調色　171
頂側窓　221
帳台　235
帳台構　235
調度　235
調度品　10
眺望　473
調和　196

直階段　444
直管型 LED ランプ　93
直接型照明　170
貯湯式　314
賃貸　16

衝立　73, 235
墜落事故　176
墜落防止手すり　120
通信教育　507
通風　217
付書院　235
付け幅木　130
つし2階　238
ツー・バイ・フォー構法　328
妻入　238
吊天井　286
手洗い器　430

提案ボード　399
定価　397
定期報告制度　341
ディテールデザイン　178
低反発ウレタン　87
出入り口有効幅　428
定例会議　470
溺水事故　177
テクスチャー　200
デザイン家電　32
デジタルサイネージ　32
デジタルフォトフレーム　32
デスク　72
デスクコーナー　422
デスクレイアウト　468
デ・スティル　246
テストマーケティング　395
手すり　120, 300, 427, 428, 430, 443, 446
手すり子　300

鉄筋コンクリート折板構造　325
鉄筋コンクリートシェル構造　325
鉄筋コンクリートラーメン構造　325
鉄骨鉄筋コンクリートラーメン構造　325
鉄骨平面トラス構造　324
鉄骨ラーメン構造　324
鉄骨立体トラス構造　324
鉄道サービス施設　484
鉄道車両シート　82
デッドストック　397
テーブルウェア　34
テーブルセッティング　24
デリバリー　397
テレビ　420
テレビ会議　471
展開図　260
電気温水器　314
電気需要の平準化　354
電気ヒーター式　320
電気用品安全法　92
電子カタログ　398
天井　138, 286
天井伏図　260
電動車いす　116
伝導式　320
転倒事故　177
転倒防止　63
天窓　221
転落事故　176
電力設備　318

トイレ　428
同化現象　194
透過損失　218
東京商工会議所　380, 384
動作域　156
動作空間　155
動作寸法　119, 156

透視図　264
動線　448
同定サイン　178
動的空間　119
動的人体計測値　156
胴縁下地　284
通り庭　440
床框　424
床の間　235, 294, 424
都市火災　333
図書館　460
図書館法　500
塗装　144
トラス構造　330
トラック用・商用車用シート　82
取引制度　404
トリメトリック　267
ドロマイトプラスター　143
トーン　165
緞子張　146

な

内装制限　340, 342
内壁　282
中食　478
長屋建て　17
中廊下型住宅　187
長押　293, 424

二階厨子　235
2階建て住宅　436
二階棚　235
2階リビング　191
二級建築士　350, 378
二室住居　187
二世帯住宅　17
日常安全性　174

日常災害　174
日射　220
日射量　220
日照　220
日照時間　220
日本工業規格　360
日本室内装備設計技術者協会　389
日本住宅公団　188
日本住宅性能表示基準　346
日本住宅性能表示制度　346
日本庭園　22
日本農林規格　360
日本ファシリティマネジメント協会（JFMA）　183, 383
二枚引き戸　427
ニューオフィス化推進についての提言　472
ニューオフィス推進協会（NOPA）　383
人間工学　154
認知　210
認定ファシリティマネジャー（CFMJ）　383

塗り壁　134

ネオクラシズム　243
ネストテーブル　59
熱交換器　315
熱伝達抵抗　214
熱伝導抵抗　214
熱伝導比抵抗　214
熱伝導率　200

ノンテリトリアルオフィス　27
ノンレム睡眠　86

は

バイエルン国立歌劇場　495
配光　92

配光別分類　170
配色形式　165
排水トラップ　313
排泄科学　107
配置計画　178
排尿　107
バウハウス　246, 247, 253
白銀比　52
博物館の椅子　79
箱階段　239
はしご　125
パース　264
バスシート　81
パース図　399
バスユニット　311
パーソナルスペース　202, 203
バタフライテーブル　59
バーチカルブラインド　90
バーチャルツール　504
発光効率　93
発光ダイオード　93
パッシブ制御　310
発生抑制（Reduce）　225
ハートビル法　344
幅木　296
ハーブ　37
パブリックスペース　480
パラサイト現象　21
バランス　51
バリアフリー　125, 160, 384, 440
バリアフリー法　120, 344
バルコニー　120
バロック　242, 243
晩婚化　18
半直接型配光　171
ハンディキャップ　162
パントリー　417
販売促進　408

非架構式床下地構法　279
光環境　435
引き戸　427
非血縁家族　4
飛散防止　63
ビジネスマインド　399
美術館の椅子　79
美術工芸運動　243
非対称　196
非対称性　52
ピッキング　442
必用換気量　216
非定例会議　470
ヒートショック　99, 102, 427
一筆書き　180
ヒートポンプ式　315
ひな人形　31
避難計算　173
非日常性　481
百貨店　482
ヒューマンエンジニアリング　154
ヒューマンファクター　154
病院　492
評価方法基準　346
病室設計　493
標準設計　456
病床区分　492
病床面積　492
屏風　235
表面温度　215
平入　238
開き戸　427
平屋　444
比例　198
尋　150
広縁　425
広場の椅子　79
広間型　187

品確法　120

ファシリティマネジメント　382
ファニチャー（家具）計画　467
ファニチュアレイアウト　258
ファーニッシング　258
フィボナッチの数列　151
風水　14
夫婦別寝室　434
不快グレア　171
付加価値　476
付加サービス　477
複合動作空間　159
福祉施設　496
福祉住環境コーディネーター　384
輻射式　320
襖　141
舞台　494
普通教室用机・いす　76
ブックディテクションシステム　501
物流　404
布団張　147
不燃構造　331
部分収納　448
プライス　336
プライバシー　437
プライベート空間　5
プライベートスペース　480
ブラインド　90
フラッシュバルブ　312
ブランディング　397
ブランドイメージ　488
フリーアドレス　27, 469
プリーツスクリーン　90
プレキャストコンクリート構造　325
ブレース構造　330
プレストレストコンクリート構造　325
プレゼンテーション　270, 399

フロアキャビネット　95
プログラミング　464
プロダクト　396
プロポーション　50, 198
プロモーション　397
フローリング　132
文化住宅　187
分岐回路　318
噴水効果　181
分電盤　318
分離派　252
分流式　313

閉架式　501
平均寿命　21
平行透視図法　264
米国グリーンビルディング協会　364
平面図　260
平面図法　260
ベース照明　181
ヘッダー方式　314
ヘッツイ　239
ベッド　86
ベネシャンブラインド　90
ヘビーティンバー構造　324, 328
ベビーファミリー　21
ベルトラップ　313
辺縁対比　194
変化と統一　196
便器　106, 430
便座　430

保育室　457
防火安全性　174
防災拠点　455
防災対象物品　342
放射式　320
膨張色　194

防犯　440
補強コンクリートブロック構造　325
北欧家具　60
歩行速度　172
補助手すり　120
ホームエレベータ　126
ホームオートメーション　319
ホームシアター　32
ホルムアルデヒド　226
ポンプ圧送方式　312

ま

舞良戸　235
枕　89
マーケットイン　396
待合用椅子　78
間取り　186
マニュアル化　488
丸太組構造　324, 328
回り階段　444
廻縁　131, 297
マンションリフォーム　390
マンションリフォームマネジャー　390
マンセル表色系　164

味覚　211
見切り縁　131
御簾　235
水栓金具　428
ミセ　239
三越呉服店　432
見積　336

起屋根　216, 236
無店舗販売　403

明度　164

明度対比　194
目線　7
面皮柱　236
面取長押　236
メンフィスグループ　254
綿布団　88

木材系構造材料　326
木材保護塗料　145
木質系壁パネル　135
木製建具　140, 302
木造建築士　350, 379
木造在来構法　328
木造大スパン構造　324, 328
模型　399
モデュロール　151
モノ離れ現象　4
モルタル　143

や

ヤード・ポンド法　158
遣戸　235

有角透視図法　264
有効開口　431
誘導灯　342
遊離残留塩素　312
優良住宅部品　370
床　278
床座（ユカ座）　8, 56, 234
床下地　279
床暖房　320
ユーゲントシュティル　244
ユーザーターゲット　396
ユニットバス　98, 426
ユニバーサル・デザイン　160, 384, 431
ユニバーサルプラン　469

ゆらぎ量　153

洋式　480
洋室　7
幼児用椅子　68
洋風造作　295
浴室　98, 428
浴室暖房乾燥機　426
浴室天井仕上げ材　139
予算　336

ら

ライフサイクル　20
ライフサイクルアセスメント　366
ライフスタイル　4, 314
ライフステージ　20, 433
ラグ　38
ラスボード大壁　284
ラスボード下地　284
ラスモルタル　284
螺旋階段　444
ラッカーエナメル　145
ラーニング・コモンズ　461
ラーメン構造　330, 332
欄間　293

利益率　488
リサイクル　4
リサイクル品　417
リシン　143
立体図法　260
リネンフォールド　243
リノベーション　450
リビングダイニングチェアー　65
リビングチェアー　65
リフォーム　450
リフレッシュ型　5

リフレッシュルーム　472
利便性　480
流通の系列化　404
流動係数　173
流動施設　484
療養生活の場　493

ルイ14世様式　243
ルイ15世様式　243
ルイ16世様式　243
類似　196
ルート長方形　198

レイアウト　489
レイアウト計画　467
レム睡眠　86
レンジフード　95

老人ホーム　17
ログハウス　328
ロココ　243
ロシア構成主義　246
ロックウール吸音板　138
露点温度　215
ローパーティーション　73
ロボット掃除機　33
ロマネスク　242
ローマンシェード　90
ロールスクリーン　90

わ

枠組壁構造　324, 328
ワークスタイル　26, 464
ワークライフバランス　26
和式　480
和室　424

ワシリーチェア　247
ワニス　145
わび　12

和風造作　292
ワンフロア　191

人名索引

あ

イッテン，ヨハネス　246

ヴァン・デ・ヴェルデ，アンリ　244, 246
ウィトルウィウス　150
ヴォーリズ，W・M　388

オルタ，ヴィクトール　244

か

ガウディ，アントニオ　244
ガレ，エミール　244
カンディンスキー，ワシリー　246

ギマール，エクトル　244

クレー，パウル　246
グレイ，アイリーン　245
グロピウス，ヴァルター　246

さ

シャロウ，ピエール　245

鈴木成文　188
スタム，マルト　247

た

巽和夫　184

チッペンデール，トーマス　250

な

ナギ，モホリ　246

西山夘三　188

は

ハブラーケン，N・J　184

ブロイヤー，マルセル　246, 247

ま

マイヤー，ハンネス　246
マジョレル，ルイ　244
マッキントッシュ，チャールズ・レニー　244

ミース・ファン・デル・ローエ　247

村野藤吾　388

モリス,ウイリアム　243

や

安井武雄　388

吉武泰水　188

ら

ラバン,アンリ　245

ラリック,ルネ　245

リートフェルト　247
リュールマン,ジャック　245

ル・コルビュジエ　151

レオナルド・ダ・ヴィンチ　150

インテリアの百科事典

平成28年5月30日　発　行

編　者　　日本インテリア学会

発行者　　池　田　和　博

発行所　　丸善出版株式会社
　　　　　〒101-0051 東京都千代田区神田神保町二丁目17番
　　　　　編集：電話(03)3512-3264／FAX(03)3512-3272
　　　　　営業：電話(03)3512-3256／FAX(03)3512-3270
　　　　　http://pub.maruzen.co.jp/

Ⓒ Japan Society for Interior Studies, 2016

組版・株式会社 明昌堂／印刷・株式会社 日本制作センター
製本・株式会社 松岳社

ISBN 978-4-621-30036-7 C 3552　　　　　Printed in Japan

JCOPY 〈(社) 出版者著作権管理機構 委託出版物〉
本書の無断複写は著作権法上での例外を除き禁じられています．複写される場合は，そのつど事前に，(社) 出版者著作権管理機構（電話03-3513-6969，FAX03-3513-6979，e-mail：info@jcopy.or.jp）の許諾を得てください．